코칭 더 브레인

교사, 코치, 상담가, 부모를 위한 뇌 사용설명서

COACHING THE BRAIN

Joseph O'Connor · Andrea Lages 공저 / 대표 역자 이성엽

박영story

이 책에 대한 간략한 소개

우리의 모든 감각과 행동은 뇌를 거쳐 나온다. 이 책 〈코칭 더 브레인〉에서 숙련된 코치 조셉 오코너Joseph O'Connor와 안드레아 라게스Andrea Lages는 신경과학을 어떻게 코칭에 실질적으로 적용할 것인가라는 화두로 "뇌에 대한 지식을 코칭에 어떤 방식으로 활용해야 우리 자신을 포함한 다른 모든 사람들이 배우고 변화하고 성장하는 것을 도울 수 있을까?"라는 질문을 던지고 그 해답을 찾아 나간다.

이 책은 우리의 행동과 생각이 뇌를 어떻게 변화시키는지, 뇌가 어떻게 작동하는지에 대한 전반적인 내용을 이해하기 쉽게 소개해 주며 최신 신경과학 연구에서 얻은 통찰을 자기개발·코칭·인지치료 분야에 실질적으로 적용할 수 있도록 안내해 주고 있다. 또한, 신경가소성을 통해 이러한 습관들이 어떻게 바뀔 수 있는지 조명한다.

목표와 멘탈모델의 신경과학을 알면 목표를 가지고 일을 할 때나 멘탈모델을 바꾸는 데에 유용하다. 더불어 감정과 가치에 어떤 정서적 기반이 자리 잡고 있는지에 대한 명료한 이해는 우리의 행복을 성취하도록 돕는다.

무엇보다도 신경과학은 기대의 힘을 규명하고 또한 학습이 어떻게 이루어지는지를 분명하게 밝혀 준다는 점에서 매우 귀중하다. 그와 더불어 높은 성과와 효과적인 리더십을 위해 신경과학에서 취할 수 있는 핵심 내용도 함께 탐색한다. 쉽게 이해하기에 탁월한 이 책은 우리의 더 나은 미래 창조를 도울 새로운 도구들을 제공해 줄 것이다.

그리고 이 책은 전반적인 관점에서 당신에게 사고와 감정의 깊이 그리고 그 복잡성에 대해 깊은 경의를 갖도록 해 줄 것이다.

〈코칭 더 브레인〉은 다양한 분야의 리더, 인사 전문가, 교육 전문가, 코치들에게 필독서가 될 것이며 코칭 및 코칭 심리학계에 종사하는 전문가들에게도 많은 도움이 될 것이다.

조셉 오코너는 코칭, 신경 언어 프로그래밍(NLP) 및 경영 부문 도서 20여 권의 저자이며, 영국 런던에서 전문 코치, 코치 트레이너, 컨설턴트로 활동하고 있다.

안드레아 라게스는 코칭 관련 책 5권을 저술했으며, 전문 코치, 컨설턴트, 코치 트레이너로 활동하고 있다. 영국과 브라질에서 거주하며 영어, 포르투갈어, 스페인어로 코칭 및 강의를 하며 국제적으로 활동하고 있다.

조셉과 안드레아는 세계적으로 높은 수준의 코칭 교육과 권위 있는 코칭자격제도를 운영하고 있는 국제 코칭 연맹International Coaching Community(ICC)의 설립자이기도 하다.

대표 역자 이성엽은 아주대학교 경영대학 글로벌경영학과 교수, 교육대학원 및 일반대학원 교육학과 평생교육 및 HRD전공 주임교수를 역임하고 있으며, 아주대학교 글로벌미래교육원 원장, 평생학습중심대학추진본부장, 기업지원센터장을 맡고 있다. 20여 권의 저/역서가 있으며, 국가평생교육사(1급), 한국상담학회 수련감독급 전문상담사(1급), NLP Master Trainer(NLPU), 국제코치연맹(ICC)인증 코치 겸 공인 트레이너다. 주기적인 성찰과 사색으로 자기 자신의 삶에서 주인이 되고자 하는 시민들의 평생학습 모임인 '배움공동체 수심단'을 이끌며 평생교육을 삶 속에서 실천하고 있다.

추천의 글

"조셉과 안드레아는 두뇌 기반 리더십 코칭을 아주 예리하고 정밀하게 추적한다. 여러분에게 이 책을 적극 추천한다."

마샬 골드스미스Marshall Goldsmith,
Thinkers 50 #1 Executive Coach and only two-time #1
Leadership Thinker in the world

"높은 접근성과 실용성을 자랑하는 이 책은 신경과학 분야의 최신 연구를 채택하고, 자기개발·코칭·인지 치료 분야에서 현재 어떻게 활용되고 있는지를 잘 보여주고 있다. 만약 당신이 코치라면, 이 책을 통해 클라이언트에게 더욱 탁월한 코치로 인정받을 수 있게 될 것이다. 따라서 클라이언트가 이 책을 먼저 읽게 하지 마라 - 이 책에는 즉시 적용할 수 있는 기법들이 아주 많이 소개되어 있으므로, 당신의 클라이언트는 코칭을 시작하기도 전에 스스로 변화를 이루어 낼지도 모른다."

브라이언 반 데르 호스트Brian Van der Horst,
Founder NLP Institute for Advanced Studies, San Francisco and Paris;
Chief Facilitator, Integral Institute, Europe;
Consultant at Stanford Research Institute

"코치를 비롯한 모든 사람들을 위한 훌륭한 이 실용적인 책은 변화와 성장을 위한 신경과학 분야에서 최신 연구를 어떻게 적용할 것인지에 관한 흥미를 불러일으킨다."

아담 해리스Adam Harris, Chair, Vistage, Executive coaching;
author of The Check-in Strategy Journal

"대부분의 코치들이 클라이언트의 마음을 대상으로 하는 연구에 중점을 두는 데 반해 〈코칭 더 브레인〉은 신경심리학 분야에 뛰어들어 연구에 매진한다. 그리하여 뇌가 어떻게 작동하는지, 코칭이 어떻게 뇌를 변화시킬 수 있는지, 그리고 이러한 변화가 얼마만한 가치를 지니는지를 코치들에게 알려준다."

브라이언 웨튼Brian Whetten, author of Yes Yes Hell No!
The Little Book for Making Big Decisions

"〈코칭 더 브레인〉은 코치가 클라이언트의 변화와 성장을 도울 수 있는 흥미롭고 유익하며 실용적인 안내서이다. 모든 코치는 뇌가 어떻게 기능하며, 코칭과 어떤 관련이 있는지 알아야 한다. 이 책은 바로 그러한 시각을 제공한다. 두 저자는 신경과학을 코칭 기법에 통합하여 이해하기 쉬운 두뇌 로드맵과 적용 방법을 제시함으로써 코치와 클라이언트가 좀 더 효율적으로 배우고, 더 창의적이고 행복할 수 있도록 지원한다."

로버트 딜츠Robert Dilts, co-founder of NLP University and
Generative Coaching; author of Coach to Awakener

"가장 심오하고 복잡한 뇌의 기능에 대한 실증적이고 유익한 고찰이다. 조셉과 안드레아는 이해하기 어려운 주제를 흥미진진한 방식으로 풀어냈으며, 누구든 경이로운 과학 분야에 관심이 있는 사람이라면 신경과학 및 정신 생리학이라는 놀라운 주제를 접할 수 있도록 해 주었다. 어려운 내용을 쉽게 풀어냈으며 예시, 은유, 이야기를 활용하여 효과적으로 접근 가능하게 해 준다. 깊고 통찰력 있는 방식으로 인간 본성을 이해하고자 하는 사람이라면 누구나 이 책을 읽고 그 안에 담긴 지식을 적용하면 된다. 이 책은 모든 코치들이 꼭 소장해야 하는 '필독서'이다!"

아론 가너Aaron Garner MSc, Director, EIA Group

역자 서문

　뇌과학의 최전선에서 활약하는 일론 머스크의 뉴럴링크는 어제 (2024년 3월 21일), 생각만으로 체스를 두는 데 성공하며 그 기술적 성과를 다시 한번 입증했습니다. 이러한 발전은 인류의 삶에 혁명적인 변화를 가져올 잠재력을 지니고 있습니다. 인간의 뇌와 기계를 연결하는 이 기술은 불가능해 보였던 여러 분야에서의 진보를 가능하게 할 것입니다. 머스크의 이야기에 따르면 이번 성취는 먼저 의료 분야에 획기적인 발전을 가져올 수 있는 시작이라고 합니다. 뇌-기계 인터페이스(BMI) 기술의 발달은 뇌졸중, 척수 손상, 근육 질환 등으로 인한 신체적 장애를 가진 사람들에게 새로운 희망을 제공할 수 있고, 생각만으로 컴퓨터를 조작하거나, 의수 및 의족을 움직일 수 있는 능력은 환자들의 일상생활에 큰 독립성과 자유를 가져다줄 것이라는 것입니다. 더 나아가 뇌의 신경 활동을 모니터링하고 조정함으로써 우울증, PTSD, 심지어 알츠하이머와 같은 신경정신 질환의 치료 방법에도 혁신을 가져올 수 있는 희망이기도 합니다.

　제가 업으로 삼고 있는 인간의 변화와 성장을 연구하는 성인교육, 평생교육 분야에서도 이 기술은 배움의 방식을 근본적으로 바꿀 수 있습니다. 예컨대 학습자의 뇌 활동을 실시간으로 모니터링함으로써 개인의 학습 효율을 극대화할 수 있는 맞춤형 학습 방법을 개발할 수 있게 되거나 또는 직접 뇌로 정보를 전송함으로써 학습 과정을 대폭 단축시키는 것이 가능해질 수도 있게 된다는 것입니다. 이런 놀라운 발전은 '지금 제 손에 있는 최신 휴대폰에서 사용하는 통역AI 기능을 뇌에 심는다면 외국어 훈련 없이도 다국적 소통이 가능해지는 것은 아닐까?' 라는 상상까지도 해보게 합니다. 또 다른 가능성도 있습니다. 최근 우리나라에서 다시 그 중요성이 강조되고 있는 안전분야에서도 생각만으로 기계를 조작하는 능력이 변화를 가져올 것입니다. 위험하거나 인간의 물리적 한계로 인해 접근하기 어려운 환경에서의 작업이 훨씬 안전하고 효율적으로 수행될 수 있게 될 겁니다. 물론 이러한 기술적 진보는 윤리적, 사회적 질문을 던집니다. 개인의 사생활 보호와 뇌 데이터의 안전성은 어떻게 보장할 것인가? 기술적 격차가 사회적 격차로 이어지지 않도록, 어떻게 이 기술의 혜택을 모두가 누릴 수 있도록 할 것인가? 이러한 질문에 대한 해답을 찾는 것은 기술 발전만큼이나 중요한 과제이기도 합니다.

이러한 놀라운 일들은 신경과학 발전의 결과입니다. 신경과학의 발전은 뇌가 어떻게 작동하는지에 대한 이해가 커지면서 일상 생활의 다양한 측면에 영향을 미쳤습니다. 특히 개인에게 미치는 영향과 비즈니스, 교육, 코칭과 같은 분야에 어떻게 적용되는지를 살펴보면 분명 우리는 새로운 세계로 진입했음을 느낄 수 있을 것입니다. 인간의 뇌는 사고, 기억, 감정, 감각, 운동 능력, 호흡, 체온, 배고픔 등 우리 몸을 조절하는 모든 과정을 통제하는 복잡한 기관입니다. 수십억개의 뉴런과 수조 개의 연결로 이루어진 뇌는 자연이 만들어낸 경이로운 공학의 산물입니다. 이미 10여 년 전 재미 과학자 성상현 박사 팀을 통해 뉴런연결지도가 완성되었습니다. 최근 신경과학의 발전은 수수께끼처럼 풀리지 않았던 뇌의 일부 기능의 비밀을 벗겨내어(물론 아직은 걸음마 단계이긴 하지만) 우리가 어떻게 생각하고, 배우고, 행동하는지에 대한 통찰을 제공하고 있습니다.

신경과학의 발전은 우리 삶에 다음과 같은 영향을 끼칠 수 있을 것으로 기대합니다. 먼저, 정신건강 분야에서의 활용입니다. 우울증과 불안과 같은 정신건강 상태의 생화학적 경로를 이해함으로써 더 나은 치료법과 요법이 개발되었습니다. 이러한 지식은 운동, 영양보충, 다양한 종류와 방법의 명상훈련, 인지 행동치료 기법 등 뇌 건강을 증진하는 전략을 통해 개인이 보다 효과적으로 정신건강을 관리할 수 있도록 돕습니다. 둘째, 학습능력 향상입니다. 뇌가 정보를 학습하고 저장하는 방식에 대한 발견은 교육적 접근 방식을 변화시켰습니다. 학습 효율과 기억력 향상을 위해 간격을 둔 반복 훈련과 능동적 회상 등 이러한 신경학적 연구를 통해 나온 통찰을 활용한 기법이 이미 사용되고 있습니다. 셋째, 더 나은 의사결정에 영향을 줍니다. 뇌의 의사결정 과정에 대한 인사이트는 우리의 선택에서 감정과 무의식적 편견의 역할을 밝혀냈습니다. 이러한 요인에 대한 인식은 개인적, 직업적 상황에서 보다 합리적인 의사결정으로 이어질 수 있습니다.

또한 신경과학의 발전은 교육과 교육의 중요한 방법 중 하나인 코칭 분야에 많은 통찰을 줍니다. 20여 년 전 코칭이 우리나라에 처음 소개됐을 당시와 비교하면 현재의 코칭 분야는 신경과학 덕분에 혁신적인 발전을 이루었습니다. 강산이 2번 이상 바뀔 시간이기도 하지만 코칭 분야의 수준 변화는 더욱 깊고 심오합니다. 리더십, 의사소통, 동기부여, 의사결정, 경력개발, 조직개발 및 팀 역학 분야에 신경학적 이해를 토대로 한 보다 효과적인 코칭 방법을 개발할 수 있게 된 것이지요. 이제 코치들은 신경과학적 원리를 활용한 코칭으로 많은 이들을 돕고 있습니다.

교육의 도구로서의 코칭이 아닌 순수교육 분야에서도 신경과학은 큰 역할을 하고 있습니다. 학습전략, 동기부여, 학습장애 극복과 같은 영역에서 신경과학의 혜택을 받고 있습니다. 코치의 역할까지 하는 교육자는 신경과학적 연구 결과를 다음과 같은 몇 가지 분야에 적용할 수 있는데, 먼저 각자의 뇌가 고유하다는 사실을 이해함으로써 개인의 학습 스타일과 속도에 맞는 개인화된 학습 접근법을 개발할 수 있습니다. 학습의 개별맞춤화가 가능해지는 겁니다. 기억력 연구에서 도출된 기술은 또한 학습의 효율성, 그리고 기억력과 이해력 향상에 기여할 수 있는 것이지요. 뿐만 아니라 신경과학은 뇌가 가변적이라는 것을 보여주어, 열정적인 의식적 노력을 통해 자신의 능력을 개발할 수 있다는 자기계발의 개념을 뒷받침했고, 학습 장애의 신경학적 토대에 대한 인사이트는 학습 장애를 가진 학습자의 결과를 크게 개선할 수 있습니다.

무엇이든 사용하기 나름이지만 곰곰이 살펴보면, 신경과학의 발전은 우리에게 사이보그 인간이라는 회색빛 우울한 미래보다는 인간의 뇌에 대한 더 큰 통찰력을 약속하며, 우리가 상상할 수 있는 잠재적인 응용 분야를 더 많이 제공할 것이라는 기대가 싹틉니다. 새로운 바벨탑을 쌓는 것인지는 모르나 지속되는 뇌에 대한 연구가 우리의 삶, 비즈니스, 교육 시스템에 미치는 영향은 매우 클 것입니다. 중요한 것은 어떻게 활용하느냐입니다. 우리는 뇌 연구를 통해 얻은 통찰을 잘 이해하고 적용함으로써 인류의 정신건강을 개선하고, 학습과 기억력을 향상시키며, 더 나은 결정을 내리고, 더 효과적으로 리더십을 발휘할 수 있도록 관심가져야 할 것입니다. 분명 신경과학이 계속 발전함에 따라 비즈니스 및 교육 코칭에서의 적용 범위가 확대되어 개발과 변화를 위한 강력한 도구를 제공할 것입니다. 뇌에 대한 여정은 이제 막 시작되었으며, 우리의 삶과 사회를 개선할 수 있는 잠재력은 무한할 것입니다.

이 책 〈코칭 더 브레인〉은 신경과학과 코칭의 교차점을 탐구하고, 뇌에 대한 이해가 어떻게 코칭 실무를 향상시킬 수 있는지에 대한 통찰력을 제공합니다. 저자는 뇌의 기능, 신경가소성을 통한 변화 능력, 개인 개발, 코칭, 인지 치료에 미치는 영향에 대해 자세히 설명합니다. 이 책은 자신과 타인의 학습, 변화, 개발을 촉진할 수 있는 도구를 제공함으로써 실용적이고 접근이 용이하도록 설계되었습니다. 이 책은 출간된 후 신경과학을 코칭에 실용적으로 적용하여 개인적, 직업적 성장을 위한 새로운 도구를 제공한다는 점에서 출간 후 전 세계에서 호평을 받고 있습니다. 코치, 리더, HR 전문가뿐만 아니라 관련 분야의 학생들에게도 뇌가 어떻게 학습하고 변화하며 발전하는지에 대한 포괄적이고 매력적인 시각을 제공한다는 점에서 필독서로 꼽히고 있습니다. 주요 내용은 다음과 같습니다. 책을 읽으시기 전에 장별 주제에 대해 일견하시는 것도 도움이 되실 것이라 기대합니다. 12장으로 구성된 이 책은 다음 질문에 대해 답하고 있습니다.

1장 뇌의 가소성과 변화 가능성은 무엇인가?

2장 어떻게 우리의 행동과 생각이 뇌를 변화시키는가? 습관이란 무엇인가?

3장 목표가 우리의 신경망과, 인지와 감정 사이의 상호작용에 어떤 영향을 미치는가?

4장 효과적인 의사결정을 방해하는 인지적 편견과 정신적 지름길은?

5장 감정의 신경학적 기반과 인간의 행동을 이끄는 감정의 중요한 역할은?

6장 선택과 결정에 영향을 미치는 전전두피질의 기능은?

7장 기억의 본질과 우리의 정체성과 학습 과정을 형성하는 데 있어서 중요성은?

8장 학습과 보상의 신경학적 매커니즘은?

9장 세상에 대한 우리의 정신적 표상이 어떻게 지각과 행동을 이끄는가?

몇 해 전, 주 저자인 조셉 오코너를 국내에 초대해 이 책 〈코칭 더 브레인〉 출간 축하행사와 더불어 '뇌과학과 코칭'이라는 2일간의 세미나와 6일간의 ICC Team Coach 양성과정을 서울에서 개최한 적이 있습니다. 당시 참석한 수 십명의 코치들은 팀 코칭과 신경과학 코칭에 대한 그의 워크숍을 통해 우리에게 새로운 지식과 적용의 지평을 열어주었습니다. 저자는 과학과 코칭의 예술을 계몽적이면서도 실용적인 방식으로 결합시켜 교육프로그램으로 운영했습니다. 실제 신경 언어 프로그래밍(NLP)에 대한 조셉의 전문성은 타의 추종을 불허합니다. 미국 NLP University에서 NLP 트레이너 자격증을 취득한 그는 NLP의 원리를 코칭에 능숙하게 접목하여 커뮤니케이션, 개인 개발, 변화를 위한 강력한 도구를 제공하고 있습니다. 제가 20년 전인 2005년 NLP University에서 Trainer훈련을 받을 때 조셉 오코너는 '내 안에 잠든 거인을 깨워라'의 토니 라빈슨과 더불어 NLPU 출신 중 NLP를 가장 대중적으로 잘 활용하는 코치이자 강연가로 이미 유명했었습니다. 토니 로빈슨(국내에서는 앤서니 로빈슨으로 알려져 있는)이 NLP를 자기계발분야에 접목했다면, 조셉 오코너는 코칭 분야에 기가 막히게 적용한 것으로 유명합니다. 이미 그의 NLP를 활용한 코칭은 정평이 나 있으며 오래전 국내에도 그의 책은 여러 권 소개가 되어 있습니다. 조셉은 2000년 국제코치커뮤니티(ICC)의 창립 회장으로 코칭 분야에서 혁신과 탁월함의 등대 역할을 해왔습니다. 특히 신경과학과 코칭을 통합한 그의 공헌은 인간의 잠재력을 이해하고 향상시키는 새로운 길을 열었습니다. 그의 리더십 아래 ICC는 국경을 넘어 양질의 코칭을 옹호하는 글로벌 연맹으로 성장하여 2024년 현재 78개국에서 15,000명 이상의 공인 코치들과 함께 사람들의 삶에 영향을 미치고 있습니다. (https://internationalcoachingcommunity.com 참고)

ICC활동을 조셉과 함께 하면서 또 이 책의 번역을 위해 진행한 저자와의 지속적인 대화는 영감과 혁신의 원천이 되었습니다. 이러한 협력 정신이야말로 〈코칭 더 브레인〉의 출간을 단순히 한국에 좋은 책을 소개한다는 의미에 그치지 않고, 개인과 조직이 잠재력을 최대한 발휘할 수 있도록 지원한다는 사명으로 이끌어주는 것이 아닌가 생각합니다. 코칭 분야의 선구자인 조셉 오코너의 〈코칭 더 브레인〉을 한국에 소개하게 된 것은 큰 기쁨입니다. 한국코치협회 창립멤버로, ICF Korea의 창립멤버로 그리고 이젠 ICC의 회원으로 코칭의 놀라운 진화 과정을 가까이서 지켜보고 참여하며 코칭이 전 세계 개인과 조직에 미치는 지대한 영향을 목격해온 사람으로서, 조셉 오코너의 획기적인 업적을 한국 독자와 연결하는 역할에 겸허해지면서도 설레는 마음을 금할 수 없습니다. 위에서 언급한 신경과학의 발전이 담긴 이 책 〈코칭 더 브레인〉은 단순한 책이 아니라 인간 마음의 복잡성을 탐색하는 나침반과도 같습니다. 조셉이 연구자가 아니라는 점은 이 책의 실용적일 수 있는 강점입니다. 대학에 있는 연구자들은 자신의 연구에만 천착하는 경우가 많습니다. 그런데 〈블링크〉나 '1만 시간의 법칙'으로 유명한 말콤 글래드웰이 연구자가 아니면서 연구자들의 연구를 잘 정리한 사람인 것처럼, 조셉 역시 코치로서 많은 연구를 살펴보고 코칭에 적용해 보면서 연구를 정리한 사람입니다. 이러한 현장 실천가들의 목적있는 연구정리를 통한 실용지식은 각자의 분야에 즉각 적용할 수 있어 우리에게는 더 살갑게 와닿습니다. 이 책 역시 코칭의 맥락에서 뇌의 작용을 설명하며 최신 신경과학 연구와 코치들이 겪는 현장의 요구를 잘 반영하고 연결해, 통찰력있는 구체적인 전략과 함께 실제 코치들이 현장에서 활용할 수 있는 사례들을 제공합니다. 현장에 계신 코치들은 실천 코칭을 경험한 코치가 정리한 코칭 관점에서의 신경과학을 정리한 것이라 더욱 환영할 책입니다. '비슷한 경험을 한 선배 코치가 뇌과학을 공부하고 또 공부해 어떻게 코칭에 적용할까'라는 고민으로 쓴 책이니까요. 분명 이 책이 코칭과 성장, 변화, 회복탄력성을 촉진하는 코치들의 좋은 도구가 될 것이라 저는 믿습니다.

　이 걸작을 번역하는 일은 도전이자 특권이었습니다. 도전은 조셉의 글의 특징인 접근성과 실용성을 잃지 않으면서도 풍부한 통찰력과 신경과학의 뉘앙스를 보존하는 것이었습니다. 뇌과학이 뒷받침될 때 코칭이 도달할 수 있는 잠재력의 깊이를 한 페이지 한 페이지 배워나가는 특권이 있었습니다. 이 책장을 넘기면서 펼쳐질 발견과 변화의 여정에 여러분을 초대합니다. 노련한 코치든, 팀원들에게 영감을 주고자 하는 리더든, 자신의 두뇌가 가진 미개발 잠재력에 대해 궁금한 개인이든, 〈코칭 더 브레인〉은 개인과 직장 생활에 필수적인 만큼이나 방대한 인간의 능력들과 그 영역에 대한 지도를 제공합니다. 책의 번역과 출판 과정에 있어 가장 깊은 감사의 말씀을 전하고자 합니다. 이 책의 번역은 단순히 언어를 옮기는 작업을 넘어, 문화와 지식을 연결하는 중요한 과정이었습니다. 이 책은 함께 마음공부를 하던 도반들의 스터디로 시작하여 몇 달간에 걸친 여러 차례의 회의를 통해 시작되었습니다. 이 과정에서 공동번역자이신 강지혁, 고은비, 김세연, 김은정, 김정웅, 손민서, 이희철, 장미, 전서인, 최미경, 최해정님께 감사드립니다. 이름만 불러도 뭉클한 마음을 나누는 동지들의 노력과 헌신이 있었기에 이 책은 그 빛을 발할 수 있었습니다. 초벌 번역에 참여한 각자의 열정과 노력은 이 책이 독자들을 만날 수 있는 용기 있는 첫걸음이 되었습니다. 공동역자들의 지적인 호기심과 열정은 번역을 마무리하는 내내 큰 자원이 되었습니다. 초벌 번역 이후 7회 이상의 수정보완작업을 거쳤습니다. 뇌과학 분야의 전문가들을 통한 용어정리도 있었습니다. 특히 재벌번역과 함께 이어진 손민서님의 헌신적인 작업 태도는 번역의 정확성과 책의 완성도를 높이는 데 결정적인 역할을 했습니다. 다시 한번 함께 번역한 도반님들께 감사인사 드립니다. 모두의 참여 덕분에 이 책은 더욱 풍부하고 의미 있는 내용으로 독자들에게 다가갈 수 있게 되었습니다. 더불어 늘 함께하는 마음의 고향 '수심단' 사촌님들과 '마법사(마음의 법칙을 아는 사람들)'클럽 동지들에게도 감사를 전합니다. 아울러 지금 이 책을 들고 있는 독자 여러분들의 행운과 건승을 기원합니다. 앞날에 끊임없는 성공과 행복이 함께하기를 바랍니다.

2024년 4월의 첫날
역자를 대표하여
아주대학교 율곡관 연구실에서 **이성엽**

코칭을 신뢰하라 그리고 스스로에 대한 확고한 믿음을 가져라

경이로운 과학은 우주가 계속 팽창하고 있다는 사실을 발견했다. 팽창한다는 말은 과거 서로 가까이 위치하고 있었던 수많은 은하들이 서로에게서 점점 더 멀어지고 있다는 뜻이다. 한때는 우주 전체가 한 점이었고, 무한히 압축되어 있었으며 엄청나게 뜨거웠다. 우리가 잘 알고 있듯이 우주는 150억 년 전 '빅뱅'을 통해 시작되었으며 대폭발 이후, 섭씨 1조도가 넘었던 온도가 조금씩 내려가면서 아주 작은 입자에서부터 모든 물질이 생겨나기 시작했다.

초기 우주에는 아주 적은 양의 수소와 헬륨 가스만 존재했다. 그 후 좀 더 복잡한 물질들이 생겨났으며 별과 은하가 탄생하였고 우리의 태양이 생겨났다. 40억 년이 지난 후 지구는 생명을 얻게 되었으며, 현생 인류인 호모 사피엔스가 출현했다. 그 후 또 하나의 빅뱅이라 일컬어지는 창의성의 폭발, 즉 '브레인 빅뱅Brain Big Bang'을 통해 무한한 잠재력과 스스로를 통제할 수 있는 뛰어난 두뇌를 가진 독특한 인류가 완성되었다.

우리의 뇌는 심장 박동을 조절하고 호흡하는 폐를 통제한다. 또한 우리의 소화 기능을 관리하고 두 손을 자유자재로 쓸 수 있도록 한다. 그것은 우리가 어떻게 잠을 자고, 생각하고, 맛을 느끼고, 만지고, 보고, 듣고, 절정의 순간들을 느끼는지에 대한 모든 것들을 통제한다.

오늘날의 과학은 마음의 존재를 인정하는 방향으로 나아가고 있다. 뇌의 비유기적이고 비물질적인 상부구조는 본질적으로 이 마음과 친밀한 상호관계에 있다. 마음은 다방면으로 유용한 도구이다. 마음은 우리가 원하는 것들, 어린 시절부터 갈망해 왔던 모든 것을 이루게 할 수 있고, 꿈을 현실로 만들 수 있을 만큼 무한한 가능성을 가지고 있다.

또한 우리 마음속에는 우리가 인지하지 못하는 무의식이라는 미묘한 부분이 있다. 마음의 눈을 뜨고 내면에 존재하는 무의식의 보물창고를 잘 들여다본다면, 어디서든 무한한 부를 발견할 수 있다. 기쁨과 풍요로움으로 가득한 찬란한 삶을 영위하는 데 필요한 모든 것을 끌어낼 수 있는 무의식이라는 금광이 바로 당신의 내면에 있는 것이다. 하지만 많은 사람들은 우리 모두의 내면에 존재하는 이 무한한 지성과 재능이라는 금광의 존재를 알지 못하기 때문에 깊이 잠든 상태로 살아가고 있다.

우리는 자각의 시대를 살고 있다. 우리의 몸과 마음이 가치 있고 특별하다는 사실을 우리는 알고 있다. 과학과 교육을 통해 점점 더 복잡하고 풍요로운 세상을 만들어 왔다. 이처럼 보편적인 삶은 점점 좋아지고 있음에도 불구하고 오히려 불안, 우울증, 자살 등 정신질환 발생률은 점점 더 높아지고 있다. 이 역설적인 상황을 어떻게 설명할 수 있을까? 이 질문은 두 저자가 일관되게 해 오고 있는 일을 잘 설명해 준다. 사람들이 더욱 균형 잡히고 건강한 삶을 영위하는 데 도움이 되는 실용적인 지혜를 쌓아가도록 하기 위해, 두 사람은 가장 탁월한 이론적 신경과학과 응용 신경과학을 코칭에 도입한 것이다.

이 책은 철학과 신경과학을 아우르는 지식과 함께 세상을 향한 연민의 마음을 담았다. 정신건강과 인간의 웰빙을 증진하고 확장하는 안내서라고 할 수 있으며 건강한 마음과 인간의 잠재력에 대한 새로운 관점을 제공한다.

또한 이 책은 현재 신경과학의 주요 주제인 지각, 기억, 의사결정,

사회적 지능 및 감성지능을 다루고 있어, 이 책을 통해 우리는 현실을 창조하는 뇌와 마음에 대한 독특하고 열정적인 지적 탐구여행을 할 수 있다. 또한 '내적으로 균형 잡힌 행복한 삶과 외적이고 물질적인 부를 어떻게 조화시킬 것인가'라는 우리의 시급한 주제와 관련해 꼭 필요한 책이다.

코칭Coaching과 코치Coach라는 단어는 마차가 처음 디자인되었던 헝가리의 코치Kócs라는 도시 이름에서 유래했다. 18세기에 대학에 다니던 영국 귀족들은 코쳐스Coachers라고 불리는 마부들의 마차를 이용하여 수업에 참석했다. 1830년까지 코치라는 용어는 옥스퍼드 대학교에서 시험을 위해 학생들을 '안내', '인도', '준비'시키는 '개인 교사'를 지칭하는 말로 사용되었다. 이제 코치는 가이드, 지도자, 길잡이 등 다양한 역할을 의미하는 용어가 되었다.

이 책은 개인적인 삶의 만족도 향상에서 그치지 않고 경력 개발 측면에서도 가치 있는 도움을 받도록 해 줄 것이다. 이미 인공지능의 시대에 살고 있는 우리가 인간다운 삶을 지속적으로 유지할 수 있도록 하는 것은 바로 내적 능력과 외적 능력의 균형이라고 이 책은 강조한다. 지성을 가진 우리 인간은 우주를 관조하며 다른 형태의 생명체에 대해 관심을 가지고 배려를 할 수 있는 유일한 생명체이다.

지금 우리에게 가장 중요한 것은, 바로 우리 자신을 믿는 것이다. 우리의 자원, 지성, 열정에 대한 확신 없이는 우리가 열망하는 목표를 이룰 수 없다.

브라질의 소설가 클라리시 리스펙토르Clarice Lispector는 '너 자신을 알라. 그러면 점차 자신을 소중히 여기는 것이 더 안전하고 더 의미 있다는 것을 알게 될 것이다.'라고 언급했다. 또한 붓다는 '생각이 우리 자신이다. 우리의 모든 것은 생각으로부터 생겨난다. 우리는 생각으로 세상을 만든다.'라고 언급했다. 마지막으로 스와미 비베카난다Swami Vivekananda의 말에 주목해 보자. '한 가지 아이디어를 선택하라. 그 아이디어를 당신의 삶으로 만들어라. 그것에 대해 계속 생각하고, 꿈꾸고, 그 생각대로 살아라. 뇌, 근육, 신경, 몸의 모든 부분이 그 생각으로 가득 차게 하라. 그것이 바로 성공의 길이다.'

우리의 재능과 잠재력에 대한 의구심이 생긴다면, 모든 것이 한 지점에서 시작되었다는 사실을 상기해 보자. 우리는 태초부터 동일한 요소를 공유하고 있었으며, 우주의 복잡성은 가장 단순한 물질로부터 비롯되었다는 것을...

새로운 코칭의 패러다임을 접하게 된 것을 환영한다!

아카리 소자 불레 올리베이라,
브라질 상파울로 연방대학 심리학과 겸임교수

파비아노 물랭 드 모라에스,
상파울로 연방대학 심리학과 조교수

저자 서문

1918년, 미국의 위대한 심리학자 윌리엄 제임스William James는 "불가해한 위대한 계획에 속한 자연은 우리를 점토와 불꽃, 뇌와 마음으로 혼합해 놓았다. 이 둘은 의심의 여지없이 서로 잘 들어맞고 서로가 서로의 존재를 결정한다. 하지만 어떻게 그러는지 왜 그러는지 필멸의 인간은 결코 알 수 없다."라고 했다. 이 인용문은 신경과학의 약속과 도전을 완벽하게 표현했다. 우리는 불꽃이다. 밝고 깜박거리고 나풀거리며 끊임없이 변하고 있다. 우리가 우리라고 여기는 것은 '나'라는 의식이고 우리는 그 '나'라는 의식을 지키고 보호한다. 물질인 점토는 그 불꽃을 지탱해 준다. 특별할 것 없지만 본질적이다. 불꽃은 점토에 의존한다. 우리의 자연은 불꽃과 점토이다. 이 책은 그 불꽃과 점토가 어떻게 함께 일해 왔는지에 대한 것이다. 물질적 뿌리인 마음의 생물학을 이해함으로써 우리는 가장 밝은 불꽃이 될 수 있을 것이다. 우리가 이 책을 쓰는 이유는 뇌가 경험을 창조하기 위해 어떻게 작용하는지에 대한 더욱 깊은 이해를 제공하기 위해서이다. 우리 모두가 더욱 충족한 현실을 창조하는 것을 도와줄 새로운 도구가 될 것이다.

이 책은 인지 신경과학을 코칭에 적용한다. 인지 신경과학은 정신의 생물학적 기반, 신경계 및 뇌구조와 기능, 행동과 학습의 관계를 탐구한다. 코칭은 특히 비즈니스 분야에서 사람들이 변화하고 성장하고 더 나은 성과를 낼 수 있도록 돕는 강력한 방법으로 잘 확립되어 있다. 이 책은 인지 신경과학의 통찰, 연구 및 전망에 관한 것이고, 이를 활용하여 사람들이 더 나은 삶을 경험하고 잠재력을 발휘하여 더 행복해지도록 돕는 방법에 관한 책이다. 따라서 이 책의 많은 내용들이 코치를 염두에 두고 저술되긴 했지만 이러한 통찰력은 사람들이 변화하고 더 나은 방향으로 일하는 데 도움이 되는 다양한 분야 (예: 교육, 상담 및 리더십)에서도 충분히 활용될 수 있을 것이다. 우리의 생각, 감정, 의사결정, 웰빙을 더 깊이 이해하고 싶다면 이 책을 강력히 추천한다.

우리가 처음 코칭을 시작했던 20년 전을 떠올려보면, 불꽃에 대해 연구하는 심리학은 상당히 발달되어 있었다. 하지만 점토가 의식의 불꽃을 생성하는 방법에 대해 연구하는 인지 신경과학은 그리 많이 발달하지 못했었다. 최근 신경과학 분야는 많은 관심 속에서 빠르게 전문 분야로 성장하고 있으며 신경과학과 관련된 모든 것이 신뢰를 받는 추세이다. 심리학 관련 기사에 두뇌 사진을 넣는 것만으로도 독자들 마음에 더 큰 신뢰감을 준다는 연구도 있다.

이 책에서 우리는 뇌에 초점을 맞출 것이다. 뇌는 우리의 신경계에서 가장 크고 복잡하며 전문화된 부분이다. 신경과학이 뇌를 더 잘 이해할수록, 뇌는 우리가 예상했던 것보다 더 특별하다는 것이 증명되고 있다. 아마도 우리가 상상했던 것보다 더 특별할지도 모른다.

우리는 생각, 감정, 행동들이 어떻게 생성되고 변화하는지에 대해서 뇌에 초점을 맞춰 알아볼 것이다. 그렇지만 뇌는 분리할 수 없는 우리 신체의 일부분이며 체화된 정신적 기능임을 잊어서는 안 된다. 따라서 뇌는 고립되어 존재할 수 없으며 태어날 때부터 부모, 보호자, 우리가 소속된 지역 사회, 문화 등의 영향을 받아 형성되는 것이다.

뇌는 우리를 둘러싼 모든 일에 관여한다. 따라서 사람들의 변화와 성장을 돕는 일을 하는 사람들은 뇌가 어떻게 작동하는지 알 필요가 있다. 코치는 클라이언트의 주관적인 경험을 바탕으로 코칭을 진행한다. 코치는 질문을 통해 클라이언트의 경험을 탐색하고 분석하며, 그들이 목표와 가치를 이해하고 더 만족스러운 삶으로 나아갈 수 있도록 돕는다. 이것은 뇌의 기능을 통해 그들의 경험을 제한하려는 것이 아니라 뇌가 어떻게 우리의 경험을 생성하는지 확인하고, 이러한 통찰력으로 그 경험을 다시 탐색하려는 것이다. 이를 통해 우리는 주관적인 경험을 더 완벽하게 이해할 수 있고, 우리의 삶을 어떻게 운영할 것인가에 대한 실질적인 통찰을 얻을 수 있다.

　우리는 클라이언트와 대화하며 그들의 이야기를 경청한다. 신경과학적 관점에서 우리는 고객의 아주 작은 부분, 즉 의식적이며 언어로 표현 가능한 부분에 대해 대화를 하는 것이다. 하지만 우리의 사고와 의사결정은 우리가 인지하지 못하는 무의식적인 요소에 의해 대부분 결정된다. 사실 우리는 우리가 인지하지 못한다는 사실조차 모른다. 따라서 생각과 감정의 복잡성을 추적하기 위해 더 많이 클라이언트와 소통하며 그들을 이해하려 노력해야 한다. 또한 이러한 생각과 감정들이 뇌 속에서 어떻게 구성되어 있는지 알아보는 것은 클라이언트를 다양한 관점으로 이해할 수 있도록 도와줄 것이며, 결과적으로 더 효과적인 코칭이 가능할 것이다. 그것은 경험에 대한 새로운 관점을 제공하며, 우리 자신을 인지할 때에도 활용할 수 있는 새로운 시각을 제공할 것이다.

　코칭은 여전히 입증되지 않은 성과에 상당히 많이 의존하고 있다. 이제 코칭은 점점 더 학문적 연구를 기반으로 해야 하며, 이러한 신경과학에 대한 연구는 코칭에 신뢰를 더욱 부여할 것으로 보인다. 코치는 클라이언트의 경험을 효율적으로 다루기 위해 심리학 및 기본적인 신경과학 지식을 갖추고 있어야 한다. 신경과학은 향상된 로드맵을 제공하기 때문에 코칭 분야에서 더욱 각광을 받게 될 것이며, 코치들은 기본적인 신경과학 분야에 더 많은 관심을 가지는 노력이 필요할 것이다.

이 책의 구성

우리는 이 책이 효율적으로 활용될 수 있도록 뇌 영역이나 기능이 아닌 경험을 중심으로 구성했다. 코칭에 적용할 수 있는 활용 기법은 각 장에서 확인할 수 있다. 그리고 각 장의 마지막에는 본문에서 인용한 내용들이 있는 주석과 참고 문헌이 정리되어 있으니 참고하며 책을 읽어 나가기 바란다.

제1장에서는 신경과학의 주역인 뇌를 소개한다. 해부학적 지식은 굳이 필요하지 않으며, 뇌의 복잡한 라틴어 명칭은 선택적으로 참조하면 된다. 뇌가 어떻게 구성되어 있고 어떤 기능을 하는지에 대한 기본적인 개요를 제공한다.

제2장은 경험을 통해 뇌가 어떻게 스스로 변화하는지에 대한 신경가소성을 다룬다. 우리의 뇌는 새로운 생각과 환경에 적응한다. 뇌는 연결의 강화, 생성, 약화 또는 소멸을 통하여 당신의 학습, 관심, 행동의 변화를 반영한다.

제3장에서는 목표, 계획, 사고력, 차가운 인지cold cognition에 대해 다루며, 목표 수립부터 실행에 이르기까지의 신경과학적 측면을 다룬다.

제4장에서는 시스템1과 시스템2에 대해서 알아본다. 우리는 종종 주변 환경의 영향을 받아 의도치 않게 성급해지거나 이기적으로 행동하기도 한다. 이 장에서는 우리의 생각이 얼마나 정확하지 않은지에 대한 내용을 담고 있다.

제5장은 감정과 소위 뜨거운 인지hot cognition라고 불리는 감정 기반 사고에 대해 다룬다. 행복, 감정 프로파일, 편도체 납치amygdala hijack 그리고 어떻게 우리가 감정을 조절할 수 있는지에 대해 탐구할 것이다. 마치 물속에서 잉크 한 방울이 퍼지는 것처럼, 감정은 우리의 생각을 가득 채우고 우리가 하는 모든 일에 영향을 미친다.

제6장에서는 우리가 어떻게 판단하고, 어떻게 더 나은 의사결정

을 할 수 있는지 알아본다. 인생은 기본적으로 의사결정의 연속이다. 우리 인생의 여정에서 어느 길을 가야 하는지 선택해야 하며 그 선택을 다시 되돌릴 수 없다. 우리의 뇌는 미래에 대해 시뮬레이션 하며, 그것들을 비교하고, 정보와 감정을 통합하여 미래를 선택한다. 그리고 우리가 선택하는 모든 것들은 우리의 뇌에 흔적을 남긴다.

제7장은 우리가 경험하는 것과 기억되는 것의 균형을 어떻게 지속적으로 유지할 것인가, 즉 기억력에 관한 것이다. 기억은 일어난 일에 대한 기록이 아니다. 기억은 우리가 기억할 때마다 뇌에 의해 조정되어 새롭게 재구성된 것이다. 클라이언트들은 그들의 기억을 통해 그들의 이야기를 들려준다. 그렇다면 그 이야기들은 얼마나 진실할 수 있을까?

제8장은 학습, 보상, 습관 형성에 관한 것이다. 우리는 어떻게 학습하는가? 우리의 뇌는 예측을 하고 기대감을 가지고 그것을 끊임없이 업데이트한다. 이와 관련하여 보상 회로, 도파민, 중독, 쾌락의 쳇바퀴에 대해 살펴본다.

제9장은 멘탈모델Mental model - 사고 습관, 지속적인 사용에 의해 단절된 멘탈모델에 관한 것이다. 익숙한 뇌 회로는 익숙한 사고와 행동으로 이어진다. 제한된 멘탈모델은 행복과 성취를 가로막는 가장 큰 장애물이다. 여기서, 우리는 어떻게 클라이언트가 생각의 틀을 벗어나 변화하고 더 가치 있는 멘탈모델을 만들 수 있는지 알아본다.

제10장은 우리의 사회적 뇌 - 사회적 관계와 공감, 신뢰와 공정성에 대해 살펴본다.

제11장은 나는 누구인지에 대한 정체성에 관한 것이다. 그리고 뇌가 어떻게 감각과 연속성을 만들어 가는지에 대해 알아본다. 실제 당신의 뇌는 객관적인 목격자라기보다는 스핀닥터spin doctor에 더 가깝다.

마지막 장에서는 모든 맥락을 연결하여 '나'라는 실체는 어디에 있는지 살펴본다. 이 책을 통해 여러분이 더 많은 지식과 성공을 얻기를 바란다.

이 책의 내용은 저자인 우리에게도 무척 흥미로운 내용들이었다. 우리가 마지막 책을 쓴 지 5년이 지났고, 그 이후에 이 분야가 부상했다. 이제 우리는 이 흥미로운 분야를 여러분과 함께 공유할 수 있게 되었다. 이 글을 읽는 독자들도 이 분야에 대한 관심을 가지고 효과적으로 활용할 수 있기를 기대한다.

감사의 글

이 책에 도움을 주신 분들에게 고마움을 전한다. 먼저 신경과학 분야에 대한 영감을 공유해 주신 이 분야의 탁월한 전문가인 데이비드 이글맨David Eagleman에게 감사를 표한다. 또한 라우틀리지Routlege의 편집장 수잔나 프리슨Susannah Frearson은 이 책의 내용에 대해 끝까지 신뢰감을 보여주셨다. 그리고 이 책에 삽화를 담당해 주신 안나 라게스Anna Lages님께도 감사를 드린다. 우리의 클라이언트들은 우리에게 많은 통찰력을 제공해 주었으며, 그들의 이야기 중 일부를 이 책에 인용했다. 서문을 써주신 상파울로 연방대학 아카리 소자 불레 올리베이라Acary Souza Bulle Oliveira, 그리고 파비아노 물랭 드 모라에스Fabiano Moulin de Moraes교수님께도 특별히 감사의 인사를 드린다. 워렌 제본Warren Zevon, 아이언 앤 와인Iron and Wine, 그리고 바흐의 음악 덕분에 우리가 좋은 글을 계속 쓸 수 있었다. 그들의 위대한 음악으로 감성이 풍성해졌던 작업의 시간들이 다시 떠오른다.

마지막으로 항상 최고의 질문을 하는 우리 딸 아만다, 고맙다!

2018년 6월

조셉 오코너Joseph O'Connor & 안드레아 라게스Andrea Lages

목차

제1장　점토와 불꽃

제2장　신경가소성

제3장 생각과 느낌
– 목표의 신경과학

제4장 생각
– 속임수와 함정

제5장 느낌과 감정

제6장 의사결정

제7장 기억
– 장미 정원 속으로

제10장   우리의 사회적 뇌

제11장   정체성
− 우리는 누구인가?

제12장 이제 어떻게 할 것인가?

제1장

점토와 불꽃

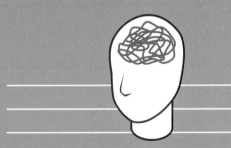

제1장

점토와 불꽃

> 뇌는 영혼의 안식처, 뇌는 혼이 사는 허술한 집이다.
> – 윌리엄 셰익스피어

프롤로그

2016년 12월 휴가 겸 뉴욕에 방문했을 때 우리 두 사람은 스펙트 검사SPECT(단일광자 단층촬영)를 했다. 뇌에 문제가 있어서 한 것이 아니라 뇌가 어떻게 작동하는지 좀 더 자세히 살펴보고 싶은 마음에 가장 손쉬운 섭외 대상인 우리 뇌를 직접 스캔해 보기로 한 것이다. 스펙트 검사는 매우 특이한 경험이었다. 고해상도 회전 카메라 3대가 머리를 회전하며 두뇌 사진을 찍는 30분 동안 최대한 몸을 움직이지 않아야 했다. 이 사진들을 결합하여 3차원의 컬러 스캔을 완성한다. 스펙트 검사는 뇌의 구조만 보여주는 게 아니어서 뇌의 어떤 부분이 원활하게 작동하고 어떤 부분이 열심히 (어쩌면 과도하게) 작동하는지, 또 충분히 작동하지 않는 곳은 어디인지 알 수 있었다.

촬영은 어떨까? 뇌의 혈류량이 많을수록 카메라가 더 많은 감마선을 포착한다. 혈류량이 가장 많은 부위가 가장 화려한 색으로 나타나고 혈류량이 적은 부위는 가장 방사선이 적어서 스캔 결과 어둡게 나타난다. 우리는 두 번에 걸쳐 스캔을 진행했다. 처음에는 휴식 상태인 뇌를 촬영하였고, 다음 날에는 높은 집중력을 요구하는 컴퓨터 테스트를 진행하며 뇌의 상태를 촬영했다. 마지막에 진행한 뇌 스캔 사진들은 마치 우주에서 바라본 지구의 모습처럼 상당히 볼만했다. 밝게 빛나는 도시와 빛이 거의 없는 광활한 대지가 서로 도드라져 보였다. 밝은 색일수록 활동성이 강하고 어두운 부분은 활동성이 낮은 부분임을 알 수 있었다. 휴식 상태일 때와 집중 상태일 때의 스캔을 비교해 보면 어떤 부위가 작동하고 있고 또 얼마나 활발하게 작동하는지를 알 수 있다.

우리는 뇌 스캔을 왜 했을까? 같은 이유로 많은 사람들은 성격 테스트, 지능 테스트, 또는 애니어그램 진단을 한다. 자신에 대해 더 많은 것을 알아보고 싶어서이다. 나(조셉)는 경이로운 마음으로 뇌 스캔 사진들을 바라보았다. 그 사진들은 뇌가 어떻게 내 생각과 기분, 감정 그리고 꿈과 악몽을 일으키는지, 즉 나의 세계를 보여주었고 그것은 하나의 새로운 세상이었다. 이런 통찰은 처음이었다. 스캔 결과를 통해 뇌는 집중할 때보다 휴식 상태에서 더 활동적이라는 것도 알 수 있었다. (그다지 나쁜 소식은 아니다. 뇌는 항상 어느 정도 적합한 선에서 쉬지 않고 활동한다)

뇌 스캔 촬영에 이어 생활 방식, 삶의 목표, 건강, 영적 관심사, 수면 패턴, 사회생활, 식생활 등에 대한 인터뷰와 설문조사가 진행되었다. 뇌는 우리의 생활 전반에 관여하고, 또한 이 모든 것들은 뇌에 영향을 미친다. 마지막으로 담당 의사는 우리가 스캔 결과를 전체적으로 바라보고 해석하도록 도와주었고 이런 저런 추천도 해 주었다. 많은 질문이 떠올랐다. 만약 코칭이 사람들을 변화시키는 것이라면, 그 말은 그들의 뇌를 변화시킨다는 의미가 되는데 과연 어떻게 되는 것일까?

이러한 질문을 시작으로 우리는 우리 앞에 놓인 많은 일들을 제쳐 두고 먼저 이 책으로 이어지는 매혹적인 길을 따라 걷기로 한 것이다.

인간의 뇌

두 가지 질문어 이 책의 동력이 되어주었다.

우리의 뇌는 우리가 경험하는 세상을 어떻게 창조하는가?
우리는 물론 우리의 클라이언트들이 배우고 변화하고 더 행복해지도록 도우려면 신경과학 지식을 어떻게 적용할 수 있을까?

"뇌가 이해가 될 정도로 단순했다면, 이해하겠다는 도전을 받을 만큼 정교하지도 않았을 것이다"라는 말이 있다. 어떻게 부드러운 버터 같은 질감의 1.5kg의 핑크빛 물질이 베토벤 교향곡 9번, 타지마할, 인터넷, 초음속 항공 여행, 유전자 가위CRISPR, 포켓몬고 게임 그리고 헤어 스프레이 같은 것들을 만들어 냈을까?

이 질문에 정확히 대답할 수는 없지만, 뇌가 어떻게 우리의 바람, 욕구, 습관, 신념, 기쁨과 두려움 등을 만들어 내는지 살펴보기 위해 우리는 이 책을 통해 반짝거리는 뇌 속의 길들을 잘 들여다볼 것이다.

다음의 질문에 대해 살펴보자.

- 어떻게 인간은 자기 자신에게 화를 내고, 자기 자신과 논쟁하고, 자기 자신을 속이는가?
  (그러면 정확하게는 누가 누구를 속이는 것인가?)
- 습관은 어떻게 만들어지고 어떻게 바꿀 수 있는가?
- 수많은 가능성이 존재할 때 우리는 무엇을 해야 할지 어떻게 결정하는가?
- 누군가를 신뢰한다는 것은 어떤 의미인가?
- 어떻게 우리의 뇌는 이질적인 조각들을 모두 한데 엮어서 세상에 대한 이음매 없는 한결같은 경험을 창조하는가?

그 반짝거리는 길들 속에 우리의 이런 질문들에 도움이 될 만한 대답들이 있다.

이 책은 신경과학을 적용하여 우리가 경험하면서 갖게 되는 목표, 가치, 신념을 이해하는 데 도움을 줄 것이다. 그리고 우리 자신과 다른 사람들을 더 잘 이해할 수 있게 될 것이며 더 풍요롭고 만족스러운 삶을 살 수 있을 것이다.

인간의 뇌는 믿을 수 없을 정도로 복잡하다. 1,000억 개의 뉴런 또는 신경세포로 구성되어 있으며 각각 1,000~10,000개의 시냅스 또는 다른 세포와의 연결이 있다. 가능한 연결의 수는 우주의 입자 수(대략 10의 79승)로 알려진 것보다 많다. 당신의 뇌는 약 10만 마일의 혈관을 가지고 있다.

뇌가 없으면 고통도 없다. 뇌는 몸이 느끼는 고통과 즐거움을 만들어 내지만 뇌 자체는 고통이나 즐거움을 느끼지 못한다.

또한 우리가 세상에 대해 알고 있는 모든 것은 뇌를 통해 이루어 진다. 뇌는 당신의 심장박동, 호흡, 수면, 성욕, 식욕을 조절한다. 그리고 생각, 기분, 기억, 의사결정과 행동을 제어하고 영향을 미친다. 시각, 청각, 촉각, 미각, 후각의 세계는 우리의 관심과 즐거움을 위해 뇌에 의해 자연스럽게 결합된다. 이 놀라운 송에뤼미에르son et lumiere 와 같은 화려한 쇼의 막후에서 진행되는 작업의 양은 우리에게 알려져 있지 않다. 외부에 실제로 존재하는 것이 무엇이든 간에 우리가 인지하는 세계는, 우리 뇌에서 수십억 개의 신경세포를 통해 수조 개의 전기화학 신호가 서로 엮이고 그런 다양한 감각이 어우러지는 화려한 쇼 속에서 '외부'라는 결과가 그려지면서 창조된다.

세계라는 것이 원래 우리 자신이기 때문이다. 우리는 오로지 우리의 뇌가 인지하도록 허용하는 것만 인지한다.

우리는 운명의 주인은 나 자신이므로 모든 결정을 내가 통제하고 있다는 환상을 가지고 있다. 그러나 우리의 생각, 감정, 의사결정, 행동 대부분은 우리의 의식적인 통제하에 있지 않다. 뇌는 마술사처럼 군다. 우리에게서 물건들을 숨기고 다른 것들을 앞에다 놓고 보여준다. 뇌는 우리가 생각하고 우리가 인지하는 현실[1]을 창조하도록 우리의 주의attention를 잘못된 방향으로 인도하여 착각을 일으키게 하는 달인이다. 이것이 실제로 무엇을 의미하는지 이 책을 통해 곧 알게 될 것이다.

다만 우리는 뇌가 일체화된 것이라는 점을 절대 잊어서는 안 된다. 인형사가 꼭두각시 인형을 조종하는 것처럼 뇌가 몸을 진두지휘하는 것은 아니다. 뇌는 신체에 없어서는 안 되는 필수적인 부분이긴 하지만 신경조직을 모두 독점하지는 않는다.[2] 심장에 4만 개가 넘는 뉴런이 있고, 내장 기관은 1억 개의 뉴런과 수십 개의 신경전달물질을 가지고 있어 '제2의 뇌'[3]라고 부른다. 이 두 개의 뇌는 우호적 경쟁 관계에 있다.

뇌의 상징적 의미

아직도 뇌에 대한 잘못된 인식들을 쉽게 찾아볼 수 있다. 대표적인 것으로 뇌가 컴퓨터라는 주장이다.[4] 뇌가 컴퓨터라면 날씨, 감정 상태, 주변 환경에 상관없이 누가 조작하는가에 상관없이 똑같이 작동해야 할 것이다. 그리고 모든 것을 완벽하게 기억할 것이다. 그리고 한 번에 두 가지 일을 하려고 하면 충돌할 것이고 그 사람은 컴퓨터처럼 재부팅 되어야 할 것이다. 하지만 뇌는 그런 방식으로 작동하지 않는다. 뇌는 감정 상태나 다른 사람들에 의해 영향을 받기도 하고 컨디션이 좋지 않은 날도 있다. 두뇌는 중앙처리장치(CPU) 없이도 동일한 장소에 설치된 각각의 어플리케이션들이 종합적으로 작동하는 것처럼 협력하기도 하고 경쟁하기도 하며 상호 영향을 미친다.

또 다른 오해는 우리가 뇌의 일부만을 사용한다는 것이다. 우리는 대부분의 시간에 우리 뇌 전부를 사용하고 대부분의 뇌를 종일 사용한다. 심지어 뇌는 잠을 자는 동안에도 활동적이며 오히려 깨어 있을 때보다 수면 중에 더 활동적인 경우도 있다. 우리 뇌를 10퍼센트만 사용한다는 통념은 우리가 생각하는 것보다 그리고 우리가 지금 하고 있는 것보다 우리가 더 잘할 수 있다는 점을 상기시켜 주는 효과가 있다. 이것은 신경과학이 아닌 동기부여 심리학 분야에서 유효하다.

마지막으로 좌뇌는 마치 대학 도서관의 이미지처럼 논리와 질서 위에 세워진 이성의 영역이고, 우뇌는 마치 넘쳐흐르는 음악 속에서

모든 사람들이 즐거운 시간을 보내는 대학 파티처럼 엉뚱하고 예술
적이라는 오랜 통념이 있다. 여기에는 우리가 추후 탐구할 지극히 단
편적인 진실이 담겨있다. 각 반구는 어떤 것은 잘 하고 또 어떤 것은
잘 못하지만(가령 언어를 다루는 반구는 거의 왼쪽에서 담당하는 경향이 있는
것처럼 말이다.), 각 반구는 서로 협력한다. 도서관에도 파티의 흥청거
림이 있고 파티에도 이성이 존재하는 것처럼 말이다.

코칭과 신경과학

신경과학은 신경계와 뇌의 구조와 기능, 그리고 행동과 학습의
관계를 연구하는 학문이다. 인지 신경과학은 신경계와 우리의 사고
및 행동 사이의 관련성을 다루는 마음의 생물학이다. 뇌는 신경계의
가장 주요한 부분이므로 이 책에서는 뇌가 어떻게 작동하고 또한 뇌
가 코칭에 어떤 방식으로 응용될 수 있는지에 대해 집중적으로 알아
볼 것이다.

신경과학은 코칭에 각별히 중요한 관점을 제공한다. 그것은 우
리의 행동을 직접적으로 설명하지는 않지만 주관적인 세계를 어떻게
구성하는지 밝히는 데 도움을 준다. 모든 사람들은 자신의 경험을 통
해 자신만의 현실을 구축하고 모든 개인의 현실은 고유하다. 우리가
하는 경험은 뇌에 의해 처리된다. 너무나도 풍부하고 다채롭고 예술
적이고 서로 다른 우리의 세계는 뇌세포들 사이의 전기화학적 신호
라는 낯선 언어에 의해 어둠 속에서 창조된다. 우리가 경험을 가지고
만든 연관성과 의미의 거미줄들은 우리 뇌에서 만들어지는 신경 연
결망과 매우 유사하다. 그렇다고 해서 우리가 하는 풍부한 경험의 가

치를 폄하하는 것은 아니다. 하지만 우리는 그것이 어떻게 창조되는지 알아보기 위해 '보닛 아래'를 들여다볼 수는 있을 것이다. 어떻게 창조되는지를 안다는 것은 우리가 더 나은 현실을 창조할 수 있다는 의미이기 때문이다.

코칭은 사람들의 변화를 돕는다. 실제로 그것이 의미하는 바는 무엇일까? 변화는 현재 상태에서 원하는 상태로 이동하는 것이다. 여기서 우리는 세 가지 질문만 가지고 탐험함으로써 코칭을 단순화하고자 했다.

첫 번째 질문: 지금 어디에 있는가?

현재 상태를 벗어나 이동을 하려면 특히 당신을 계속 그 자리에 있게 만드는 제약이나 습관을 알아야 한다. 그리고 자신의 '주의'를 잘 지켜볼 필요가 있다. 신경과학은 '주의'에 대한 많은 정보를 주고 또 '주의'를 어떻게 사용할지를 알려준다. 혹시 한 곳에 집중하는 데 주의를 유지해 본 적이 있는가? 지금 당장도 해 볼 수 있는 다음의 손쉬운 실험은 우리의 주의가 얼마나 변덕스럽고 산만한지 보여 줄 것이다.

- 의자에 기대앉아라. 숫자를 세어가며 심호흡을 10번 하라.
- 설사 주장이 증명되지 않더라도 분명 기분은 나아질 테니 어쨌든 한 번 해 보라.
- 심호흡 10번을 한 세트로 해서 3세트를 반복하되, 오로지 호흡에만 집중하라.

마음이 흐트러지지 않고 얼마나 갔는가? 첫 세트를 통과한 것만 해도 꽤 훌륭하다. 주의를 모으고 집중하는 것은 매우 탐나는 기술이다. 그렇다면 우리는 어떻게 산만해지지 않고 우리의 주의를 집중시킬 수 있을까?

두 번째 질문: 우리가 정말로 가기를 원하는 곳은 어디인가?

무엇을 창조하고 싶은가? 당신의 삶이 어떻게 달라지기를 바라는가? 신경과학은 우리가 어떻게 명확하게 목표를 세우고, 우리가 무엇을 할지 결정하는 데 있어 감정이 우리에게 어떤 도움이 되는지, 그리고 작동 기억working memory이 어떻게 그 전체 과정을 뒷받침하는지 잘 보여준다.

세 번째 질문: 그곳으로 가는데 방해가 되는 것은 무엇인가?

만약 누구에게나 변화가 쉬웠다면 코치라는 존재는 필요하지 않았을 것이다. 외부의 장애물이 있을 수도 있지만, 변화에 어려움을 겪는 대부분의 이유는 문제를 해결하기에 부적합한 생각의 습관 때문이다. 습관은 한때 보상이 주어졌으나 현재는 그렇지 않은 우리의 행동이나 생각이다. 습관은 외부 자극이 동력이 되고 신경회로는 저절로 작동한다. 반복적 사용은 이 습관을 더 빠르고 무의식적으로 만든다. 가느다란 실들이 모여 쇠사슬처럼 단단하게 합쳐지는 것과 같다. 습관은 내가 같은 자리에 머물고자 할 때는 훌륭한 동반자지만 변화를 추구할 때는 적이 되어 버린다. 생각하지 않고도 저절로 되는 습관의 안이함은 우리의 변화와 도약에 방해가 된다. 생각의 습관은 아무런 성찰 없이 따라가게 만드는 자동 경로이다. 생각의 습관은 행동의 습관을 리드한다. 그런데 우리가 뇌를 알면 두 가지 측면에서 도움이 된다. 첫째, 생각은 우리가 생각하는 것보다 훨씬 더 쉽게 주변 환경이나 다른 사람의 영향을 받는데, 뇌를 통해 어떻게 그렇게 되는지를 알면 우리는 그것에 적절하게 대응을 할 수 있다. 둘째는, 뇌를 통해 어떻게 습관이 형성되는지를 알면 기존의 습관을 해체하고 새로운 습관을 세우는 가장 좋은 방법을 알 수 있다.

그렇다면 왜 지금 변화를 시도해야 하는가?

변화하기에 가장 적절한 시기는 언제인가?

갑작스러운 충격이 무언가를 수면 위로 떠오르게 하거나 혹은 문제가 너무 오랫동안 지속되어 슬슬 해결해야 할 시점이 도래했다고 느껴지는 순간들이 찾아온다. 우리는 그것이 중요하다고 생각될 때 바꾼다. 그렇기 때문에 거기에 우리의 가치관이 개입된다. 목표와 계획은 냉정하게 인식할 수 있는 반면에 가치는 따뜻한 감정과도 같아서 우리가 계획한 것을 행동하게끔 한다. 신경과학은 우리에게 뇌의 감정 중추(뜨거운 인지)와 합리적인 부분(차가운 인지)이 어떻게 목표를 세우고 우선순위를 결정하고 행동하도록 하는지에 대한 많은 통찰을 준다.

변화의 핵심은 배움이다. 그렇다면 우리는 어떻게 배우는가?

우리는 경험으로부터 배우며 우리의 경험에 대응해 행동과 생각을 바꾼다. 새로운 것이 더 가치 있고 보람 있어 보이기 때문에 우리는 변화한다. 우리는 어떻게 경험에 가치와 보상을 부여하는가? 이에 대해서는 신경과학 분야가 많은 것을 설명해 준다. 뇌는 신경전달물질인 도파민에 의해 촉진되는 보상체계를 가지고 있다. 가치, 보상, 그리고 원하는 경험을 이해하고자 한다면 이것이 어떻게 작동하는지 더 잘 이해하는 것이 좋다. 원하는 것과 좋아하는 것은 일치하지 않는다. 여러분은 무언가를 원할 수 있지만 그것을 즐기지 않을 수 있다. 마치 죄책감을 가진 채 치즈 케익을 한 입 베어 문 순간 멈추지 못하고 남은 조각을 다 먹을 때의 기분처럼 말이다. 원하는 것과 좋아하는 것은 서로 다른 두뇌 시스템에 의해 통제되고 그 두 시스템은 의견이 항상 일치하는 것은 아니다.

코칭은 우리를 현재 상태에서 원하는 상태로 데려가는 전략인 행동으로 마무리된다. 해서, 우리의 행동들을 조정하고 정렬시킬 필요가 있다. 뭔가 하고 있는 자신을 멈추게 해야 하고 다른 것을 하도록 스스로 동기부여해야 한다. 장기적으로도 단기적으로도 생각해 봐야 하고 기억을 정리하고 집중을 유지해야 한다. 우리 이마 뒤에 자리하고 두뇌의 CEO라 불리는 전전두피질(PFC: prefrontal cortex)의 세계에 온 것을 환영한다. CEO라 했지만 전전두피질이 모든 것을 책임지지는 않는다. 두려움은 계획을 망칠 수도 있다. 우리는 훌륭한 계획을 잘 세워 놓고도 중대한 시점에서 너무 불안해 해 계획을 망치기도 한다. 전전두피질은 우리에게 어리석게 굴지 말라고 지시할 수는 있지만, 두려움을 관리하는 뇌의 깊숙한 곳에 위치한 작은 아몬드 모양의 편도체amygdala를 이길 수는 없다. 편도체는 감정회로의 주역이다. 이성적인 행동보다 어떤 감정이 우선할 때 그 때 우리는 그저 한 사람이 아닌, 각자의 의제를 가진 서로 다른 부분들로 구성된 복잡한 집합체라는 진실에 마주한다. 실제로 이 복잡한 집합체인 뇌가 어떻게 작동하는지를 이해함으로써 우리는 그 격동 속에 있는 팀을 잘 길들일 수 있고 그래서 더욱 일관성 있고 효율적이 될 수 있을 것이다.

우리가 살고 있는 세계는 사회적이다. 보통 1대1로 진행하는 코칭이지만 세션에서 다루는 내용에는 본인을 둘러싼 가족, 주변의 중요 인물들, 문화나 사회에서 받은 인상까지 다 포함된다. 뇌는 따로 분리된 것처럼 연구되고 있지만 그 뇌를 가진 우리가 태어나 살고 있는 세계는 사회적이다. 사회는 우리가 태어나기 전에도 존재했고 우리가 죽은 후에도 여전히 존재할 것이다. 우리는 언어와 문화가 있는 역동적인 세상에 태어나 한 개인으로 성장하면서 다른 사람들로부터 얼마나 많은 빚을 지고 있는지 잊는다. 물론 당신의 뇌는 다른 사람들의 뇌와 물질적으로 연결되어 있지 않다. 하지만 당신의 뇌 속에서 이루어지는 물질적 연결망은 다른 사람들과 함께한 경험을 통해 형성되고 당신이 흡수한 문화에 의해 형성된다. 어떻게 뇌가 다른 사람들에 의해 형성되는지를 연구하는 사회적 인지 신경과학Social Cognitive Neuroscience분야[5]는 성장 중에 있다. 우리의 뇌는 고립되어 있지 않다. 다른 사람들은 끊임없이 우리의 생각, 감정, 의사결정을 자극하고 변화시킨다. 타인은 가장 위대한 미스터리이다. 다른 사람들이 독립적인 존재이지만 우리와 같다는 것을 우리는 어린 나이에 이미 알았다. 물론 우리는 다른 사람들이 무슨 생각을 하는지 정확히 알지는 못한다. 그럼에도 불구하고 우리는 그들의 의도를 정확하게 읽고 예측하는 마음의 기적을 일상적으로 행하고 있다. 다른 두개골에 분리된 각각의 뇌로 우리는 어떻게 다른 사람들과 연결되고 그들과 공감할 수 있는 것일까? 이것은 신경과학이 답해 줄 수 있는 또 하나의 질문이다. 그러니 이제 코치는 그 답을 가지고 실행에 옮기기만 하면 된다.

뇌를 공부하면 코치의 전문 영역인 마음에 대한 통찰력이 생긴다. 뇌에 관한 세부적인 해부학이나 전문용어를 알 필요는 없다. 우리는 이 엄청나게 복잡한 시스템이 어떻게 코치들을 위해 일할 수 있을지 폭넓게 살펴보고자 한다(그림 1.1).

그림 1.1 닫힌 방안의 팀

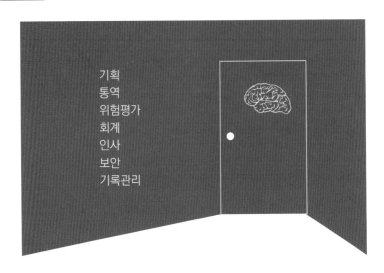

기획
통역
위험평가
회계
인사
보안
기록관리

두뇌코칭

잠시 생각에 관한 실험을 한번 해 보자. 당신이 어느 다국적 기업으로부터 최고 경영진을 코칭해 달라는 제안을 받았다고 상상하라. 그 기업의 인사 담당자는 해당 경영진과 그들의 업무 특성에 대해 다소 말을 아꼈지만 코칭 수수료를 매우 높게 제시했다. 그 기업은 전 세계적으로 승승장구하는 유명 기업이지만 한편으로는 가장 비밀스러운 기업 중 하나라는 평판을 가지고 있다. 그 기업의 최고 경영진에 대해서도 알려진 바가 거의 없다. 누가 그 회사를 경영하는지에 대해 아무도 모른다. 당신은 대기실로 안내되었고 닫혀 있는 문 뒤에 코칭해야 할 경영진이 있다는 이야기를 전해 들었다. 하지만 코칭을 시작하기 전 인사 담당자는 당신의 코칭 계약에 몇 가지 특이한 조건이 있다고 말한다.

"첫째, 당신은 경영진을 직접 만날 수 없습니다. 둘째, 소통은 대표님을 통해서만 진행됩니다. 그의 이름은 피터 바흐이고, 대표님께서 다른 사람들의 이야기를 대신 전달해 줄 겁니다. 모든 경영진이 함께 대화에 참여할 예정이지만 당신은 그들의 대화는 직접 들을 수 없으며 결과만 들을 수 있습니다."

당신은 이런 내용이 이상하다고 생각했지만 일단 계약 조건에 동의하고 그들을 직접 만나거나 이야기를 나누지 못할 것이기 때문에 다른 경영진들에 대한 추가적인 정보를 인사담당자에게 요청한다. 인사 담당자는 "글쎄요. 대부분의 경영진이 해당 언어를 구사하지 못하기 때문에 두 명의 통역사인 베라 스코어와 존 브로커가 함께할 것입니다. 당신이 그들에게 말하는 것을 베라가 통역하고 존은 대표님을 통역해서 당신에게 경영진의 의견을 전달해 줄 겁니다."라고 대답한다.

"통역사들의 실력은 어떤가요?"라고 당신이 묻는다.

인사 담당자는 "평소 그들의 통역 실력이 괜찮은 편이긴 하지만 가끔 통역이 틀리는 경우가 있긴 합니다. 그리고 한 가지 조언을 드리자면 유리한 입장을 취하기 위해 다소 꾸미는 경향이 있을 겁니다. 존이 통역할 때 그가 거짓말을 하는 것은 아니어도 진실을 모두 전달하지는 않을 수 있다는 것을 명심하세요."라고 대답한다.

당신이 이 상황을 이해하려 애쓰는 동안 인사 담당자는 이어서 이야기한다. "최고 재무임원인 빅터 스트릭랜드는 당신의 조언이 기업의 수익 성장에 얼마나 도움이 될지 무척 관심을 가지고 있습니다. 주의할 점은 빅터는 이 코칭 세션을 통해 확실한 이익을 보려고 할 거예요. 또 너무 먼 미래에 대한 것은 다소 낮게 평가하는 경향이 있습니다. 그리고 새로운 아이디어를 무척 좋아합니다. 만약 그가 이미 알고 있던 내용이라면 그 아이디어의 장점과는 별개로 큰 감명을 받지 않을 거예요."

당신은 얼굴을 찌푸리고 이사회실의 닫힌 문을 바라보며 의자에 더 깊숙이 기대앉으며 질문한다.

"그리고 또 누가 있습니까?"

"델라는 위험 평가 담당입니다. 그녀의 기분을 상하게 하지 마세요. 그녀가 위협을 느낀다면 코칭 세션을 당장 멈출 것입니다. 그녀는 보안 및 감시 책임자인 앤드류 솔로와 긴밀한 협력 관계에 있습니다."

당신은 이 프로젝트를 수락한 것이 옳은 결정이었는지 의구심이 들기 시작한다.

인사담당자는 잠시 먼 곳을 응시하더니 곧 이야기를 계속 이어간다. "메리 아일랜드는 경영진 중에서도 핵심 멤버입니다. 그녀는 사람들이 정신 차리고 문제에 집중할 수 있게 합니다. 그녀가 없다면 다른 임원들은 다소 혼란스러워할 겁니다. 그리고 설립자이자 해결사인 얀 샘텀이 있는데 모든 것은 그에 의해 운영되어야 합니다. 그리고 그는 모든 문제를 다룰 최적의 사람을 잘 알고 있어요. 그리고 글로벌 인사 담당자인 리차드 보더씨도 중요합니다. 그는 사람들과 잘 지내는 분이니 당신하고도 잘 맞을 거예요. 또한 데이터 처리 책임자인 메리 스티드가 모든 미팅의 기록을 보유하고 있습니다. 누구든 방향을 잃으면 그녀의 기록을 참조하곤 합니다. 그런데 메리는 항상 편집하는 경향이 있어서 파일을 꺼냈다가 다시 보관하기 전에 내용을 바꾸곤 합니다. 그러니 당신도 기록을 따로 관리하는 것이 좋을 거예요."

"그게 전부입니까?" 당신이 질문한다.

"제가 아는 건 그게 다입니다. 다만… 제가 모르는 다른 것들이 있을 수도 있죠."라며 인사 담당자는 말한다.

두뇌코칭의 세계에 온 걸 다시 한번 환영한다.

모든 인간의 머릿속[6]에 자리 잡고 있는 이러한 이상한 경영진을 성공적으로 지도할 수 있는 방법을 이제부터 탐색해 볼 것이다.

물질로서의 뇌

먼저 본격적으로 책의 내용에 들어가기에 앞서 우리의 자세를 가다듬기 위해 간단하게 뇌에 대해 알아보자. 책 뒷부분에 용어사전이 수록되어 있다. 가능한 한 쉽게 설명하고자 노력하겠지만 뇌는 믿을 수 없을 정도로 복잡하기 때문에 이해의 과정이 쉽지만은 않을 것이다. 신경과학은 아직 뇌가 어떻게 작동하는지에 대해 완벽하고 깔끔하게 설명하지 못하고 있다. 아마 앞으로도 그럴 것이다. 뇌의 특정 부위 각각에 정신적인 기능을 하나씩 할당하는 것은 무척 솔깃한 일이나 그것은 불가능하다. 뇌의 일부 부위에 어떤 기능이 특화되어 있는 것은 사실이지만 그 부위가 제대로 작동하려면 다른 많은 부위들의 지원이 필요하도록 되어 있다. 뇌의 어떤 한 부위가 꼭 필요한 필수적인 부위이지만 한 가지 기능을 완전히 수행하기에는 충분하지 않다. 예를 들어 기억을 위해서는 해마hippocampus가 필요하다. 그런 해마의 일부를 제거하면 심각한 기억 상실증이라는 결과를 초래한다. 하지만 뇌의 다른 영역을 다쳐도 기억 장애를 초래할 수가 있다.

또한 장기 기억의 흔적은 전두엽 피질에 저장되는 것으로 보인다. 그래서 우리가 뇌의 한 부위가 어떤 기능을 '가지고 있다'는 말을 할 때 우리가 의미하는 바는, 이 해마 부위가 하는 주요 역할이 그렇다는 뜻이다. 이 영역 없이는 기억 관련 기능이 발휘되지 못하지만 기능이 완전히 작동하려면 다른 영역들이 반드시 필요하다는 의미이다. 뇌의 각 부위들 대부분은 담당하는 기능이 여러 개가 있고 다른 시스템에도 기여를 하고 있다. (예를 들어 해마는 기억 외에 기획, 학습, 적절한 감정 표현에도 관여한다.) 많은 중복 기능이 내장되어 있는 것이다.

그러한 뇌의 특성에 대한 이해를 가지고 오리엔테이션을 이어가자면[7] 뇌는 두개골의 윗부분을 메우고 있는 상태로 자리잡고 있으며 반으로 나뉘어져 서로를 비추는 거울상처럼 두 개의 반구로 구성되어 있다. 그 둘은 뇌량이라고 알려진 큰 신경 섬유 다발로 이어져 있다. 뇌 전체 무게의 80%를 차지하는 가장 큰 부분은 대뇌 또는 대뇌피질 cerebral cortex[8]이다. 자전거 헬멧의 폼 케이스처럼 두개골의 앞부분과 윗부분을 메우는 것처럼 자리하고 있고 네 부분으로 나뉘어져 있다. 첫 번째 부분은 전두엽frontal lobe(이마와 눈 뒤에)이다. 계획, 중요한 의사 결정, 합리적인 사고를 담당한다. 또한, 우발적인 충동을 통제하므로 결코 그런 충동이 행동으로 이어지도록 해석하지 않는다. 예상할 수 있듯이 전두엽은 뇌의 다른 부위와 아주 잘 연결되어 있다(그림 1.2).

두정엽parietal lobe(전두엽 뒤에)은 감각을 다룬다. 외부 세계와 신체 내부로부터의 감각은 피질의 이 부분에 해당된다. 측두엽temporal lobe(두정엽과 전두엽 아래)은 주로 청각과 기억을 담당한다. 후두엽 occipital lobe(뒤쪽에)은 시각 정보를 처리한다.

그림 1.2 대뇌피질 cerebral cortex

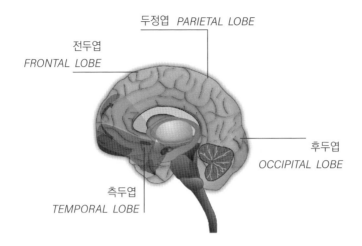

두정엽 *PARIETAL LOBE*

전두엽
FRONTAL LOBE

후두엽
OCCIPITAL LOBE

측두엽
TEMPORAL LOBE

뇌를 손가락 관절이 앞으로 향하고 있는 주먹이라고 생각해 보자. 전두엽은 손가락 관절 부분이고, 측두엽은 손의 살집이 있는 측면, 두정엽은 손가락 관절 근처의 손등, 후두엽은 손목 근처의 손등에 해당한다.[9]

피질 바로 아래에 있는 피질하subcortical 구조물들은 감정이나 고통, 즐거움과 같이 우리를 살아 있게 하는 기본적인 과정들을 처리한다. 그 중의 시상thalamus은 작지만 매우 중요한 구조물이다. 각 반구에 하나씩 있고, 감각 신호들을 조정하고 그러한 정보를 두뇌의 다른 영역에 전달하는 중계국 역할을 한다. 대뇌피질의 뒤쪽 아래에 돌출된 부분이 소뇌celebellum이다. 소뇌 역시 양쪽에 두 개의 반구를 가지고 있으며 움직임, 자세, 균형을 조절한다. 소뇌에서 내려와 뇌와 척수를 연결하는 연수medulla는 호흡, 온도 조절, 혈액순환과 같이 우리에게 기본이 되는 생명 시스템을 운영하는 곳이다(그림 1.3).

그림 1.3 소뇌 cerebellum

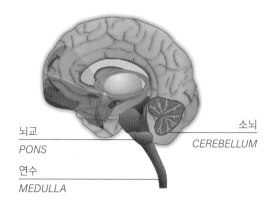

뇌교
PONS

연수
MEDULLA

소뇌
CEREBELLUM

다른 중요한 구조물들은 대뇌피질 아래에 위치하여 보이지 않는 다. 해마(각 반구에 하나씩 있음)는 우리의 기억이 형성되는 곳이다. 편도체(이것도 각 반구에 하나씩 있음)는 감정과 감정적 기억, 특히 두려움을 처리하는 뇌의 핵심 부위이다. 기저핵basal ganglia은 뇌의 바닥에 있는 일련의 작은 구조물이다. 즐거움과 보상을 추구하며 움직임을 통제하는 데 관여한다(그림 1.4).

그림 1.4 피질하 구조물 subcortical structures

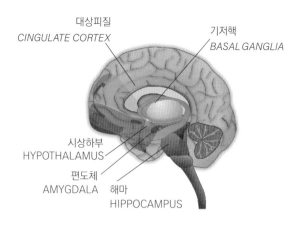

대상피질
CINGULATE CORTEX

기저핵
BASAL GANGLIA

시상하부
HYPOTHALAMUS

편도체
AMYGDALA

해마
HIPPOCAMPUS

마지막으로 언어를 생성하고 이해할 수 있도록 해 주는 두 영역이 있다. 이 영역들은 우리의 삶에서 크게 중요한 부분을 관리하는 데 비해 크기는 놀라울 정도로 작다. 첫 번째, 브로카 영역Broca's area은 보통 전두엽 피질의 왼쪽 반구에 있으며 언어의 생성을 담당한다. 언어의 출력을 담당하는 이 부위에 부상을 입게 되면, 이해할 수 있는 문장으로 의사소통할 수 있는 능력을 상실한다. 두 번째, 베르니케 영역Wernicke's area은 측두엽의 왼쪽에 있는 영역이다. 언어의 입력을 담당하는 이 부위에 문제가 생긴 사람들은 문자나 언어를 이해할 수 없게 된다.

뇌는 어떻게 소통하는가

뇌는 내부에서 어떻게 소통하고 또 신체의 다른 부위로 어떻게 전달하는 것일까? 뇌는 전기화학적 신호[10]의 형태로 정보를 전송하는 신경세포들(뉴런)로 구성되어 있다. 다른 뉴런으로부터 정보를 받고 또 그 정보를 다른 뉴런에게 전달한다(혹은 전달을 막기도 한다). 뉴런은 머리카락처럼 뻗쳐 나온 돌출부를 포함하는 세포체를 가지고 있으며, 이 뻗쳐 나온 돌출부는 늘리면 늘릴수록 더 가늘어지고 더 섬세해진다. 이것을 수상돌기dendrites라 하며 다른 뉴런들로부터 정보를 입력 받는다. 뉴런의 세포체에는 수상돌기 외에도 축삭돌기axon가 있다. 수상돌기보다 길게 뻗어 나가는 필라멘트 형태이고 시속 200마일의 빠른 속도로 다음 뉴런에게 정보를 전달하는 특징이 있다. 한 세포의 축삭돌기와 다음 세포의 수상돌기 사이에는 시냅스synapses라고 불리는 작은 틈이 있다. 따라서 신호는 시냅스를 건너뛰어야 한다.

그 과정은 전화기를 사용할 때 상대방의 목소리가 수화기를 타고 내려와 공기를 통해 귀로 전달되는 것과 같다. 신경세포에서 신호는 주로 시냅스에서 만들어진 신경전달물질이라고 불리는 화학물질이 시냅스를 통해 전달된다. 신경전달물질은 신호가 다음 뉴런으로 전달되도록 한다. 즉 신경전달물질이 없으면 신호 전달은 불가능하다. 도파민dopamine, 세로토닌serotonin, 감마 아미노뷰티르산(GABA: gamma-aminobutyric acid)이 가장 중요한 신경전달물질이며, 100가지가 넘는 신경전달물질에 대한 효과는 나중에 다시 자세히 알아볼 것이다. 이제 우리는 위에서 설명했던 비밀스러운 경영진에 대해 조금 더 이해할 수 있게 되었다. 다음 단계에서 그들이 어떻게 스스로 변할 수 있는지 알아볼 것이다.

주석

1) 이 마지막 문장을 이해하기 어려울 것이다. 어떻게 '그것'이 '나'라는 환상을 만들고 인식론적 숨바꼭질에 빠지도록 하는 것일까? 언어로는 이것을 제대로 표현할 수 없다. 뇌가 어떻게 자유로운 존재free agent인 우리 자신에 대한 의식적 감정을 일으키게 하는지 아무도 밝혀내지 못했다. 이 책을 통해 우리는 뇌가 어떻게 기능하는지 볼 것이다. 하지만 뇌가 어떻게 우리 각자의 주관적인 경험이 되는 간극을 뛰어넘는지에 대해서는 분명히 밝히지 못했고, 어쩌면 앞으로 영원히 밝혀내지 못할 지도 모른다. 누가 촛불을 켜는가? 우리는 우리의 의식적인 인식에 뇌가 꼭 필요하지만 뇌만으로는 충분하지는 않다는 것을 알고 있다.

2) 형상화에 대한 설명은 Claxton, G., Intelligence in the flesh 참조. 예일 대학교 출판부(2015).

3) Gershon, M. (1999). The second brain. Harper Collins. 두 번째 뇌. 하퍼 콜린스Harper Collins. 저명한 신경과학자의 흥미로운 연구 자료.

4) 1940년대에 컴퓨터가 처음 만들어졌을 때 '전자 두뇌'라고 불렸던 이유는 컴퓨터가 두뇌와 비슷해서가 아니라 두뇌가 하는 일을 할 수 있다고 생각했기 때문이다. 컴퓨터가 더 빠르고 더 좋아지면서 두뇌보다 더 나은 부분도 있었지만(체스나 바둑을 두는 것 같은 영역에서), 얼굴을 인식하고, 풍자를 이해하고, 빠르고 부드럽고 우아한 동작들을 제어하는 것과 같이 우리가 일상에서 별다른 노력없이 하는 일에서는 인간의 두뇌보다 훨씬 뒤떨어졌다. 체스나 바둑을 둘 때에도 컴퓨터는 인간의 두뇌가 게임을 하는 방식이 아니라, 엄청난 수의 가능성을 계산해 그중 최고의 가능성을 선택하여 승리한다. 신경세포가 연결되는 방식을

더 많이 모델링한 신경망 컴퓨터는 그다지 성공적이지 못했다. 훈련하는 데 많은 시간을 요했고, 인간 유아가 몇 초 안에 할 수 있는 일(예: 얼굴 표정 인식)을 수행하려면 너무나 많은 데이터를 필요로 했다.

5) Lieberman, M. D. (2007). Social cognitive neuroscience: a review of core processes. Annual Review Psychology, 58, 259-289

6) 각 해당 구성원이 뇌의 어느 부분을 대표하는지 알고 싶다면 부록 1의 끝부분을 참조.

7) 3차원(3D) 그림과 두뇌 설명을 제공하는 유익한 어플이 다양하게 존재하지만, 그 중 콜드 스프링 하버 연구소 DNA 학습 센터의 3D 두뇌 정보는 아주 정교하다.

8) 대부분의 뇌구조 이름이 라틴어임을 알 수 있다. 이는 당시 관습에 따라 초기 해부학자들에 의해 명명되었는데, 이러한 용어가 신비스럽고 과학적으로 들리긴 하지만 기억하기 무척 어려운 단점이 있다.

9) 대상피질(주먹 비유에서 손가락 아래쪽)은 대뇌피질 내측에 띠처럼 둘러싸고 있으며 오류 감지(매우 중요한 기능), 통증 처리 및 주의 집중에 관여한다.

10) 뇌에는 뉴런을 따라 마치 보조 패킹을 제공하는 것처럼 보이는 신경아교 세포glial cells도 있다.

참고문헌

Claxton, G. (2015). Intelligence in the flesh. New Have, CT: Yale University Press.

Gershon, M. (1999). The second brain. New York: Harper Collins.

Lieberman, M. D. (2007). Social cognitive neuroscience: a review of core processes. Annual Review of Psychology, 58, 259-289.

제2장

신경가소성

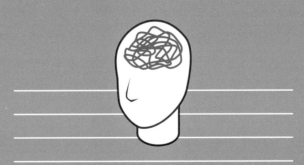

제2장

신경가소성

코칭은 사람을 변화시킨다. 행동과 생각에 변화가 있다는 것은 분명 뇌에도 변화가 생겼다는 것을 의미한다. 새로운 직업을 갖게 되면 일상의 루틴 대부분이 바뀐다. 새로운 언어를 배우거나 다른 나라로 이주를 하게 되면 늘 하던 것과 다르게 생각한다. 이 모든 것은 뇌의 변화를 가져온다. 새로 건설된 도시와 마을에 새 도로가 생기듯 뇌에서도 새로운 신경회로가 생기는 것이다. 오래된 도로는 폐허가 되고 사람들이 떠난 지역은 황폐해진다.

신경가소성은 뇌가 새로운 생각이나 경험, 행동에 반응하여 스스로 변화하는 과정이다. 뇌는 조각 작품을 모아둔 것처럼 고정되어 있는 것이 아니다. 뇌는 마치 서로 부대끼고 대화하며 한편에서는 새로운 친구들을 사귀고 또 한편에서는 다른 사람들과 결별하며 바쁘게 사는 군중들 같다. 어떤 사람들은 떠나고 어떤 사람들은 합류한다. 신경가소성은 우리가 하는 모든 학습과 변화를 이룰 능력의 기초가 되므로 뇌에 관해 다룰 첫번째 주제로 제격이다.

신경가소성은 새로운 뉴런의 형성, 새로운 시냅스의 형성, 기존 시냅스의 강화라는 세 가지 형태로 나타난다. 갓 태어난 신생아의 뇌는 성인의 뇌와 거의 같은 수의 뉴런을 가지고 있고, 빠르게 성장하여 두 살이 되면 성인 뇌 크기의 80%에 도달한다. 유아의 뇌는 초당 2백만 개의 시냅스를 형성하는 놀라운 성장을 보인다. 세상을 처음 마주하는 유아에게는 모든 것이 새로운 것이어서 아직 무엇이 이로운 것이고 무엇이 받아들일 가치가 있는 것인지 알 수 없기 때문에 모든 것을 무차별적으로 배운다. 자연도 그렇게 무해하게 작동하며 모든 것들을 받아들인다.

배울 가치가 있는 중요한 것들은 시간이 지남에 따라 점차 명확해진다. 엄마는 내가 소리 지르며 떠드는 것을 좋아하지 않는다는 것은 아이에게 기억할 가치가 있는 중요한 사실이지만 사람들이 가끔 파란색 모자를 쓴다는 것은 그다지 중요하지 않다. 많은 신경 연결은 이어졌다가 소실되고 남아 있는 신경 연결들은 점점 강화된다. 더 자주 쓰게 되는 경로는 쓸수록 강해지고 쓰이지 않는 경로는 황폐해진다. 청소년기에 우리는 수십 억 개의 시냅스를 잃지만, 남은 것들은 더욱 강하고 긴밀하게 연결된다. 성인의 뇌는 10대를 거치는 동안 형성되는 것이라고 생각했고 이야기는 그렇게 종결되는 듯했지만[1], 1990년대 중반 엘리자베스 굴드Elizabeth Gould와 페르난도 노테봄Fernando Nottebohm[2]의 연구는 기존의 정설을 뒤집었다. 굴드는 동물들이 전 생애에 걸쳐 새로운 뇌세포를 만든다는 것을 입증했고, 노테봄은 명금(고운 소리로 우는 새)이 소리를 내 울기 위해 뇌세포를 새롭게 만든다는 사실을 밝혀냈다(이 흥미로운 사실은 새장에서 키운 새에게는 해당되지 않았고, 자연 서식지의 새에게서만 증명되었다). 하지만 굴드와 노테봄의 연구는 어디까지나 동물실험에 국한된 것이었다. 이후 1998년 에릭슨Eriksson의 연구에 와서야 성인 뇌의 해마에서 새로운 뉴런이 생성된다는 것이 밝혀졌다.[3] 이를 계기로 뇌에 대한 은유는 차츰 컴퓨터 하드 디스크와 같은 고정적 이미지에서 자가 재생하는 유기체로 바뀌어 갔다.

뉴런의 연결 - 시냅스 가소성

시냅스의 변화는 시냅스 신경가소성으로 알려져 있다. 시냅스 신경가소성은 테니스를 배우고, 타이핑을 하고, 담배를 피우는 등의 습관과 기술들을 우리가 어떻게 만들고 습득하는지와 관련된다. 양쪽 뇌의 뉴런들이 동시에 활성화될 때 시냅스는 강력해져서 그 틈새를 가로질러 신호가 전달될 가능성이 더 커진다. 시냅스 전 뉴런presynaptic neuron은 시냅스 후 뉴런postsynaptic neuron 앞에서 안정적으로 점화되어야 신호가 계속 흐르는데 이 과정을 장기강화라고 한다. 장기강화는 20세기 중반 신경망에 대한 선구적인 연구를 한 캐나다의 심리학자 도널드 헵Donald Hebb[4]이 발표한 이론 '동시에 점화되는 뉴런들은 동시에 연결된다', 즉 헵의 법칙(Hebb's law)으로 간결하게 설명할 수 있다. '따로 점화한 뉴런들은 연결 또한 따로 되고 다른 길 즉 다른 신경망으로 이어진다.'

신경가소성의 경쟁력

시냅스는 생성, 파괴, 강화, 약화될 수 있을 뿐만 아니라 뉴런 자체를 인계 받아 재사용할 수도 있다. 뉴런은 특정 분야의 전문가가 아니라 필요에 따라 여러 전문 분야를 아우를 수 있는 능력자이며 뇌는 우리가 생각했던 것보다 훨씬 적응력이 뛰어나다. 적응력이 뛰어나다 못해 기회주의적이기까지 하다. 어떤 신경세포가 사용되지 않고 있으면 다른 곳으로 인계하여 다른 목적으로 사용되게끔 한다. 마치 당신 집에 있는 쓰고 있지 않는 여분의 침실이 당신이 보지 못한 사이에 주방으로 바뀌어 버리는 것처럼 말이다. 이것은 신경가소성의 경쟁력competitive neuroplasticity으로 알려져 있고, 이와 관련한 흥미로운 사례들이 많이 있다.

우리가 알고 있듯이 시각장애는 시각의 보완을 위해 촉각이나 청각과 같은 다른 감각들을 더 민감하게 만든다. 이것은 청각과 촉각이 더 많이 사용되어 연결이 강화되고 증가하는 시냅스 신경가소성의 결과이다. 신경가소성의 경쟁력은 더 많은 일을 한다. 사용되지 않는 뉴런을 다른 곳으로 보내 사용되게끔 만든다. 시각장애인은 보통 눈으로부터 입력된 정보를 처리하는 뇌의 영역(주로 뇌 뒷부분의 후두엽)으로는 정보를 받아들이지 못한다. 그렇다고 가만히 있지 않는다. 촉각이나 청각과 같은 다른 감각이 대신 정보를 입력 받아 처리한다.[5]

우리는 외부 세계를 감지하고 우리 몸을 직접 느낀다고 생각하지만 그것은 모두 뇌에서 일어나는 일이다. 뇌는 전기화학적 신호가 살아서 존재하는 끝없이 펼쳐진 어두운 통로들의 연속이다. 시각, 청각, 촉각, 미각 등 모든 입력된 정보는 이 낯선 뇌의 보편 언어로 변환되어야 하고 그런 다음에 우리가 감각으로 인지할 수 있는 어떤 것으로 처리된다. 13살에 시력을 잃은 에릭 웨이언메이어Eric Weihenmayer는 2001년에 에베레스트산을 등반한 최초의 시각장애인이 되었다. 그는 혀 위에 격자모양의 수백 개의 작은 전극으로 이루어진 브레인 포트brain port라는 장치를 한 채 산을 올랐다. 브레인 포트는 혀에서 시각적 지형 정보(크기, 모양, 거리)를 해독해 그 영상을 전기적 자극으로 변환시킨다. 우리는 눈으로 보는 것이라고 생각하지만 그렇지 않다. 뇌로 본다. 따라서 정보를 반드시 눈으로부터 입력 받아야 하는 것은 아니다. 뇌는 눈으로부터 정보를 입력 받아 우리가 하는 시각적 경험을 창조하므로 결국 우리가 볼 수 있도록 해 주는 것은 우리의 뇌이다. 뇌는 외부에서 입력되는 정보 없이도 후두엽에 스스로 모든 이미지를 만들어 바깥으로 환영을 투사할 수도 있다. 이러한 과정은 청각에서도 마찬가지다. 뇌는 귀로부터 입력된 정보를 해독함으로써 우리가 경험하는 소리를 만들어 내기 때문에 귀로부터 입력된 정보 없이 측두엽에서 환청을 만들 수도 있고, 또한 피부의 촉각도 뇌가 해독하기 때문에 촉각에 대한 환각도 만들 수 있다. 우리는 모든 것을 뇌로 느낀다. 즉 존재하지 않는 것도 느낄 수가 있는 것이다. 뇌의 운동피질에 있는 세포를 자극하면 물리적 자극 없이도 신체의 해당 부위에 감각을 느낄 수 있다.[6]

생각과 신경가소성

뇌는 우리가 살아가는 동안 우리 삶에 반응하며 스스로 변화한다. 반복적인 행동은 뇌의 변화를 가져온다. 예를 들어, 기타를 연주하는 동작을 반복하면 손가락을 제어하는 일차 운동피질 부위가 확대되고 강화된다. 또한 뇌량corpus callosum을 포함한 다른 영역도 더 커지고 더 많은 활동성을 보인다.[7]

생각이 뇌를 바꿀 수 있을까? 뇌는 약 1.5kg의 무게로 물리적으로 실체가 분명한 우리 몸의 일부이다. 하지만 생각은 무게도 없고 형체도 없다. 노벨상을 수상할 만큼의 뛰어난 통찰이든, 아침 식사로 무엇을 먹을지에 대한 사소한 고민이든 모두 동등하게 실체가 없다. 그렇지만 생각은 뇌를 바꿀 수 있다. 생각은 뉴런과 시냅스를 재구성할 수 있기 때문이다. 신경세포의 축삭돌기를 따라 전달되고 뉴런을 작동시키는 전기화학적 메시지는 뇌의 언어이다. 이러한 메시지들은 물리적 행동과 생각의 결과이다. 뇌는 이 둘 즉 물리적 행동과 생각을 똑같은 방식으로 표현한다.

이와 관련한 데이터는 많다. 근육 반응 조절에 관한 한 실험에서[8] 피아노를 연주해 본 적이 없는 사람들을 모아 두 그룹으로 나누었다. 첫 번째 그룹은 5일 동안 매일 2시간씩 마음속으로 피아노 연주 연습했고, 두 번째 그룹은 첫번째 그룹과 동일한 시간 동안 실제로(물리적으로) 피아노 연주 연습을 했다. 실험 기간 동안 두 그룹 참여자들의 뇌 상태를 스캔하였다. 참여자들 모두 비슷한 뇌의 패턴을 보였고 두 그룹 모두 피아노를 연주할 수 있게 되었다. 세 번째 날까지도 두 그룹 모두 피아노 연주가 가능했다. 마음속으로 피아노를 연습했던 첫 번째 그룹도 실제 물리적으로 연습했던 그룹과 마찬가지로 운동피질에 같은 뇌 지도를 형성했다.

생각은 뇌를 변화시키고 그 변화된 뇌는 미래의 생각에도 영향을 미친다. 우리가 반복적으로 생각하는 것은 생각하기가 더 수월해진다. 이것이 우리가 뭔가를 해낼 수 있게도 하고 우리를 제한하게도 하는 생각의 습관을 만드는 방식이다. 이 생각의 습관은 물리적인 습관의 정신적 등가물이다. 우리가 잦은 빈도로 떠올리는 생각들은 손님으로 등장하여 하숙생으로 자리잡고, 그러다 결국에는 우리의 주인이 되어 버린다.

늑대의 우화는 위 내용을 좀 더 시적으로 표현한다. 한 노인이 손자에게 모든 사람의 내면에서 벌어지고 있는 전투에 대한 이야기를 들려주었다. 노인이 말한 '전투'는 '우리 모두의 마음에 있는 늑대 두 마리 간의 싸움'을 뜻했다. 노인은 "한 마리는 나쁜 늑대란다. 탐욕스럽고 거만하며 자기 연민과 원망이 가득한 늑대야. 다른 한 마리는 착하단다. 평화롭고 사랑스럽고 친절하기까지 한 늑대지."라고 말했다. 그리고 노인은 침묵했다. 이야기를 듣고 잠시 생각하던 소년은

"어떤 늑대가 이기나요?"라고 질문했다. 노인은 대답했다. "네가 먹이를 주는 늑대가 이기지."

코칭에 적용하기

신경과학 연구에 따르면 뇌는 우리가 보고, 듣고, 느끼고, 행동하는 것에 반응하는 역동적이고 민감한 시스템이다. 머제니치Merzenich와 제킨스Jenkins[9]의 연구에 따르면 습관은 뇌에 지도를 만들고 그것을 반복할 때마다 뇌 지도와 그 연결은 더 강해지고 정교해진다. 그리고 연결 속도는 점점 빨라진다. 습관은 생겼다가도 없어지기도 하고 기술 역시 익혔다가도 잃기도 한다. 반복하는 것은 강해지고 방치하는 것은 약해진다.

중국 속담에 '거미줄도 단련하면 쇠사슬이 된다'는 말이 있다.

코칭은 클라이언트가 변화와 성장을 이룰 수 있도록 새로운 기술을 배우고 제한된 사고 습관을 변화시키도록 돕는다. 이러한 변화가 뇌에서 어떻게 작용하는지 아는 것은 엄청나게 유용하다. 많은 클라이언트들이 습관에 갇혀 있다고 느낀다. '늙은 개에게는 새로운 재주를 가르치지 못한다.'라는 말처럼 어떤 습관은 아예 바꿀 수 없다고 믿기도 한다. 코치는 그러한 제한된 신념을 바꾸기 위해 힘든 싸움을 해야 할 지도 모른다. 앞서 살펴본 이러한 연구 결과들을 통해 우리는 이제 인간의 뇌가 정지 상태의 변하지 않는 세포들의 집합체가 아니라 스스로 재생하는 시스템이라는 것을 알게 되었다. 이러한 인식은 널리 알려지고 있다. 변화는 가능해졌고 심지어 불가피하다. 우리는 우리가 어떻게 행동하고 어떻게 생각하느냐에 따라 매일 조금씩 다르게 우리 스스로를 재창조한다. 코치는 자기 주도적인 신경가소성의 조력자가 될 수 있다. 클라이언트는 무엇을 변화시킬지 결정하고, 그 변화를 만들어 내고 그리고 그것을 계속 유지한다. 코치의 도움을 받아 자신의 두뇌를 재조직하는 것이다.

신경가소성의 부정적인 측면

다들 내가 원하지 않는 순간에도 오랫동안 늘 해오던 똑같은 행동, 똑같은 생각을 하고 있는 자신을 발견하고는 습관에 사로잡혔다고 느껴본 경험이 있을 것이다. 이것이 바로 신경가소성의 부정적인 측면이다. 우리의 뇌는 습관적으로 하는 일에는 별도의 공간을 내어 준다. 즉 강박적으로 문자를 보내는 사람에게는 엄지손가락, 바이올리니스트에게는 다섯 손가락 전체, 와인 소믈리에에게는 미각을 위한 공간을 제공한다. 습관적인 생각에 대한 연결망은 더 강화되어 있어 더 빠르고 자연스럽게 접근할 수 있다. 이러한 습관적인 생각들이 건강한 생각이고 도움이 되는 것일 수도 있지만, 때로는 해롭고 자기 파괴적인 것일 수도 있다. 하지만 어떤 생각이든 습관이 되는 과정 자체는 동일하다. 뇌는 무엇이 좋고 무엇이 나쁜지 판단하지 않기 때문이다. 일단 자리를 잡으면 바꾸는 일은 좋은 것이든 나쁜 것이든 똑같이 어렵다. 습관은 우리도 모르는 사이에 형성된다. '한 번 정도 더 하는 거야 괜찮겠지.' 이것은 아주 위험한 주문이다. 습관이라는 사슬은 너무 가벼워서 끊을 수 없을 정도로 무거워지기 전까지는 느껴지지도 않는다. 우리는 신경가소성이 우리에게 불리하게 작동하지 않고 진정 도움이 되기를 바란다. 그렇다면 코치가 제일 먼저 기억해야 할 것은 습관을 다룰 때는 교만하지 않고 조심스러운 마음으로 해야 한다는 것이다.

현대 기술과 소셜 미디어가 작동하는 방식은 이렇다. 검색 엔진과 소셜 미디어는 사용자가 검색한 것들을 분석하고 과거에 선호했던 것을 기반으로 추천한다. 알고리즘은 사용자가 마지막으로 그것을 사용했던 때와 똑같다고 간주하여 작동한다. 현대 문물이 우리에게 그렇게 하도록 내버려 둔다면 그것들은 우리가 가고자 하는 곳이 아니라 우리가 어디에 있었는지를 기준으로 우리가 보는 것을 걸러 낼 것이다. 즉 우리가 연결하고 우리가 여행한 디지털 경로들은 더욱 강화되어 계속해서 우리에게 제공될 것이다. 그 결과 외부에서는 절대 볼 수 없기 때문에 알아차리지 못하는 디지털 필터 버블filter bubble(역자주: 제공되는 익숙한 정보만 이용자에게 도달되는 현상을 말함. 대게 인터넷 정보 제공자가 이용자에게 맞춤형 정보를 제공하면서 이용자는 선별된 정보에만 둘러싸이게 되어 정보의 편향성에 갇히는 경우, 또는 특정 언론의 프레임에만 익숙해져 전체를 보지 못하고 제한된 정보만 접하는 경우를 말함)에 갇혀 버릴 수가 있다. 검색 엔진을 통해 우리는 우리가 원하는 것을 검색한다고 믿고 있지만, 사실 검색 엔진은 우리가 과거에 검색한 것을 기준 삼아 우리가 원할 것이라고 생각하는 것을 검색해 주는 것이다. 뇌도 마찬가지다. 이미 익숙한 것만 생각하고 행동하려는 경향을 우리 스스로 주의깊게 인식하지 못한다면, 뇌 역시 자신만의 필터 버블을 만들어 낼 것이다.

따라서 우리의 뇌가 매 3개월마다 참신하고 새로운 관심 분야를 탐색할 것을 추천한다. 여기서 주의할 것은 기존의 일반적인 관심사에서 완전히 벗어나야 한다는 것이다. 전파 라디오, 천문학, 루마니아 민속 음악 또는 뉴욕 지하철의 역사, 어떤 것이든 상관없다. 필터 버블에서 벗어나는 것이 중요하다. 기존의 관심사에서 벗어난다면 뇌는 항상 새롭고 흥미로운 아이디어와 관점을 얻었다고 인식한다. 새로운 관심사는 그 대상을 새로운 방식으로 볼 뿐만 아니라 기존의 것들도 새로운 방식으로 보도록 제안한다. 시간이 지나 관심이 줄어들더라도 상관이 없다. 중요한 것은 뇌에 새로운 경로가 열리는 것이다.

이때 신경가소성의 부정적인 측면에서 오는 또 다른 이면이 있다. 뇌는 저항이 가장 적은 경로를 선택한다는 것과 신호는 기존에 이동했던 경로를 통해 더 많이 흐른다는 점이다. 이는 창의성을 제한한다. 예를 들어 보겠다. 잠시 책을 내려놓고 바닷가를 떠올려 보라.

어떤 생각이 떠올랐는가?

파도에 반짝이는 하늘의 찬란한 태양?

손가락 사이로 흘러내리는 곱고 하얀 모래알? 출렁이는 파도?

어쩌면 야자수나 해먹, 아이스 보울에 담긴 맥주가 떠올랐을 지도 모르겠다.

만약 지금 당신이 리우데자네이루처럼 아름다운 해변의 도시에 살고 있다면 아마도 자주 가던 해변이 머릿속에 떠올랐을 것이다.

진부하다! 모두 너무 뻔한 생각들이다.

이런 생각들이 떠올라서 잘못된 건 하나도 없다. 다만 당신이 처음 떠올리는 생각이 진부하다는 점을 지적한 것이다. 창의적으로 생각하려면 늘 다니던 익숙한 길을 의도적으로 벗어나야 한다. 쉬운 대답을 피해야 하는 것이다. 코칭을 할 때 클라이언트가 하는 첫 번째 대답은 그 문제에 대한 습관적인 생각일 가능성이 높다. 그렇기 때문에 코치는 두 번째, 세 번째 답변을 요구해야 한다. 레오나르도 다빈치는 자신이 첫 번째로 내놓은 문제해결 방식이 비록 정답에 가까워 보일지라도 의문을 가지고 항상 더 깊이 파고들었다고 한다. 레오나르도 다빈치처럼 코치들도 클라이언트가 하는 첫 번째 답변에서 그치는 것이 아니라 더 나은 두 번째, 세 번째 답변을 생각해 내도록 클라이언트에게 요구해야 한다.

습관들

거의 모든 코칭에서 습관의 변화는 빠지지 않는 주제다. 클라이언트가 타인의 말에 더 경청하기를 원한다면 기존의 듣는 습관을 멈추고 다른 습관을 만들어야 한다. 클라이언트가 꼬박꼬박 헬스장에 가고 싶어 하는가? 그 클라이언트는 아마 그 시간에 헬스장이 아닌 다른 뭔가를 하는 습관이 이미 있을 것(소파에 누워있거나 TV를 보는 등)이고, 그 습관을 바꾸고 싶어 하는 것이다. 생각의 습관을 바꾸려면 다르게 행동해야 하고, 행동하는 습관을 바꾸려면 다르게 생각해야 한다.

여기 그 공식이 있다.

우선 클라이언트는 자신의 습관을 인지할 필요가 있다. 습관이 우리를 함정에 빠트릴 수 있는 이유는 자각 없이 계속해서 행동한다는 측면이다. 클라이언트에게는 습관을 상기시킬 수 있는 장치나 알아차릴 수 있는 구조가 필요할 때가 많다. 이런 장치나 구조는 고객의 상황에 맞게 할 수 있다. 책상 위에 새로 올려놓은 그림, 새로운 화면 보호기, 회의에서 사용할 새 컬러 펜 등 어떤 것이든 늘 하는 행동을 제지할 수 있는 것이면 된다. 새로운 습관의 아주 쉬운 버전부터 시작하면 된다. 예를 들어 글을 쓰는 습관을 가지려면 먼저 하루에 한 문장부터 시작하는 것이다. 건강한 몸을 만들기를 원한다면 벽에 등을 기대고 벽을 미는 것부터 시작해 보는 것이다. 경청을 잘하고 싶다면 당신이 어디에 있든 주변의 소리에 10초만 시간을 내어 주의 깊게 들어보는 것이다. 코치가 이렇게 실행 제안을 하면 클라이언트는 보통 제안 받은 것보다 훨씬 더 많이 실행할 것이다. 점차적으로 시간과 양을 늘려갈 수 있으므로 너무 많은 것을 하려고 애쓰기보다 모자라는 것이 훨씬 낫다. 결국에는 새로운 신경회로가 단단하게 자리잡을 것이다. 사람들이 새로운 습관을 만드는 데 실패하는 주된 이유 중 하나는 한 번에 완전히 다른 새로운 습관으로 바꾸기를 원하기 때문이다. 그러나 이것은 뇌가 작동하는 방식이 아니다. 뇌는 한 번에 한 단계씩 작동한다. 변화는 뇌에 대항하기보다는 뇌의 방식을 따라갈 때 더 쉽게 이루어진다.

코칭을 하면서 우리는 클라이언트들에게 그 주제와 관련된 습관을 목록으로 작성해 볼 것을 독려한다. 습관 중에는 바꿔야 하는 것도 있지만 도움이 되는 것들도 있기 때문이다.

> "당신에게 습관적으로 하는 행동이 있다면 어떤 것들이 있습니까?"
> "당신이 습관적으로 하는 생각에는 어떤 것들이 있습니까?"
> "당신이 그 문제를 설명할 때 자주 사용하는 전형적인 문구가 있다면 무엇입니까?"
> "신경과학적 관점에서 습관적으로 연결하는 것에는 무엇이 있을까요?"

클라이언트가 이러한 습관들을 인지하면 다음 질문에 답할 수 있다.

⋮ *"어떤 습관을 유지하고 싶고 어떤 습관을 바꾸고 싶습니까?"*

위의 질문은 강력하다. 클라이언트가 원하는 변화를 어렵게 만드는 습관들이 있으면 마찬가지로 도움이 되는 습관들도 있을 것이다. 우리는 변화하겠다는 마음을 너무 강력하고 바람직한 것으로 여기는 바람에 우리가 변화하여 새롭게 시작할 안정적인 기반이 필요하다는 사실을 잊어버릴 때가 있다. 습관은 안정감을 주는 장점이 있다. 습관이 꼭 적대적이기만 한 것은 아니다. 훌륭한 변화는 어떤 습관을 바꾸고 어떤 습관을 유지할 것인지를 정확히 아는 것에서 시작된다.

주의|attention

◎

신경과학적 지식을 갖춘 코치('뇌가 어떻게 작동하는지 이해하고 성공하는 방법에 대한 연구 기반의 실전연습이라는 도구를 가지고 클라이언트를 도울 수 있는 코치'라는 의미: 어설픈 표현은 양해 바람)가 클라이언트의 변화를 돕기 위해 또 무엇을 할 수 있을까? 클라이언트가 어디에 주의를 집중해야 하는지에 관해 도울 수 있을 것이다.

'집중(Pay attention!)!!!' 우리가 딴생각에 빠져 있으면 정신차리게 할 요량으로 불시에 부모님이나 선생님이 자주 던졌던 말이다. 우리는 주의를 기울이는 것이 집중을 의미한다는 것을 알고 있다. 선생님들은 학생들이 자신의 생각이나 감각으로 향한 안쪽 방향이 아닌 바깥 방향으로 관심을 가지도록 요구한다(우리가 내면에 집중하고 있을 때는 아마도 우리가 '아무것도 하지 않고 목표 지향적인 행동과 전혀 관련 없을 때 가장 활성화되는 뇌의 상태' 즉 '디폴트 네트워크 상태'가 작동 중일 것이다).

주의는 두 가지 방향이 있다. 한 가지는, 자발적 주의이며 전전두 피질에서 아래쪽으로 내려오는 하향식top-down이며, 이것은 목표 지향적이다. 당신은 지금 이 책을 읽으면서 자발적인 주의를 기울이고 있다. 다른 하나는 반사적 주의 혹은 상향식bottom-up이다. 이것은 무시할 수 없는 자극에 의해 일어난다. 예를 들어, 연기 냄새가 나거나 갑자기 통증이 생기면 이 책에 대한 집중은 중단될 것이다.

자발적 주의는 우리의 통제하에 있다. 신경가소성적인 변화를 이끄는 것은 주의의 질이다. 자발적 주의를 기울이는 것과 관련된 주요 뇌 영역은 전두엽, 뇌섬엽insular, 두정엽 및 시상의 일부이다. 주의를 기울이면 도파민이 분비되는데 이 신경전달물질은 각성 및 긍정적인 태도와 관련이 있다. 도파민은 또한 기억을 더 빨리 통합하는 데에도 도움이 된다.[10] 자발적인 주의를 기울일 때 신경가소성적인 변화가 가장 크다는 사실은 연구를 통해 꾸준히 밝혀지고 있다.[11]

이것은 일리가 있다. 조셉은 여러 해 동안 기타를 연주했는데, 조셉만이 아니라 학생들 역시 확실하게 경험한 것이 대충 연습하는 시늉만 하며 보내는 몇 시간보다 세심한 주의를 기울여 30분 연습하는 것이 훨씬 효과가 있다는 사실이다. 우리가 오래된 습관을 버리고 새로운 습관을 내 것으로 만들고 싶다면 주의를 기울이는 것이 더욱더 중요하다. 자발적인 주의 집중은 우리가 오랜 습관의 늪으로 빠져 들어가는 것을 막아 준다. 우리는 자주 클라이언트에게 최악의 조건에서 원하는 기술을 연습할 것을 요청함으로써 자발적 주의 실행을 권고한다. 예를 들어 클라이언트에게 프레젠테이션 준비를 지금까지와는 다르게 해 보게 하는 것이다. 작성한 노트를 들고 하거나 혹은 노트 없이 하거나 눈을 가리게 하기도 하고, 가장 좋아하는 (그리고 가장 싫어하는) 음악이 나오는 이어폰을 끼고 준비하게 하는 것이다. 가끔은 질문으로 뇌가 집중하는 것을 계속 방해하기도 한다. 그리고 프레젠테이션 능력을 향상시키고 싶어 하는 클라이언트에게 절벽 꼭대기에서 (물론 안전한 거리에서) 파도를 대상으로 이야기를 해 보라고 요청한 적도 있다. 물론 우리는 클라이언트를 괴롭히려고 그렇게 한 것이 아니다. 자신이 하는 일에 주의 집중하도록 만들기 위해서였다. 아마도 그들이 실제로 프리젠테이션을 할 때는 방해가 없으므로 그 일을 쉽다고 느낄 것이다. 마음 챙김이나 명상은 주의를 사용하는 힘을 기르는 데 도움이 되고, 그 외에도 다른 많은 신경과학적인 이점들이 있어서 뇌에 대한 탐구를 좀 더 진행한 후에 명상에 대해서는 다시 논의할까 한다.

주의를 기울이는 것이 어려울 수도 있다. 우리 삶의 작업 환경은 주의력결핍장애가 생길 수밖에 없는 구조인 듯하다. 이 일 저 일로 이리저리 뛰어다니고, 멀티태스킹을 해야 하고, 휴대 전화를 슬쩍슬쩍 확인하면서 동료에게도 '주의를 기울여' 신경 써야 하고, 동시에 모든 회의에 맞추기 위해 우리 정신의 일정표를 조절해야 한다. 그러나 뇌는 다양한 작업을 동시에 할 수 없다. 우리는 멀티태스킹을 하는 것이 아니라 하나의 작업에서 다른 작업으로 아주 빠르게 전환하기[12] 때문에 한 번에 여러 작업을 수행하는 것처럼 착각하는 것뿐이다. 전환 속도가 빨라질 수는 있지만 한 번에 하나의 작업에 집중하는 것보다 더 어렵고 효율성은 떨어진다. 멀티태스킹의 결과는 충분히 주의를 기울여 한가지 업무를 처리하는 것보다 더 좋지 않다. 결국 의도를 지닌 지속적인 주의를 기울이지 못하기 때문에 멀티태스킹은 아무런 신경가소성적인 연결을 구축하지 않는다.

이는 코치가 할 수 있는 두 가지 개입으로 이어진다.

첫 번째는 클라이언트에게 멀티태스킹에 대한 근거를 설명하고 비록 짧은 시간일지라도 한 번에 한 가지 일에 집중하도록 권하는 것이고, 두 번째는 그들의 작업 환경을 바꾸도록 독려하는 것이다. 동시에 경쟁적으로 주의를 기울여야 하는 상황이 줄어들수록 클라이언트들의 작업은 더 나아진다. 그들은 주의를 요구하는 일을 줄일 수 있다. 환경을 바꾸는 일은 자기 자신을 바꾸는 일보다 더 쉽고 더 효과적일 때가 많다. 코칭은 클라이언트가 이미 가지고 있는 것 안에서 자원과 해결책을 찾고자 한다. 클라이언트들은 새로운 개인적 역량을 개발하고 그들이 직면한 문제점들에 대해 다르게 생각하고자 한다. 이는 물론 나쁘지 않지만 기회를 놓칠 수도 있다. 클라이언트 스스로 자신이 처한 맥락과 환경을 더 잘 제어하면 제어할수록 그렇게 힘들게 일할 필요가 없을지도 모른다. 물론 가끔 기업이 업무를 수월하게 할 수 있도록 구조적 변화를 주려고 하기보다 그 업무를 해낼 특별한 인재를 찾기도 하지만, 환경을 더 잘 제어하면 할수록 업무의 수행능력이 더 좋아지는 것은 확실하다. 따라서 어려운 업무 환경에 대처하기 위한 회복탄력성을 키우는 일에 치중하기보다 소소하더라도 환경을 바꾸는 시도에서부터 시작해 보라고 권하고 싶다. 이건 얄팍한 수완이 아니다. 어떤 클라이언트는 환경은 바꿀 수 없는 것이라 믿고 있어서 이러한 상황에 '대처할 수 있어야' 한다고 생각한다. 하지만 뇌는 '해야 하는' 것을 모른다. 그저 있는 그대로를 가지고 작동할 뿐이다. 다음 장에서 살펴보겠지만 뇌는 우리가 생각하는 것보다 훨씬 더 많이 환경의 영향을 받는다. 우리는 클라이언트들이 일을 할 때 문을 닫게 하고, 사무실을 재배치하고, 간섭과 방해를 받지 않고 동료들과의 대화를 피할 수 있도록 '방해하지 마세요!'라는 안내문을 붙이도록 했다. 결과는 놀라웠다. 가끔은 굳이 우리 자신을 바꾸지 않아도 우리가 처한 환경을 바꾸기만 해도 된다.

연습

‒‒‒‒‒ ◎ ‒‒‒‒‒

반복은 신경경로와 기억을 강화시킨다. 따라서 신경가소성적 변화를 얻기 위해서는 집중적인 주의를 기울여 반복할 필요가 있다. 몇 번이나 반복해야 하고 얼마나 오래 반복해야 하는가 하는 강도나 속도에 대한 규칙이 있는 것은 아니다. 다만 어떤 기술이고 얼마나 복잡한지 그리고 관련된 기억과 신체적 움직임과의 균형에 따라서도 다르고, 어느 정도의 전문성을 목표로 하느냐에 따라서도 달라진다. 단기간의 집중적인 연습은 의심의 여지없이 신경경로를 강화한다. 하지만 빨리 습득하게 하는만큼 그만큼 빨리 잊어버린다. 이는 우리가 정보를 반복적으로 연습하고 통합하지 않는 한 우리는 자연스러운 '망각 곡선'을 따른다는 심리학적 연구와 일치한다. 영구적인 변화는 오랜 기간에 걸친 많은 반복 연습이 필요하다.

그럼 심상화 기법mental rehearsal은 어떠한가? 심상화 기법은 실제 동작과 동일한 모터 네트워크를 활성화한다는 측면에서는 도움이 되지만 이것만으로 충분하지는 않다. 그 이유가 흥미롭다. 인간은 사전에 예측할 수 없는 경우에만 피드백을 통해 학습한다. 무슨 일이 일어날지 안다면 뇌는 학습하지 않는다. 심상화 기법은 외부로부터의 피드백 없이 모든 것이 머릿속에서 만들어지기 때문에 한계가 있다. 이것은 테니스 백핸드와 같이 보다 유동적인 기본 동작을 하는 스포츠 기술을 보강하는 데에는 유용하다. 그렇다 해도 여전히, 외부의 피드백 없이 완벽하게 실행된 백핸드도 상대가 쏜 현실의 진짜 공을 놓칠 수가 있는 것이 사실이다. 심상화 기법에만 의존해서는 안 된다.

최고 수준의 기술은 개발하기까지 오랜 시간이 소요된다. 전문 분야로서 신경과학은 최근 새롭게 부상하는 분야이다.[13] 현재까지도 '1

만 시간'의 법칙은 적용된다. 이것은 앤더스 에릭슨Anders Ericsson [14]에 의해 처음 소개되었고 말콤 글래드웰Malcolm Gladwell의 책 〈아웃라이어〉를 통해 널리 알려졌다.[15] 피아노 연주든 가르치는 일이든 비디오 게임이나 글쓰기, 회사를 경영하는 일이든 어떤 복잡한 기술을 탁월하게 잘하게 되기까지는 1만 시간 이상을 연습에 쏟아부어야 한다. 이는 10년 동안 일주일에 평균 약 20시간을 쓰는 것이며, 계속 해왔던 연습을 단순히 지속하는 것이 아니다. 여기서 연습은 훈련되어야 하고, 주의깊게 몰입해야 하고, 고정적으로 피드백을 받아야 하는 것(코칭이 많은 도움이 될 수 있다)이다. 그리고 흥미로워야 한다. 단조로움은 주의력의 적이고 따라서 신경가소성의 적이기도 하다. 재능이 있다고 해서 전문성이 있다고 볼 수는 없다. 재능은 그저 우리가 아주 잘하는 사람들에게 부여하는 표식일 뿐이다. 심지어 일찍부터 자신이 선택한 분야에서 세계적인 수준이 된 모차르트나 타이거 우즈, 비틀즈 같은 소위 천재라 불리는 사람들조차도 그들 삶을 조금만 더 자세히 들여다보면 그에 필요한 시간을 충분히 투자했다는 걸 알 수 있다.[16]

신체활동

코칭은 머리에서 일어나는 일이라고 가정하지만, 뇌는 물질적인 신체의 일부이고 그렇기 때문에 신체활동도 분명히 코칭에 영향을 미친다. 모든 연구가 뇌기능을 좋아지게 하는 데 있어 신체 활동의 중요성을 지적하고 있다. 그렇다고 해서 올림픽에 출전할 정도의 신체적 운동을 의미하는 것이 아니다. 걷기, 달리기, 자전거 타기와 같은 심혈관 운동은 뇌유래신경영양인자(BDNF: Brain-derived neurotrophic factor)라고 불리는 화합물의 생성을 자극한다. BDNF는 뇌에서 분비되어 뉴런을 성장시키는데 이것은 뉴런이 활성화될 때 방출되며 뉴런의 연결을 강화시키고 미래에도 지속적으로 활성화될 수 있도록 기능한다.[17] 그것은 또한 신호를 가속화시키는 기능을 지닌 미엘린 myelin(뉴런을 둘러싸고 보호하고 있는 지방질, 전선을 감싸는 피복처럼 뉴런을 감싸고 있음)을 생산하는 데 쓰인다.

수면

마침내 수면에 대한 내용을 다루게 되었다. 아마 뜻밖일 것이다. 뇌에게 수면은 엄청나게 중요하다. 수면, 마음 챙김, 신체활동은 뇌 기반 코칭을 탐구하는 데 있어 피할 수 없는 세 가지이다. 수면의 중요성은 학습, 기억력, 창의성, 건강 측면에서만 높이 평가되고 있다.[18] 우리는 수면이 기억을 통합한다는 것을 알고 있으며 이에 대해서는 나중에 더 자세히 살펴볼 것이다. 수면 부족은 BDNF 수준을 낮춘다고 하지만[19] 수면 부족만으로 이러한 결과가 발생하는지 아니면 스트레스가 수면 부족과 BDNF 수준을 모두 낮추는지는 분명하지 않다. 인과 관계의 화살표가 어느 방향으로 향하든 스트레스와 수면 부족은 BDNF와 신경가소성을 감소시켜 학습과 기억력을 저하시킬 수 있다.

성공적인 연습이 되려면 수면과 주의력이 필요하다. 피아노 연주를 학습하는 실험 대상자들의 뇌를 스캔한 결과, 수면 후 동작들이 '자동 비행 조종 상태'처럼 전환되어 다음날 아침 피아노 연주가 더 쉬워졌다. 8시간 수면 중 마지막 2시간인 2단계 수면이 결정적인 역할을 했다.[20] 2015년에 국제 올림픽 위원회는 운동 발달에 있어 수면의 필요성이 매우 중요하다는 성명을 발표했다. 기억력과 탁월한 두뇌 기능에 의존하는 창의적 사고, 프레젠테이션 능력 또는 그러한 활동에도 역시 수면이 필요하다. 많은 사람들은 더 바쁘게 더 많은 업무를 수행해야 하는 상황에서 수면을 줄이곤 하는데 효과적으로 일하기 위해서는 수면이 꼭 필요하다는 사실은 참으로 아이러니하다.

신경가소성은 생각이라는 비물질적인 세계와 신경세포라는 물질적 세계 사이의 연결 고리이다. 마치 점토와 불꽃이 서로 섞이면서 서로에게 영향을 미치게 되는 것과 같다. 신경가소성은 기타를 치든 프레젠테이션을 하든 명상을 하든 코를 파거나 아이들에게 소리지르든, 우리가 하는 모든 일을 더 쉽고 수월하게 만들어준다. 신경가소성이 어떻게 작동하는지 안다는 것은 학습을 하거나 오랜 습관을 버리고자 할 때 아주 유용한 도구를 가지고 있다는 뜻이다. 코치는 클라이언트가 자기 주도적으로 신경가소성적 변화를 이끌어 내는 일을 돕는 훌륭한 조력자이다(표 2.1).

표 2.1 신경가소성 - 요약

신경가소성
신경가소성은 뇌가 새로운 생각과 행동에 반응하여 스스로 변하는 과정이다.
신경가소성은 다음 중 하나 또는 그 조합으로 발생한다.
- 새로운 뉴런의 형성
- 새로운 시냅스의 형성
- 기존 시냅스의 강화
시냅스 가소성은 시냅스의 변화를 수반한다.
장기적인 효력은 시냅스가 강화되었을 때 가능하다.

헵의 법칙은 신경가소성의 개념을 포착한다: '동시에 점화되는 뉴런들은 동시에 연결된다.'

신경가소성의 경쟁력은 뉴런이 또다른 기능 혹은 완전히 다른 기능을 하게끔 재사용되는 것을 말한다.

신경가소성은 습관, 학습, 변화에 있어 기반이 된다.

행동과 마찬가지로 생각도 뇌에 신경가소성적 변화를 일으킬 수 있다.

신경가소성의 부정적인 면은 우리가 원하지 않음에도 불구하고 쉽게 자동적으로 어떤 행동이나 사고의 처리과정이 일어나게 한다는 것이다.

주석

1) 필요한 것 이상을 하고 필요한 것을 기준으로 고려해 가지치기를 하고 다시 다듬어 가는 방법은 다양한 학습의 장에서 사용하면 좋은 방법이다. 우리는 이 책을 쓸 때 이 방법을 사용했다. 우리는 이 주석조차 가지치기에서 살아남을 거라는 확신이 없다.

2) Nottebohm, F., Stokes, T. M., & Leonard, C. M. (1976). Central control of song in the canary, v Serinus Canarius. Journal of Comparative Neurology, 165 (4), 457-486.

3) Eriksson, P. S., Perfilieva, E., Björk-Eriksson, T., Alborn, A. M., Nordborg, C., Peterson, D. A., & Gage, F. H. (1998). Neurogenesis in the adult human hippocampus. Nature Medicine, 4 (11), 1313-1317.

4) Donald, H. (1949). 행동의 조직(The organisation of behaviour). John Wiley.

정확히 말하면, 헵의 법칙은 괴팅겐 대학의 시스템 신경과학 교수인 지그리드 로웰의 문장을 바꾸어 쓴 것이다. 헵의 법칙이 이해하기 쉽지만 지그리드 로웰의 공로를 인정하여 여기서 이를 밝힌다.

5) 파스쿠알 레오네Pascual-Leone와 하버드 의과대학의 그의 동료들은 이를 연구하기 위한 실험을 준비했다. 자원봉사자들에게 눈을 가리고 점자를 가르쳤다. 5일 후, 그들은 점자를 배우긴 했지만 눈은 가리지 않은 대조군보다 점자를 더 잘 이해했다. 눈을 가린 지원자들의 기능성 자기공명영상(fMRI) 스캔에서는 그들의 시각피질이 활성화된 것으로 나타났다. 5일 만에 뇌는 점자의 촉감을 처리하기 위해 특수화된 '시각적' 뉴런을 사용하는 것으로 이미 스스로 재구성하고 있었다. 하

지만 불행하게도 그 효과 역시 빠르게 사라졌다. – 안대를 사용하지 않자 20시간 후에 뇌 활성화는 정상으로 돌아갔다.

참조: Merabet, L. B., Hamilton, R., Schlaug, G., Swisher, J. D., Kiriakopoulos, E. T., Pitskel, N. B., ⋯ Pascual-Leone, A. (2008). Rapid and reversible recruitment of early visual cortex for touch. PLoS One, 3 (8), e3046.

6) 신경과학자 빌라야누르 라마찬드란Vilayanur Ramachandran은 수술이나 사고로 사지를 잃은 사람들과 함께 선구적인 연구를 했다. 한 연구에서 그는 최근에 팔이 절단된 남성이 볼을 만졌을 때 팔에서 감각을 '느낀다'는 것을 발견했다. 이것은 얼굴에 해당하는 영역이 뇌의 감각피질에서 팔 영역 바로 옆에 있기 때문에 일어날 수 있는 일이다. 얼굴의 신경이 더 이상 입력이 없어 유휴 상태였던 팔 영역의 감각피질을 차지한 것이다. 뇌에서 일어나는 뉴런의 재구성은 '환상지' 통증에 대해서도 설명해 준다. 절단 수술을 받은 일부 환자들은 없어진 팔다리에 통증을 느낀다. 사지로부터 입력을 받아왔던 뇌의 신경세포가 사지가 손상되었을 당시의 통증 신호를 기억한 채 그대로 고착되었기 때문이다. 이 영역은 사지가 없어도 아직 활동 중이기 때문에 주변 영역이 점령할 수 없는 상태이다. 이에 라마찬드란은 뇌의 신경세포가 반응해 새로운 감각이 그 고통을 대체하기를 바라는 마음으로, 새로운 입력이 있다고 생각하도록 뇌를 속이는 독창적인 방법을 고안했다. 라마찬드란은 거울로 상자를 만들었다. 환자는 손상되지 않은 팔을 상자 안에 넣어, 잃어버린 팔의 자리에서 상자 속의 반사된 건강한 팔의 모습을 볼 수 있었다. 그가 건강한 팔을 움직이면 거울에 반사된 팔의 모습은 잃어버린 팔이 움직이는 것처럼 보였다. 그렇게 뇌를 속였다. 이 치료법은 환상지 통증 완화에 상당히 효과적이었다.

(이 아이디어는 TV 의학 드라마 '하우스' 시즌 4의 '폭군' 에피소드에서 플롯 장

치로 사용되었다.)

참조: Ramachandran, V. S., Rogers-Ramachandran, D., & Cobb, S. (1995). Touching the phantom limb. Nature, 377 (6549), 489. Chan, B. L., Witt, R., Charrow, A. P., Magee, A., Howard, R., Pasquina, P. F., ··· Tsao, J. W. (2007). Mirror therapy for phantom limb pain. New England Journal of Medicine, 357 (21), 2206-2207. Ramachandran, V., & Blakeslee, S. (1998). Phantoms in the brain. William Morrow.

7) Münte, T. F., Altenmüller, E., & Jäncke, L. (2002). The musician's brain as a model of neuroplasticity. Nature Reviews Neuroscience, 3 (6), 473-478.

8) Pascual-Leone, A., Nguyet, D., Cohen, L. G., Brasil-Neto, J. P., Cammarota, A., & Hallett, M. (1995). Modulation of muscle responses evoked by transcranial magnetic stimulation during the acquisition of new fine motor skills. Journal of Neurophysiology, 74 (3), 1037-1045.

9) Merzenich, M. M., & Jenkins, W. M. (1993). Reorganization of cortical representations of the hand following alterations of skin inputs induced by nerve injury, skin island transfers, and experience. Journal of Hand Therapy, 6 (2), 89-104.

10) Sawaguchi, T., & Goldman-Rakic, P. S. (1991). D1 dopamine receptors in prefrontal cortex: Involvement in working memory. Science, 251 (4996), 947-951.

11) Antal, A., Terney, D., Poreisz, C., & Paulus, W. (2007). Towards unravelling task-related modulations of neuroplastic changes induced in the human motor cortex.

European Journal of Neuroscience, 26 (9), 2687-2691.

12) Dux, P. E., Tombu, M. N., Harrison, S., Rogers, B. P., Tong, F., & Marois, R. (2009). Training improves multitasking performance by increasing the speed of information processing in human prefrontal cortex. Neuron, 63 (1), 127-138.

13) Bilalić, M. (2017). The neuroscience of expertise. Cambridge: Cambridge University Press.

14) Ericsson, K. A. (2006). The influence of experience and deliberate practice on the development of superior expert performance. The Cambridge Handbook of Expertise and Expert Performance, 38, 685- 705.

15) Gladwell, M. (2008). Outliers: The story of success. UK: Hachette.

16) Colvin, G. (2008). Talent is overrated. Penguin Books.

17) Heyman, E., Gamelin, F. X., Goekint, M., Piscitelli, F., Roelands, B., Leclair, E., ··· Meeusen, R. (2012). Intense exercise increases circulating endocannabinoid and BDNF levels in humans - possible implications for reward and depression. Psychoneuroendocrinology, 37 (6), 844-851.

18) 현재 연구를 완벽하게 요약하려면 Matthew Walker(Allen Lane 2017)의 우리가 잠을 자는 이유(Why we sleep)를 참조.

19) Lucassen, P. J., Meerlo, P., Naylor, A. S., Van Dam, A. M., Dayer, A. G., Fuchs, E., ··· Czeh, B. (2010). Regulation of adult neurogenesis by stress, sleep disruption, exercise and inflammation: implications for depression and

antidepressant action. European Neuropsychopharmacology, 20 (1), 1-17.

20) Walker, M. (2017). 우리가 잠을 자는 이유(Why we sleep). Allen Lane.

참고문헌

Antal, A., Terney, D., Poreisz, C., & Paulus, W. (2007). Towards unravelling task-related modulations of neuroplastic changes induced in the human motor cortex. European Journal of Neuroscience, 26(9), 2687-2691.

Bilalić, M. (2017). The neuroscience of expertise. Cambridge: Cambridge University Press.

Chan, B. L., Witt, R., Charrow, A. P., Magee, A., Howard, R., Pasquina, P. F., ⋯ Tsao, J. W. (2007). Mirror therapy for phantom limb pain. New England Journal of Medicine, 357(21), 2206-2207.

Colvin, G. (2008). Talent is overrated. New York: Penguin Books.

Dux, P. E., Tombu, M. N., Harrison, S., Rogers, B. P., Tong, F., & Marois, R. (2009). Training improves multitasking performance by increasing the speed of information processing in human prefrontal cortex. Neuron, 63(1), 127-138.

Ericsson, K. A. (2006). The influence of experience and deliberate practice on the development of superior expert performance. The Cambridge Handbook of Expertise and Expert Performance, 38, 685-705.

Eriksson, P. S., Perfilieva, E., Björk-Eriksson, T., Alborn, A. M., Nordborg, C., Peterson, D. A., & Gage, F. H. (1998). Neurogenesis in the adult human hippocampus. Nature Medicine, 4(11), 1313-1317.

Gladwell, M. (2008). Outliers: the story of success. New York: Hachette.

Hebb, D. (1949). The organisation of behaviour, New York: John Wiley.

Heyman, E., Gamelin, F. X., Goekint, M., Piscitelli, F., Roelands, B., Leclair, E., ⋯ Meeusen, R. (2012). Intense exercise increases circulating endocannabinoid and BDNF levels in humans - possible implications for reward and depression. Psychoneuroendocrinology, 37(6), 844-851.

Lucassen, P. J., Meerlo, P., Naylor, A. S., Van Dam, A. M., Dayer, A. G., Fuchs, E., ... Czeh, B. (2010). Regulation of adult neurogenesis by stress, sleep disruption, exercise and inflammation: Implications for depression and antidepressant action. European Neuropsychopharmacology, 20(1), 1-17.

Merabet, L. B., Hamilton, R., Schlaug, G., Swisher, J. D., Kiriakopoulos, E. T., Pitskel, N. B., ⋯ Pascual-Leone, A. (2008). Rapid and reversible recruitment of early visual cortex for touch. PLoS One, 3(8), e3046.

Merzenich, M. M., & Jenkins, W. M. (1993). Reorganization of cortical representations of the hand following alterations of skin inputs induced by nerve injury, skin island transfers, and experience. Journal of Hand Therapy, 6(2), 89-104.

Münte, T. F., Altenmüller, E., & Jäncke, L. (2002). The musician's brain as a model of neuroplasticity. Nature Reviews Neuroscience, 3(6), 473-478.

Nottebohm, F., Tegner, M. S., & Christiana, M. L. (1976). Central control of song in the canary, v Serinus Canarius. Journal of Comparative Neurology, 165(4), 457-486.

Pascual-Leone, A., Nguyet, D., Cohen, L. G., Brasil-Neto, J. P., Cammarota, A., & Hallett, M. (1995). Modulation of muscle responses evoked by transcranial magnetic stimulation during the acquisition of new fine motor skills. Journal of Neurophysiology, 74(3), 1037-1045.

Ramachandran, V., & Blakeslee, S. (1998). Phantoms in the brain. New York: William Morrow.

Ramachandran, V. S., Rogers-Ramachandran, D., & Cobb, S. (1995). Touching the phantom limb. Nature, 377(6549), 489.

Sawaguchi, T., & Goldman-Rakic, P. S. (1991). D1 dopamine receptors in prefrontal cortex: Involvement in working memory. Science, 251(4996), 947-951.

Walker, M. (2017). Why we sleep. London: Allen Lane.

제3장

생각과 느낌
– 목표의 신경과학

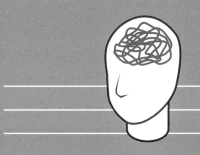

생각과 느낌
– 목표의 신경과학

플라톤은 인간의 마음을 지성과 감정이라는 두 마리의 말이 끄는 마차에 비유했다(두 마리 말 중 백마는 지성, 흑마는 감정을 의미한다. 변함없이 늘 감정은 지성보다 못한 것으로 여겨진다). 의식적 주체인 마부는 두 말이 조화롭게 달릴 수 있도록 하기 위해 끊임없이 투쟁하고 있다. 그들 사이의 이러한 갈등은 계속해서 우리의 생각을 방해해 왔다. 감정은 생각을 방해하고 판단력을 손상시키는 것처럼 보이지만 어쨌든 마차가 움직이려면 두 마리 말이 다 필요하다.

지식, 추론, 판단으로 정의되는 사고(인지)는 사실, 정보, 추정을 다루며 보통 언어를 기반으로 한다. 인지는 차분하고 사색적인 생각의 호수이다. 감정은 생각과 경험에 대한 느낌으로 우리 몸에 영향을 미치고 우리를 움직이게 한다. 감정은 생각의 호수를 더욱 격렬하게 만드는 뜨거운 물줄기와 같다. 그 결과로 생긴 생각의 강은 대부분 미지근한 상태이나, 산발적인 증기 폭발과 규칙적인 한류를 동반한다. 온도가 어떻든 간에 우리는 우리의 생각에 몰입한다. 뇌의 관점에서 보면 이런 변화야 그저 다른 영역에서 일어나는 활동일 뿐이다. 어떤 것은 감정으로, 어떤 것은 생각으로서 경험한다.

'생각'과 '느낌'이라는 단어는 분명 다르지만 우리의 경험상 이 둘은 항상 혼재되어 있었다. 느낌 없는 생각은 없고 생각 없는 느낌은 없다.

몇 주 전 우리는 새집으로 갈 이사 계획을 세웠다. 이사업체를 알아보고, 부동산 중개인에게 연락하고, 재정 계획을 수립했다. 이사를 한다는 목표와 계획은 명확했지만 다양한 감정들이 올라왔다. 새집으로 이사한다는 행복감, 부동산 중개인의 더딘 업무 처리에 대한 불편함, 금전적인 문제에 대한 불안감, 어떤 이사업체를 선정할지에 대한 불확실함에서 오는 감정 같은 것들 말이다. 게다가 오래 거주했던 집에 대한 좋은 기억과 나쁜 기억들이 교차했다. 하지만 다른 도시로 이사한다는 하나의 목표에 의해 모든 일들이 추진되었다.

생각은 두뇌의 많은 부위들이 엮여서 하는 복잡한 활동이다. 전전두피질은 인지 제어, 계획 및 실행 기능에 직접적으로 관여한다. 목표를 설정하고, 의사결정을 하고, 행동을 계획할 때 활성화된다. 뇌의 CEO 역할을 자처하는 전전두피질은 탁월한 리더의 역할을 다하기 위해 팀의 다른 구성원들의 의견을 수용한다. 전전두피질은 생각을 일으키고 산만한 생각을 억제하는 억제의 달인이다. 충동, 산만함, 무관한 생각을 억제하는 이 능력은 집중적인 사고를 유지하는 데 매우 중요하다. 전전두피질이 잘 억제되지 않으면 주의력결핍 과잉행동장애(ADHD: attention deficit hyperactivity disorder)로 이어진다. ADHD에는 정도와 유형은 다양하지만 공통적으로 주의가 산만하고 집중력이 떨어지는 경향이 있다. 중증 ADHD의 주 치료법은 각성제 처방이다. 그들의 흥분을 낮춰야 하므로 반대의 처방을 하는 것 같지만, 각성제는 확실히 자극을 낮춰준다. 각성제의 치료 방식은 전전두피질을 자극하는 것이다. 전전두피질을 자극하여 뇌에서 수많은 부위들이 일으키는 혼잡을 진압하고 주의 집중을 끌어내도록 하는 것이다.[1]

배외측전전두피질(dPFC: dorsol prefrontal cortex)은 '차가운 인지cold cognition', 즉 계획 및 규칙적 행동과 관련이 있다. 그리고 행동이 사회적으로 타당한지 감시한다. 배외측전전두피질의 기능이 잘 발달된 클라이언트는 계획 및 실행에 탁월하며 이러한 계획에 있어 감정의 영향을 덜 받는 경향이 있다. 전전두피질의 하부(복측)에 위치한 안와전두피질(OFC: orbitofrontal cortex)과 복내측전전두피질(VmPFC: ventromedial prefrontal cortex)은 '따뜻한 생각warmer thinking', 즉 정서적 기억과 사회적으로 용인되는 행동과 관련이 있다. 전전두피질의 이 영역은 우리가 다른 사람들과 감정적으로 관계했을 때 활성화되며, 도덕적이거나 윤리적인 관점을 취할 때 더욱 활성화된다. 따라서 복내측전전두피질의 기능이 뛰어난 클라이언트는 자신의 충동 및 사회적 행동을 매우 잘 통제할 수 있을 것이다. 안와전두피질(두 눈 사이에 있는 콧대에 손가락을 대보라. 안와전두피질이 있는 곳이 바로 그 자리다)은 생각의 뜨겁고 차가운 흐름을 한데 모으고, 의사결정 과정에서 감정을 통합하는 아주 중대한 역할을 한다. 그래서 우리는 합리적인 방식으로 도덕규범을 적용하고 적절한 사회적 행동을 취할 수가 있다. 완벽하게도 배측 시스템과 복측 시스템이 함께 작동한다. 계획과 논리는 감정으로 조율된다. 그래서 사람은 지나치게 규칙에 얽매이지도 않고 지나치게 충동에 휘둘리지도 않는다. 백마와 흑마는 함께 달린다.

안와전두피질은 보상을 제공하던 상황이 중립적인 것 혹은 부정적인 것으로 바뀔 때 일어나는 역전학습reversal learning에서도 매우 중요한 역할을 한다. 기억나는 한 클라이언트는 동료 매니저와 대화 나누는 것을 좋아했는데, 어느 순간 그 동료가 갑자기 비판적으로 굴고 비꼬기 시작했고, 즐거움은 고통이 되었다. 처음에는 왜 그러는지 그 동료를 이해하려고 애를 썼지만 당면한 문제는 이 새로운 상황에 다시 적응하는 것이었다. 안와전두피질의 역할이 빛을 발해야 할 지점이었다. 즉 트랙을 변경하고 죽은 말에 계속 채찍질하는 짓을 멈추도록 도와주었다. 역전학습이 없다면 사람들은 자신에게 해가 되는 행동을 계속 할 것이다. 심지어 그것이 나를 해치고 있다는 것을 인지하면서도 말이다(그림 3.1).

우리는 이 책을 기획할 때 감정과 인지 중 한 가지 주제만 선택해서 먼저 다룰지 아니면 둘을 한 챕터에 같이 다룰지 고민에 봉착했었다. 결국 둘이 따로따로 명백하게 설명이 되어야 전체 그림이 분명해질 것으로 보고 인지를 먼저 다루기로 결정했다.

그래서 우리의 첫 번째 정류장은 인지와 목표 수립이다.

그림 3.1 뜨거운 인지와 차가운 인지

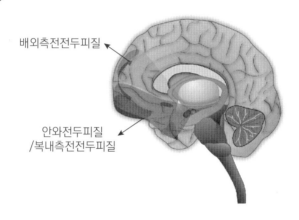

배외측전전두피질

안와전두피질
/복내측전전두피질

목표의 신경과학

"당신이 원하는 것은 무엇입니까?" 이 간단한 질문은 우리의 행동에 힘을 실어준다. 코칭 장면에서 할 수 있는 가장 본질적인 질문이다. 생각에서 출발한다. 그리고 행동으로 마무리한다. 뇌는 뭔가를 원하는 느낌(보상경로 및 전전두피질을 통해)과 행동 능력(뇌 깊숙한 곳에서 운동을 제어하는 기능의 구조물 그룹인, 기저핵을 통해서), 이 두 가지를 조절하는 데 도파민이라는 동일한 신경전달물질을 사용한다. 목표 지향적인 행동은 우리에게 너무나 자연스러운 일이며 목표 지향적인 행동이 없는 우리의 삶은 상상하기도 어렵다.[2]

무엇을 할지를 어떻게 결정하는가? 우리는 가치 있고 보람 있다고 생각하는 것을 선택하고 그것을 원하고 얻으려고 노력한다. 때로는 그 보람이 황홀하고 유혹적(이상적인 이성과의 데이트, 초콜릿 케이크, 혹은 반짝거리는 새 보석)이어서 갈망 역시 강렬하다. 하지만 보상이 꼭 물질적이기만 한 것은 아니다. 좀 더 지적인 것을 원하는 사람들에게는 보상이 더 추상적(자부심이나 자유, 명성)이다. 어떤 보상이든 우리는 그것을 얻기 위해 계획을 한다. 성취 가능한 미래를 상상하고 장애물을 예측하고 원하는 상태를 향해 끊임없이 행동을 조정한다. 성공으로 향하는 길은 노력과 고통, 희생을 의미할 수 있다. 그 길의 끝에 어쩌면 우리는 우리가 성취한 것이 마음에 들지 않을지도 모른다. 원하는 것과 좋아하는 것을 주관하는 두뇌 내 회로가 각기 다르다.

우리는 무언가를 원한다고 생각을 하지만, 사실 진짜로 원하는 것은 목표가 성취되었을 때 우리가 느낄 거라고 생각하는 감정이다.

우리는 진행에 차질을 빚고 방해물이 생기더라도 목표를 향해 집중을 유지해야 한다. 목표를 달성하든 그렇지 못하든, 목표를 향한 여정에는 창의성과 계획 수립, 시각화가 수반되고, 시간이 흐름에도 계속 집중을 유지하는 능력, 다가오는 유혹을 떨치는 능력 또한 필요하다. 오랜 습관들을 버려야 하고 새로운 습관을 만들어야 한다. 어떤 장애물이 있는지, 자원은 어떤 것이 있는지, 과거를 두루 살피고 미래를 자세히 들여다본다. 그런 다음 행동 계획을 수립한다. 두뇌 내 많은 영역들이 서로 조화를 이루어야 되는 일이다. 그렇다면 실제로 두뇌 내에서는 이러한 작업이 어떻게 이루어질까? 목표 지향적인 행동에는 창조, 유지, 완료라는 세 가지 주요 과정이 있다.

창조

————— ◎ —————

뇌의 주요 기능은 미래를 예측하는 것이다. 뇌는 외부에서 일어나는 일에 반응하며 기다리는 수동적인 조직 덩어리가 아니라 끊임없이 경험을 이해하고, 기억을 떠올리며, 미래를 예견하려고 노력한다. 미래를 예견하는 가장 좋은 방법은 미래를 창조하는 것이다.

뇌는 경험을 토대로 기대하는 목표를 만들어 내고 입력되는 정보를 사용하여 이를 수정한다. 우리는 외부에 무엇이 있는지 보지 못한다. 우리는 외부라고 인식하는 것에서 얻은 정보로 수정한 내부의 것들을 보는 것이다(그리고 어쨌든 우리는 외부 정보의 지극히 일부만을 인식하는데 정보 처리 과정에서 많은 부분이 손실된다). 이 말이 미심쩍다면 유튜브의 영상 하나를 찾아보자. 고릴라 복장을 한 사람이 화면을 가로질러 걸어가는데 사람들은 그 고릴라 복장을 한 사람을 인지하지 못한다(선택적 주의selective attention).[3] 아니면 외모를 바꾸고 나타났는데 주변 사람들이 전혀 눈치채지 못하는 내용의 영상이 있으니 그것을 봐도 좋다(변화 맹시change blindness).[4] 뇌는 항상 외부에 모든 주의를 다 기울이지 않는다. 또한 뇌가 보고자 기대하는 것을 먼저 창조하기 때문에 이런 속임수 같은 일이 일어나는 것이다. 우리 뇌는 늘 창조하는 중이다. 우리는 타고난 창조자들이다.

그러나 우리는 스스로 창조자라고 느끼지 못한다. 오히려 그 반대이다. 우리는 우리가 다른 사람들과 외부에서 일어나는 사건들에 좌우되는 꼭두각시인 것처럼 느끼곤 한다. 뇌가 창조한다는 것은 하나의 상태인 것이고 그것은 뇌가 세상을 대하는 태도이다. 여기에 세상에 대해 우리가 취할 수 있는 근본적인 자세 두 가지가 있다. 하나는 창조자가 되는 것이다. 창조자는 가능성을 만들어 내고 자신이 가진 힘을 느낀다. 다른 하나는 피해자가 되는 것이다. 피해자는 사건에 반응하고 무력감을 느낀다. 바로 이것이 코치의 가장 중요한 존재 이유라고 우리는 믿고 있다. 모든 훌륭한 코칭은 클라이언트가 좀 더 자신의 삶의 창조자로서 살아가도록 돕는다. 외부의 반응이나 정보에 좀 더 주의를 기울일 수 있도록 도와주는 것처럼 말이다.

창조자는 자기 자신과 세상을 바꿀 수 있는 힘이 있음을 느낀다. 피해자는 자신에게는 아주 적은 선택지만 존재하고 자신은 외부 사건의 영향 아래 놓여 있다고 느낀다. 창조자는 외부 세계를 피드백으로 보고, 피해자는 강요로 본다. 창조자는 일어나는 사건을 제어할 수는 없지만 사건에 대한 자신의 반응은 제어할 수 있다는 것, 즉 사건 자체는 본질적으로 좋고 나쁜 것이 없다는 점을 알고 있다. 정말 중요한 것은 그것에 대해 어떻게 생각하고 그것으로 무엇을 할 수 있느냐이다. 창조자는 책임감을 가지고 대응하지만 피해자는 비난으로 대응한다.

2장에서 우리는 하향식처리와 상향식처리에 대해 이야기했다. 하향식처리는 우리의 계획과 목표에 의해 주도되기 때문에 하향식처리를 통해 우리는 창조자가 될 수 있다. 상향식처리는 아래에서부터 이루어지며 우리의 주의는 자극에 집중되어 있다. 예를 들어 고통, 위험, 굶주림, 갈증에 주의를 기울여야 하는 상황에서는 상향식처리가 매우 중요하며 우리의 생존에 더 도움을 준다. 생존이 위태로울 때 뇌는 타협하지 않고 무조건 상향식처리를 작동시킨다. 그러나 생명에 위협이 되지 않는 외부 사건에 지속적으로 주의가 빼앗긴다면 그것은 내가 춤을 출 때 내 음악이 아닌 남의 음악에 맞춰 춤을 추는 꼴이 된다. 외부사건이 나를 통제하도록 내버려두게 되는 것이다. 일상적인 사건에 대한 습관적인 상향식처리는 우리를 피해자로 만들고 말 것이다.

외부에서 일어나는 사건에 끊임없이 반응하는 것은 큰 스트레스가 된다. 위협을 느껴지면 시상하부hypothalamus-뇌하수체pituitary-부신adrenal(HPA) 축이 작동을 시작한다.[5] 부신은 스트레스 호르몬인 코티솔cortisol을 분비하도록 자극한다. 코티솔은 나쁜 것이라는 편견이 있지만 스트레스 자체가 나쁜 것은 아니다. 적당한 스트레스 반응은 유용하고 우리에게 활력을 준다. 그것은 우리를 자극하고 도전에 대비할 수 있도록 돕는 유용한 호르몬이다. 코티솔은 필요한 호르몬이다. 다만 오랜 시간 동안 너무 많은 코티솔이 분비되면 몸에 좋지 않고 고혈압, 감정 변화, 수면 부족 등의 스트레스 증상을 유발할 수 있다.

우리는 매일 피해자가 되어 수동적인 입장을 취할 수도 있고 창조자가 되어 주도적인 입장을 취할 수도 있다. 다음은 아내와 더 나은 관계를 위해 노력했던 한 클라이언트의 사례이다.

그의 아내가 어느 날 아침 사소한 문제로 그에게 엄청나게 화를 냈던 상황에 대해 설명해 주었다. 상향식처리는 그 모욕적인 말에 액면 그대로 반응하는 것이다. 이는 곧 불안감, 모든 불공평함에 대한 짜증 또는 분노로 이어질 것이고, 그에 대한 반응으로 날카로운 말을 하게 될 것이며, 이내 본격적인 싸움으로 이어질 수도 있는 상황이었다. 그러나 그는 하향식처리 방식으로 주의를 기울이기로 결정했다. 그는 그녀의 반응을 알아차렸고 그 반응을 있는 그대로 받아들이며 화를 참아냈다. 그는 아내와의 더 나은 관계를 원했으므로 이 갈등 상황을 통해 무엇이 아내를 괴롭게 하는 원인인지를 파악할 수 있는 기회로 만들었다. 그는 대화에 다른 의미를 부여했다. 그가 일단 상황을 받아들였으므로, 차분하게 바라볼 수 있었고, 선택권을 가질 수 있었으며 창의적일 수 있었다. 반응하는 방식은 결코 창의적일 수가 없다.

창의적이라는 것은 과거의 습관을 따라가는 것이 아니라 현재에 있는 것을 다루는 것이다. 습관은 더 이상 주의를 필요로 하지 않으며 저절로 실행된다. 더 이상 보상이 딸려 있지 않으며 신경가소성에 의해 구축된 경로를 따라 자동으로 실행된다. 습관적 행동과 목표 지향적 행동은 두뇌에서 경쟁하며, 안와전두피질은 창조와 반응 중 어느 길을 따를 것인지 결정하는 부위이다. 안와전두피질은 우리가 그 상황에서 습관을 따를지 아니면 우리가 원하는 것에 비추어 생각할지 결정하는 판관이다.[6]

습관적인 행동을 멈추려면 전전두피질이 반응을 억제해야 한다. 그때 창의성으로 가는 길이 열린다. 창의성은 놀이터이지만 그곳으로 가는 첫 번째 단계는 항상 억제이다. 즉 습관적으로 하는 생각이나 반응을 하지 않음으로써 그 자리에 새로운 생각을 할 수 있는 공간이 생기도록 하는 것이다.[7] 전전두피질에 손상을 입은 환자들은 상황이나 맥락을 고려하지 않고 이미 프로그래밍된 방식으로 주변 환경에 반응한다. 이러한 환경에 대한 반응 행동을 '활용 행동utilization behavior'이라고 한다. 그 행동들은 종종 기이하다. 예를 들어, 파리의 한 병원에서 진료실에 망치, 못, 그림이 있는 것을 본 전전두피질 손상 환자는 뚜렷한 이유도 없이 벽에 그림을 걸려는 행동을 시도했다.[8] 전전두피질 손상 환자는 외부 자극에 의존해 반응하는 경우가 많고, 그때도 적절하지 않은 행동이 나타날 수 있다.

새로운 미래

◎

첫째, 안와전두피질은 습관을 따라 과거의 이미지 그대로 미래를 만들 것인지, 아니면 다른 미래를 창조할 것인지를 결정한다. 다른 미래란 목표를 만든다는 뜻이다. 그런 다음 전전두피질은 습관과 주의를 산만하게 하는 것을 억제하고 창조를 위한 창의적인 과정을 시작한다.

필요한 첫 번째 기술은 추상적 사고이다. 우리의 사고는 나이가 들면서 어린이의 구체적인 조작적 사고에서 성인의 추상적인 사고로 발전한다. 아이들은 의자, 우유, 쿠키, 곰인형, 자전거와 같은 구체적인 물건을 경험한다. 그리고 성장해 가면서 구체적인 물건들을 가구, 음식, 장난감, 운송 수단과 같은 추상적인 범주로 그룹화하는 방법을 배운다. 대상을 범주로 그룹화하고 이러한 추상화를 처리할 수 있게 되면 우리의 사고는 구체적인 사고로는 불가능한 방식으로 생각을 자유롭게 결합하고 조작할 수 있게 된다. 전전두피질은 추상적 사고를 처리하는 곳이고 뇌가 성숙하면서 그 능력은 더욱 발달한다.[9] 우리가 추상적으로 생각할 수 있을 때 우리는 더 나은 관계, 더 나은 리더십 기술 같은 목표들을 설정할 수 있고, 더 나은 사람이 되겠다 같은 '존재'로서의 목표를 세울 수가 있다.

두 번째 기술은 시간 여행을 할 수 있는 능력이다. 이것은 현재의 단일 시점으로부터 우리를 해방시켜 과거와 미래를 넘나들게 해 준다. 목표를 창조할 때는 현재에 행동하면서 과거를 바라보고, 과거로부터 배우고, 자원을 수집하고, 그리고 그것을 미래에 투영하는 능력이 필요하다.

시상하부에 있는 시교차 상핵suprachiasmatic nucleus은 일종의 뇌에 있는 심장박동기로 알려져 있다. 그것은 수면, 체온, 기억과 같은 24시간 주기의 신체 운용의 리듬을 제어한다. 체내 시계가 현재 내가 있는 나라의 시계와 일치하지 않으면 우리는 시차를 겪게 된다. 24시간보다 더 긴 주기에 대한 연구는 알려진 것이 많지 않다. 전전두피질, 기저핵, 해마가 연관된 것으로 추정되지만 정확히 어떻게 작동되는지는 여전히 수수께끼로 남아 있다.

작년에 했던 일을 생각해 보자. 그리고 그 전해를 떠올려 보자. 하나의 기억이 다른 기억보다 먼저 발생했는지 우리는 어떻게 알 수 있을까? 시간을 거슬러 올라갈수록 시간적 순서에 대한 확신은 없어지고 세월은 기억을 뒤섞이게 하지만, 뇌는 어떻게 해서든 시간 기록대로 기억을 식별해야만 한다.

다음은 목표 생성 단계에서 클라이언트에게 도움이 되는 몇 가지 유용한 코칭 질문이다.

- 당신이 창조하고자 하는 것은 무엇입니까?
- 지금과 어떤 부분이 달라졌으면 좋겠습니까?
- 당신이 원하는 변화를 만들었을 때, 당신의 삶은 어떻게 될까요?
- 당신의 새로운 인생을 이야기해 주시겠어요?
- 당신이 이 목표를 달성했을 때 당신에게 진실이 되는 것은 무엇일까요?
- 이 목표는 어떤 퍼즐에 대한 답일까요?

유지

이 책을 쓰는 동안 우리는 런던을 떠나 새로운 지역으로 이사를 계획하고 있었다. 딸아이가 다니게 될 새로운 학교와 집이 더 가까운 것을 비롯해 우리는 원하는 집, 원하는 지역, 살고 싶은 삶에 대한 생각을 나누었다. 그것은 관념적이고 낙관적이었으며 과거에 즐거웠던 추억을 기반으로 만들어졌다. 그 지역에 대한 정보가 필요했기 때문에 주말에 많은 시간을 투자해 그 지역을 여행하고 그에 대한 느낌을 얻으며 보냈다. 그렇게 한 후에 행동 계획을 세울 수 있었다. 새로운 그림을 그리는 것은 어려웠는데 그것은 이전에 가지고 있던 모든 것들을 새로운 장소에서도 계속 유지하고 싶은 유혹 때문이었다. 그 마음은 해외에 살면서도 여전히 영국 음식을 먹고, 현지인들과 영어로 대화하고, 외국인 친구를 사귀고, 모든 의도와 목적이 영국에서 살 때와 동일한(날씨만 더 좋은) 환경을 유지하려 하는 '해외 거주 영국인'이 빠지는 함정과 비슷한 것이었다.

무엇인가를 창조하기 위해서는 계획과 행동이 뒤따라야 한다. 이것은 때론 오랜 시간이 걸리는 경우도 있다. 목표를 향해 나아가기 위해서는 진행 상황을 파악하고 다음 단계를 계획해야 한다. 이를 위해서는 작업기억이 필요하다. 작업기억은 수분 이내의 짧은 시간동안 정보를 저장하고 작업하는 곳이다. 마음의 칠판인 셈이다. 이 작업공간 안에서 우리는 장기기억을 끄집어내어 이리저리 옮기고 고정하기도 하며, 그것을 현재와 연결시켜 미래로 보낸다. 작업기억은 계획할 때 그리고 목표에 대한 초점을 유지할 때 결정적으로 중요하다. 배외측전전두피질은 저장된 지식(원래 해마와 전전두피질에서 가져온)이 우리의 현재 인식과 통합되는 장소이다. 배외측전전두피질은 또한 커피 향이나 다른 메시지를 보라고 꾀어내는 휴대폰 알림 소리 같이 작업기억에 대한 방해요소를 억제한다. 해결책으로 바로 뛰어들지 않고 작업기억에 생각을 저장하고 길게 숙고할 수 있는 것은 추상적이고 창의적인 사고와 패턴 인식 및 문제해결 능력을 가진 유동 지능의 전형적인 특징이다. 전대상피질(ACC: anterior cingulate cortex)은 전체 과정을 모니터링한다. 전대상피질의 임무는 오류를 찾아 전전두피질에 보고하는 것이다. 전대상피질의 활동성은 실수나 불일치를 감지할 때마다 더 높아진다.[11]

목표를 만들고 유지하는 것은 이성적이기만 한 것은 아니다. 감정은 매 순간 우리의 생각을 물들인다. 감정이 개입할 수 있다. 불안하거나 두려워하는 감정을 느끼면 편도체의 신호로 전전두피질의 처리과정은 중단된다. 목표에는 가치가 개입되어 있고 기억은 감정을 불러온다. 안와전두피질은 뜨거운 경로와 차가운 경로를 통합하여 생각의 감정적인 톤을 평가한다. 가치와 감정은 우리가 목표를 향해 나아갈 때 우리의 결정을 이끈다. 가치는 그 상황에서 우리에게 중요한 것이고, 그 가치는 변연계limbic system에서 감정과 연결된다. 이렇게 우리는 보람을 느끼게 된다.

완료

목표는 러시아 인형과 같다. 하나의 목표는 다른 목표 안에 둥지를 틀고 달성된 목표는 또 다른 목표로 향하게 한다. 장기적인 목표는 단기 목표의 연속으로 구성되어 있다. 목표 계획은 반복적으로 이루어지는데 주요 목표를 염두에 둔 상태에서 각 하위 목표들에 동일한 생각을 적용한다. 이사 사례에서 보듯 변호사를 찾고, 자금을 마련하고, 부동산 중개인을 찾고, 살 집을 찾고, 우리 집을 살 사람을 찾고, 팔고, 마지막으로 새집으로 이사하는 것과 같다.

일어나는 일을 통제할 수는 없다. 목표를 향해 가는 길의 모든 단계들은 당신과 다른 사람들, 그리고 무작위로 일어나는 사건들이 엮여서 일어나는 공동 창조물이다. 어떤 때는 잘 풀리고 또 어떤 때는 그렇지 못하다. 잘 풀리지 않을 때에 전대상피질로부터 경보가 발령된다. 그리고 그 과정들은 다시 시작된다.

목적지와 여정

목표에는 분명 보상이 있을 것이다. 그렇지 않으면 왜 귀찮게 그걸 하겠나? 보상의 하나는 목표 달성, 즉 목적지에 도달하는 것으로 얻어진다. 다른 하나는 목표를 향해 가는 여정 중에 얻어진다. 이 책을 완성하고 원고를 전달하는 것도 대단히 만족스럽지만 글을 쓰면서 배우는 것이 더 큰 보람이다. 목표를 생각하면 목적지가 보상인 것처럼 보이지만 그것은 착각이다.

우리의 뇌는 수만 년에 걸쳐 진화했으며 그 대부분의 시간 동안 인류에게 주어진 보상과 가치는 단순했다. 음식과 주거지, 섹스, 그리고 가능한 빠르게 주어지는 모든 것이었다. 삶이 짧았고 불확실했기 때문이다. 현재의 우리는 목표를 더 추상적이고 장기적으로 잡을 수 있다. 새로운 기술을 습득하거나 자기 개발, 리더십 향상, 좋은 관계 형성과 같은 장기적인 목표는 매우 복잡하다. 그런 목표들은 나아가는 과정에서 꼬이고 달라지고 변형될 수 있다. 성공은 당신 혼자만의 문제가 아니다. 다른 많은 사람들이 얽혀 함께 해야 한다. 원하는 것을 얻었을 때도 그것이 기대했던 것이 아닐 수도 있고, 자신이 느낄 것이라고 생각했던 것을 느끼지 못할 수도 있다.

몇몇 클라이언트들은 그들의 직장에서 높은 지위에 오르기 위해 수고로움을 감수하며 노력했다. 그리고 성공의 자리에 올라서서 주위를 둘러보았을 때, 그들이 상상했던 것과 전혀 다르다는 사실에 경악했다. 그렇기 때문에 성공을 향한 여정은 그 자체만으로도 보람 있어야 한다. 그렇지 않으면 목표를 달성하더라도 허망할 수 있기 때문이다.

가장 좋은 예가 있다. 당신이 에베레스트산을 오르기를 원한다고 가정해 보자. 당신이 정상에 설 수 있는 시간은 길어야 30분일 것이다. 아마도 그 30분 동안은 최대의 만족감을 경험할 것이지만 곧 다시 내려와야 한다. 에베레스트를 등반하고 내려오는 데에는 최소 몇 주 이상이 소요된다. 준비하는 데도 몇 달에 걸친 긴 시간이 필요할 것이다. 에베레스트 등반은 하나의 여정이며 그 전체 여정이 보람 있고 가치 있어야 할 것이다. 목표로 했던 정상에서 보는 전망은 케이크 꼭대기의 체리와 같다. 목표가 무엇이든 우리는 목적지보다 과정에서 훨씬 더 많은 시간을 보낸다. 정상에서의 만족감은 결코 지속되지 않으며 우리는 정복할 또 다른 정상을 찾게 될 것이다. 여정이 보상이어야 목적지에 도달하지 못하더라도 당신은 가치와 보람을 느낄 수 있다.

목표를 향해 가는 여정에는 장기적인 집중과 인내가 필요하다. 이것은 우리가 8장에서 만날 신경전달물질 도파민과 관련되어 있다. 도파민을 여기서는 간단히 우리가 보상이라고 보는 것들을 원하고 찾아내게 만드는, 뇌의 보상경로를 지배하는 신경전달물질이라고만 말해 두겠다. 도파민은 우리에게 동기부여, 에너지 및 욕망의 느낌을 주기 위해 전전두피질에 작용한다. 전전두피질은 많은 도파민 수용체를 가지고 있으며 동기는 전전두피질 내 도파민 경로들이 활성화되는 상태에서 생겨난다. 동기가 부여되기 위해서는 목표가 보상을 받아야 하고 보상은 가치와 연결되어야 한다. 또한 가치는 성취에 있어야 하는 것뿐만 아니라 여정에도 있어야 한다. 왜냐하면 가치와 연관성이 없으면 도파민이 분비되지 않으며, 도파민이 없다는 것은 동기가 없다는 것이며, 동기가 없다는 것은 행동이 없다는 것이기 때문이다(도파민은 기저핵을 활성화시키는 주요 신경전달물질이기도 하다).

클라이언트가 '동기부여'가 부족하다고 불평할 때 그들은 신경과학적으로는 다음과 같이 말하고 있는 것이다. "이 목표는 내 중변연계 도파민 경로를 활성화할 만큼 충분히 보람 있고 가치 있는 것으로 보이지 않아서 나는 이 목표를 달성하기 위해 행동할 에너지와 추진력의 부족을 경험하고 있습니다." 답은 '목표를 가치와 연결시켜 도파민으로 이어지도록 하라'이다. 전전두피질에서 도파민 수치가 증가함에 따라 동기부여도 증가한다.[12]

목표를 달성하는 데는 집중과 인내 못지않게 유연성도 필요하다. 목표를 향해 가는 길에서는 상황이 변하기 마련이고 그에 따라 계획도 유연하게 재고되어야 한다. 안와전두피질은 역전학습에 관여하는데, 보람을 느낄 때는 역전학습이 중단된다. 이때 전대상피질도 동원된다. 우선 전대상피질은 더 긴 시간의 프레임을 사용할 때 활성화된다. 전대상피질이 손상되면 회상할 수 있는 시간이 바로 직전 과거로 제한된다. 두번째로 전대상피질은 우리가 통제할 수 있는 행동으로 더욱 활성화된다. 클라이언트가 자신에게 영향력이 있다고 믿지 않을 때 전대상피질의 활동성 수준은 떨어지고, 클라이언트는 시간의 범위를 제한할 수 있다. 코치는 클라이언트가 일어나는 상황에 대해 직접적인 영향력을 발휘할 수 있는 곳, 즉 그들의 영향권역 내에 머물 수 있도록 도와주어야 한다.

코칭에 적용하기

이제는 주택 매매를 했던 우리의 실제 사례를 가져와 주제들을 한데 묶어 볼까 한다.

저장된 지식의 사용(배외측전전두피질과 해마)

———————————— ◎ ————————————

우리는 이전에 집을 구입한 경험이 있지만 매도와 매수를 동시에 한 경험은 없다. 과거에 주택을 매수할 자금을 마련한 경험이 있어서 도움은 되었다. 하지만 지금은 시장 상황이 많이 달라져서 이전에 했던 우리 경험의 많은 부분은 적용할 수 없었다.

지식도 경험도 없는 상황이라 우리는 법적 절차를 처리하기 위해 전문가, 부동산 중개인 및 변호사에게 연락했고, 여기서 우리가 배운 두 가지 중요한 사항은 다음과 같다.

첫 번째로 기존의 뻔하고 익숙한 단계를 따르고 싶은 마음이 올라온다.

많은 경우에서 새로운 시각으로 다시 보는 것이 도움이 되었다.

두 번째는 가능한한 최대한 믿을 만한 전문가들에게 전전두피질을 아웃소싱했다. 모든 과정을 통제하려고 하는 것은 유혹적이지만 헛수고였다. 우리는 우리가 할 수 있는 것과 없는 것을 구분하고 우리가 할 수 없는 것은 전문가들이 대신할 수 있도록 돈을 지불했다.

다음은 도움이 될 만한 질문이다.

- 내가 이것에 대해 이미 알고 있는 것은 무엇인가?
- 이 지식에서 지금 적용할 수 있는 것이 얼마나 되는가?
- 지금의 상황은 과거와 어떻게 다른가?
- 누가 혹은 무엇이 나를 도와줄 수 있고, 나는 그것을 어떻게 찾을 것인가?

동기부여와 보상(도파민, 전전두피질 및 변연계)

우리에게는 이사를 하게끔 만든 굵직한 이유들이 있었다.

우리는 시골로 이사하고 싶었고 시골의 라이프 스타일을 더 가치 있게 생각했다.

또한 우리는 딸의 학교와 가까운 곳에 집을 구하고 싶었다.

가장 중요하게 여긴 것들은 공간감과 평화로움 그리고 풍경이 아름다운 환경이었다.

우리가 살았던 곳에는 많은 좋은 점들이 있었는데 새로운 곳으로 이사하면서 포기해야 하는 것들이 있다는 것을 우리는 알고 있었다. 이사를 하는 데까지는 10개월이 걸렸다. 우리는 답답하고 불안하고 의견이 엇갈릴 때가 많았지만 그때마다 우리가 왜 이사하려고 하는지 기억하려고 노력했다.

몇 가지 도움이 될 만한 질문이 있다.

- 여기(이 상황)에서 중요한 것은 무엇인가?
- 나는 이것을 어떻게 느끼고 있는가?
- 내 다음 행동은 내가 중요하다고 생각하는 것에 부합하는 것인가?
- 나는 지금도 여전히 이것을 원하는가?
- 여기까지 온 것에 대해 나는 나 자신에게 어떤 작은 보상을 해 줄 수 있나?

오류감지(전대상피질)

이사를 위한 준비 과정에서 여러 번 차질이 빚어졌고, 불안감을 잠재우기 쉽지 않았다. 그중 한 가지 사건이 우리의 한계를 시험하기도 했다. 막 구매자 한 사람을 놓친 상태였고 우리집에 관심을 보이는 새로운 매수 예정자 세 사람이 각각 집을 보러 오기로 예정되어 있었다. 그런데 월요일 새벽 4시에 조셉은 흐르는 물소리에 잠에서 깼다. 놀라서 벌떡 일어나 아래층 주방 바로 위에 있는 1층 화장실로 뛰쳐 들어갔다. 수도 파이프가 끊겨 있었고, 바닥은 물로 가득 차 있었다. 물을 잠그고 최악의 상황을 대비해 마음을 단단히 먹고 주방으로 가봤다. 예감은 틀리지 않았다. 주방 역시 물폭탄을 맞은 것처럼 온통 다 젖어 있었고, 석고 천장은 무너져 바닥 곳곳에 눅눅한 천장 잔해들이 흩어져 있었다. 천장과 욕실 바닥 사이에 건축 당시 업자들이 몰래 버린 1톤의 건축 쓰레기 더미가 함께 무너져 내린 것이다. 그야말로 대참사였다. 우리의 꿈 위로 천장이 무너진 느낌이었다. 우리는 청소하고 손님의 방문을 취소하고 주방을 다시 정돈하는 데 필요한 전기 기사, 배관공, 인테리어 기사에게 전화를 거는 것 외에는 할 수 있는 일이 없었다. 그것만 2주 이상의 시간이 걸렸다. 그러나 결과적으로 주방은 완전히 새단장을 했고 화이트 톤의 반짝이는 새 주방은 구매 예정자들에게 훨씬 매력적으로 보이게 되었다. 처음엔 재앙 같았지만 이 일은 결국 우리에게 더 나은 결과로 돌아왔다.

이 단계에서 몇 가지 도움이 될 만한 질문이 있다.
어떤 위험이 있는가?
무엇이 잘못될 수 있는가?
이러한 위험을 최소화하기 위해 내가 할 수 있는 것은 무엇인가?

내가 가진 방법(능력, 영향력)은 무엇인가?

어떻게 하면 원상복구할 수 있는가?

역전학습과 유연성(안와전두피질)

◎

다른 많은 예가 있다. 어떤 단계에서는 부동산 중개인과 구매자에게 강하게 의사표현을 하고 싶었지만 도움이 안 될 것 같아서 참았던 때도 있었다. 대부분 우리는 사무 변호사에게 절차를 맡겼지만, 때로는 우리가 직접 개입해서 일처리를 도맡아서 해야 할 때도 있었다. 주방 천장 사건으로 매수자를 찾는 일도 못하고 모든 것을 2주간 보류해야 했다.

몇 가지 도움이 될 만한 질문:

내가 처음부터 끝까지 계속 유지해야 할 행동이나 조처에는 어떤 것이 있는가?

현재 나에게 도움이 되지 않을 수 있으므로 검토해 봐야 하는 액션(행동이나 조처)에는 어떤 것이 있는가?

이러한 상황 변화로 인해 다시 생각해 보거나 중단해야 하는 액션(행동이나 조처)이 있다면 무엇인가?

행동(기저핵)

―――――――― ◎ ――――――――

　계획을 잘 세웠다면 행동으로 옮기는 것은 쉽게 풀린다. 단계별로 전체 실행 계획을 세울 수는 있어도 현실은 항상 더 복잡하고 변화하며 그에 맞춰 적응을 해야 한다는 것을 우리는 늘 염두에 두어야 한다. 군대에서 하는 말 중에 '작전은 첫 총성이 울릴 때까지만 유효하다.'는 말이 있다. 우리는 이렇게 말할 수 있을 것이다. '주방 천장이 무너졌는데 살아남을 실행 계획은 없다.' 그렇다 해도 언제나 또 다른 실행 계획은 있다.

　질문은 간단하다:
　⋮ *당신의 다음 단계의 액션(행동이나 조처)은 무엇입니까?*

표 3.1　목표의 신경과학 - 요약

기술	두뇌 시스템
계획	배외측전전두피질
창의력	전전두피질(억제)
하향식처리	전전두피질
추상화	전전두피질
원하는 것	도파민
작업기억	해마
시간의 범위	전대상피질
오류감지	전대상피질
집중	중피질 도파민 경로

동기부여	도파민
가치	변연계
장기기억	해마와 전전두피질
감정과 인지의 통합	안와전두피질
역전학습	안와전두피질
의사결정	안와전두피질
유연성	안와전두피질
조치단계	기저핵

목표에는 여러 가지가 있다. 우리는 '행동'하는 목표에 집중했지만 자기개발과 같이 '존재'에 의미를 두는 목표도 있다. 존재를 위한 목표는 더 개인적인 것이지만 뇌는 그것을 행동하는 목표와 같은 방식으로 처리한다. 목표를 만들고, 유지하고, 완성하는 것은 너무나 많은 시스템들이 동시에 작동하는 복잡한 과정이다. 우리 뇌는 이 과정을 탁월하게 처리한다. 하지만 다음 장의 주제인 정보를 수집하고 평가하는 데는 그다지 능숙하지 않다.

1) ADD와 ADHD 치료 또한 도파민 경로를 자극해 동기부여와 인내를 도울 수 있는 약물을 사용할 수 있다. 도파민 경로를 조절하는 약물은 반드시 중독성이 있으며, 이것이 이러한 치료법의 주요 단점이다.

2) 목표 설정을 관장하는 뇌 영역이 실패했을 때 어떤 일이 일어나는지를 보면 목표 없는 삶이 어떤 것인지 알 수 있다. 이것은 매우 드문 일이다. 한 문헌에서 그런 환자에 대한 기록을 남겼는데 그 환자는 어떤 것에도 신경을 쓰지 않아 한 신경과 클리닉에서 소개한 환자였다. 그는 무언가를 시작하지만 완료하지는 않았다. 예를 들면 테니스 게임을 했지만 점수를 기록하지는 않는 것처럼 말이다. 그는 똑똑했지만 경제적으로 자신을 부양할 수 없었고 끊임없이 돈을 빌렸다. 그는 뭔가 잘못되었다는 것을 알았지만 자신, 미래 또는 행복에 대해서 전혀 신경을 쓰지 않는 것처럼 보였다. 그는 일관성 있게 계획을 세우고 실행할 수 없었다. 뇌검사를 해 본 결과 큰 종양이 그의 왼쪽 전전두피질과 전두엽의 다른 부분을 침범한 것으로 나타났다. 예후는 매우 나빴지만 환자는 이에 대해 아무것도 하고 싶어하지 않았다. 그는 자신이 원하는 방식으로 삶을 이끌어갈 능력과 에너지를 잃었다. Knight, R. T., Grabowecky, M.F., & Scabini, D.(1995) 참조. 주의 통제에서 인간의 전전두피질의 역할. 신경학의 발전, 66, 21-36.

3) https://www.youtube.com/watch?v=vJG698U2Mvo

4) https://www.youtube.com/watch?v=VkrrVozZR2c

5) 시상하부는 부신피질자극호르몬 방출인자를 방출한다. 이것은 뇌하수체를 자극하여 부신피질자극호르몬(ACTH)을 방출한다. 이것은 차례로 부신피질을 자극하여 몇 시간 동안 코티솔을 방출시킨다.

6) Gremel, C. M., Chancey, J. H., Atwood, B. K., Luo, G., Neve, R., Rama krishnan, C., ... Costa, R. M. (2016). Endocannabinoid modulation of orbitostriatal circuits gates habit formation. Neuron, 90 (6), 1312-1324.

7) 신경과학과 창의성은 매력적인 주제이지만 우리가 여기서 자세히 다룰 수 있는 주제는 아니다. 피실험자들이 다양한 퍼즐을 푸는 동안 뇌 기능을 탐구하기 위해 신경 영상을 촬영하는 많은 연구가 이루어졌다. 문제가 복잡할수록 뇌의 시스템이 더 많이 개입되어 결과를 해석하기 어려운 것은 필연적이었다. 간단한 퍼즐은 더 간단한 결과를 주었지만 창의력은 퍼즐을 푸는 능력을 훨씬 넘어선 것이었다.

자세한 내용은 다음을 참조하기 바란다.

Abraham, A., Pieritz, K., Thybusch, K., Rutter, B., Kröger, S., Schweckendiek, J., ⋯ Hermann, C. (2012). Creativity and the brain: Uncovering the neural signature of conceptual expansion. Neuropsychologia, 50 (8), 1906-1917 Amabile, T. M., Conti, R., Coon, H., Lazenby, J., & Herron M. (1996).

Assessing the work environment for creativity. Academy of Management Journal, 39 (5), 1154-1184.

Sawyer, K. (2011). The cognitive neuroscience of creativity: A critical review. Creativity Research Journal, 23 (2), 137-154.

8) Lhermitte, F. (1983). 'Utilization behaviour' and its relation to lesions of the frontal lobes. Brain, 106 (2), 237-255.

9) 코 뒤 전전두피질의 측면 부분은 추상적으로 생각할 수 있는 능력에 관여하는 것으로 확인되었다. 이것은 청소년기에 발달한다. Dumontheil, I. (2014)를 참조. 아동기와 청소년기의 추상적 사고의 발달: 연골측 전두엽 피질의 역할. Developmental Cognitive

Neuroscience, 10, 57-76.

10) Grondin, S. (2010). Timing and time perception: a review of recent behavioural and neuroscience findings and theoretical directions. Attention, Perception, & Psychophysics, 72 (3), 561-582.

11) Carter, C. S., Braver, T. S., Barch, D. M., Botvinick, M. M., Noll, D., & Cohen, J. D. (1998). Anterior cingulate cortex, error detection, and the online monitoring of performance. Science, 280 (5364), 747-749.

12) 하지만 어느 정도까지만이다. 도파민이 너무 많으면 특히 유연성이 필요한 업무에서 성과가 떨어진다. 높은 수준의 도파민은 유연성 없는 완강한 외골수를 낳는다.

참고문헌

Abraham, A., Pieritz, K., Thybusch, K., Rutter, B., Kröger, S., Schweckendiek, J., ··· Hermann, C. (2012). Creativity and the brain: Uncovering the neural signature of conceptual expansion. Neuropsychologia, 50(8), 1906-1917.

Amabile, T. M., Conti, R., Coon, H., Lazenby, J., & Herron, M. (1996). Assessing the work environment for creativity. Academy of Management Journal, 39(5), 1154-1184.

Carter, C. S., Braver, T. S., Barch, D. M., Botvinick, M. M., Noll, D., & Cohen, J. D. (1998). Anterior cingulate cortex, error detection, and the online monitoring of performance. Science, 280(5364), 747-749.

Dumontheil, I. (2014). Development of abstract thinking during childhood and adolescence: The role of rostrolateral prefrontal cortex. Developmental Cognitive Neuroscience, 10, 57-76.

Gremel, C. M., Chancey, J. H., Atwood, B. K., Luo, G., Neve, R., Ramakrishnan, C., ··· Costa, R. M. (2016). Endocannabinoid modulation of orbitostriatal circuits gates habit formation. Neuron, 90(6), 1312-1324.

Grondin, S. (2010). Timing and time perception: A review of recent behavioural and neuroscience findings and theoretical directions. Attention, Perception, & Psychophysics, 72(3), 561-582.

Knight, R. T., Grabowecky, M. F., & Scabini, D. (1995). Role of human prefrontal cortex in attention control. Advances in Neurology, 66, 21-36.

Lhermitte, F. (1983). 'Utilization behaviour' and its relation to lesions of the frontal lobes. Brain, 106(2), 237-255.

Sawyer, K. (2011). The cognitive neuroscience of creativity: A critical review. Creativity Research Journal, 23(2), 137-154.

https://www.youtube.com/watch?v=vJG698U2Mvo

https://www.youtube.com/watch?v=VkrrVozZR2c

제4장

생각
– 속임수와 함정

생각
– 속임수와 함정

코치는 질문을 통해 클라이언트의 사고 방식을 자극하고 대화를 기반으로 질문을 이어간다. 코치의 질문은 클라이언트가 가지고 있던 문제를 해결할 수 있도록 도움을 주며 새로운 방식으로 생각할 수 있게 돕는다. 코칭은 일반적으로 인지적 사고를 기반으로 진행되는데 이러한 인간의 생각하는 능력은 정말 위대하다. 한편 나쁜 소식도 있는데 우리 뇌의 생각 처리 방식이 종잡을 수 없다는 사실이다. 뇌는 객관적이고 논리적인 사고를 하는 기계와는 거리가 멀다. 가져온 정보를 왜곡하고 단순화시키며 완전히 훼손한다. 이것이 우리가 일상적으로 생각을 처리하는 방식이다. 그럼에도 불구하고 좋은 소식은 뇌가 어떻게 작동하는지를 우리가 이해를 하면 더 나은 방식으로 생각을 할 수 있다는 점이다. 이번 장에서는 우리가 인지하지 못하는 사이에 생각을 왜곡시키는 함정에는 어떤 것들이 있는지 알아볼 것이다.

생각을 처리하는 두 가지 방식

우리는 생각을 처리하는 두 가지 체계를 가지고 있다. 첫 번째는 빠르고 자동적이며 거의 무의식적이다. 일반적인 경험의 법칙에 기반해 성급히 결론을 내린다. 이러한 많은 경험의 법칙들은 진화에 의해 체화된 것들이다. 단순한 일인 경우 그에 맞는 빠르고 쉬운 답이 제공된다. 우리는 일상적으로 내리는 결정에 이 사고체계를 사용하는 경향이 있지만 이를 마냥 신뢰할 수 없다. 이 사고체계는 우리가 어디에 있고 누구와 있는지, 그 환경에 의해 영향을 받기 때문에 잘못된 의사결정을 내리게 할 수 있다. 또한 복잡한 결정을 내릴 때 위험을 알고도 우리는 이 사고체계에 의존한다. 이는 성찰의 여지 없이 '생각하지 않고 생각하는 것'이다. 이것은 행동경제학의 다니엘 카너먼Daniel Kahneman의 연구를 통해 일반적으로 '빠른 생각fast thinking' 또는 (상상력이 부족한) '시스템1'으로 잘 알려져 있다.[1] 사고에 대한 성찰적 접근을 거의 안 하기 때문에 이런 빠른 답을 정당화하려는 경향이 있고[2] '생각에 대해 생각하는 것'을 잘 못한다. 시스템1 사고체계는 뇌섬엽, 전대상피질 및 변연계의 일부를 활성화한다.

두 번째, 시스템2는 느리지만 의식적이고 분석적이며 훨씬 더 신뢰할 수 있다. 하지만 우선적으로 작동하는 시스템1의 생각들을 억제하기 위한 추가적인 노력이 필요하다. 시스템2는 추상적이고 탈맥락적인 사고를 하며 중요한 의사결정을 내리는 데 필요하다. 즉 정보를 수집하고 신중하게 분석하며 현재 일어나고 있는 일에 휘둘리지 않고 놓친 부분이 없도록 파악하는 사고체계이다. 시스템2는 신피질, 특히 전전두피질과 두정엽을 사용한다.

그렇다면 직관은 어디에 해당하는가? 시스템1은 직관이 아니다. 우리는 직관을 표면 아래에서 작동하고 또한 수많은 경험에 의해 뒷받침되는 시스템2 사고체계로 본다. 어떤 사람들은 매우 적은 정보, 즉 단편적인 정보[3]만으로도 매우 훌륭한 판단을 내릴 수 있다. 이러한 판단을 우리는 직관이라고 부르는데, 그것은 광범위한 지식을 바탕으로 만들어진 빠른 판단인 것이다(그림 4.1과 그림 4.2).

우리의 생각은 시스템1과 시스템2의 혼합이다. 하지만 시스템1을 억제하고 시스템2를 사용하기 위해서는 특별한 노력이 필요하다. 시스템1 사고는 '인지적 구두쇠'에서 비롯된다.[4] 우리의 뇌는 가능한 한 적은 노력을 하고자 하는 인지적 구두쇠이므로 자원은 비축해 두고, 시스템1을 먼저 사용하려고 한다. 이렇게 하는 것은 두뇌가 하는 기본 프로세스일 뿐 여기에 가치 판단은 필요하지 않다.

그림 4.1 시스템1과 시스템2

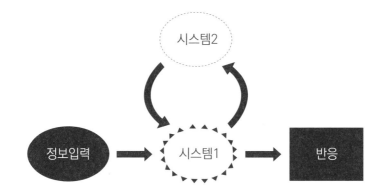

그림 4.2 의사결정: 시스템1과 시스템2의 처리

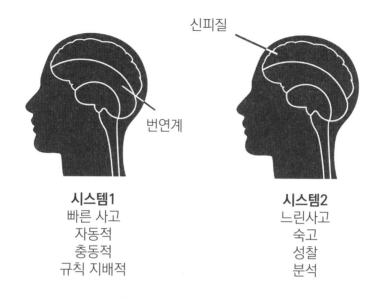

시스템1
빠른 사고
자동적
충동적
규칙 지배적

시스템2
느린사고
숙고
성찰
분석

코칭을 할 때 질문에 대한 클라이언트의 첫 번째 답변은 시스템1 사고에서 나올 가능성이 크다. 따라서 클라이언트의 첫 번째 답변은 고려하지 않는 것이 좋다. 특히 대답이 빨리 나올 때는 더욱 그렇다. 우리는 그것을 '머리 꼭대기' 대답이라 부른다.

이에 클라이언트가 빨리 하는 답변에 대해 코치는 다음과 같이 질문해 볼 수 있다.

'처음 드는 생각이 그렇군요. 혹시 두 번째로 떠오르는 생각은 무엇인가요?'

'당신이 알지 못하는 무언가가 있다면 말씀해 주시겠어요?' (이 질문은 매우 효과적인 질문이지만, 서로에 대한 라포rapport가 선행되어야 한다)

'그것이 당신이 할 수 있는 최선의 생각인가요?'

'조금 더 깊이 생각해 본 다음에 무엇이 떠오르는지 말씀해 주세요.'

우리는 질문에 대한 모든 해답을 가지고 있는 듯이 행동하는 골치 아픈 클라이언트를 코칭해야 할 때 위와 같은 접근 방식을 사용한다. 그들은 모든 것에 대해 이미 생각해 본 것처럼 말하지만 사실 그들의 생각은 시스템1에 갇혀 있다.

시스템1 작동 방식

시스템1을 신뢰하기 힘든 세 가지 이유가 있다.

첫째, 생래적인 인지 단축키, 휴리스틱heuristics을 사용하고 또한 무차별적으로 사용한다. 예를 들어 우리는 키가 크고 잘생긴 사람들이 더 유능하고 신뢰할 수 있는 사람이라고 생각하는 경향이 있다.[5] 우리는 0.1초 이내에 외모만으로 이렇게 판단해 버린다.[6] 그리고, 이런 경향은 의사결정에 있어서 큰 실수로 이어질 수 있다.[7]

둘째, 시스템1은 분석과 성찰에 의한 것이 아니라 단순히 믿음으로써 안다

셋째, 가장 중요한 사실은 시스템1은 주변 상황에 영향을 받아 일반적인 원칙보다는 즉각적인 맥락에 근거하여 답변한다는 점이다. 시스템1은 현재 상황의 맥락에 영향을 많이 받는 반면, 시스템2는 과거와 현재 그리고 미래를 살피고 지금 여기와 함께 과거의 경험까지 통합적으로 고려한다.

다음은 시스템1의 주요 편향에 대한 것이다.

손실회피편향

인간은 얻는 것보다 잃는 것을 더 싫어하는 경향이 있다. 손실 위험보다는 작더라도 보장된 이익을 더 매력적으로 여긴다. 주식 투자로 이미 손해를 봤다면 돈을 되찾을 기회가 주어지면 더 큰 손실을 감수할 가능성이 높다.[8] 여기에서 손실이 꼭 돈처럼 유형적인 것만 의미하지는 않는다. 그것은 존중, 사랑, 행복, 자유와 같이 우리가 소중히 여기는 어떤 것이라도 될 수 있다. 사람들은 이 모든 가치 있는 것들을 놓고 두 배를 거느냐 그만 두느냐 게임을 한다.

현상유지편향은 손실회피편향의 변형이다. 시스템1은 변화를 손실로 간주하기 때문에 기존 방식을 선호한다. 변화로부터 발생할 수 있는 유익한 것들보다 무언가를 잃는다는 느낌이 지금의 상황을 더 유리하다고 느끼게 만드는 것이다. 이러한 편견은 많은 클라이언트들이 변화를 원한다고 말하면서도 막상 변화하지 않는 이유를 잘 설명해 준다. 클라이언트들은 항상 변화를 원해서 코칭을 받으러 오지만 그 과정에서 무엇을 잃는지에 대해서는 생각해 보지 않는다. 그렇기 때문에 작더라도 잃는 것이 생기면 쉽게 변화를 거부한다.

몇 년 전, 조셉이 런던에서 브라질로 이주하는 것을 고려했을 때 자신이 잃는 것을 계속 생각하면서 이주를 망설였다. 안드레아는 간단한 언어재구성기법verbal reframe을 활용하여 조셉에게 '잃는 것' 말고 '남겨두고 가는 것'들에 대해 생각해 보라고 말했다.[9] '남겨두고 가는 것'은 당신이 통제할 수 있는 것이고 '잃는 것'은 어쩔 수 없이 당신에게 일어나는 일이다. '남겨두고 가는 것'은 당신이 떠난 후에도 당신의 것으로 여전히 존재할 것이며 언제든 당신은 그것들을 되찾을 수 있을 것이다. '잃는 것'은 그것들이 영원히 사라졌다는 것을 의미한다. 당시 이러한 생각의 전환은 조셉에게 많은 도움이 되었고, 이후 이 기법을 많은 클라이언트와의 코칭에서 활용하고 있다.

이 주제에 관련한 또 다른 변형은 '매몰비용의 오류'이다. 영화, 콘서트, 연극을 보기 전 기대에 부풀었던 때를 생각해 보자. 당신은 멋진 공연을 기대하고 있었지만, 공연이 시작된 지 5분 만에 이 공연이 형편없음을 알게 된다. 이제 당신은 일어나서 자리를 떠나거나 아니면 공연이 나아질 것이라는 헛된 희망을 가지고 끝까지 앉아 있거나 둘 중 한 가지를 선택해야 한다. 만약 끝까지 버틴다면 매몰비용 오류에 빠지는 것이다. 당신은 이미 시간과 돈을 잃어서 기분이 좋지 않음에도 불구하고 그것을 인정하고 싶지 않은 것이다. 솔직히 말하자면 그대로 머무는 것은 현명한 일이 아니다. 왜 시간을 더 낭비하는가? 이미 잃어버린 것은 절대 되찾을 수 없다. 이와 같은 경향이 사람들에게 나쁜 관계, 나쁜 우정, 나쁜 투자를 계속하게 만든다. 어떤 클라이언트는 이미 실패한 프로젝트를 계속 진행하느라 고군분투하는데 손실을 회피하려는 심리가 그들을 계속 나아가게 만든다.

그렇다면 이를 어떻게 코칭에 적용할 수 있을까?

첫째 아는 것이 힘이다. 클라이언트에게 시스템1과 손실회피편향에 대해 설명한다. 둘째 클라이언트가 인지하는 손실이 그렇게 크지 않을 수도 있으므로 현재 상황을 좀 더 면밀히 관찰한다. 셋째 손실이나 이득에 관한 의사결정에 대해 클라이언트가 어떻게 이야기하는지에 주목한다. 마지막으로 어떤 방식으로 대안을 구조화할지 유의해야 한다. 선택한 행동에 따른 손실과 이익에 대해 클라이언트가 명확히 인식할 수 있도록 한다.

손실이 있는 경우, 클라이언트가 객관적으로 보도록 유도한다.

간혹 더 나은 대안을 위해 일부 손실을 감내해야 하기도 한다. 손실/이익을 재구성해 보는 방법도 있다.

주의편향

시스템1은 우리의 주의를 유도한다. 우리는 특히 낯설고 새로운 환경일수록 익숙한 것들을 찾게 되며, 또 그 익숙한 것이 우리의 주의를 끈다. 놀랍게도 무언가에 익숙해지는 상황에 대해서 의식적으로 인지할 필요가 없다. 예를 들어 당신이 전혀 기억하지 못하더라도 이전에 어떤 사람의 사진을 본 적이 있다면, 그 사람을 더 매력적으로 판단할 가능성이 높다.[10] 이 연구는 또한 사람들이 이전에 들어본 적이 없다고 생각하고 기억하지 못할지라도 그 말을 전에 들었던 적이 있었다면 그 말을 사실로 판단할 가능성이 더 높다는 것을 보여준다.[11]

우리는 또한 우리가 기대하는 것을 찾는다. 기대는 미래를 예측하려는 우리의 시도이며 우리는 예측을 잘하기 위해 많은 투자를 한다. 우리는 옳다는 것을 증명하기 위해 근거들을 찾는다. 사람들이 어떤 특정한 방식으로 행동하기를 기대하고 있을 때는 그들이 그와 다르게 행동해도 알아차리지 못하기도 한다. 이것을 무주의 맹시 inattentional blindness라고 한다. 특히 우리가 무언가를 찾도록 지시를 받은 상황에서는 찾고자 예상하지 않은 것은 보지 못한다. 잘 알려진 예로 '방 안의 고릴라'의 영상이 있다. 이 영상에는 서로 다른 색깔의 셔츠를 입은 여러 명의 학생들이 서로에게 공을 패스하는 것을 보여준다. 당신의 임무는 공을 몇 번 패스하는지 횟수를 세는 것이다. 영상 중간에 고릴라 슈트를 입은 누군가가 화면을 가로질러 거닐다가 중간에 잠시 멈추고 가슴을 친 후 무대 오른쪽으로 빠져나간다. 사람들의 시선을 추적하는 장치는 많은 사람들이 고릴라를 본 것으로 판별하지만 당사자들은 고릴라를 보지 못했다고 이야기했다.[12] 그들은 이 영상을 다시 보며 고릴라가 등장하는 것을 확인했을 때 크게 놀랐고 어떻게 그 고릴라를 놓칠 수 있었는지 의아해 했다.

이보다 더 재미있는 실험이 웨스턴 워싱턴 대학에서 진행되었다. 밝은 보라색과 노란색 옷을 입은 커다란 빨간 코의 광대가 외발 자전거를 타고 대학 캠퍼스를 돌아다녔다. 이후 150명의 학생들을 대상으로 하는 설문조사에서 혼자 걸어가는 사람들 중 50%만이 이 광대를 본 것으로 나타났다. 여러 명이 함께 걸어 다니던 그룹에서는 더 적은 비율의 사람들이 광대를 보았으며, 휴대폰을 사용하던 그룹에서는 학생들의 25%만이 광대를 보았다고 이야기했다. 휴대폰과 같은 현대 기술은 이러한 인지공백을 더 심하게 만든다.

확증편향

확증편향은 주의편향의 변형이다.

인간은 자신의 생각이 옳다고 확인해 주는 것들을 인식하고 기억하려 한다.

우리는 종종 우리가 보고 싶은 것만 본다. 1998년부터 이런 경향에 대한 많은 연구가 있었다.[13] 우리는 우리의 믿음을 확인해 주는 사실들에 주목하고, 우리 생각에 반하는 사실들은 무시하고 무가치한 것으로 치부해 버린다. 이것은 우리가 우리의 생각에 대해 지나치게 자만하는 경향이 있다는 점, 그리고 사실에 반하는 우리의 믿음을 계속 행복하게 유지할 수 있음을 의미한다.

직장 상사의 무능함에 대한 증거를 수집하던 클라이언트가 있었다. 그는 그 상사가 직장에서 전혀 쓸모가 없다고 생각하고 그 생각을 전적으로 믿었다. 매일 그는 상사의 무능함에 대한 새로운 증거를 발견했다.

코칭을 진행하는 중 한 세션에서 클라이언트는 자신의 믿음을 잠시 내려놓고 열린 마음을 가져보겠다고 말했다. 우리는 그에게 일주일 동안 상사가 일을 잘하는 것을 본 순간들을 메모하라고 말했다. 결과는 상사가 무능하다고 기록한 처음 일지와 마찬가지로 작성한 메모는 아주 상세했고, 그 내용은 클라이언트 스스로를 놀라게 했다. 그 상사 역시 업무를 잘 해내는 날도 있고 일이 잘 풀리지 않는 날도 있는 우리와 똑같은 사람이었던 것이다.

확증편향은 사람들이 그들의 선입견에 따라 사건을 해석하도록 유도하고 그들의 생각을 점점 더 확고하게 만든다.

퍼즐 맞추기

───────── ◎ ─────────

아래와 그림과 같이 네 장의 카드가 있다. 각각의 그림 한쪽 면에는 새나 호랑이가 그려져 있고 반대쪽 면에는 장미나 둥지가 그려져 있다(그림 4.3).

그림 4.3 확증편향

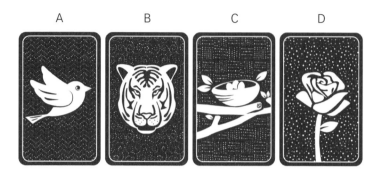

카드는 다음의 규칙을 가지고 있다. "한쪽 면에 새가 있는 모든 카드는 반대쪽 면에 새의 둥지가 있다."

위 카드의 규칙이 참인지 거짓인지 알기 위해 어떤 두 장의 카드를 뒤집어 볼 것인가? 계속 읽기 전에 잠시 생각해 보자.

대부분의 사람들은 새 그림이 있는 A 카드를 뒤집으라고 말한다. 정답이다. 만약 반대쪽 면에 둥지가 없다면 카드 게임의 규칙은 거짓이 될 것이다.

그리고 두 번째로 둥지가 보이는 C 카드를 뒤집어 보라는 답변이 일반적으로 많았다(C 카드 반대쪽 면에 새가 보여야 한다). 하지만 이것은 시스템1의 사고방식이다. 만약 다른 쪽의 그림이 새라면 이것은 그저 규칙의 진위가 아닌 가설을 확인시켜 줄 뿐이다. 왜냐하면, 호랑이 카드의 반대쪽 면에 새의 둥지가 있으면 안 된다는 말은 없으므로 그 규칙의 진위 여부는 밝힐 수 없게 되기 때문이다.

따라서 두 번째로 뒤집어 봐야 할 카드는 장미가 있는 D카드이다. 만약 뒷면에 새가 있다면 그 카드 규칙이 거짓이기 때문이다.

이 간단한 게임에는 중요한 의미가 담겨 있다. 그 어떤 위태로운 징후가 없어도 우리는 기존의 생각에 도전하는 증거보다 기존의 생각을 확인하는 증거를 찾는 경향이 있다.[14] 확증편향이 그만큼 강력한 것은 놀라운 일도 아니다. 시스템1은 진술을 사실로 만들려 노력함으로써(사실임을 확인함으로써) 진술을 이해한다. 시스템2는 진술을 거짓으로 만들려 시도함으로써(진술을 테스트함으로써) 진술을 이해한다. '예외는 규칙을 입증한다.'라는 말은 역사상 가장 어리석은 말임이 분명하다. 예외가 있다는 것은 규칙을 반증하고 더 깊은 규칙을 찾아야 한다는 것을 의미한다.

우리는 확증편향에 대해 인지할 필요가 있다. 확증편향은 우리가 어리석다는 의미가 아니라 단지 뇌가 작동하는 기본 방식일 뿐이다. 따라서 코치는 클라이언트의 생각이나 의견을 반증하는 사례를 요청하는 것이 좋다. 클라이언트가 지레짐작하는 것에 반대되는 예시를 생각해 보게 하고, 또 질문을 하라. 클라이언트가 맞든 틀리든 반례를 찾도록 하는 것이 클라이언트에게 해가 되는 일은 아닐 것이다.

가용성편향

우리는 활용 가능한 것에 주의를 기울이며, 대표할 만한 것이 아님에도 불구하고 우리가 한 경험과 알고 있는 사실을 바탕으로 의사결정을 내린다. 혹시 비행기 여행을 생각중인가? 그런데 지난 몇 달 동안 일어난 두 건의 비행기 사고 때문에 마음이 바뀌어 우리는 기차를 타고 가기로 결정한다. 비행기 사고는 세간의 이목을 끄는 재난이고 그것은 뉴스로 보도되고 우리는 그것을 기억한다(나쁜 일은 뉴스가 되고 그것은 생각을 더욱 편향되게 한다). 사고 없이 안전하게 운행된 수백만 건의 비행기 운항은 뉴스에 보도되지 않으므로 우리는 모른다. 우리는 우리가 무엇을 모르는지 모른다. 또한 무엇을 모르는지 굳이 알아내려고 애쓰지도 않는다.

우리는 우연의 일치에 주목을 하고 단순히 그것이 활용 가능하다는 이유만으로 실제보다 훨씬 더 중요한 의미를 부여한다. 패턴 감지기인 뇌는 항상, 심지어 아무것도 없을 때에도 세상을 납득할 연결고리와 연관성들을 찾는다.[15] 뇌는 무작위성을 싫어하고 항상 사건에 의미를 부여하려 노력한다. 어느 날 우리가 어떤 클라이언트에 대해 생각하고 있을 때 마침 그 클라이언트로부터 전화가 걸려 와서 깜짝 놀란 적이 있다. 우연이었을까? 물론이다. 단지 우리는 그때의 상황이 특이해서 기억을 하고 있을 뿐이다. 그러나 내가 평소 다른 클라이언트들을 수천 번 생각했지만 그때마다 그들이 내게 전화하지 않았다는 사실은 기억해 내지 못한다. 세상은 시스템1의 패턴으로 이루어지는 완전한 우연의 일치일 뿐이다. 불운은 한꺼번에 일어난다는 말이 있다. 이 말은 불행이 이어질 것이라고 생각하면, 곧 불행한 일이 또 벌어진다는 뜻이다.

가용성편향의 변형은 '생존자편향'이다. 승자가 뉴스 헤드라인을 장식하고 우리는 그러한 스토리를 기억하기 때문에 성공의 가능성을 과대평가한다. 역사는 승자에 의해 쓰여지고 우리는 실패에 대해서는 듣지 못했다. 대기업의 시작도 보잘것없었고, 온갖 역경을 극복해 낸 그들의 성공 스토리를 듣고 우리는 우리도 그렇게 할 수 있다고 생각한다. 그리고 같은 아이디어를 시도했다가 실패한 수백 개의 회사들을 잊을 수 있을지도 모른다. 하지만 잊지 말아야 한다. 실패를 연구하고 그들이 무엇을 잘못했는지 알아볼 필요가 있다. 결과뿐만 아니라 과정도 살펴보아야 한다.

중요한 프로젝트를 진행하는 클라이언트를 코칭할 때는 생존자편향을 고려해야 한다. 자신감을 갖고 성공 스토리로부터 영감을 받는 것은 좋지만 클라이언트는 프로젝트의 성공 전략에 대해 신중히 생각할 필요가 있다. 단지 누군가 성공했다고 해서 같은 전략을 가지고 맹목적으로 따라가서는 안 된다. "제 친구 존이 성공했기 때문에 이 방식이 좋다는 것을 압니다."라고 클라이언트가 말한다면 주의해야 한다. "좋습니다, 반대로 다른 사람들도 시도했지만 성공하지 못했던 경우가 있었나요? 다른 많은 사람들이 실패했을 때 당신의 친구 존이 성공할 수 있었던 결정적인 요인은 무엇이었을까요?"라고 질문해 보자.

결과편향

◎

시스템1은 과정이 아닌 결과로 의사결정을 평가한다.
다음 문장을 보자:

> 모든 살아있는 것은 물을 필요로 한다.
> 나무는 물이 필요하다.
> 그러므로 나무들은 살아있다.

괜찮아 보이는가? 꽤나 논리적이다.
이제 다음을 살펴보자:

> 모든 꽃들은 산소를 필요로 한다.
> 코끼리는 산소를 필요로 한다.
> 그러므로 코끼리는 꽃이다.

잘못된 논리이다. 첫 번째 예시의 논리는 다음과 같아야 한다.

> 모든 생명체는 물을 필요로 한다.
> 나무는 살아있다.
> 그러므로 나무는 물을 필요로 한다.

첫 번째 예시에서 사람들은 잘못된 주장을 발견하지 못한다. 왜냐하면 그 논리는 사람들이 동의할 만한 그럴듯한 답을 들려주기 때문이다. 우리는 결론의 이면에 있는 논리(시스템2)를 확인하기보다는 동의할 만한 그럴듯한 결론(시스템1)으로 성급히 비약하는 경향이 있다.

좋은 결정은 좋은 의사결정 과정에서 나온다. 동전 던지기조차도 맞을 확률이 절반은 된다. 결과는 많은 요소들의 영향을 받지만 대부분은 통제 불가능한 것들이다. 위의 코끼리 문장의 논리처럼 성공적인 결과도 형편없는 과정에 의해 만들어질 수가 있다. 형편없는 과정에 의해 만들어지는 성공적 결과에 관한 예를 들어보겠다. 어떤 코치가 클라이언트를 코칭하는 완벽한 방법을 가지고 있다고 주장한다고 하자. 그는 80명의 코치들에게 그 방법을 알려주고 사용하게 했다. 사실 그 방법은 그리 훌륭한 것이 아니었다. 80명의 코치들 중 20명에게는 코칭할 때 도움이 되었지만 나머지 60명에게는 별로 도움이 되지 않았다. 이제 그 코치는 20명의 성공한 코치들에게 자신이 가진 또 다른 코칭 기법에 관심이 있는지 물어본다. 평균의 법칙에 따라 10명(50%)이 긍정적인 답변을 할 것이고 그는 긍정적인 답변을 하는 10명의 코치에게 새로운 방법을 알려줄 것이다. 이렇듯 그 코치는 오직 자신의 성공담만 가지고 일을 한다. 몇 번 더 반복하면 매번 잘 해내 성공한 소수의 코치들과 함께 남게 될 것이고, 이 코치들은 그가 가진 코칭 방법의 훌륭함을 증명할 중요한 참고 자료로 제시될 사람들이다. 이런 경우를 '성공한 원숭이'라 일컫는다.[16] 그들은 그의 방법을 맹신하고 그것이 얼마나 효과가 있는지 모두에게 말할 것이다 (효과가 있는 방법이 아니라 그저 운이 좋았던 것이다).

기본적 귀인오류

기본적 귀인오류는 많은 문제를 일으킨다. 이는 우리가 일어난 결과를 사람에 의한 것이라고만 보고 상황이나 환경을 고려하지 않는다는 것을 뜻한다. 우리는 일상적으로 사람들의 행동에 담긴 맥락의 영향을 과소평가한다. 그 이유는 쉽게 알 수 있다.

우리는 우리의 의도를 너무도 잘 알고 있다. 다른 사람들을 판단할 때 우리는 그들도 똑같을 거라 추정하고 그들이 하는 행동도 그들의 의도에 의한 것으로 본다. 처한 상황을 계산에 넣지 않는 것이다 (그러면서 나쁜 결과가 나오면 우리는 재빨리 상황이 주는 압박을 가지고 설명하려 든다). 이는 사실상 우리가 사람들을 너무 쉽게 판단하고 그들이 모든 상황에서 일관되게 행동할 것이라고 가정한다는 의미이다. 신뢰성과 능력은 매우 맥락 의존적인데도 우리는 신뢰성과 능력 같은 자질을 상황에서 나온 행동이라고 보지 않고 사람에서 나온 것이라고 보는 경향이 있다. 우리는 사람들을 판단할 때 '믿을 수 있는 사람' 혹은 '믿을 수 없는 사람'으로 분류한다. 그러나 그렇게 간단하지 않다. 대부분의 사람들은 특정 상황에서는 신뢰할 수 있고 다른 상황에서는 그렇지 못하다. 이는 우리가 사람들을 신뢰해서는 안 되는 상황에서 신뢰하게 될 수도 있고, 외부 사람을 직원으로 채용할 때 업무능력이 없는 후보자를 잘못 선정하게 될 수도 있다는 의미이다.

사람들은 자기 자신의 전문성, 영향력, 지식을 과대평가한다. 이는 데이비드 마이어스David Myers 교수가 만든 용어인 '워비곤 호수 효과Lake Wobegon effect'(여성은 모두 강인하고, 남성은 모두 잘 생겼으며, 아이들도 모두 평균 이상인 허구의 마을, 이 마을 사람들처럼 스스로를 평균 이상이라고 과신하는 태도)로 설명될 수 있다. 연구 조사에 따르면 대부분의 사람들은 어떤 측면에서도 자신의 능력을 평균 이상이라고 믿는다는 것을 보여준다.[17] (누가 평균 이하의 지능을 인정하겠는가?) 클라이언트에게 그들의 능력에 대해 물어볼 때 이 점을 꼭 명심해야 한다.

신경과학에 대해 알아갈수록 맥락의 힘이 중요하다는 것을 점점 더 깨닫게 된다. 리더십 연구가 좋은 예이다. 좋은 리더가 되기 위해 필요한 리더의 자질 및 리더십을 키울 수 있는 방법에 대한 많은 책들이 있다. 시스템1은 단순하고 개인적인 성공 스토리를 좋아하지만 성공을 만드는 것이 사람과 더불어 맥락이기도 하다는 사실을 무시한다. 그 말은 당신이 시스템1의 성공스토리를 완성하려면 반드시 적절한 시기에 적절한 환경에 있어야만 한다는 이야기이다. 끈질긴 인내심과 꾸준함은 가장 과소평가된 성공의 자질 중 하나이다. 최근의 리더십 연구는 리더가 반드시 카리스마 있고 영감을 주는 한 개인이 아니더라도 반대파에 맞서 자신을 따르는 사람들을 대표해야 한다는 것을 보여주는 상황적 리더십에 대한 연구가 점점 늘어나고 있다.[18]

클라이언트가 시스템1 편향에 대해 알게 되면 자신의 능력과 타인의 능력을 좀 더 현실적으로 파악할 수 있게 되고, 사람과 상황의 맥락에 맞게 결과를 종합적으로 평가하게 될 것이다. 다른 사람들에게 가장 좋은 환경을 제공하고 자신의 더 나은 행동을 위해서 가장 적합한 시간과 장소에 집중할 것이다. 또한 시스템1 편향으로 인한 속임수에 빠지지 않고 자신이 추구하는 일을 보다 더 효과적으로 할 수 있을 것이다.

상관관계 또는 인과성

시스템1은 원인과 결과에 대해 성급한 결론을 내린다. 뇌는 패턴을 찾는다. 인과관계는 매우 중요한 패턴이다. 원인을 알면 결과를 예측할 수 있기 때문이다. 어떤 결과에는 항상 원인이 있다. 하지만 그 결과에 항상 따라붙는 것이라고 해서 그것이 늘 원인이지는 않다. 사람들은 항상 식사 전에 손을 씻지만 손을 씻었기 때문에 식사를 하는 것은 아니다. 두 가지 상황이 동시에 발견된다고 해서 하나가 다른 하나의 원인이 되는 것은 아니다. 보통은 제3의 요인이 동시에 발견되는 둘 다를 유발한다. 예를 들어 아이스크림이 가장 많이 팔리는 해변에는 햇빛으로 인한 화상도 많이 발생한다. 아이스크림과 햇볕으로 인한 화상은 직접적인 관련은 없지만, 이 두 상황은 모두 무더운 여름날 해변을 방문하는 휴가객의 수와 관련이 있다. 이처럼 상관관계가 인과관계를 의미하지는 않는다. 즉 두 가지 일이 함께 일어났다고 해서 한가지의 일이 다른 일을 야기시켰다는 것이 아니며 서로 전혀 연결되지 않을 수도 있다.

치즈 소비량과 침대 시트에 엉켜 사망하는 사고 사이에는 매우 밀접한 상관관계가 있다. 치즈를 많이 먹을수록 침대 시트 엉킴으로 인한 사망 사고의 확률이 높아진다.[19] 상관관계는 거의 95%로 통계적으로 인상적인 수치이다.

침대에서 치즈를 먹는다는 것이 이런 위험을 가져올 수 있다는 사실을 어떻게 설명할 수 있을까?

아마도 너무 많은 치즈를 먹으면 자는 동안 죽을 수도 있을 것이다. 이런 상관관계에 대해 상상력을 동원해 보자면 치즈로 인한 악몽에 시달리며 몸부림치다 침대 시트에 목이 졸리는 상황을 그려볼 수 있다. 또 다른 엉뚱한 상상은 어떤 특정한 침대 시트가 늦은 밤 치즈를 먹고 싶게끔 갈망하게 한다는 것이다. 아니면 또 다른 요인이 두 가지 상황을 모두 유발한 것일 수도 있다. 예를 들면 와인을 너무 많이 마셨다거나 하는 상황 말이다. 이 치즈 소비량과 침대 시트 사망사고의 상관관계는 필시 완전한 우연의 일치이다. 또한 이는 데이터를 신중하게 잘 고르기만 하면 거의 모든 것을 주장하고 피력할 수 있다는 좋은 예증이다.[20] 정치인들이 주목해야 할 부분이다.

논리적 사고

우리는 논리적으로 생각할 수 있지만 그러기 위해서는 노력이 필요하다. 논리는 감정을 배제한 규칙의 집합이며 뇌는 이러한 논리적인 것을 잘 받아들이지 못한다. 논리는 맥락에 의존하지 않는다. 다음은 쉐인 프레드릭Shane Frederick이 최초로 도입한 인지성찰검사에 대한 것이다.[21] 간단한 3가지의 질문이 있는데, 익숙하게 느껴져 생각 없이 시스템1로 성급하게 결론을 도출하는 바람에 사람들이 많이 틀린다.

① 야구 배트와 야구 공은 총 1.10달러이다. 야구 배트는 공보다 1.00달러 더 비싸다. 공의 가격은 얼마인가?
② 다섯 대의 기계가 다섯 개의 부품을 만드는 데 5분이 걸린다면 100대의 기계가 100대의 부품을 만드는 데 얼마나 걸릴까?
③ 호수 위에 수련 잎 한 조각이 떠 있다. 수련 잎은 매일 크기가 두 배로 증가한다. 만약 수련잎이 호수의 절반을 덮는 데 46일

이 걸린다면 호수를 모두 덮는 데까지 시간이 얼마나 걸릴까? 해답은 주석에 있다.[22]

다음은 악명 높은 '몬티 홀' 퍼즐이다.

당신이 세 개의 닫힌 문을 마주하고 서 있는 TV 게임쇼에 출연했다고 상상해 보자. 하나의 문 뒤에는 10,000달러 상당의 큰 상품이 있고, 다른 두 문 뒤에는 아무것도 없다는 설명을 들었다. 당신은 하나의 문을 선택할 것이고, 당신이 선택한 문을 A라고 하자.

게임쇼 진행자는 다른 두 개의 문 중 하나(B)를 열어 빈 공간을 공개한다. 그러면 이제 두 개의 열리지 않은 문이 남아 있다. 하나는 원래 선택한 문(A)이고 다른 하나는 알 수 없는 문(C)이다.

이제 진행자가 문을 다시 선택할 수 있는 기회를 준다. 당신은 상품을 받을 수 있는 최상의 기회를 얻기 위해 원래의 선택(A)을 그대로 유지할 것인가, 아니면 다른 문(C)으로 바꿀 것인가?

잠시 생각해 보자.

시스템1은 당신이 상금을 받을 확률이 3분의 1이라고 재빨리 선언한다. 따라서 당신의 선택을 바꾸는 것은 아무 상관이 없다고 생각한다. 그래서 대부분의 사람들은 원래의 선택을 고수한다. 또한 여기서 현상유지편향과 손실회피편향이 작동한다. 만약 당신이 문을 A에서 C로 바꿨는데 당신이 첫 번째 선택한 문 A 뒤에 상품이 있다는 것을 알게 된다면 그건 참을 수 없는 일이 될 것이다.

그러면 시스템1은 또 다른 생각을 하게 된다. 당신은 지금 두 개의 문(하나는 아무것도 없는 문과 다른 하나는 상품이 있는 문) 중에서 하나를 선택하려고 하고 있다. 가능성은 반반이므로 어느 문을 선택하든 상관없으니 A를 고수하는 것이 좋다. 여기서도 현상유지편향과 손실 회피편향은 여전히 작동한다.

하지만 놀랍게도 당신이 문을 바꿔서 C를 선택하면 당신의 승률은 3분의 2로 올라간다. 통계적인 설명은 여기서 하지 않겠지만 믿기지 않는다면 게임 시뮬레이션을 통해 직접 확인할 수 있다.[23]

몬티 홀 퍼즐의 교훈은 당신이 더 많은 정보를 얻을수록 더 나은 결정을 내릴 수 있다는 것이다. 새로운 정보는 문제를 바꾼다. 아무런 정보가 없었던 처음 선택 상황에서의 승률은 3분의 1이었다. 두 번째 기회에서는 상품이 없는 문의 옵션 하나가 사라졌으므로 더 많은 정보를 가진 것이다. 따라서 선택에 더 유리한 위치에 온 것이다.

코칭에 적용하기

시스템1의 작동 방식을 알면 코칭을 더 쉽고 효과적으로 진행할 수 있다. 첫째, 클라이언트의 첫 번째 답변을 확정적이지 않은 진행 중인 것으로 받아들인다. 이 답변은 '첫 번째 생각'인 시스템1 답변일 가능성이 높다. 항상 더 깊고 더 나은 생각을 요구하라.

둘째, '분명히' 또는 '명백히' 같은 단어로 시작하는 클라이언트의 진술은 분명하고 명백하게 시스템1에서 나온 답변이므로 신뢰하지 않는 것이 좋다.

셋째, 클라이언트가 어떤 상황에 대한 통찰력과 관련된 예를 들려줄 때 의심해야 한다. 이는 확증편향일 수 있다. 클라이언트에게 반례를 요청하고, 클라이언트가 반례를 제시할 수 없는 경우 다음 세션 전에 반례 하나를 찾아오도록 요청한다.

또 다른 코칭 방법은 미래의 목표로부터 현재까지 거꾸로 실행 계획을 세우도록 하는 것이다. 현재는 실행 계획을 방해할 수 있는 신념과 편견으로 가득 차 있다. 반면 미래는 백지의 상태이므로 미래에 원하는 목표를 먼저 설정하고 거꾸로 작업을 하는 것이다. 이렇게 하면 확증편향이 최소화된다. 클라이언트에게 무엇을 먼저 할 것인지 묻는 것이 아니라 미래의 목표를 달성했다고 상상하고 목표를 달성하기 위해 무엇을 해야 했는지를 묻는 것이다. 그들이 그런 단계를 밟을 때 단계별로 어떤 것들을 했어야 하는지 질문하는 것이다. 현재에 도달할 때까지 계속 그렇게 거꾸로 질문하고 답변하는 대화를 하는 것이다. 이 방법은 항상 현재에서 미래로 작업하는 것보다 더 나은 실행 계획을 수립할 수 있게 도와준다(표 4.1).

표 4.1 시스템1 요약

시스템1 패턴	설명
인지적 구두쇠	생각하는 데 노력을 최소화하려는 경향
손실회피편향	이기는 것보다 손해 보는 것을 더 싫어하는 성향
현상유지편향	현재의 상황을 더 선호함
매몰비용	투자한 자원을 탕감하기를 꺼림
주의편향	친숙하고 기대되는 것에 주목함
확증편향	이미 믿고 있는 것을 확인해 주는 근거에 주의를 기울이는 것으로 반증보다 증거를 확인하려는 경향이 있음
가용성편향	쉽게 활용 가능한 사실만 사용하는 경향이 있음 우연의 일치에 의미를 부여함
생존자편향	성공 스토리에만 관심을 기울이고 어려움을 무시하는 경향

결과편향	과정보다는 결과에 주목함
기본적 귀인오류	사람이 결과에 책임이 있다고 보고 상황이나 맥락은 중요하지 않다고 생각함. 사람들은 모든 상황에서 일관된다고 추측함
워비곤 호수 효과	자신의 실력을 과대평가함
인과관계와 상관관계	순차적으로 또는 함께 일어나는 사건이 인과관계라고 가정함

맥락의 힘 – 프라이밍

프라이밍priming은 우리의 생각에 직접적으로 미치는 환경의 영향을 말한다. 우리의 생각은 '프라이밍'된다. 그 말은 우리 생각이 우리가 상상하는 것보다 훨씬 더 많이 상황에 의해 설정되고 상황의 지시를 받는다는 의미이다. 여기 몇 가지 놀라운 예가 있다.

먼저 '플로리다 효과'라는 실험이다. 실험자들은 두 그룹의 대학생들을 대상으로 단어 연상 테스트를 실시했다. 대조군은 무작위 단어들이 주어졌다. 두 번째 그룹은 무작위 테스트를 받는다고 생각했지만 사실 그렇지 않았다. 그들 테스트는 고령의 나이와 병약함과 관련이 많은 단어들로 준비되었다. 예를 들어 미국에서 은퇴생활 최적의 도시로 가장 인기 있는 플로리다와 건망증, 대머리, 회색 등의 단어들이 포함되어 있었다. 실험을 마친 후 학생들이 복도를 걸어 나가는 모습이 촬영되었다. 노인이 연상되는 단어들로 테스트한 학생들은 대조군보다 상당히 느리게 걸어갔다. 그들 중 누구도 그 단어들이 자신들의 행동에 영향을 미쳤다고 생각하지 않았다.

또 다른 유사한 실험에서 한 그룹은 무례함과 관련된 단어로 테스트가 진행되었고, 두 번째 그룹은 공손함과 관련된 단어들로 테스트를 받았다. 그리고나서 두 그룹 모두 인터뷰를 진행했다. 무례한 단어로 테스트를 받은 그룹은 두 번째 그룹보다 유의미하게 더 빨리 더 많이 인터뷰 진행자를 방해했다. 프라이밍은 (인터뷰 진행자가 무례했다고 생각하지 않았던) 그들의 판단이 바뀌지 않았는데도 행동을 변화시켰다.[24]

중요하지 않은 하찮은 무언가가 우리가 알지도 못하는 사이에 우리 행동을 바꿀 수도 있다고 생각하면 정신이 번쩍 든다. 또 다른 실험에서[25] 참가자들이 지능과 연관된 단어로 프라이밍된 다음에 트리비얼 퍼슈트Trivial Pursuits 보드 게임을 하자 더 잘하게 된 반면, 어리석음과 관련된 단어들로 프라이밍된 다음에는 게임 결과가 더 나빠졌다. 또한 프라이밍 시간이 길수록 그 효과는 더 두드러지는 것으로 나타났다.

인간의 뇌는 주변 환경을 단순하게 해석하고 은유적 표현을 문자 그대로 받아들인다. 이것은 또 다른 프라이밍 효과로 이어진다. 사람들이 친절하거나 냉담하다는 의미로 '따뜻하다' 또는 '차갑다'라고 표현한다. 전전두피질은 이것들을 은유로 받아들이지만 언어에 접근할 수 없는 뇌의 다른 부분들은 문자 그대로 그것들을 받아들인다. 한 실험에서 뜨거운 커피 한 잔을 잠깐 들고 있던 참가자들은[26] 면접관을 '따뜻한 사람'으로, 즉 아이스커피를 들고 있던 참가자들보다 더 자상하고 관대한 사람으로 평가했다. 따뜻함을 느끼는 육체적 감각이 어떻게 관대함에 대한 생각을 활성화시킬 수 있을까? 뇌는 개념이 아닌 전기 신호를 처리하며 온도에 대한 물리적, 심리적 정보는 모두 뇌섬엽에 의해 처리된다. 뇌섬엽은 우리가 온도 변화를 감지할 때 활성화되며 신뢰, 공감, 사회적 당혹감, 수치심의 경험으로도 활성화된다.

감정적인 거리는 어떠한가? 먼 친척보다 가까이 있는 이웃사촌이 더 낫다는 말이 있다. 우리는 '거리'를 감정적 관계의 은유에 사용한다. 여기서도 프라이밍이 일어나는 걸까?

그렇다. 2008년 한 연구는[27] 참가자들에게 친밀감이나 거리감에 대한 생각을 프라이밍했다. 거리감에 대한 생각이 프라이밍된 사람들은 폭력적인 장면에 대해 감정적 영향을 덜 받았고 다른 그룹에 비해 당황스러운 장면을 더 여유롭게 받아들였다고 보고되었다. 거리감에 대한 프라이밍은 가족과 가정환경에 대한 정서적 애착도 감소시켰다. 우리는 거리를 측정하고 정서적 친밀감을 느낄 때 활성화되는 뇌의 영역에 대한 연구를 찾을 수는 없었지만, 프라이밍은 감정적 거리와 특정한 연결성이 있다는 것을 알 수 있다.

프라이밍의 영향은 막대하다. 코칭이 잘하기 위해서만 해도 우리가 무엇을 읽고 누구와 함께 있는지 또한 중요한 회의나 대화, 혹은 프레젠테이션 전에 우리가 무엇을 하는지가 문제될 수 있다. 마찬가지로 클라이언트가 코칭 세션 직전에 무엇을 했는지도 중요하다. 일상생활에서 미치는 영향은 미미할 수 있지만 중요한 의사결정 또는 미팅에서는 큰 차이를 만들 수 있다.

앵커링

◎

우리는 정보로도 프라이밍된다. 당면한 문제와 직접적인 관련이 없더라도 이용 가능한 정보의 영향을 받고 뇌는 계속해서 그것을 적용하려 한다.

예를 들어 기자의 대피라미드가 100미터보다 더 크다고 생각하는가? 아니면 그보다 작다고 생각하는가?

피라미드의 높이를 짐작할 수 있겠는가?

답을 적어 보자.

이제 질문을 바꿔 보겠다. 여러분은 기자의 대피라미드가 50피트보다 더 크다고 생각하는가 아니면 더 작다고 생각하는가?

높이가 어느 정도 될 것 같은가?

이번엔 다른 대답을 선택할 것인가?

질문에 제시된 정보의 영향을 받기 때문에 처음의 답변보다 더 작은 추정치를 제시할 확률이 높다. 이 효과를 앵커링이라고 한다. 앵커링은 가용성편향의 변형이다. 뇌는 이용 가능한 정보를 사용한다. 시스템1은 문장을 진실로 만들기 위해 노력함으로써 이해한다는 것을 기억할 것이다. 앵커링은 어디에서나 일어난다. 따라서 사람들의 편견 없는 설문 결과를 얻기 위해 노력하는 여론조사 기업에게는 앵커링이 골칫거리이다. 반면에 마케팅과 영업, 판매 분야에서 앵커링은 가장 강력한 무기 중 하나이다. 제안된 가격을 기준으로 보는 것 또한 앵커링이다. 이는 코치가 질문을 할 때 어떤 단어를 써서 어떻게 표현하는지가 코칭의 관건이 될 수 있다는 의미이다.

무작위 단어나 숫자는 무작위라는 사실을 알고 있더라도 앵커가 될 수 있다. 경범죄로 유죄 판결을 받은 사람의 형량을 판결해야 하는 판사들을 대상으로 심리 연구가 진행되었다.[28] 판사들에게는 미리 알려주지 않은 채 주사위를 굴려보라는 요청했고, 주사위 결과 값은 3 또는 9가 나왔다. 그리고 나서 범인의 형량을 어떻게 결정할지 질문을 했다. 9가 나온 판사들이 내린 형량은 평균 8개월이었으며 3이 나온 판사들의 평균은 5개월이었다. 주사위 숫자가 형량을 결정하는 것과 무슨 관련이 있을까? 전혀 없다. 하지만 실제로는 영향을 미친다.

프라이밍과 앵커링으로 절대 속지 않을 것이라고 생각하기 전에는, 꼭 워비건 호수 효과를 기억하기를 바란다.

프레이밍Framing과 질문

프라이밍(Priming)은 코칭에 많은 영향을 미친다. 가장 중요한 것은 질문을 어떻게 작성하느냐이다. 클라이언트는 질문에 따라 다르게 생각하고 질문의 구성에 따라 다른 대답을 한다.

초점을 이익에 맞출 것인가? 아니면 손실에 맞출 것인가?
상황적 특성? 아니면 개인적 특성?
원인? 아니면 결과?
과정? 아니면 성과?

이것은 유도 질문을 피하는 것과 달리 감지하기가 힘들다. 유도 질문은 뻔하다. ('상황이 얼마나 안 좋은가요? 정말 그런가요?' 아니면 '그녀가 당신에게 말하지 않은 것이 또 있나요?') 이렇게 유도 질문은 당신 마음에 특정한 생각을 넣으려고 시도한다. 하지만 프라이밍은 그런 시도조차 없이 그것(마음에 특정 생각을 넣는 것)을 한다.

'왜?'로 시작하는 질문은 시스템1의 답을 유도한다. '왜 그랬어요?'라는 질문은 설명을 요구하면서 확증편향을 가동시킨다. 우리 뇌는 말이 되는 이야기를 제시하려는 유혹을 놓치지 않는다.

그리고 '왜'라는 질문은 '과거에 이런 일들 때문에 내가 그렇게 했다...' 와 같은 역사를 끌어올 수도 있다. 클라이언트는 자신의 설명처

럼 그렇게 행동했던 일련의 사건들을 들려줄지도 모른다. 그 이야기
들은 상관관계 및 인과관계의 함정에 빠진다.

'왜'라는 질문은 보통 그 상황에서 무엇이 중요했었는지 알아내기
위해서 하는 질문이다. 따라서 더 좋은 질문은 "거기에서 당신에게
중요한 것은 무엇입니까?"이다.

닫힌 질문은 항상 대답을 프라이밍한다. 질문은 다음과 같은 틀
이 된다. "답은 예/아니오 두 가지밖에 없으므로 둘 중 하나로 답해
야 합니다." 코치의 이런 질문은 클라이언트의 가능한 답변들을 제한
했기 때문에 클라이언트를 코치가 생각하는 방향으로 교묘하게 유도
할 수 있다. 클라이언트들은 질문의 형식을 살필 만한 인지적 여력이
없기 때문에 닫힌 질문에 거의 도전하지 않는다. 그래서 우리는 우리
클라이언트들에게 우리가 닫힌 질문을 하면 항상 그 질문에 대답하
지 말고 우리가 닫힌 질문을 했다고 지적해야 한다고 말한다. 우리는
고객이 자신이 할 답변이 아니라 자신이 받은 질문에 대해서 생각하
기를 바란다. 고객의 가능한 답변들을 제한하면 할수록 그 답변은 시
스템1에서 나올 가능성이 높다.

소위 말하는 TED 질문 모델은 편파적이지 않은 열린 질문을 하
기에 좋은 방법이다. TED는 '말하다(tell)', '예시(example)', '묘사하다
(describe)'를 의미한다.

TED 질문은 다음과 같다.
Tell: 더 자세히 이야기해 주시겠어요?
Example: 예시를 들어주시겠어요?
Describe: 상황을 설명해 주시겠어요?

시스템2

클라이언트가 시스템2를 작동시키게 하려면 어떻게 해야 할까?

먼저 두 시스템에 대해 설명을 해 준다. 신경과학은 클라이언트에게 자유로운 관점을 제공하므로 클라이언트는 뇌에 대해 더 잘 알게 되고 뇌의 함정이나 속임수 등 모든 걸 알게 된다. 시스템1은 나쁜 것이 아니다. 비난받지 않아도 된다. 가끔 시스템1은 훌륭히 작동하고 우리 모두 그런 시스템1을 사용하기도 한다. 클라이언트가 시스템1의 그런 부분을 이해할 때 그는 시스템1의 생각을 경계하도록 프라이밍된다. 전전두피질 일부는 이제 경계에 들어가고 클라이언트의 생각은 다시는 전과 같지 않을 것이다.

둘째, 입담 좋은 '첫 번째 생각'에서 나온 대답에 도전하는 추가 질문을 한다. 클라이언트가 최선의 생각을 할 수 있도록 밀어붙이는 것이다.

셋째, 코칭 세션에서 시스템2를 직접 사용하는 것이다. 클라이언트에게 시스템2에 대해 설명하고 코칭 세션이 시스템2를 활용할 수 있도록 하는 기회가 된다고 말해 준다. 그래서 시스템2가 어떻게 작동하는지 그리고 상황에 매이지 않고 더 깊이 생각하고 더 많이 성찰할 수 있는 시스템2의 힘을 보여주는 것이다.

넷째, 클라이언트에게 중요한 의사결정이나 대화의 맥락에 대해 질문하라.

그들은 어디 있었습니까?

그 곳에 누가 있었습니까?

어떤 말을 했습니까?

그 전에 어떤 일이 있었습니까?

전체적 맥락이 중요하다. 프라이밍은 우리가 알아차리지 못하기 때문에 강력한 것이다.

다섯 번째, 특히 중요한 의사결정과 대화를 하기 전에 좋은 프라이밍 환경을 만들도록 권하라.

함께 어울리는 사람들은 어떤가요?

기운 빠지게 만드는 지인들이 있다면 그들을 피할 수 있나요?

중요한 결정을 내릴 때 가는 곳이 어디이고, 하는 것은 무엇인가요?

여섯 번째, 반대되는 사례를 들어 달라고 요청하라.

시스템1은 믿는 것을 기반으로 이해한다.

시스템2는 의심하고 테스트하며 이해한다.

시스템1은 정보가 사실이라는 것을 전제로 시작한다.

시스템2는 정보가 테스트 및 확립의 출발점이라고 가정하며 시작한다.

시스템2 사고는 생각할 시간을 필요로 한다. 특히 비즈니스 상황에서는 시간이 많이 부족하다. 임원들은 휴대폰을 한 손에 들고 통화하며 다른 한 손으로 서류에 서명한다. 그러면서 전화 통화를 통해 직원들에게 업무를 지시할 수 있다는 것에 자부심을 느낀다.

사실 뇌는 멀티태스킹을 할 수 없다. 한 번에 한 가지씩 교차하며 일을 하는 것이다. 멀티태스킹은 인지 과부하를 일으키고 인지 과부하는 시스템2 사용을 더 어렵게 만든다.[29]

마지막으로 피곤하거나 스트레스를 받을 때는 시스템2가 방해받기 때문에 이런 경우에는 의사결정을 내리지 않는 것이 좋다. 임원들은 빠른 의사결정을 내리는 것에 자부심을 가지고 있다. 때로는 빠른 결정이 필요하긴 하지만 빠른 의사결정은 시스템1의 영향을 많이 받는다. 따라서 복잡하고 중요한 의사결정일수록 시스템2를 위해 시간을 충분히 가지는 것이 중요하다. 코칭 세션은 더 깊고 명확하게 생각할 수 있는 시간을 선물한다.

주석

1) 노벨 경제학상 수상자인 다니엘 카너먼Daniel Kahneman은 동료인 아모스 트베르스키Amos Tversky와 함께 행동경제학 분야를 발명한 것이나 다름없다. 경제학은 오랫동안 사람들의 경제적 행동이 완벽하게 합리적이라는 가정하에 다루어져 왔다. 이렇게 완전히 합리적인 사람들 사이의 상호작용은 거시경제학의 혼란을 가져왔다. 경제이론은 규범적이었다. 사람들이 어떻게 결정을 내려야 하는지를 정의했다. 카너먼은 사람들이 실제로 어떻게 의사결정을 내리는지에 대한 서술적 의사결정 이론을 제안했다. 그는 우리의 경제적 행동이 얼마나 합리적이지 않은지 그리고 사람들이 확률을 예측하고, 위험을 계산하고, 올바른 경제적 결정을 내리는 데 얼마나 서툰지를 자세히 보여 주었다. 사람들은 한정된 정보를 사용해 성급하고 잘못된 방식으로 생각했다. 사람들이 일관되게 이성적인 행동을 한다고 가정하는 것은 위험하다. Kahneman, D.(2011) 참조. Thinking, fast and slow. Macmillan.

2) Nisbett, R. E., & Wilson, T. D. (1977). Telling more than we can know: Verbal reports on mental processes. Psychological Review, 84 (3), 231.

3) 말콤 글래드웰의 〈블링크〉(Penguin books 2005). 글래드웰은 작은 데이터로부터 정확한 판단을 내릴 수 있는 능력에 대해 '얇게 조각내기 thin slicing'라고 표현했다. 하지만 그의 사례는 이 분야에서 경험이 풍부하고 직관이 뛰어난 전문가들의 비판을 받고 있다.

4) Fiske, S. T., & Taylor, S. E. (2013). 〈Social cognition: From brains to culture〉. Sage. 이 책은 심리학과 신경과학이 융합된 훌륭한 책이다.

5) Dion, K. K. (1986). Stereotyping based on physical attractiveness: Issues and conceptual perspectives. In C. P. Herman, M. P. Zanna, & E. T. Higgins (Eds.), Physical appearance, stigma and social behavior: The Ontario Symposium (Vol. 3, pp. 7-1). Hillsdale, NJ: Erlbaum. Also: Feingold, A. (1992). Good-looking people are not what we think. Psychological Bulletin, 111 (2), 304.

6) Willis, J., & Todorov, A. (2006). First impressions: Making up your mind after a 100-ms exposure to a face. Psychological Science, 17 (7), 592-598.

7) 말콤 글래드웰은 이것을 출중한 외모의 미국 대통령 워런 하딩의 이름을 가져와 '워런 하딩 에러'라고 〈블링크〉에서 언급했다. 1921년 대통령으로 선출된 워런 하딩은 잘못된 판단으로 선출된 역사상 최악의 대통령 중 한 사람이라고 일반적으로 평가되고 있다.

8) 한 연구에서 참가자들은 50달러를 받았고 두 가지 옵션 중 하나를 선택하도록 요청받았다. 30달러를 유지하거나 동전 던지기 게임을 하는 것이다. 동전 앞면이 나오면 50달러를 모두 가지고 있고 뒷면이 나오면 50달러를 모두 잃는다는 것을 의미했다. 이 시나리오에서는 43%가 게임을 하기로 결정하면서 대부분의 사람들이 위험을 회피했다. 그리고 나서 그들은 20달러를 잃거나 50달러를 다 잃을 수 있거나 50달러를 다 가질 수 있는 도박, 즉 앞선 실험과 동등한 확률의 선택을 하도록 요청받았다. 두 가지 시나리오가 동일함에도 불구하고 60% 이상이 도박을 선택했다. '잃는다loss'라는 단어는 매우 강력하다.

9) 저자가 저술한 〈Coaching with NLP〉(HarperCollins 2002)를 읽어보시길 추천한다.

10) Tom, G., Nelson, C., Srzentic, T., & King, R. (2007). Mere exposure and the endowment effect on consumer decision making. The Journal of Psychology, 141 (2), 117-125.

11) Hasher, L., Goldstein, D., & Toppino, T. (1977). Frequency and the conference of referential validity. Journal of Verbal Learning and Verbal Behaviour, 16 (1), 107-112.

12) https://www.youtube.com/watch?v=vJG698U2Mvo 참조 - 오리지널 테스트.

　 https://www.youtube.com/watch?v=UtKt8YF7dgQ 참조 - 원작의 재미있는 반전.

　 https://www.youtube.com/watch?v=FWSxSQsspiQ 참조 - 주의를 제대로 기울이지 못하고 실제로 존재하는 것이 아닌 우리가 기대하는 것을 계속 확인하는 데 주의를 사용하고 있는 것을 보여주는 놀라운 영상.

13) Nickerson, R. S. (1998). Confirmation bias: A ubiquitous phenomenon in many guises. Review of General Psychology, 2 (2), 175.

14) 보통의 평범한 게임이지만, 이 연구는 우리의 뇌가 대부분의 영역에서 아이디어를 확인하는 증거에 끌린다는 것을 보여준다. 이런 이유로 우리가 잘하는 분야가 몇 가지 있는데 대체로 사람들의 적격성 여부를 심사할 때(예: 여권 발급)가 그렇다. Cheng, P. W., & Holyoak, K. J. (1985). Pragmatic reasoning schemas. Cognitive Psychology, 17 (4), 391-416.

15) 존재하지 않는 패턴을 표시하기 위한 아포페니아 경향(apophenia - tendency)라고 불리는 상태(역자주: 상호 관련성이 없는 현상들 사이에서 어떤 연관성 또는 의미를 찾으려는 의식작용을 말함).

16) 수백만 마리의 원숭이들이 무한한 시간 동안 키보드를 계속 두드린 다면 그들 중 한 마리가 햄릿을 쓸 것이라는 표현이 있다.

17) 예를 들어 운전 능력에 대해 질문을 받았을 때 대부분의 사람들은 자신이 평균 이상이라고 말하지만, 다른 사람들은 그들의 말에 동의하지 않을 수도 있다.

18) Haslam, S. A., Reicher, S. D., & Platow, M. J. (2010). The new psychology of leadership: Identity, influence and power. Psychology Press.

19) 이것과 그 외의 특이한 상관관계에 대해서는 웹사이트 www. tylervigen.com를 참조.

20) 통계로 우리 자신을 속일 수 있는 수많은 방법을 명확하게 다루려면 댄 애리얼리Dan Ariely의 훌륭한 책〈A Field Guide to Lies and Statistics〉(Viking 2016)를 참조.

21) Frederick, S. (2005). Cognitive reflection and decision making. The Journal of Economic Perspectives, 19 (4), 25-42.

22) 1. 5센트   2. 5분.   3. 47일

23) https://betterexplained.com/articles/understanding-the-monty-hallproblem/(2018년 1월 4일 접속)에는 매우 좋은 설명이 있다. 이 사이트에는 다양한 전략을 시도하고 어떻게 작동하는지 볼 수 있는 게임 시뮬레이션이 있다.

24) Bargh, J. A., Chen, M., & Burrows, L. (1996). Automaticity of social behavior: Direct effects of trait construct and stereotype activation on action. Journal of Personality and Social Psychology, 71 (2), 230.

25) Dijksterhuis, A., & Van Knippenberg, A. (1998). The relation between perception and behavior, or how to win a game of trivial pursuit. Journal of Personality and Social Psychology, 74 (4), 865.

26) Williams, L. E., & Bargh, J. A. (2008a). Experiencing physical warmth promotes interpersonal warmth. Science, 322 (5901), 606-607.

27) Williams, L. E., & Bargh, J. A. (2008b). Keeping one's distance: The influence of spatial distance cues on affect and evaluation. Psychological Science, 19 (3), 302-308.

28) Englich, Birte, Thomas Mussweiler, and Fritz Strack. "Playing dice with criminal sentences: The influence of irrelevant anchors on experts' judicial decision making." Personality and Social Psychology Bulletin 32.2 (2006): 188-200.

29) Gilbert, D. T., Krull, D. S., & Malone, P. S. (1990). Unbelieving the unbelievable: Some problems in the rejection of false information. Journal of Personality and Social Psychology, 59 (4), 601.

참고문헌

Ariely, D. (2016). A field guide to lies and statistics. Viking.

Bargh, J. A., Chen, M., & Burrows, L. (1996). Automaticity of social behavior: Direct effects of trait construct and stereotype activation on action. Journal of Personality and Social Psychology, 71(2), 230.

Cheng, P. W., & Holyoak, K. J. (1985). Pragmatic reasoning schemas. Cognitive Psychology, 17(4), 391-416.

Dijksterhuis, A., & Van Knippenberg, A. (1998). The relation between perception and behavior, or how to win a game of trivial pursuit. Journal of Personality and Social Psychology, 74(4), 865

Dion, K. K. (1986). Stereotyping based on physical attractiveness: Issues and conceptual perspectives. In C. P. Herman, M. P. Zanna, & E. T. Higgins (Eds.), Physical appearance, stigma and social behavior: The Ontario Symposium Vol. 3, (pp. 7-21). Hillsdale, NJ: Erlbaum.

Also: Feingold, A. (1992). Good-looking people are not what we think. Psychological Bulletin, 111(2), 304.

Englich, B., Mussweiler, T., & Strack, F. (2006). "Playing dice with criminal sentences: The influence of irrelevant anchors on experts' judicial decision making." Personality and Social Psychology Bulletin, 32(2), 188-200.

Fiske, S. T., & Taylor, S. E. (2013). Social cognition: From brains to culture. Sage. (This is a good book integrating psychology with neuroscience).

Frederick, S. (2005). Cognitive reflection and decision making. The Journal of Economic Perspectives, 19(4), 25-42.

Gilbert, D. T., Krull, D. S., & Malone, P. S. (1990). Unbelieving the unbelievable: Some problems in the rejection of false information. Journal of Personality and Social Psychology, 59(4), 601.

Gladwell, M. (2005). Blink. Penguin books 2005.

Hasher, L., Goldstein, D., & Toppino, T. (1977). Frequency and the conference of referential validity. Journal of Verbal Learning and Verbal

Behaviour, 16(1), 107-112.

Haslam, S. A., Reicher, S. D., & Platow, M. J. (2010). The new psychology of leadership: Identity, influence and power. Psychology Press.

Kahneman, D. (2011). Thinking, fast and slow. Macmillan.

Nickerson, R. S. (1998). Confirmation bias: A ubiquitous phenomenon in many guises. Review of General Psychology, 2(2), 175.

Nisbett, R. E., & Wilson, T. D. (1977). Telling more than we can know: Verbal reports on mental processes. Psychological Review, 84(3), 231.

O'Connor, J., & Lages, A. (2002). Coaching with NLP. London, England: HarperCollins.

Tom, G., Nelson, C., Srzentic, T., & King, R. (2007). Mere exposure and the endowment effect on consumer decision making. The Journal of Psychology, 141(2), 117-125.

Williams, L. E., & Bargh, J. A. (2008a). Experiencing physical warmth promotes interpersonal warmth. Science, 322(5901), 606-607.

Williams, L. E., & Bargh, J. A. (2008b). Keeping one's distance: The influence of spatial distance cues on affect and evaluation. Psychological Science, 19(3), 302-308.

Willis, J., & Todorov, A. (2006). First impressions: Making up your mind after a 100-ms exposure to a face. Psychological Science, 17(7), 592-598.

https://www.youtube.com/watch? v=vJG698U2Mvo

https://www.youtube.com/watch? v=UtKt8YF7dgQ

https://www.youtube.com/watch? v=FWSxSQsspiQ

www.tylervigen.com

https://betterexplained.com/articles/understanding-the-monty-hall-problem/

제5장

느낌과 감정

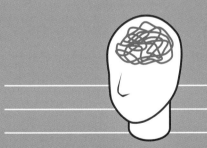

느낌과 감정

　　인지와 감정은 각각 다른 단어이지만 우리는 그것들을 따로 경험하지 않는다. 말은 현실을 잘라내 깔끔하게 포장하지만 뇌는 그렇지 않다. 뇌는 흐트러져 대규모로 복잡하게 서로 연결되어 있는 시스템이다. 우리의 경험은 인지, 감정, 동기 및 욕망이 뒤섞인 혼합체이며 각각은 서로에게 영향을 미친다. 철학자 프리드리히 니체는 이렇게 말했다. "사람이 마음을 다스리지 않으면 점점 머리도 통제할 수 없게 된다."

　　감정이란 무엇인가? 사건에 대한 느낌과 반응 또는 사건에 대한 우리의 해석이다.[1] 단어의 철자에서 알 수 있듯이 에서 알 수 있듯이 감정emotion은 우리를 움직인다.[2] 우리는 관심이 있기 때문에 반응을 보인다. 그런 반응들은 개인적인 것이고 우리의 심박수나 혈압, 혈색, 호흡에 변화를 줄 수도 있다. 또한 그것들은 우리를 행동으로 몰고 가기도 한다. 우리를 소리 지르게 하고, 발을 구르게 하고, 울고 싸우게 한다. 그리고 그것들은 너무 빨리 와서 우리는 통제할 수가 없다. 하지만 그것들로 무엇을 할지는 우리의 통제하에 있다.

　　누군가가 당신의 몸을 만진다고 상상해 보자. 피부의 감각 수용체는 그 신호를 뇌로 전달할 것이다. 당신의 운동피질은 그 신호를 찾아내고 그 감각을 인식하게 된다. 그 감각에는 아직 감정적인 요소가 들어 있지 않지만, 뇌는 그 느낌을 살피고 분석해 의미를 부여하려고 강박적으로 노력한다. 그런 과정에서 감정이 생겨난다. 그 과정을 살펴보자.

몸에 닿은 것이 뭐였지?

곤충인가? 으악! **징그러워**. 털어버린다.

낯선 사람인가? **깜짝이야**. 나를 왜 만졌지? 우연인가? 아니면 내 주의를 끌려는 건가?

어떤 부류의 사람이지? 위험한 사람인가? **무섭다**.

아... 날 왜 방해하고 그래. 책을 읽으려던 중이었는데. **화가 난다**.

혹은,

내게 손을 내밀고 내 주의를 끌려고 나를 부드럽게 만진 사람은 내가 사랑하는 사람인가? **행복하다**.

우리 뇌는 즉각 작업에 들어간다.

느낌으로 해석을 하고, 해석을 기반으로 판단과 감정을 결정한다.

감정의 신경과학

감정회로는 뇌구조의 많은 부분을 차지한다. 감정 중추는 대뇌피질 아래에 있는 피질하 영역이다. 이 시스템은 편도체, 시상하부, 시상, 대상회cingulate gyrus 및 해마를 포함하며 보통 변연계라 부른다. 안와전두피질의 일부 영역도 정서적 경험을 통합하는 데 중요하다. 감정 시스템은 전기, 법률, 돈, 휴대전화도 없는 세상에서 전전두피질보다 먼저 진화했다. 감정 시스템은 살아가고, 먹고, 재생산하는 것과 같은 필수적인 것들에 부응한다. 이러한 기본적인 욕구를 충족시키지 못했다면 인간은 (두뇌의) 최고 경영진의 생각을 발전시키고 전기나 화폐, 휴대전화를 발명할 수 있게 살아남지 못했을 것이다.

감정이 몇 가지나 되는지[3]에 대한 과학적 합의는 없지만 대부분의 심리학자들은 분노, 슬픔, 행복, 혐오, 두려움을 기본적인 감정으로 본다. 감정은 무시할 수 없는 강력한 신호이며 두려움과 같은 일부 감정은 건강과 행복에 대한 위협을 의미한다. 감정 및 그에 따른 신체 변화는 매우 빠르게(5분의 1초 이내에) 발생하며 의식적으로 통제되지 않는다.

뇌의 관점에서 보면 '긍정적'이거나 '부정적'인 감정은 없으며 각기 다른 사건에 대한 신호와 반응만 있을 뿐이다. 긍정적이고 부정적인 것은 우리가 감정에 대해 내리는 판단이다. 모든 감정은 생겨나는 이유가 있으며 우리가 제대로 기능할 수 있도록 도와준다(그림 5.1).

그림 5.1 뇌의 감정 시스템

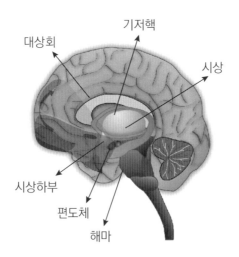

편도체

편도체amygdala는 감정 시스템에서 가장 중요한 구조물이다. 우리 뇌에 두 개가 있지만 복수형인 편도체들amygdalae이라고 쓰지는 않는다. 굳이 복수형을 사용하지 않더라도 중요성은 충분히 부각된다. 편도체는 각 반구에 하나씩 내측 측두엽(MTL: medial temporal lobe) 깊숙이 위치해 있고 뇌에서 가장 연결이 많은 구조물 중 하나이다. 편도체는 어떤 사건이 무엇을 의미하고 그것에 대해 무엇을 어떻게 할지 결정하는 데 관여한다. 또한 우리의 생존을 우선시하며 항시 위협을 경계한다. 따라서 생명을 위협하는 사건에서부터 우리의 가치, 평판, 행복 및 자존감에 대한 위협에 이르기까지 두려운 경험에 주로 반응한다. 편도체에 손상을 입은 사람들은 두려움을 처리할 수 없다. 다른 모든 감정을 나타내는 표정을 식별할 수 있지만 두려움의 얼굴 표정은 식별할 수 없다. 또한 그들은 두려움을 느껴본 적이 거의 없다. 그들은 두려움을 관념적으로 이해하지만 느끼지는 못한다. 두려움을 느끼지 못하면 편안하고 좋을 것 같지만 위험한 상황을 인식하거나 대처하거나 하지 못해 매우 위험하다.[4]

편도체의 역할은 위협을 경계하는 것이다. 경고 신호를 보내면 전전두피질은 위협을 분석한다. 만약, 어두운 밤에 누군가가 우리를 붙잡는다고 생각해 보자. 이때 편도체에 의해 생성된 공포감이 엄습해 온다. 전전두피질은 이성적 판단을 거쳐 이러한 공포감을 합당한 것으로 평가한다. 때로는 편도체 신호와 이성적 판단이 일치하지 않는 경우도 있다. 예를 들어 3만 5천 피트 상공에서 비행 중 기내에서 난기류를 만났을 때 많은 사람들은 기체의 흔들림에 두려움을 느낀다. 그럴 때 전전두피질은 '걱정할 것 없어, 너는 완벽하게 안전해.

봐, 승무원들은 걱정하지 않잖아. 비행기는 난기류와 함께 흔들리도록 제작된 거잖아. 난기류는 비행기를 추락시킬 수 없어. 안심해.' 라고 당신을 안심시키며 중얼거린다. 이제 편도체는 더 이상 경계하지 않으며 우리는 좌석의 양쪽 손잡이를 계속 붙잡고 있을 뿐이다.

정보는 두 가지 경로로 편도체에 도달한다. 하나는 시상(간뇌의 대부분을 차지하는 회백질부)을 통해 직접적이고 빠르게 이동하는 낮은 길low road이다. 그와 동시에 시상은 분석을 위해 감각피질과 전전두피질을 포함한 뇌의 다른 영역들로 정보를 보내고, 분석 결과는 편도체로 전송되는데 이 경로는 높은 길high road로 알려져 있다. 낮은 길은 높은 길보다 20배 빠르다. 밤에 혼자 있을 때 어둠 속에서 예상치 못한 움직임이 보이면 즉시 공포감(낮은 길 경로)을 느끼지만 잠시 후 그것이 그저 달에 비친 나무 그림자임(높은 길 경로)을 알아차린다. 불안은 어느 정도 해소되지만 신체의 생리적 변화(아드레날린 분비, 심박수 증가 및 싸우거나 도망칠 준비를 하는 호흡 상태)가 사라질 때까지는 어느 정도의 시간이 걸린다.

우리는 위협의 심각성을 제대로 평가해야 한다. 이것이 내측전전두피질의 역할이다. 이것이 활성화될수록 편도체의 즉각적인 반응이 줄어든다. 마음챙김 연습(뒤에서 다룰 내용)은 편도체와 내측전전두피질 간의 이러한 연결고리를 강화한다. 코칭 또한 위협을 현실적으로 평가하고 효과적으로 다룸으로써 클라이언트의 내측전전두피질 작용에 관여할 수 있는 수단이 된다.

우리의 목표와 동기는 편도체 활성화에 영향을 미친다. 예를 들면 돈벌이가 간절한 상황에서 사업 제안이 거절당하면 편도체는 더욱 활성화될 것이다. 그렇지 않은 경우라면 거절을 당해도 활성화는 덜할 것이다. 편도체는 위험에 반응하기 때문에 의사결정의 위험성이 높을수록 더 활성화된다. 아마도 예상되는 손실이 더 크기 때문에 그럴 것이다. 또한 더 많은 위험을 감수하는 사람들은 편도체가 더 크고 편도체와 내측전전두피질5) 사이의 연결 강도가 낮은 경향이 있다. 아마도 전전두피질이 위험 평가에 그다지 효과적이지 않기 때문일 것이다.

편도체는 행복, 분노, 슬픔의 표정에도 반응하지만 무엇보다도 두려움의 표정에 민감하게 반응한다. 누군가 겁에 질려 보인다는 것은 근처에 위험이 있다는 것을 의미하므로 우리의 편도체는 반응한다. 그것은 놀랍게도 우리가 두려운 표정을 봤다는 것을 인지하지 못할 때도 반응한다. 편도체 활성화에 관한 연구에 따르면,6) 두려운 표정이 순식간에 드러났다가 다시 무표정한 얼굴로 감춰질 때에도 편도체는 두려운 표정을 인식할 때와 마찬가지로 강하게 활성화된다.

편도체에는 아마도 몇 가지 선천적인 공포 반응이 존재할 것이다. 그것은 죽음의 임박, 고통, 마비와 같은 것들이다. 우리는 우리를 죽이거나 다치게 하거나 마비시킬 수 있는 모든 것을 두려워한다(뱀은 이 모든 조건을 충족하기 때문에 보편적인 두려움의 대상으로 여겨지는 것일지도 모른다). 우리는 과거의 나쁜 경험을 통해 무언가를 두려워하는 법을 배운다(조셉은 높은 곳을 두려워하지만 안드레아는 높은 곳을 두려워하지 않는다. 안드레아는 거미를 혐오하지만 조셉은 신경 쓰지도 않는다). 편도체는 무언가를 두려워하도록 학습할 수 있다. 예를 들어 당신의 파트너가 당신과 다투기 전에 자주 침묵한다면 실제로 다툼이 일어나지 않더라도 그가 침묵할 때 불안을 느낄 수 있다. 침묵은 두려움과 연관되어 있다. 이것이 조건 학습이다. 이 조건화된 두려움은 사건을 기억하지 못하는 경우에도 발생할 수 있다. 전형적인 예로 스위스 심리학자 에드워드 클라페레드Edouard Claparede가 치료한 코르사코프 증후군Korsakoff's syndrome(단기기억 상실증) 환자를 들 수 있다. 그녀는 매일 만나는 의사와 의료진을 기억하거나 알아보지 못했다. 어느 날 클라페레드는 손바닥에 옷핀을 숨겨 쥔 채로 자신을 소개하며 그녀와 악수했다. 그녀는 고통에 펄쩍 뛰었지만 기억상실증 때문에 다음날 그 사건을 잊어버렸다. 그럼에도 불구하고 그가 다음 날 자신을 또 소개하려고 손을 내밀었을 때 그녀는 악수를 거부했다. 이유를 묻자 '누구나 악수를 거부할 권리가 있다.'고 분명히 말했다. 그녀의 측두엽 기억 시스템이 손상되었기 때문에, 고통이나 위협을 의식적으로는 기억하지 못했다.[7] 그러나 편도체는 위험(옷핀에 찔린 고통)이 있음을 알고 표현을 했다. 또한 악수를 거부한 것을 정당화해야 했기 때문에 그녀의 전전두피질이 편도체를 대신해 변명을 한 것이다.

편도체 납치

편도체는 이 외에도 많은 역할을 한다. 우리가 감정적 경험을 더 선명하게 기억하듯이 편도체는 기억을 강화한다. 또한 사회 연결망을 모니터링하는 것과도 관련이 있다. 편도체의 부피는 한 사람의 사회 연결망의 규모 및 복잡성과 상관관계를 지닌다.[8]

편도체는 사람들이 믿을 만하고 우호적으로 보이는지를 평가한다.[9] 우리는 사람의 눈을 보고 얼마나 친근하고 어느 정도까지 믿을 수 있는 사람인지를 판단한다. 편도체는 우리가 다른 사람의 의도를 파악해야 할 때 자동적으로 다른 사람의 눈에 주의를 집중하도록 만드는 시스템의 일부분이다.

편도체가 활성화되면 당신은 자기 방어에 주의를 집중한다. 위협을 받으면 편도체는 전전두피질의 전원을 내려서 개방적이고 창의적인 사고를 차단할 것이다. 이것을 '편도체 납치amygdala hijack'라고 한다. 위협은 비우호적인 동물, 적, 위험한 상황과 같이 실제적이고 물리적인 것일 수 있다. 또한 이 시스템은 타인의 무시, 위협적인 목소리톤, 과로, 실직의 위협 또는 SNS 게시물이 '좋아요'를 충분히 받지 못한 경우에 활성화될 수 있다. 이러한 요소들은 우리의 행복과 자존감에 위협을 주지만 생명과 신체에는 위협을 주지 않는다. '투쟁-도피-경직 반응(3F; Fight-Flight-Freeze response)'은 물리적인 위험을 맞닥 뜨렸을 때는 유용하지만 물리적이지 않은 사회적 상황에서는 쓸모가 없다. 하지만 편도체는 계속 우리에게 경고를 보내고 교감 신경계를 작동시켜 우리 몸에 아드레날린과 코티솔을 분비시키는 작업을 한다.

사람마다 회복력에 차이가 있으며 회복력이 좋은 사람일수록 역경을 더 빨리 극복한다. 편도체와 전전두피질 간의 연결이 좋을수록 회복력이 높아진다.[10] 전전두피질은 활성화된 편도체를 진정시키고 상황에 대한 심사숙고를 거쳐 재구성하고 계획을 세운다. 하지만 회복력이 좋은 사람들에게 불리한 점도 있다. 그들은 빨리 회복하므로 무정한 사람처럼 보일 수 있다는 것이다. 이러한 측면은 그들을 동정심 없고 감정적으로 냉담한 사람처럼 보이게 할 수 있다.

코치는 클라이언트가 '편도체 납치' 상태를 유발하는 요인들을 인식하도록 도울 수 있다. 코치는 클라이언트가 유발 요인(SNS 게시물이든지, 나쁜 사람이든지 간에)을 피하도록 도와줄 수 있다. 우리가 불안 또는 두려움을 느낄 때 좋은 결정을 내리지 못한다는 것은 너무 잘 안다. 하지만 주의할 것은 약간의 편도체 납치라도 발생하면 명료한 사고는 멈추게 된다는 사실이다. 따라서 편도체를 완전히 통제하지 못한 상태에서는 중요한 결정을 내려서는 안 된다. 그러므로 코치는 '도전'과 '위협' 사이에서 아슬아슬한 줄타기를 해야 한다. 코치는 클라이언트의 습관적인 패턴에 도전장을 내밀어야 하지만 그것이 과할 경우에는 클라이언트의 편도체 납치 상태를 유발하기 때문이다.

좋은 감정과 나쁜 감정?

감정에는 나쁜 감정도 좋은 감정도 없다. 두려움은 '나쁜' 감정처럼 보인다. 두려움을 느끼는 건 기분 좋은 일이 아니며 나쁜 일이 생기는 것과 연관이 되지만, 두려움은 어떤 목적을 지니고 있다. 그것은 우리가 위험을 마주할 준비를 하게끔 만들고 그 위험이 즉각적인 주의와 조치가 필요하다는 것을 알린다. 투쟁-도피-경직의 '3F'는 진화가 우리에게 준 반응이며 정교한 형태로 유지되어 왔다. 위협을 느끼는 클라이언트는 당신과 말다툼을 하거나(투쟁), 세션을 중단 또는 방어하거나(도피), 긴장 상태에 빠져 생각을 할 수 없게 될지도(경직) 모른다. 클라이언트가 이런 반응 중 하나라도 보인다면 편도체 납치 상태에 빠진 것이다.

분노는 우리에게 에너지를 주고 우리가 원하는 것을 얻게 하며 장애물을 넘어서게 만든다.

혐오감은 우리에게 나쁜 것에 대한 경고 신호를 보낸다. 기본적으로 혐오감은 나쁜 음식에 의해 유발될 수 있다. 나쁜 냄새가 나는 음식은 당신을 병들게 할 수도 있다. 당신은 윗입술을 들어올려 콧구멍으로 들어오는 냄새를 막는 모습으로 역겨운 표정을 짓는다. 또한 우리는 사람들의 행동, 정치적 의견 또는 옷차림에 의해서도 혐오감을 느낄 수 있다.

슬픔은 상실에 대한 반응이며 다른 사람들의 도움을 불러일으킨다. 슬퍼하는 사람을 위로하는 것은 인류의 보편적인 반응이다.

놀라움은 감정으로 가는 길에 있는 입구 같은 것이다. 놀라움은 눈을 크게 뜨고 좋은 일이든 나쁜 일이든 무슨 일이 일어나고 있는지 주의를 향하게 한다. 그렇지만 이것은 1초도 지속되지 않는다. 1초 이상 놀란 것처럼 보이는 사람은 거짓일 수 있으니 주의하라.

행복은 좋은 느낌이지만 진화의 관점에서 볼 때 사치이다. 그것은 생존을 위해 필요한 것은 아니다. 행복은 아마 다른 사람들에게 기뻐하는 모습을 보여주고 유대감을 형성하기 위한 방법으로 진화했을 지도 모른다.

감정은 접근과 후퇴의 두 가지 유형으로 나뉜다. 생물학적인 관점에서 가장 중요한 선택은 나에게 이익이 되니 그것을 향해 다가갈 것이냐, 나에게 해가 될 지 모르니 그것에서 멀어질 것이냐의 결정이다. 접근과 후퇴는 인간의 원초적인 반응인데 감정이 우리를 무언가로 향하게 하거나 무언가로부터 멀어지게 만든다. 슬픔, 혐오감, 두려움은 후퇴하게 만드는 감정으로서 우리가 감정을 유발하는 모든 것으로부터 피하거나 멀어지게 만든다. 행복과 분노(이상하게 보일 수도 있지만)는 접근하게 만드는 감정으로서 감정을 유발한 원인으로 우리를 몰고 가서 그것을 포용(행복)하거나 극복(분노)하도록 만든다. 전전두피질을 살펴보면 좌측 전전두피질은 주로 접근 감정을 처리하고 우측 전전두피질은 후퇴 감정을 처리하는 구조로 되어있다. 편도체에 관한 초기 실험에서는 좌측 전전두피질이 행복을 처리하고 우측 전전두피질은 슬픔을 처리하는 것으로 밝혀졌다.[11] 하지만 후속 실험들에서는 좌측 전전두피질이 행복뿐만 아니라 분노도 처리한다는 것이 밝혀졌다. 이러한 전전두피질 분할 현상은 매우 보편적인 것으로 보인다. 심지어 갓 태어난 갓난아기에게도 분할 현상이 나타난다. 아기가 쓴 것을 맛보면 우측 전전두피질이 더 많이 활성화되었고 달콤한 것을 맛보면 좌측 전전두피질이 더 많이 활성화되었다.[12] 고통을 느낀 아기는 우측 전전두피질의 활성화 기준치가 더 높게 나타난다. 또한 우울함을 느끼는 성인은 정상인보다 좌측 전전두피질 활성도가 떨어진다.[13]

세로토닌

세로토닌은 뇌에서 분비되는 주요 신경전달물질 중의 하나로, 기분과 감정 상태를 조절한다. 이 과정이 어떻게 작동하는지는 아직 명확히 밝혀지지 않았지만 한 가지 확실한 것은 세로토닌 수치를 높이는 약물이 우울증 대처에 매우 효과적이라는 것이다.[14] 세로토닌은 뇌 전체에 관여하며 주로 사람들을 거부 반응에 덜 민감하도록 만들어서 정서적 회복력을 높이는 기능을 하는 것으로 보인다. 또한 세로토닌은 통증 완화 작용에도 관여한다. 엑스터시 같은 약물처럼 단순히 통증을 멈추게 할 뿐만 아니라 뇌의 세로토닌 시스템을 활성화시켜 당신을 기분 좋게 만든다. 또한 그것은 우리의 하루 주기 신체 리듬과 자연적인 휴식 주기에도 영향을 미친다. 세로토닌은 우리의 수면 주기에 직접적인 영향을 미치는 멜라토닌으로 전환된다.

뇌에서 세로토닌을 생성하는 뉴런은 100,000개에 불과하며 이들은 대부분 솔기핵raphe nuclei(뇌줄기의 정중면을 따라 있는 신경세포 무리를 통틀어 이르는 말)으로 알려진 중뇌의 작은 한 영역에 위치한다. 솔기핵은 뇌의 여러 영역에 영향을 미친다. 세로토닌 생성의 90%는 뇌가 아니라 장에서 이루어지기 때문에 나쁜 식단은 세로토닌의 가장 큰 적이다. 세로토닌은 '행복 호르몬'이라고 불려왔지만 실제로는 호르몬이 아니다. 세로토닌이 기분에 영향을 주긴 하지만 세로토닌 수치가 높다고 해서 반드시 행복한 건 아니다.

행복

코칭을 받으러 오는 모든 이들은 행복해지길 원하는 사람들이다. 코치는 보통 '무엇이 그들을 행복하게 만들 수 있을지'에 관해서는 질문하지만 행복이 그들에게 무엇을 의미하는지는 잘 살펴보지 않는다. 행복은 축제를 즐기는 과정에서 자연스럽게 우러나는 기쁨의 표현과 같은 것이라고 생각하지만 그것은 한 단면일 뿐, 이 외에도 많은 종류의 행복이 있다. 즉 행복은 스쳐 지나가는 기쁨을 표현한 찰나의 미소에서부터 자신의 삶과 자기 스스로에 대한 깊고 지속적인 만족감에 이르기까지 모든 것을 의미할 수 있다. 행복은 스스로 점검해 보는 것 외에는 측정하기가 어렵다. 전반적인 행복 수준을 측정하기 위한 뇌 진단 기계는 존재하지 않는다.

'당신은 행복한가?'라는 질문은 단순하지 않다. 행복은 매우 다른 두 가지 의미를 가질 수 있다. 하나는 '경험하는 자아experiencing self'로서 순간순간 경험하는 행복이다. 경험하는 자아는 '당신은 지금 얼마나 행복한가?'라는 질문에 답한다.

그리고 오랜 시간이 지나 얼마나 만족감을 느꼈는지 추억을 되돌아보며 얼마나 만족스러웠는지 계산하는 '기억된 자아remembered self'의 행복이 있다. 이것은 '당신은 전반적으로 얼마나 행복한가?'라는 질문에 답한다. 이 두 척도는 상당히 다를 수 있다. 경험하는 자아는 지금 즐거운 시간을 보내고 있을지도 모르지만, 당신의 기억된 자아는 지금의 즐거움은 무시한 채 인생이 잘 풀리지 않기 때문에 불행하다고 답할 수도 있다.

D.T 스즈키Suzuki의 '선 이야기Zen story'는 위의 두 가지 자아를 잘 표현한다.

어느 날 한 남자가 황야를 걷다가 사나운 호랑이와 마주쳤다. 그는 호랑이의 맹렬한 추격으로부터 열심히 도망쳤지만 결국 아찔한 절벽 끝으로 몰리게 되었다. 그는 살기 위해 넝쿨을 타고 내려가 벼랑 끝에 매달렸다. 그가 거기 매달려 있을 때 두 마리의 쥐가 절벽 틈새에서 나와 그 넝쿨을 갉아먹기 시작했다. 그런데 문득 그 남자는 탐스러운 야생 딸기가 넝쿨 위에서 자라고 있는 것을 알아차렸고 그는 그 딸기를 따서 입에 넣었다. 그것은 정말 맛있었다!

경험하는 자아는 행복하다. 기억된 자아는 겁에 질려 있다. 행복에 대한 대부분의 지표는 기억된 자아의 행복을 측정한다. 기억된 자아는 인간관계가 나쁘게 깨지면 그 관계 속에서 자신은 결코 행복한 적이 없었다고 확신한다. 이혼 법정에 가보면 그 관계가 얼마나 나빴는지 이야기하는 기억된 자아의 증언들로 넘쳐난다. 그것은 자기만의 고유한 스토리를 가지고 있다. 우리는 또한 기억된 자아의 안내에 따라 과거의 아름다웠던 순간으로 돌아가 행복을 다시 느껴볼 수도 있다.

우리는 코칭을 할 때 순간의 행복(경험하는 자아)과 삶 전반에 걸친 만족도(기억된 자아)를 구분한다. 코칭에서 행복이란 지금의 당신 모습과 당신의 삶 전반에 대해 만족스러운 느낌을 가지는 것, 그리고 이 만족감으로 즐거움을 취할 수 있는 것으로 정의한다.

일반적으로 우리가 얼마나 행복하다고 느끼는지는 유전적 요인에 의해 크게 좌우된다. 어떤 사람들은 천성적으로 다른 사람들보다 더 행복함을 느끼도록 타고난다. 또한 행복은 우리가 통제할 수 없는 행운에 의해 좌우되기도 한다. 복권에 당첨되면 단기적으로는 행복지수가 높아지지만 그 후에는 이전 수준으로 내려간다.[16] 불운, 질병, 가난, 불행한 상황은 행복지수를 떨어뜨리지만 역시 짧은 시간 안에 행복지수는 예전 수준으로 회복된다. 클라이언트들은 목표를 달성하면 행복할 것이라고 믿는다. 보통은 그들의 생각이 옳다. 그러나 … 그 행복은 오래 가지 않을 것이다(그 이유는 나중에 살펴볼 것이다). 그렇게 되면 그들은 다시 기본적인 행복 수준으로 돌아가고 본인을 더 행복하게 만들어 줄 다음 목표를 찾는다. '행복을 찾는다.'라는 표현은 자신이 가져본 적 없는 것을 쫓고 있음을 암시하는 이상한 표현이며 당신의 불행을 확실시하는 개념이다. 우리는 변화하는 환경에 대한 적응력이 놀라울 정도로 뛰어나지만 우리를 지속 가능한 방식으로 행복하게 만드는 것이 무엇인지는 잘 알지 못한다.

좋은 경험으로 생겨난 감정의 여운을 하루 종일 유지할 수 있는 사람이 있는가 하면 어떤 사람은 그 여운을 빠르게 잊는다. 긍정적인 감정을 유지할 수 있는 능력은 행복의 비결 중 하나이며 이 능력은 보상회로인 측좌핵nucleus accumbens 및 복측선조체ventral striatum의 활성도에 의해 좌우된다. 이 회로가 활성화될수록 더 긍정적인 관점을 갖게 된다. 이 감정을 유지하려면 좌측 전전두피질이 이 영역들과 강하게 연결되어 있어야 한다. 장기적인 계획을 세우는 것과 미래 보상을 시각화하는 행위는 연결을 강화하는 좋은 방법이다.

연결을 강화하는 또 다른 방법은(그리고 우리의 직감에 반대되는 방법은) 눈앞의 즉각적인 쾌락을 포기하는 것이다. 쾌락 중추와 전전두피질 간의 연결이 많아지는 것은 억제된다. 따라서 즉각적인 쾌락을 얻을 수 있는 상황에서 의도적으로 그것을 포기하는 것은 이들 간 연결을 강화한다. 이 방법은 건강을 위한 목표(달콤하지만 건강에 해로운 간식을 포기하는 것처럼)와 잘 맞아떨어진다.

연결을 강화하는 세 번째 방법은 자신과 다른 사람의 긍정적인 측면에 집중하는 것이다. 코치로서 종종 클라이언트에게 자신의 장점을 적어 보라고 요청하거나 또는 다른 사람에게 감사를 표하고 칭찬했는지 등을 질문한다(물론 적절한 방식으로 말이다). 클라이언트는 자신이 얼마나 자주 다른 사람의 호의를 당연하게 여기고 또 얼마나 빨리 다른 사람들의 잘못을 찾아내고 그것을 바로잡으려 했는지를 발견하고 놀라곤 한다. 다른 사람에게 감사를 표하고 칭찬하면 양쪽 모두 더 행복해진다.

행복(자주 행복감과 만족감을 느끼는 것)은 건강과 관련이 있다. 한 실험에서[17] 피실험자들에게 스트레스를 많이 주는 일을 시킨 다음 코티솔cortisol(스트레스 호르몬) 수치와 피브리노겐fibrinogen(혈액 내 염증 지표) 수치를 측정했다. 이 수치가 높다는 것은 심혈관 질환 및 당뇨병과 관련이 있다는 것이다. 스스로를 가장 행복하지 않은 사람으로 평가한 사람들은 실험 당시뿐만 아니라 3년 후에도 훨씬 더 높은 수치를 나타냈다.

코칭은 행복의 의미를 순간적인 감정보다는 지속적인 웰빙well-being의 차원에서 다룬다. 코칭은 '경험하는 자아'가 이 순간에 행복을 느끼도록 도와주고 '기억된 자아'가 행복한 기억을 충분히 축적하여 전반적인 삶에 대해 만족감을 느끼도록 도와주는 것이다. 이것은 자신과 타인의 감정을 이해하고 잘 대처하는 데서부터 출발한다.

감정표현

감정은 매우 빠르게 생겨나므로 우리는 감정을 통제할 수 없다. 느낌은 5분의 1초 미만의 짧은 순간에 생성된다. 우리의 의식은 조금 후에 뒤따라오지만, 그때쯤에는 이미 뇌의 감정회로가 얼굴 근육을 제어하기 때문에 당신의 표정은 이미 당신의 통제를 벗어난다. 당신이 할 수 있는 일은 당신의 표정을 사회적으로 적절한 표정처럼 보이도록 조정하는 것뿐이다. 의식적으로 제어할 수 없을 정도로 빠르게 얼굴을 스치는 이러한 감정표현을 미세표정micro expressions이라고 하며 이것은 진짜 감정을 보여준다.

당신은 상대가 무엇을 느끼는지 알아챌 수 있지만 그 느낌의 원인이 무엇인지는 알 수 없다. 친구에게 슬픈 이야기를 하고 있는데 그 친구의 얼굴에서 미소가 스쳐 지나가는 것을 발견했다고 가정해 보자. 그렇다고 해서 친구가 이 이야기를 즐거워한다는 것을 의미하지는 않는다. 당신의 슬픈 이야기는 친구에게 이 상황과는 관련 없는 어떤 재밌는 사건을 상기시켰을지 모른다. 표정은 말처럼 쉽게 꾸며내지는 못하지만 그렇다고 표정으로 말을 대신하지는 않는다. 왜냐하면 표정은 당신이 그렇게 생각할 수도 있다는 것을 보여줄 뿐, 당신이 정말 그렇게 생각한다는 것을 뜻하지는 않기 때문이다. 두뇌는 회로의 집합체이다. 1장에서 언급한 닫힌 방의 팀을 떠올려 보자. 당신은 동시에 여러 구성원으로부터 내용이 서로 다른 동시에 똑같이 진실인 메시지를 받을 수 있는 것이다.

감정은 순식간에 발생하지만 일단 생겨나면 당신에게 머물러 있을 수도 있다(마치 이제 파티를 끝내고 정리하고 자러 가고 싶은데 계속 들러붙어 있는 손님처럼). 강렬하지는 않지만 그 기분은 계속 당신에게 남아 있으면서 당신의 세계관에 미세한 영향을 준다. 이것을 '불응기 refractory period'라고 하는데 감정적 프라이밍의 한 종류이다. 불응기에는 감정이 담긴 색안경을 통해 사물을 보게 된다. 예를 들어, 당신이 이용 중인 인터넷 통신망 서비스에 관련하여 방금 고객센터와 열불나는 통화를 마쳤다고 가정해 보자. 정해진 각본 같은 상담사의 대답은 짜증났고 좋은 하루 보내길 바란다는 상담사의 끝인사는 와닿지 않는다. 당신은 쿵쾅거리며 위층으로 올라가다가 카펫의 보기 흉하게 찢어진 부분이 눈에 들어온다. 창밖을 보니 비가 내리고 있다. 헉! 조금 있다가 외출해야 하는데 차가 많이 막힐 것 같다. 게다가 차량 점검을 맡겨야 한다는 사실과 아뿔싸! 단골 정비소가 아닌 다른 정비소를 방문해야 한다는 사실이 기억났다. 마지막 부분은 최악이다. 분노는 몇 분 동안 당신의 사고를 장악한다. 반대로 훌륭하게 통화를 마쳤다고 상상해 보자. 당신은 카펫이 찢어졌다는 것을 알아차리지 못했을 것이고 비가 내리는 건 그냥 비가 내리는 것이다. 당신의 뇌는 불응기의 기분과 일치하는 기억을 뒤져 찾아낸다. 두려움, 혐오 또는 분노의 불응기 상태에서는 중요한 결정을 내리지 않는 것이 현명하다.

트롤리 딜레마

결정은 종종 '차가운' 인지와 '뜨거운' 인지, 즉 머리와 가슴 간의 투쟁이다. 이를 입증하는 사고 실험이 있다. 이 실험은 1967년 철학자 필리파 풋Philippa Foot에 의해 리갈 퍼즐legal puzzle로서 처음 개발되었다.[18]

당신이 철로 옆에 서 있다고 상상해 보자. 갑자기 당신을 향해 달려오는 화물용 기차가 나타난다. 당신 뒤의 5명의 사람들은 다가오는 위험을 모른 채 철로 위에서 일하고 있다. 기차는 속도가 너무 빨라서 제때에 멈출 수 없으며 사람들은 너무 멀리 떨어져 있어서 조심하라는 외침을 들을 수 없다. 도무지 제시간에 경고할 방법은 없다. 다행히도 당신 옆에는 레버가 있어서 기차가 5명의 일꾼에게 도착하기 전에 옆 트랙으로 선로를 변경할 수 있다. 그러나 옆 선로에도 일하는 사람이 한 명 있기 때문에 당신이 레버를 당겨 선로를 변경한다면 대신 그를 죽이게 될 것이다.

당신이라면 어떻게 하겠는가?

그 이유는?

(위에서 말한 정보가 전부이다. 이 문제에는 트릭이나 다른 숨겨진 정보는 없다.)

계속 읽기 전에 잠시 생각해 보라(그림 5.2).

그림 5.2 트롤리 딜레마

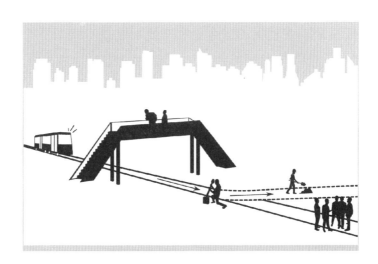

두 가지 선택이 가능하다. 사람들이 둘 중 하나를 선택하는 이유가 참 흥미롭다. 선택의 이유는 다를 수 있지만 대부분의 사람들은 레버를 당기는 쪽을 선택한다. 어떤 사람은 공리주의적인 이유로 레버를 당길지도 모른다. 즉 한 명의 죽음이 5명의 죽음보다 낫다는 것이다. 또 다른 사람은 일단 생명을 구하기 위해 레버를 당기고 그 후에 일어날 일은 신(또는 우연)에게 맡긴다. 레버를 당기는 선택을 한 사람들을 기능성 자기공명영상(fMRI)으로 촬영해 보면, 일반적으로 전대상피질과 두정엽 및 배외측전전두피질 영역이 활성화되어 있는 것을 볼 수 있다. 이것은 차가운 인지이다. 뇌는 수학 문제를 다루는 것과 같은 방식으로 이 비인간적인 도덕적 수수께끼를 다룬다. 우리는 이 현상의 발생 원인이 인지 부하cognitive load(사람들에게 동시에 여러 작업을 시키는 것)가 이 결정에 간섭하여 반응 시간을 증가시켰기 때문이라는 것을 안다.[19]

이번에는 당신이 선로 위의 육교에 있다고 상상해 보라. 당신은 기차가 다가오는 것을 본다. 동일한 5명의 일꾼이 아래 선로에 있으며 당신이 개입하지 않으면 모두 죽게 될 것이다. 당신은 제 시간에 레버에 도달할 수 없다. 그러나 당신 옆에 어떤 덩치 큰 남자가 커다란 배낭을 멘 채 더 잘 쳐다보려고 난간 위로 몸을 기대고 있다. 적절한 시기에 그를 밀치면 선로로 굴러 떨어지게 할 수 있을 것이며, 그 덩치와 배낭을 포함한 그의 무게는 기차를 다섯 명의 일꾼에게 도달하기 전에 탈선시키기에 충분하다. 다시 한번 당신은 5명의 생명을 구하기 위해 행동에 나설 수 있다. 그렇지만 배낭을 멘 그 남자는 죽게 될 것이다.

당신은 그를 밀 것인가, 말 것인가?

(다시 말하지만 숨겨진 정보는 없으며 당신은 그 남자를 모른다.)

이것은 앞에 사례와 같은 문제처럼 보인다. 다섯 사람을 위해 한 사람이 죽는 것이다. 하지만 그럴까? 첫 번째 시나리오에서는 당신은 레버를 당기는 비인간적인 행동을 한다. 두 번째 시나리오에서는 당신은 실제 사람을 물리적으로 밀어야 한다. 대부분의 사람들은 그 남자를 밀치는 것은 도덕적으로 옳지 않다고 말한다. 레버를 당기려고 했던 바로 그 사람들도 남자를 밀지는 않을 것이다. 또한 대다수의 사람들은 그 남자를 밀지 않는 것도 도덕적으로 잘못된 것이라고 말한다. 이처럼 도덕 원칙이 충돌할 때, 당신은 개인적이고 윤리적인 선택을 해야 한다.

이 실험은 많은 의문을 제기한다.
아이들이 선로 위에 있었다고 가정해 보자.
친구나 가족이 선로 위에 있었다고 가정해 보자.
배낭을 메고 있는 남자가 누구인지 중요한가?
그는 친구인가?
가족 중 한 명인가?
노벨상 수상자인가?

이 두 번째 딜레마에 직면한 피실험자들을 대상으로 한 기능성 자기공명영상 촬영 결과는 뇌의 운동 영역(밀어버리는 장면을 상상하는 것)이 활성화된다는 것과 후측대상회posterior cingulate gyrus와 같은 감정을 처리하는 뇌 영역이 더 활성화된다는 것을 보여준다.[20] 인지 부하는 이러한 개인적인 도덕적 딜레마와 관련해서는 반응 시간을 증가시키지 않으며 이것이 더 이상 논리적 퍼즐이 아니라는 것을 보여준다.

당신의 기분이 결정에 영향을 미칠까? 첫 번째 시나리오에서 긍정적인 기분은 반응 시간과 사람들이 내리는 결정 모두에 아무런 영향을 미치지 않았다. (한 실험에서는 긍정적인 기분 상태를 유도하기 위해 실험집단이 결정을 내리기 전에 'Saturday Night Live' 영상의 일부분을 그들에게 보여주었다. 반면 통제집단에는 이 영상을 보여주지 않았다.)[21] 이성적 판단능력은 기분의 영향을 받지 않았다. 그러나 두 번째 시나리오에서 긍정적인 기분은 남자를 육교 밑으로 밀어버릴 가능성을 높였다. 연구자들은 긍정적인 기분이 남자를 육교 밑으로 밀어버리는 거부감을 상쇄시켜서 냉정한 결정을 더 쉽게 내리게 한다고 주장했다. 피실험자가 결정을 내리기 전에 도덕적으로 혐오스러운 장면을 봤다면 그 반대 효과를 가져왔을 가능성도 없지 않다(그러나 이 논문에서는 연구되지 않았음). 이 연구는 우리의 의사결정에 영향을 미치는 감정적 프라이밍 현상을 보여줄 뿐만 아니라 감정과 인지 사이의 복잡한 작용을 보여준다.

뇌의 감정 시스템은 개인적인 접촉과 직접적인 행동에 의해 움직인다. 우리의 배외측전전두피질은 이 두 가지가 같은 문제라고 주장할 수도 있지만 실제로는 그렇지 않다. 우리가 사람들과 신체적으로 상호작용할 때, 특히 그들이 우리가 아는 사람일 경우에는 감정이 우리의 결정에 영향을 미친다.[22]

이 현상은 가족이 운영하는 회사에서 일하는 클라이언트의 코칭 사례에서 찾아볼 수 있다. 예를 들어 남편과 아내 또는 형제자매가 함께 회사를 운영하는 경우 그 가족의 다른 구성원들도 같은 회사의 회계, 제조 또는 판매 분야에서 일할 것이다. 가족 구성원 중 한 명이 큰 손해를 입히는 실수를 저지르면 어떻게 될까? 차가운 인지는 그를 해고하고 더 나은 사람을 고용하라고 말한다. 사적인 관계가 개입되지 않는 조직에서는 그렇게 할 것이다. 그러나 가족이 운영하는 회사의 경우에는 상황이 다르다. 합리적인 선택은 그를 해고하는 것이다. 감정회로는 이 선택을 반대한다. 이 충돌은 교착 상태로 이어질 수 있다. 실수를 저지른 가족 구성원은 회사에 계속 남아있으면서 아마 더 많은 피해를 끼칠 수 있다. 우리는 이러한 결정에 직면한 클라이언트를 코칭할 때 감정과 이성이 어떤 식으로 그에게 서로 다른 메시지를 주는지 설명하고 그 가치를 탐색한다. 이 상황에서 클라이언트에게 중요한 것은 무엇인가? 우리는 가족 구성원을 계속 고용하거나 해고하는 것에 뒤따르는 결과를 클라이언트가 고려해 보게끔 한다. 우리는 그들이 가족 구성원을 계속 붙들고 있어야 하는 상황은 언제인지, 그들을 떠나보내야 하는 상황은 언제인지 탐색한다. 우리는 또한 클라이언트가 다른 가족 구성원의 관점에서 그 상황을 바라볼 수 있도록 돕는다. 클라이언트가 어떤 결정을 내리든 그들은 다양한 관점을 고려하여 명확한 결과를 얻을 것이고 그리고 감정적으로나 이성적으로나 그 결정에 따를 수 있다는 것을 안다.

가치관

감정 에너지는 우리의 가치를 강화시킨다. 가치는 우리의 감정 에너지를 전달하고 신체적으로도 관여하기 때문에 우리에게 중요한 것이다. 가치는 뇌의 감정회로가 언어적으로 행동을 보여주는 방식이다. 수백만 개의 달성 가능한 목표를 통해 언제나 우리 삶은 더 좋아질 수 있다. 물론 우리는 이 중 몇 가지를 선택하여 행동한다.

어떻게 선택하는가?
우리는 그것들이 중요하다고 느낀다.

가치는 항상 체화되어 있으므로 우리는 그것을 느끼고 행동으로 옮긴다. 클라이언트에게 중요한 목표가 무엇인지 물을 때 움직임, 생기, 피부색, 호흡, 목소리 톤의 변화를 찾는다. 이 모든 것들은 교감 신경계의 활동을 보여준다. 이러한 것들이 뒤따르지 않는 말이란 공허한 것이다. 가치는 사랑, 자유, 행복, 존중과 같은 매우 추상적인 이름을 사용하기 때문에 역설적이다. 그러나 그것들은 본능적으로 우리를 끌어당긴다. 우리는 가치관에 따라 살기 위해 엄청난 노력을 기울이고 있으며 어떤 사람들은 가치를 수호하기 위해 기꺼이 죽음을 택하기도 한다.

가치와 그에 수반된 감정은 '해야 한다'라고 표현하는 것과는 정반대다. 도덕적 문제나 법적 문제를 제외하고 클라이언트가 무언가를 '해야 한다'라고 말할 때 '해야 한다'는 것은 하기 싫다는 것을 의미한다. 이것은 타인에 의해 주입되었지만 아직 완전히 수용되지 않은 어떤 외부적 가치가 존재함을 의미한다. 클라이언트는 압박감을 느낀다. 그들은 행동은 취할 수 있지만 거의 열정을 느끼지 못하며 종종 내부에서 갈등을 겪는다. 클라이언트는 자신이 원하는 것을 탐색해 보고 그것에 뒤따르는 감정을 느껴 볼 필요가 있다. 그리고 나면 앞으로 그들이 무엇을 할 것인지가 명확해지고 그리고 그렇게 행동하는 것에 전적으로 동의한 상태로 세션은 마무리될 수 있다.

감성지능

과거에 지능은 완전히 인지적인 영역에 속했다(감정을 배제한 IQ 테스트처럼 말이다). 그러나 이제는 감성지능이 표준이 되었다. 감성지능은 우리 자신의 감정과 다른 사람들의 감정을 인식하는 능력이며, 이를 활용하여 우리와 다른 사람들이 더 행복하고 효과적으로 기능하도록 돕는 행동을 이끌어 내는 능력이다. 이 능력은 전전두피질과 감정 중추의 균형을 맞추고 배외측전전두피질과 복외측전전두피질의 뜨거운 흐름과 차가운 흐름을 안와전두피질에서 통합해 적절한 온도로 섞는 작용을 말한다.

자신의 감정을 다루려면 먼저 그 감정을 인식해야 한다. 마찬가지로 다른 사람들의 감정을 다루려면 우리는 그들의 감정을 알아차려야 한다.

이를 감성지능 4분면으로 나타낼 수 있다(그림 5.3).

그림 5.3 감성지능 구성요소

	인식 *Awareness*	관리 *Management*
자신 *Self*	자기인식 능력 *Self-Awareness*	자기관리 능력 *Self-Management*
타인 *Others*	사회적 인식 능력 *Social-Awareness*	관계관리 능력 *Relationship Management*

자기인식

우리는 스스로의 감정을 어느 정도로 알아차리는가? 전두엽과 측두엽 사이에 위치한 뇌섬엽는 자기인식 기능을 하는 뇌의 핵심 구조이다. 뇌섬엽은 주의와 기억에 관여하는 편도체, 전대상피질 및 전두엽, 측두엽, 두정엽의 피질 영역과 연결된다. 그리고 감정적 자극을 분석하고 모든 신체 자극을 신체 감각으로 통합하는 것처럼 보인다.[23] 뇌섬엽은 우리가 위험을 감수할 때도 활성화되는데 아마도 편도체와 연결되어 있기 때문에 그럴 것이다. 위험부담이 큰 결정을 할수록 뇌섬엽은 더 활성화된다.[24]

모든 사람의 자기인식 능력이 동등하지는 않으며 그 능력은 뇌섬엽의 활성화 정도를 반영한다. 극단적인 예로 건강염려증 환자 hypochondriac는 모든 통증에 과민 반응을 보인다. 반면 어떤 사람들은 건강이 무너질 때까지 자신의 몸이 보내는 신호를 알아차리지 못한 채 극심한 스트레스를 견뎌낸다.

어떤 식으로든 몸으로부터 전달되는 신호가 차단될 경우 자기인식 능력은 손상된다. 보톡스는 얼굴의 근육을 마비시켜 주름을 편다. 그 주름은 우리가 감정을 느낄 때도 움직이지 않는다. 행복한 미소를 지을 때도 눈가에 잔주름이 생기지 않고, 화가 나도 눈이 가늘어지지 않으며, 슬퍼도 눈썹이 들썩이지 않는다. 몸과 마음은 양방향으로 연결된다. 감정은 얼굴 표정을 바꾸고 뇌는 생리적 피드백을 감정과 관련된 정보로 받아들인다. 표정 변화가 없다면 생리적 피드백도 없다. 뇌섬엽은 신호를 받지 못하므로 보톡스를 맞은 사람은 자신의 감정을 인식하는 능력이 훨씬 떨어질 것이다. 당신은 보톡스 시술을 받은 사람이 화났는지, 슬픈지, 놀랐는지 알 수 없겠지만 그들도 마찬가지로 자신의 감정을 인식하지 못할 것이다.

코치는 어떻게 클라이언트의 자기인식 능력 향상을 도울 수 있을까? 가장 좋은 방법은 마음챙김 명상Mindfulness meditation을 하는 것이다. 순간순간 판단을 중지하고 깨어 있는 연습을 하면 신체 감각을 인식하는 능력이 확장된다. 코치는 또한 알림 장치를 마련하여 클라이언트의 자기인식 능력 향상에 도움을 줄 수 있다. 사진, 휴대전화 메시지와 같은 알림 장치를 사용해 클라이언트가 잠시 동안 멈추고 심호흡을 하며 느껴지는 것에 주의를 기울이도록 상기시켜 줄 수 있다.

때로는 클라이언트의 자기인식 능력이 너무 강할 수 있는데, 이 사람들은 주의를 끄는 신체 자극과 감각에 민감하여 예민하게 반응한다. 이 경우에도 마음챙김 명상이 도움이 될 것이다. 명상은 편도체를 진정시키고 과도한 자기인식을 줄여준다.[25] 마음챙김 명상은 코치와 클라이언트에게 가장 도움이 되는 훈련 중 하나이다. 이 밖에 명상의 여러 가지 장점에 대해서는 마지막 장에서 요약하여 다룰 것이다.

자기 감정 관리

많은 클라이언트들이 감정을 다루는 데 있어서 어려움을 겪는다. 어떤 클라이언트들은 걱정할 이유가 없는데도 걱정을 한다. 또 어떤 클라이언트들은 너무 충동적이고 화를 조절하는 데 어려움을 겪거나 작은 일에도 화를 내고 짜증을 낸다. 우리는 충동적인 분노와 짜증을 조절하여 사람들과 돈독한 관계를 유지하고 싶어 하는 많은 경영진들의 코칭을 진행해 왔다. 그 과정에서 도움되는 세 가지 방법을 찾아냈다.

먼저 클라이언트가 감정이 분출될(예: 분노) 때 어떤 일이 일어나는지 함께 탐색한다. 거기에는 분노를 촉발한 방아쇠가 있기 마련이다. 직원의 행동일 수도 있고 나쁜 소식이나 누군가의 말일 수도 있다. 그들은 삶의 어느 언저리에서 이 방아쇠를 학습했을 것이다. 편도체와 감정 시스템이 신속히 작동하고 0.5초도 채 되지 않아 뇌는 친숙한 모든 종류의 분노 신호를 보내기 시작한다. 입술이 다물어지고, 눈이 가늘어지며, 혈액이 팔과 다리의 근육으로 이동하고, 턱이 당겨지고, 주먹에 힘이 들어가기 시작할 것이다. 그들은 이렇게 되는 것을 막을 수 없다. 그러나 그 직후에 짧은 선택의 순간이 따라온다. 그 순간이 바로 전전두피질이 계속 감정이 진행되도록 놔둘지 아니면 감정을 억제할지 결정할 수 있는 순간이다. 클라이언트는 처음 떠오른 감정을 저지할 수는 없다는 것을 알지만 감정에 대해 어떤 조치를 취할지 여부는 선택할 수 있다. 심호흡은 생각할 시간을 준다. 이것을 정기적으로 연습하면 신경가소성 원리에 의해 습관이 된다.

다음으로 클라이언트는 자신의 감정 프로파일을 탐색해 볼 수 있다. 모든 사람의 뇌는 저마다 다르다. 어떤 사람들은 '열대성 폭풍' 프로파일을 가지고 있다. 그 사람들은 갑작스럽게 폭발하지만 폭풍은 빠르게 가라앉는다. 다른 어떤 사람들은 폭발하기 전에 장시간 끓어오르며 다시 가라앉는 데는 더 오랜 시간이 걸리기도 한다(그림 5.4).

그림 5.4 분노의 프로파일

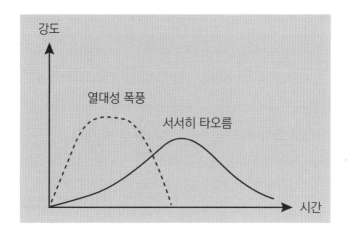

대부분의 사람들은 그 두 가지 범주 사이의 어딘가에 해당된다. 우리는 클라이언트에게 분노 패턴 그래프를 그려 보라고 요청한다. 그런 다음 그래프를 그들의 배우자 또는 친한 친구와 공유하고 그들에게 피드백을 받아 오도록 한다. 당연히 상대방은 그래프를 보다 현실적인 형태로 수정해 준다.

이제 세 번째이자 마지막 단계인 감정 관리다. 여기에는 많은 전략이 있는데, 그중 하나는 상황을 피하는 전략이다. 어떤 클라이언트는 이것을 비겁하다고 생각하지만 선택 가능한 최선의 전략이다. 피하는 것이 불가능하다면 멘탈 리허설이 도움이 될 수 있다. 클라이언트는 마음의 눈을 통해 상황을 미리 시각화해 보고 그들이 침착함을 유지하는 모습과 모든 것이 잘 해결되는 장면을 바라본다. 우리가 알다시피 멘탈 리허설에는 한계가 있지만 그래도 안 하는 것보다 낫다. 까다로운 회의에 참석하기 전에 마음챙김 훈련을 하는 것도 도움이 될 수 있다. 연구에 따르면 마음챙김 훈련을 한 참가자는 주의를 통제하는 뇌 영역의 전전두피질의 활성도 증가와 함께, 부정적인 감정을 덜 느꼈으며 편도체 활성도가 감소했다.[26]

골치 아픈 사건으로부터 주의를 돌려서 머리를 식히는 것도 좋다. 그런 의미에서 벽지를 쳐다보거나 즐거운 상상에 빠지는 것이 유용할 수는 있지만 보통 회의 중에 실행 가능한 전략은 아니다.

가장 효과적인 전략은 재평가 또는 재구성 전략이다. 상황을 다른 관점에서 생각해 보면 상황의 의미가 바뀌고 감정이 바뀌므로 다루기가 쉬워진다. 성가신 동료를 짜증나는 훼방꾼이 아니라 나의 리더십과 회복력을 평가하는 시험대로 생각해 볼 수 있다. 재평가는 복내측 및 외측 전전두피질을 활성화하고 편도체 활성도를 감소시킨다.[27] 오늘날 모든 연구는 편도체와 뇌의 여러 피질하 영역이 전전두피질의 영향을 받는다는 것을 보여준다. 편도체는 그 당시 개인의 목표에 영향을 받아서 미묘하게 활성화된다. 당신이 긴장을 풀면 편도체가 그다지 활성화되지 않을 것이다. 목표에 대해 다시 평가하게 되면 혼란의 영향이 줄어들 것이다.

감정을 억압하는 것은 효과가 없다. 감정 억제는 보다 원시적인 뇌 메커니즘을 사용하는 것이다. 실험에 따르면 억제는 편도체의 활성도를 증가시켜 사람들이 혼란스러운 경험을 겪은 후에 더 오랜 시간 동안 그 감정을 유지하게 만든다.[28] 억제는 또한 상황을 완벽하게 기억하지 못하도록 만들기도 한다.

타인의 감정 인식

다른 사람의 마음을 어떻게 알 수 있을까? 거의 모든 성인은 다른 사람의 마음 상태를 이해할 수 있다. 7세가 되면 아이들에게 '마음 이론theory of mind'이 발달된다. 그것은 다른 사람들도 자신과 비슷한 마음을 가지고 있다 것을 아는 것이다(다르기도 하지만). 따라서 우리가 화가 난다면 다른 사람들도 마찬가지일 것이라고 예측할 수 있다. 이것이 인지적 공감cognitive empathy이다.

정서적 공감emotional empathy은 그 다음 단계다. 우리는 다른 사람들이 느끼는 어떤 것을 느낀다. 이는 거울뉴런 때문에 일어난다. 거울뉴런은 당신이 행동을 취할 때뿐만 아니라 다른 사람이 취하는 행동을 지켜볼 때에도 활성화되는 뉴런이다. 거울뉴런은 사회적 두뇌의 일부로서 나중에 더 자세히 다룰 것이다. 우리는 다른 사람의 얼굴에서 나타나는 미세한 근육 변화를 따라할 수 있고 우리 뇌는 그것을 우리 스스로가 느끼는 감정으로 해석할 수 있다.

우리는 또한 다른 사람을 관찰할 수 있다. 조셉의 한 클라이언트는 콜롬비아 회사의 이사였다. 어떤 세션에서 그는 직장 동료들과 함께 즐겼던 야외 바비큐 파티에 대해 이야기했다. 누가 봐도 행복해 보이는 파티였지만 조셉은 클라이언트가 말하는 동안 슬픈 표정이 스쳐 지나가는 것(눈썹 안쪽 부분이 치켜 올라감)과 목소리에 힘이 빠진 것을 알아차렸다. 그는 슬퍼했다. 조셉은 '즐거운 시간을 보내셨군요. 그런데... 뭔가 당신을 슬프게 하는 게 있는 것 같아요... 어떻게 생각하세요?'라고 말했다. 이것은 더 깊은 이야기를 나누고 감정에 접근하기 위한 공식적인 초대이다. 하지만 그가 초대를 수락해야 한다. 클라이언트는 그 질문에 잠시 생각에 잠겼다. 그리고는 바비큐 파티에서 동료와 이야기를 나누며 느낀 회사 상황에 대한 안타까움과 그 상황에 대해 아무것도 할 수 없는 무력감에 대해 이야기했다. 코칭 세션에서 그 느낌을 함께 탐구했고 많은 통찰을 얻었다. 그때 만약 정서적 자아에게 초대장을 보내지 않았다면 그 이야기를 끄집어내지 못했을 수도 있다. 감정은 클라이언트의 표정에 드러나지만 우리는 감정이 왜 그곳에 드러나는지 무엇이 감정을 일으키는지 모른다. 알 수 없을 때는 질문을 하라.

타인의 감정 관리

코치는 일반적으로 강도 높은 감정 표현을 다룰 필요가 없지만 문화권에 따라 필요한 경우도 있다. 다른 사람의 감정을 다루려면 먼저 자신의 감정을 관리해야 한다. 침착함을 유지하고 연극에 말려들지 말라. 감정은 서로에게 영향을 미치며 당신이 동조되면 상황이 빠르게 악화될 수 있다(감정이 행복한 것이라면 괜찮다). 클라이언트가 슬픔이나 분노를 나타낼 때 코치는 클라이언트의 감정이 너무 커지기 전에 조절할 필요가 있다. 이럴 때는 코칭 세션을 중단하고 휴식을 취한 다음 감정의 동요가 없는 상태에서 기억을 회상하도록 이끌어주는 것이 가장 좋다. 클라이언트가 코칭 세션에서 얻은 통찰로 인해 슬퍼한다면 기다려주고 공감해 주면서 티슈를 건네라. 클라이언트가 다시 이야기할 준비가 되면 함께 코칭 세션을 진행해 나간다.

코칭 세션 도중에 클라이언트가 코치에게 화가 나는 일이 없기를 바란다. 클라이언트가 화가 난다면 코치가 세션을 잘못 진행한 것이다. 코칭 세션을 중단하고 다음에 다시 시작하라. 가장 먼저 다룰 주제는 클라이언트가 어쩌다가 화가 났는지 그리고 왜 화가 났는지이다. 그러는 동안 코치는 스스로에 대해 성찰해야 한다.

감정은 우리 삶의 모든 부분에 영향을 미치며 우리의 생각과 경험에 깊이와 의미를 가져다주는 내면의 밝고 따뜻한 흐름이다. 우리의 행복, 안녕, 우리가 어떤 사람을 신뢰하는가는 감정에 기반한다. 그것들은 우리의 결정에 영향을 미치며 이 부분을 우리는 다음 장에서 다룰 것이다.

주석

1) 그것들은 육체적인 느낌(기쁨, 고통 또는 중립적일 수 있음)인 감각과는 다르다.

2) 방대한 양의 감정에 대한 신경과학적, 심리학적, 학문적 문헌들이 있지만 거의 합의가 이루어지지 않은 상태이다. 제임스-랭지James-Lange 가설은 감정은 단순히 우리 몸의 반응에 대한 해석이라고 주장한다(뜨거움을 느끼고, 눈이 번쩍 뜨이고, 주먹을 꽉 쥐고 있으므로 화가 난다). 이 관점에서는 신체적인 반응 없이는 감정을 느낄 수 없다. 평가이론appraisal theories은 감정이 다양한 수준에서 사건을 평가하는 방식에 대한 반응이라고 주장한다. 둘 다. 학문적인 설명이 무엇이든 우리는 모두 감정을 경험하면 즉각 그 감정을 안다. 마찬가지로 다른 사람의 감정 또한 (내 감정보다는 늦을지언정) 알아차릴 수 있다.

3) 모든 문화권의 모든 사람이 느끼는 보편적인 감정이 있는지 여부에 대한 논쟁은 여전히 진행 중이다. 두려움, 분노, 혐오와 같이 생존과 관련된 기본적인 것들만 있다고 한다면 보편적인 감정이 있을 것 같다. 폴 에크먼Paul Ekman의 평생 작업은 문화와 상관없이 감정에 어울리는 표정을 식별하는 것이었다. 인간은 어떤 문화권이든 7가지 감정에 대해 동일한 보편적인 표현을 가지고 있는 것 같다. 이 일곱 가지 감정은 두려움, 분노, 슬픔, 혐오, 놀람, 행복, 경멸이다. 다른 감정들(예: 수치심, 기쁨)도 이 목록에 포함될 수 있을 것 같다. Ekman, P. (2007). Emotions revealed. Henry Holt & Co. 참조.

4) For a real-life study, see: Feinstein, J. S., Adolphs, R., Damasio, A., & Tranel, D. (2011). The human amygdala and the induction and experience of fear. Current Biology, 21 (1), 34-38.

5) Jung, W. H., Lee, S., Lerman, C., & Kable, J. W. (2018). Amygdala functional and structural connectivity predicts individual risk tolerance. Neuron. doi:10.1016/j.neuron.2018.03.019.

6) Whalen, P. J., Rauch, S. L., Etcoff, N. L., McInerney, S. C., Lee, M. B., & Jenike, M. A. (1998). Masked presentations of emotional facial expressions modulate amygdala activity without explicit knowledge. Journal of Neuroscience, 18 (1), 411-418.

7) The full story is in 'The Emotional Brain' by Joseph Le Doux, Published by Phoenix Books, 1998.

8) Bickart, K. C., Wright, C. I., Dautoff, R. J., Dickerson, B. C., & Barrett, L. F. (2011). Amygdala volume and social network size in humans. Nature Neuroscience, 14 (2), 163-164.

9) Adolphs, R., Tranel, D., & Denburg, N. (2000). Impaired emotional declarative memory following unilateral amygdala damage. Learning & Memory, 7 (3), 180-186.

10) Kim, M. J., & Whalen, P. J. (2009). The structural integrity of an amygdala-prefrontal pathway predicts trait anxiety. Journal of Neuroscience, 29 (37), 11614-11618.

11) 이것은 신경외과 의사가 수술을 준비하는 과정에서 목의 한쪽 경동맥에 마취제를 주입하는 WADA 검사를 통해 발견되었다. 이 절차는 뇌의 절반을 마비시키고 외과 의사에게 언어 기능이 위치하는 쪽을 보여준다. 오른쪽 반구를 마비시킨 환자(그래서 왼쪽 반구만 기능하는 환자)는 아무 이유 없이 웃으면서 통제할 수 없을 정도로 행복해 했다. 왼쪽 반구를 마비시킨 사람들 역시 뚜렷한 이유 없이 슬프고 우울해 했다.

12) Fox, N. A., & Davidson, R. J. (1986). Taste-elicited changes in facial signs of emotion and the asymmetry of brain electrical

activity in human new-borns. Neuropsychologia, 24 (3), 417-422.

13) Henriques, J. B.,&Davidson, R. J. (1991). Left fromtal hypoactivation in depression. Journal of Abnormal Psychology, 100 (4), 535.

14) 이러한 약물은 선택적 세로토닌 재흡수 억제제 또는 SSRI로 알려져 있으며 가장 잘 알려진 약물은 프로작prozac이다. 세로토닌이 시냅스에서 흡수되는 것을 차단하여 두뇌 내 세로토닌의 수치를 높인다. 그러나 이것이 우울증에 어떻게 도움이 되는지는 분명하지 않다.

15) 작가이자 신경과학자로서 긍정 심리학의 창시자인 마틴 셀리그먼 Martin Seligman은 행복을 측정하는 공식을 가지고 있다. H = S + C + V. H는 행복 수준을 나타내고 S는 당신의 설정 범위이다. 다른 것보다 범위가 넓은 것도 있다. 유전적으로 설정되어 있다. C는 당신이 통제할 수 없는 외부 상황을 나타낸다. V는 자발적으로 할 수 있는 것이다. 그것은 당신의 통제하에 있다. 이 공식으로 보면 좋은 상황(C)은 우리를 행복하게 만들 수 있는데, 그 유일한 지렛대는 우리가 하는 일(V)이다.

16) 로또복권 당첨자에 대한 연구는 꽤 많은데, 다음 논문 예시를 참조하라. Gardner, J., & Oswald, A. J. (2007). Money and mental wellbeing: A longitudinal study of medium-sized lottery wins. Journal of Health Economics, 26 (1), 49-60.

소득 수준이 행복에 미치는 영향에 대한 문헌도 있다. 예상할 수 있듯이 기본 소득을 높이면 단기적으로는 더 행복해지지만 장기적으로는 행복하지 않으며 보고된 행복 수준과 소득 수준 사이에는 거의 상관관계가 없다. 다음 논문을 참조하라. Easterlin, R. A. (1995). Will raising the incomes of all increase the happiness of all? Journal of Economic Behaviour & Organization, 27 (1), 35-47.

17) Steptoe, A., Wardle, J., & Marmot, M. (2005). Proceedings of the National academy of Sciences of the United States of America, 102 (18), 6508-6512. Cited in Davidson, Richard, (2012) with Sharon Begley, The emotional life of your brain. Hodder and Stoughton.

18) Foot, P., (1967). The Problem of abortion and the doctrine of double effect. Oxford Review, 5 (5), 15.

19) Greene, J. D., Morelli, S. A., Lowenberg, K., Nystrom, L. E., & Cohen, J. D. (2008). Cognitive load selectively interferes with utilitarian moral judgment. Cognition, 107 (3), 1144-1154.

20) Greene, J. D., Sommerville, R. B., Nystrom, L. E., Darley, J. M., & Cohen, J. D. (2001). An fMRI investigation of emotional engagement in moral judgment. Science, 293 (5537), 2105-2108.

21) Valdesolo, P., & DeSteno, D. (2006). Manipulations of emotional context shape moral judgment. Psychological Science, 17 (6), 476-477.

22) Greene, J. D., Nystrom, L. E., Engell, A. D., Darley, J. M., & Cohen, J. D. (2004). The neural bases of cognitive conflict and control in moral judgment. Neuron, 44 (2), 389-400.

23) Craig, A. D., & Craig, A. D. (2009). How do you feel now? The anterior insula and human awareness. Nature Reviews Neuroscience, 10 (1), 59-70.

24) Xue, G., Lu, Z., Levin, I. P., & Bechara, A. (2010). The impact of prior risk experiences on subsequent risky decision-making: The role of the insula. Neuroimage, 50 (2), 709-716.

25) Davidson, Richard, (2012) with Sharon Begley, The emotional life of your brain. Hodder and Stoughton

26) Goldin, P., & Gross, J. (2010). Effects of mindfulness-based stress reduction (MBSR) on emotion regulation in social anxiety disorder. Emotion, 10 (1), 83.

27) Goldin, P. R., McRae, K., Ramel, W., & Gross, J. J. (2008). The neuralbases of emotion regulation: Reappraisal and suppression of negative emotion. Biological Psychiatry, 63 (6), 577-586.

28) Gross, J. J. (1998). Antecedent-and response-focused emotion regulation: divergent consequences for experience, expression, and physiology. Journal of Personality and Social Psychology, 74 (1), 224.

참고문헌

Adolphs, R., Tranel, D., & Denburg, N. (2000). Impaired emotional declarative memory following unilateral amygdala damage. Learning & Memory, 7(3), 180-186.

Bickart, K. C., Wright, C. I., Dautoff, R. J., Dickerson, B. C., & Barrett, L. F. (2011). Amygdala volume and social network size in humans. Nature Neuroscience, 14(2), 163-164.

Craig, A. D., & Craig, A. D. (2009). How do you feel--now? The anterior insula and human awareness. Nature Reviews Neuroscience, 10(1), 59-70.

Davidson, R., & Sharon B. (2012). The emotional life of your brain. Hodder and Stoughton

Easterlin, R. A. (1995). Will raising the incomes of all increase the happiness of all? Journal of Economic Behaviour & Organization, 27(1), 35-47.

Ekman, P. (2007). Emotions revealed. Henry Holt & Co.

Feinstein, J. S., Adolphs, R., Damasio, A., & Tranel, D. (2011). The human amygdala and the induction and experience of fear. Current Biology, 21(1), 34-38.

Foot, P. (1967). The Problem of abortion and the doctrine of double effect. Oxford Review, 5(5), 15.

Fox, N. A., & Davidson, R. J. (1986). Taste-elicited changes in facial signs of emotion and the asymmetry of brain electrical activity in human new- borns. Neuropsychologia, 24(3), 417-422.

Gardner, J., & Oswald, A. J. (2007). Money and mental wellbeing: A longitudinal study of medium-sized lottery wins. Journal of Health Economics, 26(1), 49-60.

Goldin, P., & Gross, J., (2010). Effects of mindfulness-based stress reduction (MBSR) on emotion regulation in social anxiety disorder. Emotion, 10(1), 83.

Goldin, P. R., McRae, K., Ramel, W., & Gross, J. J. (2008). The neural bases of emotion regulation: reappraisal and suppression of negative emotion. Biological Psychiatry, 63(6), 577-586.

Greene, J. D., Morelli, S. A., Lowenberg, K., Nystrom, L. E., & Cohen, J. D. (2008). Cognitive load selectively interferes with utilitarian moral judgment. Cognition, 107(3), 1144-1154.

Greene, J. D., Nystrom, L. E., Engell, A. D., Darley, J. M., & Cohen, J. D. (2004). The neural bases of cognitive conflict and control in moral judgment. Neuron, 44(2), 389-400.

Greene, J. D., Sommerville, R. B., Nystrom, L. E., Darley, J. M., & Cohen, J. D. (2001). An fMRI investigation of emotional engagement in moral judgment. Science, 293(5537), 2105-2108.

Gross, J. J. (1998). Antecedent-and response-focused emotion regulation: Divergent consequences for experience, expression, and physiology. Journal of Personality and Social Psychology, 74(1), 224.

Henriques, J. B., & Davidson, R. J. (1991). Left frontal hypoactivation in depression. Journal of abnormal Psychology, 100(4), 535.

Kim, M. J., & Whalen, P. J. (2009). The structural integrity of an amygdala-prefrontal pathway predicts trait anxiety. Journal of Neuroscience, 29(37), 11614-11618.

Jung, W. H., Lee, S., Lerman, C., & Kable, J. W. (2018). Amygdala functional and structural connectivity predicts individual risk tolerance. Neuron, doi:10.1016/j.neuron.2018.03.019

Le Doux, J. (1998). The emotional brain. Phoenix books.

Steptoe, A., Wardle, J., & Marmot, M. (2005). Positive affect and health-related neuroendocrine, cardiovascular, and inflammatory processes. Proceedings of the National academy of Sciences of the United States of America, 102(18), 6508-6512.

Valdesolo, P., & DeSteno, D. (2006). Manipulations of emotional context shape moral judgment. Psychological Science, 17(6), 476-477.

Whalen, P. J., Rauch, S. L., Etcoff, N. L., McInerney, S. C., Lee, M. B., & Jenike, M. A. (1998). Masked presentations of emotional facial expressions modulate amygdala activity without explicit knowledge. Journal of Neuroscience, 18(1), 411-418.

Xue, G., Lu, Z., Levin, I. P., & Bechara, A. (2010). The impact of prior risk experiences on subsequent risky decision-making: The role of the insula. Neuroimage, 50(2), 709-716.

제6장

의사결정

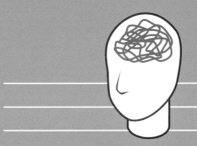

의사결정

우리의 뇌는 잠에서 깨어나 눈을 뜨는 순간부터 의사결정을 내리기 시작한다.

좀 더 잘까?

일어날까?

오늘 뭐 입지?

아침은 뭘 먹을까?

회의 준비가 잘 되었을까?

우리는 우리가 아는 선택지에 기반해 하나의 선택지를 고른다.

어떤 결정은 쉽다. (오늘 아침으로 뭘 먹을까?)

어떤 결정은 조금 더 어렵기도 하지만 선택지 둘 다 이점이 있다. (오늘 운동하러 갈까? 말까?)

어떤 결정은 당신의 미래에 큰 영향을 미칠 수도 있다. (다른 직장으로 이직을 할까? 아니면 다니던 곳에 계속 다닐까?)

어떤 결정은 사소하다. (오늘 빨간 양말을 신을까? 파란 양말을 신을까?)

의사결정은 습관적으로 이루어지거나 의식적인 선택에 의해 이루어진다. 습관적 의사결정은 상황의 맥락에 의해 촉발된다. 뇌의 신경회로가 작동되어, 생각을 거치지 않고 자동적으로 행동하게 되는 것이다. 전전두피질은 습관적 의사결정 과정에 관여하지 않는다. 예전에는 습관적 의사결정이 '보상'과 관련이 있다고 여겨졌지만, 지금은 '반복'이 습관적인 의사결정을 내리게 하는 신경가소성적 변화를 만든다고 여겨진다.

이 습관적 의사결정은 때로는 유용하다. 예를 들어, 우리는 '신호가 빨간 불일 때 멈춰야 할까? 아니면 계속 가야 할까?'와 같은 당연한 결정을 내릴 때 매번 고민하고 싶어 하지 않기 때문이다.

습관적 의사결정이 해로울 때도 있다. '담배 한 대 더 필까?'라는 고민을 할 때 습관적 의사결정을 따르면 나에게 해로운 선택을 할 것이다.

반면 의식적인 선택에 따른 의사결정은 당신이 보상을 평가하고 그에 따라 올바른 결정을 내리는 것을 말한다. 이것은 전전두피질과 관련이 있다.

의사결정의 신경과학

우리는 보상 가능성에 근거하여 행동방침을 정하고 의사결정을 내린다. 가장 기초적인 보상으로는 음식, 주거지, 섹스가 있다. 2차 보상으로는 돈, 지위, 권력과 명성이 있으며 이 모든 것들이 '가치'이다. 가치에 따라 행동하면 보람을 느끼지만 의사결정을 내리기 전에 다음과 같은 질문들에 대해 생각해 보아야 한다.

확률 – 보상 가능성은 얼마나 되는가?

성과 – 얼마나 중요한 일인가?

노력 – 얼마만큼의 노력이 필요하고 어떤 대가를 치러야 하는가?

시간 – 시간은 얼마나 걸리는가?

기능성 자기공명영상 검사(fMRI)와 혈액산화레벨의존성(BOLD)을 관측해 보상의 가치체계와 의사결정과 관련된 뇌 영역을 알아본 연구가 있었다.[1] 긍정적인 가치들은 복내측전전두피질 및 선조체 striatum 일부 영역과 관련이 있는 것으로 밝혀졌다. 또한 선조체 활성도는 투입한 노력의 총량에 따라 달라진다. 목표가 달성되면 두 영역이 모두 활성화된다. 의사결정을 내릴 때 활성화되는 또 다른 영역으로는 뇌섬엽, 배내측전전두피질, 시상이 있다. 안와전두피질은 성과가 높을 때(의미있는 보상이 주어질 때) 가장 많이 활성화된다. 복외측전전두피질은 단기적 가치(두 개째 먹는 맛있는 고칼로리 파이처럼)에 의해 더 많이 활성화되고 배외측전전두피질은 통제력을 행사하고 충동성을 제어하는 억제 역할을 하는 것으로 나타났다.[2] 당신은 복외측전전두피질이 따뜻한 감정적인 사고와 연관이 있고 배외측전전두피질은 더 냉철한 계산 영역과 관련이 있다는 것을 기억할 것이다. 아마 자기 통제 능력은 배외측전전두피질이 복외측전전두피질로부터 전달되는 단기적 가치 신호에 영향을 주는 정도에 따라 달라질 것이다.

유지할 것인가, 변화할 것인가

이미 가진 것에 만족하여 지금 그 자리에 머물 것인가? 새로운 도전을 찾아 길을 나설 것인가? 보통 이런 결정이 가장 힘들다. 현재 직장에 남을지 아니면 그만두고 더 좋은 직장을 찾을지와 같은 결정 혹은 만족스럽지 못한 관계를 계속 끌고 갈지 아니면 정리하고 새로운 관계를 맺을지와 같은 결정이 있다. 두 경우 모두 불확실한 결과를 위해 지금 가진 것을 포기해야 한다. 결과는 지금보다 더 좋을 수도 있고, 나쁠 수도 있다.

당신은 현재를 알 수는 있지만 미래는 알 수 없다. 때때로 힘든 상황에 처해 있을 때 당신은 끝까지 가보지도 않고 얼마나 더 버틸 수 있을지 궁금해 한다. 그럴 때 우선 당신은 의사결정 변수를 조정해야 한다. 조정을 위해 할 수 있는 것은 현재 상황을 유지하거나 또는 새로운 환경을 찾아 나서는 것이다. 뇌는 수천 년 동안 마실 물과 먹을 것을 찾기 위해 이러한 결정을 내려왔다. 그 지역에 남아서 환경을 이용해야 하는지 더 나은 환경을 찾아서 먼 곳으로 이동해야 하는지 말이다. 수렵을 하는 동물과 인간은 '임계치정리marginal value theorem'[3)라고 불리는 행동 원칙에 따라 결정을 내린다. 이 원칙은 동물들에게 사냥 성공률이 전 지역의 평균 이하로 떨어질 때까지 현재 환경에 머물 것을 권유한다.

사냥 성공률이 평균 이하로 떨어지면 동물들은 모험을 떠난다. 이것을 우리의 일과 대인관계에 적용한다면 우리가 평균적인 급여 및 직무 만족도, 대인관계 만족도를 비교하여 판단한다는 것을 의미한다. 물론 이러한 판단은 매우 까다롭고 기준이 주관적이다. 우리는 결정을 내릴 때 비교할 만한 표준이 없기 때문에 주변 사람들의 영향을 크게 받는다. 일단 만족도가 평균 이하로 떨어지면 이제 모험을 떠날 때가 된 것이다. 사람마다 용인할 수 있는 한계가 다르기 때문에 이 결정은 상당히 복잡할 수밖에 없다. 현재 상황의 가치는 미래에 주어질 보상과 투입해야 하는 시간과 노력의 양을 비교해 측정한다. 이 과정에는 위험부담, 새로움에 대한 갈망, 안전성, 그리고 사람의 성향이 모두 작용한다. 기능성 자기공명영상 실험은 우리가 변화하기로 결심했을 때 전대상피질의 특정 세포가 활성화된다는 것을 보여준다.[4] 우리는 전대상피질이 위험 평가에 관여한다는 것을 알고 있다.

위험 평가에 가장 중요한 요소는 다음과 같다.

· 현재 상황을 얼마나 좋다고 인지하는가 (현재의 보상)
· 인지된 변화에 드는 비용 (시간, 노력, 돈, 평판, 감정)
· 예상되는 미래의 보상 (실현 가능성이 얼마나 되는지)

아래에 나오는 다이어그램에 그 내용이 요약되어 있다.
1번과 4번은 결정을 내리기 어려운 상황이다. (표 6.1)
이런 상황에서 코칭을 진행할 경우에는 다음과 같은 몇 가지 질문을 던져야 한다.

현재 상황은 당신에게 얼마나 중요한가요?
현재 상황은 당신에게 어떤 보상(보람을 포함해서)을 주나요?
당신은 현재 상황에 얼마나 만족하나요?
당신에게 현재 상황의 장점은 무엇인가요?
당신에게 현재 상황의 단점은 무엇인가요?
당신이 선택한 변화에 대한 대가는 무엇인가요? (노력, 돈, 어려움, 평판 등)

당신이 변화를 선택했을 때 상황이 더 나아질 확률은 얼마나 되나요?

현재 상황에서 가치와 만족도가 높아지려면 어떤 일이 일어나야 할까요?

미래에 가능한 상황을 더 낫게 하려면 무엇을 개선할 수 있나요?

변화를 시도하면서 현재 상황의 이점을 유지할 수 있나요?

표 6.1 변화 비용 대비 현재 보상

1. 현재 보상은 크고 변화 비용은 적을 때	2. 현재 보상이 크고 변화 비용도 클 때
현재 상황을 유지하되, 새로운 가능성은 열어두라	현재 상태에 머물러라
– 미래의 보상이 더 크고 실현 가능성이 높다면 변화를 선택하라	**4. 현재 보상이 적고 변화 비용이 클 때**
	불확실함
3. 현재 보상이 적고 변화 비용도 적을 때	– 현재 보상을 높이거나 변화 비용을 낮추기 위해 노력하라
변화를 선택하라	– 미래 보상 수준과 보상 가능성에 균형을 맞추도록 하라

신체표지

우리의 '차가운' 인지 회로는 우리에게 최고의 선택지를 제공하는 역할을 수행한다. 우리는 우리가 비용 편익 분석에 근거하여 논리적으로 결정을 내린다고 믿고 싶어 하지만 뇌는 그런 방식으로 결정을 내리지 않는다. 우리는 감정적으로 결정을 내린다. 평생 동안 우리 감정은 지식과 경험에 딱 붙어 있다. 그래서 모든 기억에는 감정적 무게가 실려 있다. 객관적 사실조차도 우리가 어디서 그것을 배웠는지, 누구에게 배웠는지, 어떻게 배웠는지에 따라 감정적 무게가 달라진다. 우리가 결정을 내릴 때 뇌는 관련된 감정을 바탕으로 사실 및 경험을 검토한다. 뇌는 이 모든 것을 저울에 올려놓고 무게를 재서 가장 긍정적인 (또는 가장 덜 부정적인) 방향으로 결정을 내린다. 이 이론은 '신체표지 가설somatic marker hypothesis'로 알려져 있으며, 아이오와 대학의 신경과학자이자 작가인 안토니오 다마시오Antonio Damasio5)에 의해 정립되었다.

　다마시오는 뇌종양 수술을 받은 엘리엇이라는 환자를 치료하고 있었다. 그 수술은 복내측전전두피질6)의 일부를 제거하는 수술이었고 성공적으로 끝났다. 복내측전전두피질은 감정을 다루는 뇌구조(주로 편도체, 뇌섬엽, 대상피질)와 전전두피질을 연결하는 안와전두피질의 일부분이다. 수술 후에도 엘리엇은 평소처럼 생각하고 반복되는 문제를 해결할 수는 있었지만 여러 선택지가 있을 경우 결정을 내리지 못했다. 그는 생각의 우선순위를 정할 수 없었다. 그를 비롯해 안와전두피질 손상을 입은 다른 환자들도 가치에 근거하여 판단하는 능력을 잃었다. 그는 여러 가지 잘못된 결정을 내리기 시작했다. 당시에 이것은 놀라운 발견이었다. 왜냐하면 안와전두피질은 감정과 관련이 있으며 감정은 적절하고 논리적인 의사결정을 방해하는 것으로 추정되어 왔기 때문이다. 하지만 잘 생각해 보면 지적 사고는 대부분 언어적이며 시간이 걸리는 반면, 일상적인 의사결정은 신속하게 이루어져야 한다. 게다가 우리는 그 신속한 결정에 만족해야 하는 것이다. 저녁으로 무엇을 먹을지 논리적으로 토론하는 것은 터무니없는 일이지 않은가. 감정은 순식간에 생겨나고 많은 정보를 전달한다. 신체는 상황을 감정적으로 요약해 우리에게 전달한다. 복잡하고 어려운 의사결정 상황 속에서도 우리는 그 정보를 느낄 수 있다.

감정을 적용한 도박

다마시오는 '아이오와 도박 테스트'[7]로 알려진 재밌는 실험으로 그의 가설을 검증했다. 참가자들은 컴퓨터 화면상에 보이는 서로 다른 네 개의 카드덱에서 카드를 뽑는다. 각 카드에는 상금과 벌금이 걸려 있지만 참가자들은 어떤 카드덱에 무엇이 걸려 있는지 미리 알지 못한다. 참가자들의 목표는 가능한 한 많은 돈을 따는 것이다. 게임에서 두 개의 카드덱은 참가자에게 유리하게끔 설정되었다. 여기서 카드를 뽑으면 장기적으로 봤을 때 수익을 얻을 수 있다. 반면 다른 두 개의 카드덱은 불리하게 설정되었다. 계속해서 이 카드덱에서 카드를 뽑으면 돈을 잃게 된다. 불리한 카드덱은 초반에 돈을 많이 따기 때문에 매력도가 높지만 반복적으로 이 덱을 선택하게 되면 손실을 본다. 게임이 진행되는 동안 참가자들의 갈바닉 피부 반응(GSR: galvanic skin response, 스트레스 척도를 나타냄)을 측정하였다.

어떤 일이 일어났을까? 일반적인 참가자들은 겨우 10번의 게임을 진행한 뒤부터 불리한 카드덱을 떠올릴 때 갈바닉 피부 반응에서 스트레스 반응을 보이기 시작했다. 그 카드덱이 불리하다는 것을 의식적으로는 깨닫지 못했지만 뇌의 일부분이 이 사실을 감지하였고 그에 따른 감정적 반응이 갈바닉 피부 반응에 드러나고 있었던 것이다. 이들은 약 25번 게임을 시도하고 나서야 의식적으로 알아차렸고 불리한 카드덱을 피하기 시작했다. 이것은 감정적인 판단이 의식적인 알아차림보다 훨씬 앞서 일어난다는 것을 의미한다. 그러나 안와전두피질에 손상을 입은 참가자들은 계속 불리한 카드덱에서 카드를 뽑았다. 심지어 손해를 보고 있다는 걸 알게 되었을 때도 계속 그렇게 했다. 또 다른 실험[8]에서는 처음부터 게임의 정답을 알려주었는데, 여기서는 안와전두피질 손상을 입은 참가자들도 정상적인 참가자만큼 게임을 잘하는 현상이 나타났다. 따라서 안와전두피질은 보상과 손실의 규칙 변화에 민감하다는 것을 알 수 있었다. 이것을 역전학습 reversal learning이라고 부른다. 역전학습은 당신이 하는 일에 세상이 더 이상 보상을 제공하지 않는다면 그 일을 그만두라고 우리에게 말하고 있다.

이전의 한 연구[9]에서 안와전두피질에 뚜렷이 구분되는 각 영역이 있다는 사실을 발견했다. 손실은 측면 안와전두피질을 활성화시키고 보상은 중앙 안와전두피질을 활성화시킨다. 활성화 정도는 보상과 손실의 강도에 따라 달라진다. 따라서 안와전두피질의 손상은 보상과 손실의 균형을 유지하고 합리적인 의사결정을 내리는 데 지장을 준다.

안와전두피질 손상을 입은 사람들은 후회를 하지 않는다. 후회란 이미 선택한 일과 더 나은 결과를 가져다 주었을 지도 모르는 대안을 비교할 때 생기는 감정이다. 따라서 후회는 사람들로 하여금 위험을 더 회피하게(안와전두피질 영역이 더 많이 활성화되는 뇌의 모습을 볼 수 있다) 만드는 경향이 있다. 안와전두피질 손상은 후회라는 감정을 제거한다. 아마도 자신이 한 일과 더 나은 대안을 비교할 수 있는 능력이 없기 때문일 것이다. 안와전두피질은 촉각, 미각, 후각, 얼굴 표정에 대한 정보 등 많은 정보를 수용하며 편도체(손실을 예상하면 두려움을 일으키는 영역) 및 뇌의 여러 영역과 연결되어 있다. 안와전두피질은 감정을 비교하고 보상과 손실을 평가하는, 의사결정에 중요한 뇌 영역이다.

코칭에 적용하기

클라이언트가 상황에 압도되어 의사결정을 내리지 못하는 경우는 대개 가치 충돌로 인해 갈등을 일으키는 상반된 감정 때문이다. 예를 들어 우리 클라이언트 중 한 사람은 5년 뒤 직장을 그만둘지 고민하고 있었다. 고민이 생기기 전까지는 꽤 괜찮은 회사였다. 회사는 그를 승진시켜 주었고 그에 따른 급여 인상을 약속했다. 그러나 2년이 지난 후에도 급여는 변하지 않았고 그는 배신감과 분노, 굴욕감을 느끼고 목소리를 높여 분명하게 소신을 밝히고 싶어졌다. 은퇴가 임박한 자신을 회사가 소홀히 한다고 느꼈기 때문이다. 하지만 한편으로는 최대한 경제적으로 여유로운 상태에서 은퇴하고 싶은 마음도 컸다. 그래서 지금 그만둔다는 것은 현재 받고 있는 월급마저 받지 못한다는 뜻이고 은퇴가 임박한 입장에서 보수가 좋은 새 직장을 얻을 가능성도 희박하므로 자신의 은퇴가 그다지 행복하고 풍요롭지 않을 것 같았다. 자녀들은 해외에서 대학을 다녔고 그는 정기적으로 자녀들을 만나러 갈 수 있기를 원했다. 그는 진퇴양난의 상황에 빠졌다고 느꼈다. 한쪽은 정직과 명예, 다른 한쪽은 재정적 안정과 가족, 양쪽 다 비슷하게 균형을 이룬 상황이었다. 두 선택지 모두 어떤 면에서는 좋았고 어떤 면에서는 나빴다. 코칭은 클라이언트가 가능한 한 여러 관점을 취하도록 해 상황을 분명하게 볼 수 있게 도와줄 수 있다. 무슨 일이 있어도 섣불리 실행 계획부터 세우려 들지 말라.

의사결정을 위한 신체표지 모델

◎

다음은 가치와 관련된 의사결정 문제를 해결하기 위한 프로세스, '신체표지 모델'이다.

1/ 프라이밍

당신의 생각에 영향을 미칠지도 모르는 프라이밍 요소를 살펴보라.

당신은 어디에 있는가?

당신은 누구와 이야기했는가?

지난 한 시간 동안 당신에게 영향을 미친 것은 무엇인가?

2/ 감정 상태

당신의 감정 상태를 확인하라(불응기에 빠졌는가? 편도체 납치 상태는 아닌가?). 생각이 자연스럽게 흐르는 것과 함께 당신은 평온함을 느끼고 있는가?

3/ 목표

최대한 상황을 분명하게 이해하라. 여러 가지 다른 목표를 찾아보고 주된 목표를 설정하라. 그 과정에서 목표의 보편적이고 중요한 특성(시간 프레임, 다른 사람들에게도 적합한지, 긍정문으로 표현되었는지, 클라이언트의 능력으로 성취 가능한 목표인지 등)을 다루게 될 것이다. 위의 사례에서 주된 목표는 '가족, 정서, 재정적 관점에서 가장 좋은 상황일 때 은퇴하는 것'이었다. 다른 하위 목표가 있었기 때문에 그것들과 목표에 있는 가치들(가족, 정서, 재정)이 서로 상충했다.

4 / 가치

관련 가치들을 파악하라. 위 사례에서는 정직, 명예, 재정적 안정성 그리고 가족이 언급되었다.

5 / 장애물

장애물을 탐색하라. 이 상황에는 어떤 어려움이 있는가?

상황을 복잡하게 만드는 요인은 무엇인가?

위 사례에서는 미래에 대한 일관된 관점의 부재와 연봉 문제를 공개적으로 다루길 꺼려하는 경영진이 그 요인이었다.

6 / 자원

자원을 탐색하라. 무엇이 또는 누가 도움을 줄 수 있는가? 위 사례에서는 재무 상담가, 친구들, 가족, 그리고 직장의 직속 상사가 자원이 될 수 있다. 이러한 자원들을 이용하려면 노력, 돈, 시간 면에서 어떤 손실이 있는가?

7 / 대안

가능한 대안을 모두 탐색하라.

위 사례에서는 다음과 같은 선택지가 있다.

· 연봉 인상 여부를 놓고 경영진과 정면 승부를 본다

· 경영진이 거절하더라도 회사에 계속 다닌다

· 경영진이 거절하면 회사를 떠난다

회사를 떠나겠다는 말은 퇴사에 따른 이후 실행 계획이 준비되어 있지 않으면 실속 없는 으름장이 되기 십상이므로 신중을 기한다. 어찌 됐거나 2년 후 은퇴까지 퇴사의 가능성과 기회는 열려 있다.

8/ 결과

의사결정에 뒤따를 결과를 살펴보라. 각각의 선택에서 가장 최악의 결과는 무엇인가?

그런 결과가 발생할 가능성은 얼마나 되는가?

각각의 선택에 있어서 최선의 결과는 무엇인가? 그렇게 될 가능성은 얼마나 되는가?

이것을 다음의 표로 나타낼 수 있다(표 6.2).

표 6.2 의사결정 결과 비교

의사결정 A	의사결정 B
최악의 결과	최악의 결과
최악의 결과일 가능성	최악의 결과일 가능성
최선의 결과	최선의 결과
최선의 결과일 가능성	최선의 결과일 가능성

9/ 신체표지

A를 선택했는데 결과가 꽤 괜찮았다고 해 보자.

그 선택에 대해 어떤 느낌이 드는가?

일반적으로 우리는 내가 내린 결정이 어땠는지 결과를 보고 뒤늦게 판단한다. 결과가 좋으면 잘한 결정이고(결과 편향) 결과가 나쁘면 잘못된 결정이라고 판단하는 것이다. 그러나 의사결정을 내리는 바로 그 순간에 우리는 각각의 선택지에 대해 감정적으로 균형을 유지하고 있어야 한다는 사실을 알지 못한다.

10/다른 가능한 대안에 대해 위의 '9. 신체표지'의 질문을 적용하며 검토해 보라.

11/이 단계에서 당신은 폭넓게 상황을 바라볼 수 있을 것이며 각각의 대안에 대한 느낌을 잘 알게 될 것이고 하나의 선택지로 마음이 기울게 될 것이다.

그리고 나면 우리는 다음과 같이 질문한다.

'당신이 원하는대로 결정을 내린다면(대안 A라고 하자) 그것이 최선의 결과임이 가장 가능성 있는 방식으로 밝혀지려면 어떤 사실이 드러나야 할까요?

당신은 이미 8단계에서 실현 가능한 최선의 결과를 살펴보았다.

이 질문은 그러한 결과를 얻기 위해 무슨 일이 일어나야 하는지 알려준다.

그 다음 당신에게 유리한 상황을 만들기 위한 실행 계획을 세울 수 있다.

12/이 과정이 끝나면 클라이언트는 다음 요소들을 명확히 이해할 것이다.
- 목표
- 가치
- 의사결정 선택지
- 각 선택의 결과
- 어떤 선택을 더 선호하는지
- 최선의 결과가 나타나려면 무슨 일이 일어나야 하는지
- 최선의 결과를 얻기 위한 기반을 마련해 주는 실행 계획

메타가치

메타가치meta values는 클라이언트가 내리는 의사결정 및 그에 따른 결과와는 관계없이 클라이언트가 진정으로 원하는 가치를 뜻한다. 위의 클라이언트는 진실성, 정직, 평온함에 대해 이야기했다. 비록 우리는 늘 원하는 결과를 얻을 수는 없지만 우리가 중요하게 생각하는 가치를 따라서 진실 되게 행동할 수 있고 그 결과가 어떻든 최선을 다했고 진심을 다했다는 사실에 대해 자부심을 느낄 수 있다(이렇게 생각하는 건 중요하다 - 좋은 결과를 얻어서 기뻐하는 건 누구나 할 수 있는 일이니까). 하지만 우리는 더 나아가서 결과에 관계없이 평정심을 유지하고 싶어 한다. 그 어떤 결과에도 우리는 우리가 최선을 다했다는 사실을 안다. 내 선택의 결과가 좋을 것이라는 보장은 없다. 선택의 결과가 나쁠지라도 다른 선택지가 더 최악이 아니었을 것이라는 보장도 없다. 우리가 모든 사건을 통제할 수 있을 거라는 환상에 빠져 있지만 사실 우리는 사건을 통제할 수 없다. 이러한 통제에 대한 환상은 비난과 죄책감을 야기한다. 만약 사건이 통제될 수 있는 것이라면 결과가 나쁠 때 누군가가 그 책임을 져야 한다. 책임자는 다른 사람(비난) 또는 우리 자신(죄책감)이다. 반면에 우리가 사건을 통제할 수 없다는 것을 깨닫고 나면 그저 최선을 다할 뿐이다. 그러면 비난과 죄책감이 사라진다.

의사결정에 대한 사회적 압력

우리는 시스템1 사고의 인지적 편견과 단순한 작동 원칙들이 어떻게 의사결정을 왜곡하는지 살펴보았다. 의사결정을 왜곡하는 또 다른 요인으로는 저항하기 어려운 사회적 압력도 있다. 우리 뇌는 우리 자신의 소유일지도 모르지만 뇌의 작동방식은 사회 문화와의 관계에 의해 형성된다. 그러므로 사회적 압력의 영향을 받는 것은 당연하다. 심리학자 로버트 시알디니Robert Cialdini는 이런 사회적 압력을 잘 설명하였다.[10] 설득의 심리학은 좋게 말하면 다른 사람에게 영향을 미치기 위해, 나쁘게 말하면 다른 사람들을 조종하기 위한 설득, 협상, 판매 기술로 활용된다.

권위

당신의 부모님을 포함해서 사회는 우리에게 권위를 존중해야 한다고 이야기한다. 사회는 권위에 바탕을 두고 돌아간다. 위계질서의 개념(누군가가 다른 사람에게 무엇을 하라고 지시할 권리가 있는 것)은 우리의 생각 깊숙이 뿌리내리고 있다. 회사라는 조직은 그들이 아무리 수평적인 조직이라 할지라도 이 위계질서 개념을 기반으로 존속된다. 회사에서 일하는 사람은 누구나 다른 어떤 사람으로부터 지시를 받게 된다. CEO 또한 주주들로부터 지시를 받는다. 최근 연구에 따르면 권위는 신뢰를 기반으로 한다. 어린 시절 우리는 부모님이 우리를 돌봐 주실 거라고 믿었다. 또한 우리는 선생님이 기술과 지식을 가지고 있다고 믿었다. 그러므로 정당한 권위는 '이 사람은 적절한 능력이 있다.'는 전제를 수반한다. 따라서 누군가가 권위를 드러낼 때 우리는 그들이 그에 상응하는 능력을 가지고 있다고 가정한다. 우리는 그들을 신뢰할 준비가 되어 있는 것이다. 우리는 먼저 믿고 나중에 생각하는 경향이 있지만 불행히도 권위와 능력이 항상 일치하는 것은 아니다.

우리가 잊고 있는 것은 특별한 경우를 제외하고 권위는 상황적 맥락과 관련되어 있다는 것이다. 권위는 맥락 속에서 작동하며 어떤 영역에서는 권위가 적용되지 않기도 한다. 예를 들어 당신은 직장 상사가 내리는 업무 지시는 따르지만 당신 패션에 대한 직장 상사의 충고는 받아들이지 않을 것이다. 우리는 비행기에서 승무원의 지시를 철저히 따른다. 승무원들은 기내에서 권위를 가지고 있기 때문이다. 비행기에서 내리면 승무원의 지시를 따르거나 그들의 말을 믿을 필요가 없다. 밖에서는 그들도 다른 사람들과 똑같기 때문이다. 그렇지만 우리는 상황적 맥락과 관련이 없는 경우에도 권위를 따를 준비가 되어 있다. 예를 들어 제복은 상당한 권위를 갖는다.

우리는 권위를 따르고 상황적 맥락은 잊어버릴 준비가 되어 있기 때문에 진위 여부와 관계없이 권위, 제복, 학위 및 직위의 과시는 모든 상황적 맥락에서 특정 인물을 더 믿음직스러워 보이도록 만든다(기본적 귀인오류). 클라이언트가 의사결정 과정에서 참고문헌이나 권위, 연구결과를 언급하게 되면, 당신은 항상 언급한 권위가 적합한 것인지 탐색해 봐야 하고 동시에 그들이 말하는 내용을 이해하고 있어야 한다. 상황적 맥락을 벗어난 권위는 의심해 봐야 하며 때로는 무시해야 한다.

라포

우리는 좋아하는 사람에게 영향을 받으며, 이는 자연스러운 일이다. 하지만 좋아한다는 이유만으로 그 사람이 우리의 결정을 좌우해도 되는가? 어쩌면 그 사람은 우리를 좋아하지 않을 수도 있다. 또한 우리가 느끼는 호감은 무의식적인 프라이밍과 선입견의 영향을 받는다. 예를 들어 당신이 아주 좋아하는 행사에서 누군가를 만나면 그 사람에게 호감을 갖도록 프라이밍된다. 이처럼 좋아하는 것은 맥락에서 사람으로 전이된다. 또한 우리는 우리와 비슷한 사람을 좋아하는 경향이 있다. 가치관과 이해관계를 공유하면 유대감이 형성되고 우리는 그 사람들의 말에 더 귀를 기울이게 된다. 하지만 단지 우리가 그 사람들을 좋아한다고 해서 그것이 그 사람들을 옳은 사람으로 만들까?

라포와 관련된 또 다른 함정이 있다. 우리는 특정 인물을 상기시키는 사람을 좋아하기도 한다는 것이다. 그 특정 인물이 친구라면 그 친구를 좋아하는 감정이 새로 만난 사람에게 전이된다. 기억이 담고 있는 감정의 분위기는 새로운 사람에게 자연스럽게 스며든다. 또한 우리는 우리를 칭찬해 주는 사람을 좋아한다. 하지만 그 사람의 칭찬은 마음에 없는 칭찬일 수도 있다.

우리는 또한 육체적으로 매력적인 사람들에게 끌린다. 매력은 유혹적이다. 매력적인 사람들은 여러 상황에서 더 유능하고 더 신뢰할 수 있는 것으로 간주된다.[11] 논리적으로 봤을 때 육체적인 매력은 신뢰성과 아무 상관이 없다. 두뇌가 요동치는 감정 때문에 논리적 비약을 일으킨다는 것을 알게 되면 납득이 될 것이다. 잘생긴 사람은 더 나은 '인상'을 주므로 사람들은 그와 어울리고 싶어 한다. 매력적인 사람들은 법정 공방에서 더 유리하다. 그들은 유죄 판결을 받는 빈도가 낮다. 형을 선고받는 경우에도 덜 매력적이라고 여겨지는 사람들보다 가벼운 형을 받는 경향이 있다.[12]

따라서 우리의 의사결정은 그들이 지닌 능력과는 관계없이 좋아하는 사람, 우리와 비슷하다고 생각하는 사람, 매력적인 사람에 의해 영향을 받을 가능성이 높다는 것이다.

일관성

◎

우리의 뇌는 예측 가능한 것을 선호하며 확증편향을 통해 세상을 일관성 있는 것으로 유지하려고 노력한다. 또한 우리는 세상에 일관된 면모를 보여주고 싶어 한다. 그럼으로써 우리는 믿을 수 있는 사람이 되며 다른 사람들도 그 점을 가치 있게 평가한다. 우리는 과거의 행동과 일관성을 유지하려고 노력한다. 현상유지편향으로 인해 과거와 같은 입장을 유지하고 동일한 기준을 적용하여 비슷한 종류의 결정을 내리는 경향이 있다. 전전두피질에 의해 만들어진 자아상은 우리의 행동에 큰 영향을 미친다. 그러므로 우리는 의사결정을 내릴 때 과거에 우리가 한 일을 먼저 살펴보게 된다. 다른 사람들은 우리가 일관성 있게 행동하기를 기대하므로 이번에도 같은 결정을 내려야 한다는 압력이 작용한다. 그렇게 행동하지 않으면 과거에 당신이 내린 선택이 틀렸음을 인정하는 것과 같다.

코치는 클라이언트에게 일관성과 신뢰성이 같지 않다는 것을 짚어줄 수 있다. 신뢰는 상황에 따라 적절한 가치와 원칙을 적용하고 그에 맞게 일관되게 행동하는 능력으로부터 생겨난다. 일관성 그 자체는 적합한 의사결정의 근거가 될 수 없다. 일관성은 서서히 습관으로 바뀌고 생각을 거치지 않고 나오는 행동으로 변화한다. 모든 의사결정은 새로운 것이며 일관성이 한 가지 방법만 선택하는 근거가 될 수는 없다.

호혜성

누군가 호의를 베풀어 오면 예기치 못한 호의일지라도 우리는 의무감과 빚진 기분을 느낀다. 일반적으로 호혜성은 긍정적인 법칙이다. 우리는 호혜성 없이는 사회생활을 할 수 없고, 우리가 하는 일과 다른 사람들에게 베푸는 것들은 우리 모두를 연결해 주는 사회적 유대감으로 작용한다. 우리는 형평성과 정의로움에 대해 매우 민감하다. 마치 우리 뇌의 어떤 부분이 우리가 주고받는 것의 경로를 추적하는 것 같다.[13] 이 감각은 법과 도덕성의 근간을 이룬다. 호혜성의 긍정적인 측면은 우리가 지닌 형평성의 타고난 감각을 시사한다. 다른 사람과 함께 살아간다는 것은 주고받음 사이의 균형을 유지하는 것이며 받기만 하고 주지 않는 사람은 곧 인기가 없어진다. 매번 주변에서 사주는 술을 받아 마시기만 하는 친구처럼 말이다. 대부분의 사람들은 항상 받기만 하면 불편함을 느낀다. 단, 위에서 언급한 친구는 예외다. 보답하는 것은 당연한 일이다. 또한 우리가 아무 대가도 바라지 않는다고 주장하는 경우에도 계속 주기만 하고 돌아오는 게 없을 때는 불편함을 느낀다. 우리는 최소한 무언가가 돌아오기를 기대한다. 협력은 우리의 유전자와 뇌에 깊숙이 자리 잡고 있다.

연구 결과에 따르면 저렴하고 예기치 못한 선물은 받는 사람으로

하여금 훨씬 더 비싼 것을 사서 보답하도록 만든다.[14] (이런 이유로, 대의가 담긴 가치 있는 일에 후원하라는 초대장에는 저렴한 펜이나 머그잔 같은 작은 선물이 딸려온다.) 다시 말하지만 우리는 맥락, 즉 상황을 알아차릴 필요가 있다. 누군가가 당신에게 호의를 베푼다고 해서 (그것이 예기치 못한 호의일지라도) 당연히 보답해야 할 이유는 없다. 특히나 당신이 받은 호의보다 더 뜻 깊고 큰 보답을 하려 한다면 더더욱 그럴 필요가 없다. 누군가의 관대함이나 호의가 당신이 중요한 결정을 내리는 데 영향을 미치지 않도록 하라. 모든 결정을 그 결정 자체의 장점에만 근거해서 내려라. 공직자들이 선물을 받지 않도록 규제하는 것은 이와 같은 바람직한 원칙을 바탕으로 한 것이다.

희소성

―――――――◎―――――――

여러분은 '오늘이 마지막날!' 또는 '매진 임박!' 이라는 광고 문구를 본 적이 있는가? 그런 문구가 당신이 조금 더 흥미를 갖게끔 만들었는가? 마케팅 담당자들은 희소성이 가치를 추가적으로 더 부여한다는 사실을 알고 있다. 우선 이것은 많은 사람들이 그 물건을 이전에 구입한 적이 있다는 것을 암시한다(잠시 후 살펴볼 '사회적 증거' 원칙과 관련이 있다). 그리고 당신이 구매 기회를 놓치게 될 거라는 비합리적인 두려움을 발생시킨다. 소셜미디어 시대에 이 현상을 포모(FOMO: fear of missing out)[15]라고 한다

이러한 원리에는 그럴 만한 이유가 담겨 있다. 진화론적 측면에서 봤을 때 옛날에는 주요 자원이 부족했다. 우리는 자원을 얻기 위해 고군분투해야만 했다. 먹을 것, 마실 것, 주거지를 구하는 것은 쉽지 않

은 일이었다. 놓치면 나중에 슈퍼마켓에 들러서 다른 것을 사면 되는 시대가 아니었다. 이러한 이유로 지금 눈앞에 보이는 것을 차지하는 것은 타당한 일이다. 왜 기다리는가? 나중엔 없어질지도 모른다.

수만 년 시간이 흐른 현재로 돌아오라. 지금은 이러한 자원들이 전혀 부족하지 않다. 대부분 사람들이 주요 생필품을 충분히 갖고 있다. 그러나 궁핍했던 시기와 연결된 우리의 뇌는 여전히 경고음을 울린다. 희소성에 대한 암시는 우리의 관심을 끈다. 희소성은 우리가 애초에 그 물건을 필요로 한 적이 없다는 사실조차 잊게 만든다. 당신은 단지 할인율이 높다는 이유로 할인 상품을 구매한 적이 있는가? 그렇지 않으면 한정판이라는 이유로는? 그런데 희소성이 없었다면 과연 그 물건을 샀을까? 희소성은 가치와 거의 관계가 없다. 우리가 흔할 때는 그 물건을 사지 않으면서 왜 그것이 귀해지면 사는지 시스템2는 알고 있다.

의사결정에 있어서 이 원칙의 함축적 의미는 명확하다. 단지 그것이 희소하다는 이유만으로 뭔가를 하게끔 만드는 뇌의 압력을 받아들이지 마라. 시간 제한이 있는 특가 할인 행사의 경우도 마찬가지다. 이것은 다른 방식으로 그 희소성을 부여한다. 곧 사라질 것이라는 느낌을 주면서 말이다. 당신이 도무지 결정을 내리지 못하고 있을 때만 희소성을 고려하라. 그럴 때 기회가 합리적이고 시간 제한이 있다면 그것을 잡는 것이 가장 안전한 결정이다.[16]

사회적 증거

사회적 증거는 다수가 안전하다는 것이다. 그 논리는 다음과 같다. '많은 사람들이 그렇게 결정한다면 틀림없이 그것은 최선의 선택일 것이다. 뿐만 아니라 다수를 따르지 않는 것은 반사회적인 행위가 될 수도 있다. 결국에는 선택이 틀렸다 할지라도 많은 동료들이 당신과 함께할 것이다. 그들 모두 같은 결정을 내렸기 때문에 아무도 당신을 비난하지 않는다. 그러므로 위험은 줄어든다.'

사회적 증거는 의사결정의 중요한 요소다. 우리는 다른 사람들의 의견에 영향을 받기 때문이다. 우리는 후기나 피드백을 찾아보고 다른 사람들의 의견에 근거하여 결정을 내린다. 이것은 어떤 것이 좋아요를 많이 받으면 그게 당신 마음에 들지 않더라도 따라하지 않기가 힘든, 소셜미디어의 핵심 원리이다. '좋아요'는 돈과 같다.

다른 사람들의 결정을 고려할 필요가 있다는 점에서 사회적 증거는 유용한 것이다. 그러나 좋은 피드백의 원칙을 기억하라. 질은 양만큼 중요하다. 훌륭한 실적을 지닌 당신이 존경하는 누군가가 내리는 결정은 그 문제에 대해 거의 알지 못하는 수백 명의 다른 사람들이 내리는 결정보다 더 중요하다. 전문가의 리뷰는 수십 개의 일반 리뷰보다 가치가 있다. 수천 명의 일반 투자자들이 사는 주식보다 워렌 버핏이 고른 주식을 사는 게 더 낫다.

행동 방침을 정할 때 유명인의 추천과 검증된 정보 이외에 또 다른 중요한 요인도 있다. 1951년에 솔로몬 애쉬Solomon Asch는 사회적 증거에 대해 고전적인 실험을 진행했다.[17] 그의 실험에서 8명의 학생으로 구성된 그룹에게 직선이 그려진 종이를 보여주었다. 그런 다음 길이가 다른 세 직선을 더 보여주고 어느 것이 첫 번째 직선의 길이와 가장 비슷해 보이는지 물었다. 정답은 사실 누가 봐도 명확한 것이었다. 그러나 많은 심리학 실험에서와 마찬가지로 보이는 게 전부가 아니었다. 사실 참가자들은 한 명을 제외하고는 모두 바람잡이였다. 시각 인지 실험의 일부라는 얘기를 듣고 실험에 참여한 진짜 참가자는 단 한 명뿐이었다. 실험에 참여한 모든 학생들은 다른 학생들이 어떤 대답을 하는지 들을 수 있었다. 여러 번의 실험 중 대부분은 7명의 바람잡이들이 모두 정답을 말했다. 그러나 가끔은 모두 오답을 이야기했다. 이제 당신이 진짜 참가자라고 상상해 보라. 당신이 전혀 의심조차 못하고 있는 당신 옆의 동료들은 당신과 반대 입장에 서서 당신이 보기에는 완전히 틀린 답을 정답이라고 이야기한다. 당신은 어떻게 할 것인가?

결과는 흥미로웠다. 평균적으로 진짜 참가자 중 3분의 1은 오답에 동조했다. 이 실험은 수년에 걸쳐 분석되고 논의되어 왔으며 여전히 논란의 여지가 있지만, 사회적 증거의 압력은 집단의 순응성에도 한몫을 하는 것으로 보인다. 자신이 속한 그룹에 맞춰야 한다는 압박감이 작용하는 것이다. 물론 윤리적 규정상 매우 중요한 가치를 걸고 진행하는 실험이 금지되어 있기 때문에 실험에서 내리는 결정은 사소한 결정들이긴 했다. 그럼에도 여전히 위와 같은 실험결과는 우리에게 '순응의 압박감'에 대해 경각심을 일깨워 준다.

사회적 증거는 이제 소셜미디어를 통해 '좋아요'와 온라인 추천에 영향을 미친다. 그러나 우리가 알고 있듯이 이것은 자본에 의해 쉽게 조작될 수 있다. 온라인상의 사회적 증거는 오프라인의 다양성보다 신뢰도가 훨씬 떨어진다.

단지 많은 사람들이 그런 결정을 내렸다고 해서 똑같이 따라하지 마라. 당신이 존경하는 실재 인물이면서 당신이 수집한 것과 같은 정보를 수집한 인물일 경우만 제외하고 말이다.

결정피로

너무 많은 결정을 내리면 시간이 지남에 따라 의사결정의 질이 떨어진다. 이것은 우리 모두가 겪을 수 있는 '자아고갈ego depletion'의 한 예다. 지속적인 주의 집중은 시간이 흐를수록 어려워진다. 뇌를 리셋하기 위해서는 질 좋은 수면이 필요하다. 자아고갈의 원인은 명확하지 않지만 육체적 활동과 유사한 것으로 짐작된다. 정신도 피곤해지지만 신체와 달리 피곤함을 '느끼지'는 못한다. 바로 이게 위험한 점이다. 우리가 내리는 의사결정의 질이 떨어지지만 우리는 그것을 알아차리지 못한다.

결정피로에 대한 고전적인 실험이 2011년 이스라엘 교도소의 가석방 위원회에서 진행되었다.[18] 수감자들이 가석방 요청에 대한 심사를 받기 위해 위원회 앞에 모였다. 가석방 위원회가 객관성을 유지하면서 각 사건의 본질적 특성에 근거하여 판결을 내리는 것이 이상적인 모습이다. 그 위원회는 하루 종일 각각의 사건에 대한 이야기를 들었다. 하루 동안 세션을 총 3개로 나누었고 각 세션 사이에는 식사가 제공되었다. 각 세션 시작 초반에는 수감자의 65%가 조기 가석방이라는 유리한 판결을 받았지만 세션이 진행됨에 따라 이 비율은 거의 0%까지 떨어졌다. 그러나 다음 간식 시간 직후 그 비율이 65%까지 다시 높아졌다. 누가 가석방을 받는지에 대한 가장 중요한 요소는 사건의 특성이 아니라 사건이 다뤄지는 타이밍이었다.

이것은 놀라운 일이긴 하지만 우리가 이미 알고 있는 지식에 비추어 이해할 수 있을 법하다. 생각을 하고 비판적 의사결정을 하는 일은 노력이 필요하다. 그렇기 때문에 피곤해지면 4장에서 언급한 '시스템 1 사고'가 그 일을 대신 수행한다. '현상유지편향'과 '위험회피편향'의 특성이 있는 시스템 1은 가장 안전한 결정을 내린다. 가석방을 기각하는 것이 가장 안전한 결정에 부합한다. 기각은 또한 여지를 둔다는 장점도 있다. 이 수감자는 다른 청문회에서도 석방될 가능성이 있지만 한번 내린 석방 결정을 번복하는 것은 어렵기 때문이다.

그렇다면 가장 피곤하게 만드는 의사결정 유형은 무엇인가?

그것은 바로 깊은 감정적 개입이 요구되는 중요한 의사결정이다. 이런 종류의 의사결정은 안와전두피질이 상충하는 가치 간의 균형을 맞추려고 노력함에 따라 뇌의 감정 중추에 부담을 주는 것처럼 보인다. 또한 위험이 클수록 피로가 더 증가한다. 그리고 시간적 압박 또한 스트레스와 의사결정 피로를 가중시키는 요인이다. 즉 고려해야 할 사항이 많을수록 더 어렵고 더 피곤한 것이다. 이것은 작업기억에 부담을 준다. 선택권을 가진다는 것은 좋은 일이지만 너무 많은 선택지는 오히려 스트레스를 유발할 수 있다. 예를 들어 두 직업 중 하나를 선택하는 경우, 직업에 대한 철저한 분석이 선행되고 가치가 균형을 이루면 만족스러운 결정을 내릴 수 있다. 반면에 수십 개의 직업 중 하나를 선택할 경우 훨씬 더 많은 작업이 필요하고 최종 선택지에 대해 느끼는 확신은 훨씬 더 떨어진다. 이것이 바로 '선택의 역설paradox of choice'이다.[19]

선택지가 너무 많으면 '기회를 놓칠 것 같은 두려움(FOMO)'에 대한 불안과 마비 증상이 초래될 수 있다. 배리 슈워츠Barry Schwartz는 자신의 저서 〈선택의 역설The Paradox of Choice〉에서 심리학자 허버트 사이먼Herbert Simon이 1950년대에 처음 사용한 용어인 '극대화자Maximizer'와 '만족자Satisficer' 개념에 대해 서술했다.[20] 이 투박한 단어는 중요한 개념을 담고 있다. '극대화자'는 매 순간 최선의 결정을 내리려고 하는 사람이며 모든 선택지를 고려하는 사람을 뜻한다. '극대화자'는 엄청난 결정피로를 겪을 것이다. '만족자'는 가치를 고려하지만 매번 최선의 선택을 할 필요는 없는 사람이다. 뇌의 관점에서 볼 때는 이것이 좀 더 나은 전략이다.

결정피로 현상이 코칭에서 갖는 함의는 명확하다. 클라이언트에게 결정피로 현상은 매우 충분히 연구된 현상이라고 알려주어라. 일부 클라이언트, 특히 최고 경영자는 하루 종일 결정을 내리면서도 자신의 의사결정 능력에 자부심을 느낄 것이다. 따라서 그들의 의사결정 능력에는 의문을 제기하지 말고 다음과 같은 물리적 유사성을 지적하라. '뛰어난 달리기 선수도 하루 종일 계속 달릴 수는 없으며 계속 달리면 결국 쓰러지기 마련이다. 뇌의 의사결정도 이러한 신체 활동과 같은 것이다.' 클라이언트들이 뇌와 친숙해지고 뇌의 강점뿐만 아니라 한계에 대해서도 알 수 있도록 도움을 주어라. 가장 중요한 의사결정은 하루를 시작할 때 내리도록 하라. 뇌의 신경전달물질을 재충전하기 위해 자주 휴식을 취해야 한다.

코치가 스스로에게 다음과 같이 조언하는 것은 도움이 된다. '점심시간 직전에 또는 길었던 오전 일정이 끝난 직후에 찾아온 클라이언트와의 코칭에 각별히 주의를 기울여라. 더 중요한 건 하루에 너무 많은 클라이언트와 약속을 잡지 않는 것이다. 당신은 그들 모두를 최상의 에너지로 대할 수는 없다. 코칭 일정을 잡을 때 충분한 휴식 시간을 고려하라.'

모든 사람은 하루 종일 선택을 내리고 그만큼 피로는 축적된다. 그러나 삶을 단순화하면 중요도가 낮은 결정을 내리는 것이 덜 부담스러워진다. 단연코 세계에서 가장 어려운 직업인 미국 대통령직을 8년 동안 수행한 버락 오바마는 의사결정 피로에 대해 알고 있는 것처럼 보였다. 그는 중요도가 낮은 결정을 최대한 많이 자동화했다. 예를 들어 그는 일상적으로 입는 양복의 선택지를 간소화했다. 그는 사전에 선택지를 제한했기 때문에 매일 아침 무엇을 입을지 고민하느라 정신적인 에너지를 낭비하는 일이 없었다. 그는 또한 우리가 종종 클라이언트에게 권유하는 '의사결정 소통 전략'을 사용했다. 그는 의사결정이 필요한 사안이 적힌 서류 하단에 다음과 같은 세 개의 체크박스가 있는 것을 선호했다. '예', '아니오', '논의합시다'.

지연무시 – 난 지금 원해!

결정을 어렵게 만드는 또 다른 요인은 무엇인가? 그것은 바로 시간이다. 우리는 원하는 것이 지금 바로 이루어지길 갈망하지만, 대부분의 결과는 기다려야 얻을 수 있는 것이다. 아이들은 한 시간을 참기 힘든 긴 시간으로 경험한다. 우리 내면에는 그런 어린아이의 모습이 여전히 남아있다. 아이들에게는 또 시간을 '지금'과 '지금 말고'라는 두 가지 유형으로 나누는 경향이 있다. 선택지가 있을 때 '지금'은 항상 더 매력적인 선택이다. 바로 이 점을 잘 이용한 것이 신용카드 회사이다. 신용카드 회사는 우리에게 지금 당장 구매할 수 있는 능력을 판매한다. 매우 높은 이자로 말이다.

무언가를 지금 당장 원하는 것은 자연스러운 일이다. 앞에서 우리는 '지금 차지하라, 그렇지 않으면 사라질 수 있다.'는 희소성의 압력을 이미 살펴보았다. 내일이란 불확실하면서 아직 이행되지 않은 약속이다. 진화는 '지금'의 측면을 계속 발전시켜 왔다. 우리 뇌의 보상 시스템인 복측피개영역(VTA: ventral tegmental area)과 측좌핵(NAC: nucleus accumbens)은 즉각적인 보상에 반응한다. 우리를 가장 강렬하게 몰아가는 것은 4Fs, 즉 도망가는 것Fleeing, 싸우는 것Fighting, 먹는 것Feeding, 그리고 섹스Sex이다. 처음 두 가지 요인은 생명과 직결된 것이고 그 다음 두 가지 요인은 삶을 살 만한 것으로 만든다. 이 요인은 지연되는 것을 용납하지 않는다. 신경학적 측면에서 볼 때 이들은 지연으로 인한 할인율이 가장 높다. 가장 미루기가 어렵다.

즉각적 보상을 주는 요인들을 선호하고 기다리기 싫어하는 이 '지연무시delay discounting'는 우리의 의사결정에 압력을 가한다. 뿐만 아니라 예상되는 손실과 해로운 결과는 불확실한 미래로 치워 놓는다. 우리가 미래에 치러야 할 대가는 현재의 보상에 비하면 희미하고 미미해 보인다. 미래의 보상(더 건강한 상태)을 위해 현재 보상(예-치즈 케이크 두 번째 조각)을 제쳐 두는 것은 꽤나 노력이 필요하며, 그러기 위해 당신의 전전두피질은 미래 보상이 더 가치 있고 (예를 들어 친구가 당신의 양보에 고마움을 표하는 것) 큰 것(주말에 더 큰 치즈 케이크 조각을 먹을 수 있다는 것)이라고 당신을 납득시키거나, 현재 보상은 해롭고 나쁜 결과(불쾌한 포만감과 다시 과체중이 된 자신에 대한 혐오)를 가져올 것이라고 당신을 납득시켜야만 한다. 눈앞의 치즈 케이크를 선택하는 것이 항상 나쁜 결정은 아니지만 매번 눈앞의 치즈 케이크를 선택하는 것은 좋지 않다.

도덕적인 문제는 차지하고 아래 예와 같은 '현재의 유혹'에 직면한 클라이언트를 어떻게 도울 수 있을까?
- 눈앞의 판촉 상품을 구매할 것인가, 아니면 더 나은 상품을 기다릴 것인가?
- 럭셔리한 휴가를 보낼 것인가 아니면 그 돈을 저금할 것인가?
- 그 초콜릿 케이크를 지금 먹을 것인가, 더 건강한 미래를 위해 남겨둘 것인가?

신체 운동은 또 다른 흔한 예다. 운동엔 지금 당장의 노력과 시간 투자가 필요하지만, 앉아 있기만 한데서 오는 불이익은 마음 편히 멀리 떨어져 있다.

먼저 이 문제가 개인의 의지나 게으름의 차원이 아니라는 것을 클라이언트가 알게 하라. 이런 식의 가치판단은 도움이 되지 않으며 아무런 의미가 없다. 이것은 뇌의 여러 영역 사이에서 발생하는 갈등일 뿐이다. 편도체와 기저핵을 중심으로 구성된 '뜨거운 감정 시스템'이 복측피개영역과 측좌핵의 보상 시스템에 연계되어 한쪽으로 당기면, 시간이 지나면서 배외측전전두피질을 중심으로 구성되어 결과를 평가하는 '차가운 시스템'은 다른 쪽으로 당긴다.[21]

둘째, 미래를 현재로 가져오는 것이 도움을 줄 수 있다. 예를 들어 문제가 지금 치즈 케이크를 먹을지 말지에 대한 것이라면 측좌핵과 복측피개영역이 배외측전전두피질보다 더 많은 영향력을 행사할 수 있다. 그런데 배외측전전두피질에는 특별한 기능이 있다. 바로 시간을 넘나드는 기능이다. 그래서 다음과 같이 이야기할 수 있다. "좋아요, 지금 먹으면 분명 맛있을 거예요. 하지만 먹기 전에 먹고 난 뒤 30분 후의 기분이 어떨지 확인해 보세요." 이 대화는 미래의 나쁜 결과를 현재 순간으로 가져온다. 만약 그 감정이 불편하고, 거북하고, 죄책감이 든다면, 상황은 전전두피질에게 유리하게 흘러갈지도 모른다. 우리는 클라이언트가 의사결정을 내릴 때 항상 이 원리를 활용하도록 한다. 우리는 그들에게 지금 하고 싶은 대로 결정을 내린다면 며칠, 몇 달, 몇 년 뒤의 미래에 어떻게 느낄지 상상해 보라고 요청한다. 이것은 결과에 대한 느낌을 현재로 가져와서 문제의 균형을 맞추는 일종의 '시간 붕괴 전략'이다. 이 전략은 신속하고 보람 있는 결정을 내려야 하지만 어쩌면 현명하지 못한 결정을 내릴지도 모른다는 압박감을 느끼는 클라이언트에게 매우 유용하다.

한 사례가 있다. 조셉은 이직을 고려 중인 한 관리자를 코칭하고 있었다. 그녀의 직장은 급여가 높았고 안정적이었으며 그녀는 당시 직장에서 많은 권한을 갖고 있었다. 클라이언트의 고민은 앞으로 닥칠 6개월의 시간이었다. 그녀가 정말 싫어하는 프로젝트의 리더로 임명된 것이다. 그녀는 자신이 그 일에 가장 적합한 사람은 아니지만 그래도 해낼 수는 있을 거라 생각했다. 그녀는 지옥 같은 6개월이 될 것이라 말했다. 당시 대안으로는 회사를 떠나 그녀가 꿈꾸어 왔던 사업을 시작하는 것이었지만, 이것은 상당히 위험성이 높고 안정성도 떨어지는 선택지였다.

이런 종류의 의사결정에는 정답이 없다. 클라이언트는 자신의 가치관을 살펴보아야 한다. 이 사례에서 가장 중요한 요인은 '6개월 지연'이었다. 클라이언트에게 있어서 그것이 긴 시간인지, 짧은 시간인지는 그녀가 그것을 무엇과 비교하느냐에 따라 다를 것이다.[22] 그 6개월을 앞으로 남은 직장 생활에 견주어 보면 어떠한가? 또 다른 요인은 그녀의 나이였다. 50세의 결정은 20세의 결정과 다르기 마련이다. 또한 가족, 친구 및 동료와 같은 다른 많은 요인들도 그녀의 결정에 영향을 미쳤다. 그녀가 시간의 압박으로부터 벗어나게 되었을 때 상황을 더 명확하게 평가할 수 있었다. 조셉은 그녀에게 6개월 뒤 프로젝트를 끝마치면 기분이 어떨 것 같은지 물었다. 그런 다음 만약 지금 회사를 떠난다면 6개월 뒤의 기분은 어떨 것 같은지 물었다. 그녀의 안와전두피질은 모든 요인을 통합하여 만족스러운 결정을 이끌어 낼 수 있었다.

율리시스 계약

즉각적인 유혹에 직면한 클라이언트를 도와주는 또 다른 방법은 그리스 신화 속으로 여행을 떠나는 것이다. 오디세우스 (odysseus, 역주: 오디세우스의 라틴어 이름이 율리시스ulysses이다)는 3000년 전 트로이 전쟁 당시 그리스 이타카 왕국의 왕이었다. 그리스 역사가인 호메로스가 남긴 기록에 따르면 트로이인들을 물리친 (유명한 트로이 목마 덕분에) 오디세우스와 그의 부하들은 집으로 돌아가기 위해 위험하고 긴 항해를 시작했다. 그들은 사이레눔 스코풀리 지역의 작은 섬을 지나야 했다. 전설에 따르면 이곳은 소름 돋게 아름다운 사이렌의 고향이었다. 그녀는 저항할 수 없는 아름다운 선율의 노래로 섬에 접근하는 선원들을 유혹하는 걸로 유명했다. 그 곳을 거친 모든 배가 암초에 걸려 난파되었고 마법에 걸린 선원들은 행복한 상태로 익사하곤 했다.

오디세우스는 사이렌이 보고 싶고 그녀의 노래가 듣고 싶었지만 동시에 살아서 집으로 돌아가 아내를 만나고 싶은 마음도 컸다. 그는 계획을 세웠다. 그는 마법에 걸려 '자신을 잃어버리게 될 것'을 알고 있었기 때문에 선원들에게 자기를 돛대에 단단히 묶고 자신이 어떤 말과 행동을 하든지 간에 그 섬을 지나갈 때까지는 절대 풀어주지 말라고 명령했다. 선원들의 귀는 사이렌의 노래를 듣지 못하도록 밀랍으로 가득 채웠다. 덕분에 오디세우스는 그 누구도 살아서 기록으로 남긴 적이 없는 것들을 보고 들을 수 있었다. 이와 같이 '율리시스 계약'은 현재의 자신과 미래의 자신 간의 계약을 말한다. 오디세우스의 '현재의 자신'은 '미래의 자신'이 사이렌의 노래에 저항할 수 없다는 것을 알고 있었다. 그는 '미래의 자신'이 배 전체를 파멸로 이끄는 비정상적인 결정을 내리지 못하도록 확실한 조치를 취했다. 그는 아직

이성적인 상태로 남아있는 동안 저항할 수 없는 유혹에 빠져 버릴 미래의 자신을 통제하기로 결정했던 것이다. '당신'은 현재의 자신은 어느 정도 통제가 가능하다. 하지만 미래의 자신은 별개의 문제다.[23)]

코치는 이 개념을 여러 가지 방식으로 활용할 수 있다. 첫째, 클라이언트의 책임 파트너가 되어주는 것이다. 코치는 클라이언트와 협력하여 클라이언트의 실천 약속과 합의를 이끌어 낸 다음 이를 지킬 수 있도록 돕는다. 코치는 클라이언트가 현재 최상의 상태에 머물도록 지원하며 클라이언트가 미래에 대한 합의와 실행 단계에 대한 책임을 지게 한다. 코치는 오디세우스의 선원 역할을 수행하는 것이다. 클라이언트는 '미래의 자신'에게 있을 취약점을 인지하고 코치에게 책임을 위탁한다. 우리는 모두 '미래의 자신'이 유혹에 직면했을 때 '현재의 자신'과 같은 방식으로 생각하고 행동할 것이라고 믿고 싶어 한다. 하지만 마냥 그렇게 믿고 있어서는 안 된다. 우리 '미래의 자신'은 지금과 다른 생각을 가지고 있으며 다시 상기시키는 그 '생각'은 이미 과거의 것이므로 효과가 없을지도 모른다. 클라이언트는 이것이 자기의 통제를 벗어나는 일이라는 것을 알고 있다. 그래서 코칭 세션이 끝나면 자신의 배외측전전두피질이 잘 버티지 못할 수도 있다는 것을 알아 코치의 배외측전전두피질을 빌린다. 사이렌의 노래는 습관적 사고만이 아니라 외부의 유혹에서도 들린다.

이것을 활용하여 클라이언트가 곤란한 상황을 피할 수 있도록 도와준 사례를 소개한다. 한 클라이언트는 다른 사람을 돕는 것을 좋아했다. 동료가 부탁하는 어떤 종류의 제안이나 추가 근무 요청도 거의 다 들어주었다. 다른 사람을 돕는 것이 진정으로 행복하다고 느꼈지만 사람들은 그를 이용하고 있었고 그는 그런 상황을 끝내야 한다는 것을 알아차렸다. 잘 받아주는 마음과 이미 배인 습관 그리고 다른 사람들에게서 느끼는 압박감은 그 상황을 끊어 내기 어렵게 했다. 안드레아는 클라이언트와 한 가지 합의를 했다. 누군가가 도움을 요청하면 그때마다 '생각 좀 해 볼게요.'라고 말하기로 한 것이다. 그렇게 말한 다음 하나하나 전부 따져본 뒤 답변해 주기로 했다. 그렇게 하다 보니 그는 좋은 제안과 나쁜 제안을 제대로 구분할 수 있었고 각 제안을 그 자체의 고유한 장점에 따라 평가해 볼 수 있었다. 이후 다음 코칭 세션에서 그는 각 제안이 무엇이었고 그가 어떻게 행동했는지 알려주었다.

클라이언트가 코치와의 합의를 지키는 이유는 무엇인가? 왜 클라이언트는 책임을 외부에 위탁하려고 하는가? 왜 습관의 덫에 빠져들지 않는가? 왜 코치와의 성가신 전화 통화를 미루지 않는가? 왜냐하면 그들은 코치와의 합의를 중요하게 생각하기 때문이다. 코치와 클라이언트 간의 신뢰와 존중 관계는 매우 중요하다. 클라이언트가 그것을 중요하게 여기지 않는다면 코치는 그의 책임 파트너가 되어 줄 수 없다.

좋은 의사결정

우리 앞을 가로막는 많은 어려움을 감내하면서 좋은 결정을 내리는 것은 어려운 일이다.

그 이유는 첫째, 그 순간에 느껴지는 감정이 결정에 영향을 미치기 때문이다. 분노, 두려움, 슬픔은 처음부터 우리의 의사결정을 왜곡할 수 있다. 강렬한 감정은 균형 잡힌 관점을 유지하기 위해 필요한 전전두피질의 일부를 마비시킨다. 편도체납치가 극단적인 예이다. 큰 감정이 지나가고 난 다음에도 불응기가 여전히 우리의 사고에 영향을 미친다. 감정을 식히는 데는 시간이 걸리기 때문에 그 시간 동안 당신은 감정의 렌즈를 통해 사건을 해석하고 있을 것이다.

두 번째 이유는 단순화 및 생략, 오류를 유발하는 시스템1 사고가 결정에 영향을 미친다는 점이다. 우리는 손실과 이익 측면에서 의사결정 상황이 어떻게 구조화 되어 있는지에 따라 영향을 받는다.

세 번째는 프라이밍과 앵커링 같은 환경의 영향이다. 그 외에 권위, 호감, 희소성, 일관성, 호혜성 및 사회적 증거와 같은 사회적 요인도 영향을 미친다.

더 나쁜 소식은 우리의 기억이 우리가 생각하는 것만큼 믿을 만한 것이 못된다는 사실이다. 그럼에도 불구하고 우리는 많은 경우 기억에 의존해 의사결정을 내린다. 또한 기억은 프라이밍과 프레이밍으로부터도 영향을 받는다. 기억보관소로부터 오염되지 않은 원래 상태 그대로 기억을 꺼낼 수는 없다. 기억은 우리가 기억할 때마다 뇌에 의해 재구성되며 기억해 내는 과정이 그 기억을 미묘하게 변화시킨다. 때때로 우리는 일관된 이야기를 만들기 위해 빈틈을 메워 넣고 기억을 조작함으로써 그것이 실제로 일어난 일이라고 믿는다.

마지막으로 결정피로는 우리의 좋은 의도를 약화시키고, 지연할인은 '지금'을 위한 결정을 내리도록 사이렌의 노래를 부른다 (그림 6.1).

그럼에도 불구하고 우리는 아직 낙관적이다. 모든 적들을 파악하고 함정이 있다는 것을 간파하면 그것을 피할 수 있기 때문이다. 위의 모든 사항은 당신의 결정에 영향을 미칠 수 있고 아마 미치게 될 것이지만 대부분 그다지 치명적이지는 않을 것이다. 그것이 인생이다. 그러나 중요한 결정을 내려야 할 때는 주의를 기울여야 한다.

중요한 의사결정을 내릴 때 다음에 나오는 첫 번째 단계와 함께 신체표지 모델을 사용하라.

그림 6.1 의사결정에 영향을 미치는 요인

감정요소	시스템1	맥락	기억	기타
편도체납치 Amygdala hijack	손실회피 Loss Aversion	프라이밍 Priming	제작 Fabrication	결정피로 Decision fatigue
불응기 Refractory period	인지적 구두쇠 Cognitive miser	프레이밍 framing	불신 Unreliability	지연할인 Delay discounting
	유용성 Availability	앵커링 Anchoring	프라이밍 Priming	
	결과편향 Outcome bias		스크립트 Scripts	
	기본적 귀인 오류 Fundamental Attribution error		스크립트 Scripts	
	상관관계/ 인과성 Correlation/ Causality			

결정에 관한 생각을 하는 동안 당신이 현재 어디 있는지 무엇을 느끼는지 점검하라.

그리고 프라이밍의 가능성에 주의를 기울여라. 선택지가 어떻게 구조화되어 있는지 주의깊게 살펴보라.

의사결정을 할 때 우리는 우리 자신과 우리의 상황이 더 나은 방향으로 변화하길 바란다. 우리는 미래가 과거보다 더 보람차길 바라고, 내린 결정에 잘 만족하지 못한다는 것이 우리의 강점이자 약점이다. 현재는 더 나은 미래를 위한 발판이다. 그 말은 다시 말하지만 우리는 현재보다 미래가 더 보람되기를 바란다는 것이다.

주석

1) Bartra, O., McGuire, J. T., & Kable, J. W. (2013). The valuation system: A coordinate-based meta-analysis of BOLD fMRI experiments examining neural correlates of subjective value. Neuroimage, 76, 412- 427.

2) Hare, T. A., Camerer, C. F., & Rangel, A. (2009). Self-control in decision-making involves modulation of the VmPFC valuation system. Science, 324 (5927), 646-648.

3) Charnov, E. L. (1976). Optimal foraging, the marginal value theorem. Theoretical Population Biology, 9 (2), 129-136.

4) Rushworth, M. F., Kolling, N., Sallet, J., & Mars, R. B. (2012). Valuation and decision-making in frontal cortex: One or many serial or parallel systems? Current Opinion in Neurobiology, 22 (6), 946-955.

5) 안토니오 다마지오Antonio Damasio는 감정과 의식의 신경과학에 대한 많은 책을 저술했다. 참조: The Feeling of What Happens (2000) Vintage books.

6) Saver, J. L., & Damasio, A. R. (1991). Preserved access and processing of social knowledge in a patient with acquired sociopathy due to ventromedial frontal damage. Neuropsychologia, 29 (12), 1241- 1249.

7) Bechara, A., & Damasio, A. R. (2005). The somatic marker hypothesis: A neural theory of economic decision. Games and Economic Behavior, 52 (2), 336-372.

8) Fellows, L. K., & Farah, M. J. (2005). Dissociable elements of human foresight: A role for the ventromedial frontal lobes in framing the future, but not in discounting future rewards. Neuropsychologia, 43 (8), 1214- 1221.

9) Rolls, E. T., Everitt, B. J., & Roberts, A. (1996). The orbitofrontal cortex. Philosophical Transactions of the Royal Society of London B: Biological Sciences, 351 (1346), 1433-1444.

10) Cialdini, R.B., & Cialdini, R.B.(2007). Influence: The psychology of persuasion (pp. 173-174). New York, NY: Collins.

11) Hosoda, M., Stone--Romero, E. F., & Coats, G. (2003). The effects of physical attractiveness on job-related outcomes: A meta-analysis of experimental studies. Personnel Psychology, 56 (2), 431-462.

12) Mazzella, R., & Feingold, A. (1994). The effects of physical attractiveness, race, socioeconomic status, and gender of defendants and victims on judgments of mock jurors: A meta--analysis. Journal of Applied Social Psychology, 24 (15), 1315-1338.

13) Cosmides, L., & Tooby, J. (2000). 87 the cognitive neuroscience of social reasoning. New York, NY: Vintage books.

14) Cialdini, R. B., & Cialdini, R. B. (2007). Influence: The psychology of persuasion (pp. 173-174). New York, NY: Collins.

15) 놓치는 것에 대한 두려움. 이제 T 셔츠와 해설집이 남아 있다. 남아 있을 때 구입하는 게 좋을 것이다.

16) 마케팅 담당자들은 이 책략을 창의적인 방법으로 다양하게 활용한

다. 매년 열리는 록 밴드의 '파이널 투어'가 있는데 많은 공연들을 일부러 작은 홀을 잡아 티켓이 빨리 매진되게끔 한다. 그렇게 그 공연의 희소성에 대한 생각을 만들어 낸다.

17) Asch, S. E., & Guetzkow, H. (1951). Effects of group pressure upon the modification and distortion of judgments. Groups, Leadership, and Men, 222-236.

18) Danziger, S., Levav, J., & Avnaim-Pesso, L. (2011). Extraneous factors in judicial decisions. Proceedings of the National Academy of Sciences, 108 (17), 6889-6892.

19) 〈선택의 역설〉은 하퍼 콜린스HarperCollins가 2003년에 출판한 베리 슈워츠Barry Schwartz의 책 제목이다. 슈워츠는 선택은 일반적으로 좋은 것이지만 너무 많은 선택은 선택마비를 일으킬 수 있으며 선택하지 않은 옵션에 대해 불필요한 후회와 불안을 유발할 수 있다고 주장했다.

20) 사이먼simon의 경력에 대한 설명은 https://en.wikipedia.org/wiki/Herbert_A._Simon 을 참조하라(2018년 3월 31일 접속).

21) McClure, S. M., Laibson, D. I., Loewenstein, G., & Cohen, J. D. (2004). Separate neural systems value immediate and delayed monetary rewards. Science, 306 (5695), 503-507.

22) 〈Thinking Fast and Slow〉라는 책에서 카너먼Kahneman과 트버스키Tversky는 지금 100달러를 가질지 아니면 지금부터 일주일 뒤에 110달러를 가질지 선택하라고 한다. 어느 것을 선택할까? 대부분의 사람들은 지금 돈을 받는다. 하찮은 10달러를 위해 뭐 하러 일주일을 기다리나? 하지만 1년 내 100달러를 준다는 제안과, 한 주를 더 해 53주를 기다리면 110달러를 준다는 제안을 받으면 어떨까? 대부분의 사람들은 결과가 처음 제안과 같다는 사실에도 불구하고

한 주를 더 기다리는 것을 선택하는 경향이 있다. 몇 주가 되야 선택이 바뀌는지 정확히 알 수는 없지만, 2~3주 정도로 매우 낮을 것으로 예상된다. 당신 같으면 10달러를 더 받기 위해 얼마나 기다릴 수 있나?

23) www.stickKK.com라는 웹사이트가 있다. 여기에서 체중 감량, 헬스클럽 가기, 책 쓰기 등 자신이 원하는 목표를 선택할 수 있다. 목표를 선택한 다음, 달성에 실패할 경우 미리 선택한 조직에 일정 금액을 지불할 것에 동의한다. 추가 인센티브로 자신이 싫어하는 조직에 기부하는 것을 선택할 수도 있다. 이것은 율리시스 계약이 거꾸로 된 형태로, 현재의 자신이 미래의 자신의 약점을 알고 계약을 지키지 않으면 미래의 자신에 대한 처벌을 설계하는 것이다.

참고문헌

Asch, S. E., & Guetzkow, H. (1951). Effects of group pressure upon the modification and distortion of judgments. Groups, Leadership, and Men, 222-236.

Bartra, O., McGuire, J. T., & Kable, J. W. (2013). The valuation system: A coordinate- based meta-analysis of BOLD fMRI experiments examining neural correlates of subjective value. Neuroimage, 76, 412-427.

Bechara, A., & Damasio, A. R. (2005). The somatic marker hypothesis: Aneural theory of economic decision. Games and Economic Behavior, 52(2), 336-372.

Charnov, E. L. (1976). Optimal foraging, the marginal value theorem. Theoretical Population Biology, 9(2), 129-136.

Cialdini, R. B., & Cialdini, R. B. (2007). Influence: The psychology of persuasion (pp. 173-174). New York, NY: Collins.

Cosmides, L., & Tooby, J. (2000). 87 the cognitive neuroscience of social reasoning. Damasio, Antonio, the feeling of what happens. New York, NY: Vintage books.

Danziger, S., Levav, J., & Avnaim-Pesso, L. (2011). Extraneous factors in judicial decisions. Proceedings of the National Academy of Sciences, 108(17), 6889-6892.

Fellows, L. K., & Farah, M. J. (2005). Dissociable elements of human foresight: A role for the ventromedial frontal lobes in framing the future, but not in discounting future rewards. Neuropsychologia, 43(8), 1214- 1221.

Hare, T. A., Camerer, C. F., & Rangel, A. (2009). Self-control in decision-making involves modulation of the VmPFC valuation system. Science, 324(5927), 646-648.

Hosoda, M., Stone-Romero, E. F., & Coats, G. (2003). The effects of physical attractiveness on job-related outcomes: A meta-analysis of experimental studies. Personnel Psychology, 56(2), 431-462.

Kahneman, D. (2011). Thinking, fast and slow. Macmillan.

Mazzella, R., & Feingold, A. (1994). The effects of physical attractiveness, race, socioeconomic status, and gender of defendants and victims on judgments of mock jurors: A meta-analysis. Journal of Applied Social Psychology, 24(15), 1315-1338.

McClure, S. M., Laibson, D. I., Loewenstein, G., & Cohen, J. D. (2004). Separate neural systems value immediate and delayed monetary rewards. Science, 306(5695), 503-507.

Rolls, E. T., Everitt, B. J., & Roberts, A. (1996). The orbitofrontal cortex. Philosophical Transactions of the Royal Society of London B: Biological Sciences, 351(1346), 1433-1444.

Rushworth, M. F., Kolling, N., Sallet, J., & Mars, R. B. (2012). Valuation and decision-making in frontal cortex: One or many serial or parallel systems? Current Opinion in Neurobiology, 22(6), 946-955.

Saver, J. L., & Damasio, A. R. (1991). Preserved access and processing of social knowledge in a patient with acquired sociopathy due to ventromedial frontal damage. Neuropsychologia, 29(12), 1241-1249.

Schwartz, B. (2003). The paradox of choice. HarperCollins.

https://en.wikipedia.org/wiki/Herbert_A._Simon

www.sticKK.com

제7장

기억
– 장미 정원 속으로

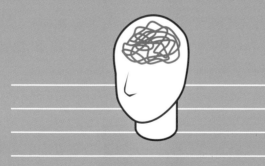

기억
– 장미 정원 속으로

두 개의 자아

───────◎───────

원하는 사람과 함께 하고 싶은 것을 하면서 비용을 아끼지 않는 환상적인 공짜 휴가 그리고 당신이 계획해 왔던 평범한 휴가, 이 둘 중 당신은 어떤 것을 더 선호하는가?

첫 번째 옵션을 선택하지 않을 사람이 어디 있겠는가? 그러나 그 옵션에는 한 가지 문제점이 있다. 이 공짜 휴가를 당신은 기억하지 못할 것이다. 휴가가 끝나면 공짜 휴가에 대한 당신의 기억은 모두 지워지고 마치 처음부터 아무 일도 없었던 것처럼 될 것이다. 이제 당신은 어떤 선택을 하겠는가?

위의 질문은 경험하는 자아와 기억된 자아의 차이를 극명하게 보여 준다. 경험하는 자아는 '현재'를 알고 있다. 그것은 '지금' 이 순간에 존재한다. 기억된 자아는 자신의 과거를 알고 있으며 미래를 설계한다. 기억된 자아는 경험을 끄집어내고 그 경험을 자신의 인생사로 엮어 내는 이야기꾼이다. 우리는 행복을 떠올릴 때 종종 이 두 자아를 혼동한다. 경험하는 자아는 현재 순간에 행복을 느낄 수 있다. 반면 기억된 자아는 현재 느끼는 감정과는 상관없이 삶 전반에 대해 행복을 느낄 수 있다. 행복해지고 싶어 하는 클라이언트를 코칭할 때면 우리는 늘 이 둘의 차이점을 설명해 준다.

직장을 떠나는 한 클라이언트는 3년의 재직기간 동안 있었던 일들에 대해 이야기했다. 재직기간 대부분은 행복했고 모든 게 잘 풀렸다며 이야기를 빠르게 넘겼다. 그런 다음 그는 마지막 3개월 동안 새로 부임한 직장 상사가 자신의 삶을 얼마나 지옥같이 만들었는지 이야기했다. 그는 새로 온 상사와 크게 다툰 후에 결국 퇴직을 하게 된 것이었다. 그는 '악몽과도 같던 그 3개월이란 시간이 회사생활을 다 망쳐 놨어.' 라고 이야기했다. 논리적으로 이것은 말이 되지 않는다. 행복했던 시간은 여전히 행복하게 남아있고 과거는 바꿀 수가 없다. 하지만 그의 기억은 그것이 가능했다. 그 불행했던 마지막 3개월의 기억이 그 직장에서의 3년 전체에 그림자를 드리운 것이다.

우리는 경험과 기억을 자주 혼동한다. 이혼 법정에서는 부부가 현재 서로에게 가진 쓰라린 감정을 바탕으로 결혼생활 전체를 묘사하기 때문에 항상 이런 혼동을 목격할 수 있다. 기억은 간단하지 않다. 우리는 모든 것을 기록해 두고 나중에 참고할 수 있도록 파일로 보관해 두는 것이 아니다. 우리는 현재의 순간이라는 흐르는 강에서 경험을 선택한다. 우리는 그 강물을 한 움큼 집어 기억 상자 안에 넣고 내가 어떤 사람인지 내가 무엇을 좋아하고 얼마나 행복한지에 대해 이야기를 구성한다.

기억된 자아는 세 가지 규칙에 따라 작동한다.

첫째, 지속 시간은 중요하지 않다. 지속 시간이 아무리 길어도 경험은 하나의 블록으로 계산된다. 경험의 앞부분과 마지막 부분은 기억의 앞뒤 틀이 되고 더욱 도드라지게 묘사된다. 둘째, 가장 강렬한 순간만 인정된다. 뇌는 평균치를 기억하지 못하며 전체 경험에 좋은 혹은 나쁜 영향을 준 가장 강렬한 경험만을 기억한다. 셋째, 경험의 마지막 부분은 기억 전체를 흐리게 할 것이다. 끝이 나쁘면 나쁜 경험, 끝이 좋으면 좋은 경험으로 분류된다. 다니엘 카너먼이 진행한 한 실험[1]에서는 피험자들에게 얼음물이 담긴 욕조에 손을 담그도록 했다. 그것은 고통스러운 일이었다. 첫 번째 테스트에서는 피험자들에게 60초 동안 손을 담그도록 했다. 그리고 두 번째 테스트에서는 그들에게 전과 똑같은 과정을 거치게 한 다음 물 온도를 1도만 살짝 따뜻하게 해서 30초 더 담그도록 했다. 피험자들 상당수는 첫 번째 테스트와 두 번째 테스트 중에서 어느 것을 반복할 것인지 선택하라고 하면 두번째 테스트를 반복하겠다고 말했다. 두번째 테스트가 더 좋게 끝났다. 이성적으로는 말이 안 된다. 왜 불편함을 30초나 더 늘리는 것을 선택할까? 우리의 기억된 자아는 합리적이지 않다.

기억된 자아는 심지어 미래를 통제하려 시도할 수도 있다. 우리는 실제 경험이 아닌 예측된 기억을 바탕으로 미래를 계획한다. 우리는 그것을 하면서 어떻게 느낄지보다는 그것이 끝나고 어떻게 느낄 것이라고 생각하는지에 따라 움직인다. 기억된 자아는 미래를 위해 현재를 희생시킨다. 그리고 경험하는 자아는 당장은 미래를 포기할 것이다. 이러니 어떻게든 이 두 자아 사이에 균형을 잡을 필요가 있다.

클라이언트는 자신의 기억된 자아를 보여 준다. 기억된 자아가 의사결정을 내리는 장본인이다. 우리는 선택을 할 때 좋고 또 나빴던 과거의 경험을 되돌아본다. 그런 다음 실제 일어난 일이 아니라 우리가 기억하는 것을 가지고 선택을 한다. 끔찍한 날씨와 호텔 실수로 얼룩진 최근 며칠간의 훌륭한 휴가보다 별다른 일 없이 보낸 추억 속의 2주간의 휴가가 더 나았던 것처럼 느낀다. 우리는 실제 했던 경험을 놓고 선택하는 것이 아니라 경험의 기억들로 선택을 한다. 매 순간이 소중하며 이 순간이 행복을 경험할 수 있는 유일한 시간이다. 그리고 기억된 자아에 의해 이런 대부분의 경험은 잊혀지고, 섞이고, 가공된다.

기억

기억은 과거의 저장, 그 이상의 것이다. 우리가 지닌 가장 소중한 능력 중의 하나이다. 로마 신화에는 기억의 여신이 있다. 기억의 여신 므네모시네Mnemosyne는 하늘의 딸이자 시간의 여신이었다. 그녀는 언어를 발명했고, 시, 연극 그리고 노래와 춤의 여신 뮤즈Muses의 어머니였다. 기억은 참으로 대단한 일을 한다.

'나는 누구인가?' 기억을 통해 우리는 자신이 누구인지를 정의한다. 아침에 일어나면 수 초 내에 우리는 우리 자신을 결정화(結晶化)한다. 자신이 누구인지 아는 것이다. 어제 있었던 일과 다른 모든 어제들을 알고 존재의 연속성을 느끼는 것이다. 당신은 절대로 전날 밤이 잠자리에서 잠들었던 사람과 아침에 눈뜬 자신이 같은 사람인지에 대해 의문을 갖지 않는다.

당신이 과거에 했던 환상적인 경험을 떠올려 보라. 그게 환상적인 경험이었다는 것을 어떻게 알까? 그것을 알려면 그다지 환상적이지 않았던 다른 경험들과 비교해야 했을 것이다. 당신이 하는 행동은 당신 가치관에 부합하는가? 그런지 아닌지 확인하려면 당신은 자신의 가치관과 행동을 기억해야 한다. 이전에 함께 했던 경험이 없는 누군가를 신뢰할 수 있는지 없는지는 어떻게 알 수 있을까? 기억이 존재하지 않는다면 당신이 어린 시절 그랬던 것처럼 세상이 여전히 예측할 수 없고 불확실한 것인 채로 있을 것이다. 세상을 이해하기 위해서는 경험하고, 경험에서 배우고, 그 경험을 기억해야 한다. 기억은 그 배움들을 붙잡아 둔 것으로 안정적인 상태이고, 필요할 때 꺼내 쓸 수 있는 사용 가능 상태에 있다. 미래를 빚어내는 데에는 과거가 필요하다.

기억의 신경과학

우리는 어떻게 기억하고 뇌는 기억하는 자아를 위해 정보를 어떻게 구성하고 저장하는가? 신경과학자들은 헨리 몰래슨Henry Molaison[2]으로부터 많은 것을 배웠다. 그는 9살 때 어떤 사이클 선수와 부딪히고 넘어져서 머리를 다쳤다. 그 후 그는 뇌전증 발작을 겪었고 점점 심해져 27세가 될 때까지 일주일에 많으면 10번씩 의식을 잃었다. 뇌전증은 내측 측두엽에서 시작된 것으로 보였고, 저명한 신경외과 의사인 윌리엄 스코빌William Scoville은 양쪽 뇌의 내측 측두엽 안쪽 부분을 제거하는 것이 유일한 방법이라고 결정했다. 측두엽 깊숙한 곳에 위치한 정교한 구조물인 해마도 제거 수술에 포함되었다. 수술이 성공적으로 끝나 발작은 치료되었고 수술로 인해 성격이 바뀌거나 하는 일은 없었다. 그는 여전히 평범하고, 지적이며, 사교적인 사람이었다. 그러나 문제는 그가 수술 직전 2년 동안의 기억을 잃어버렸다는 것이다. 그보다 더 이전의 과거는 기억할 수 있었지만 말이다. 설상가상으로 수술 후 그의 기억력은 단 몇 분 이내로 제한되었다. 이제 그는 어떤 경험도 단기기억에서 장기기억으로 바꿀 수가 없었다. 당신은 그와 완벽하게 정상적인 대화를 나눌 수 있을지 모르지만 한 시간만 지나면 그는 당신과 나눈 대화는 물론 당신조차 기억하지 못할 것이다. 그는 자신을 수술을 받기 전 모습으로 기억했다. 그의 자아상은 서른 살의 모습이었다. 그는 서른 살의 모습을 기대하며 거울을 보지만 매번 거울에 비친 현재 자신의 모습을 보고 충격을 받았다. 그가 알던 그의 삶은 수술했던 그 시간에서 끝나 버린 것이다. 수술 이후 매일의 삶은 그 이전 기억과는 단절된 하루짜리 삶에 불과했다.[3]

헨리 몰래슨에 관한 이 연구는 인간의 기억과 관련된 몇 가지 미스터리를 밝혀냈다. 기억은 별도의 두뇌 프로세스이며 다른 능력과는 직접적으로 연결되어 있지는 않다는 점, 그리고 뇌는 우리의 경험을 다양한 방법으로 저장하고 처리한다는 점, 그 결과 기억에는 다른 유형들이 존재한다는 점이다.

첫 번째 기억의 유형은 감각기억이다. 감각기억은 소리의 진동이나 이미지의 섬광과 같은 것으로 바로 직전 과거의 흔적이다. 이것은 매우 짧은 시간 동안 유지된다. 감각기억은 당신이 집중하고 있지 않을 때 방금 누군가가 당신에게 한 말을 따라할 수 있게 해 준다(지루한 회의에서 매우 유용한 기술이다). 감각기억은 해당되는 감각 영역(시각 정보는 후두엽, 청각 정보는 측두엽)에 아주 짧은 시간 신경 흔적으로 저장된다.

다음으로는 단기기억이다. 단기기억은 최대 몇 분 동안 지속된다. 우리가 주의를 기울이면 그때 뇌는 흔적을 남긴다. 단기기억은 복잡하며 전전두피질을 포함한 다양한 뇌 영역과 관련이 있다. 단기기억에 저장된 정보는 빠르게 사라진다. 또한 새로 들어온 정보가 특별히 중요할 경우에는 새로운 정보가 이전 정보를 대체한다. 이렇게 단기기억은 간섭에 노출되어 있다.

작업기억은 단기기억의 한 종류다. 작업기억은 우리에게 당장 필요한 정보를 저장한다. 우리는 책 내용 중 이 부분을 구성하면서 여러 개념들과 그것들 간의 연관성, 사례들을 작업기억에 담아둔 채로 글을 써 내려가고 있다. 또한 작업기억은 클라이언트에게 할 다음 질문을 구상하는 동안 클라이언트가 했던 말들을 당신 머릿속에 잡아둘 수 있도록 해 준다. 작업기억은 한 번에 20초 정도 지속되며 새로 고치지 않으면 사라진다. 그것은 언제든지 유명한 '7±2'의 정보 덩어리로 제한되며[4] 정보 덩어리의 수는 제한돼도 덩어리의 크기와 구성 방법은 제한받지 않는다. 위의 사례에서 헨리 몰래슨의 작업기억은 수술의 영향을 받지 않았다.

장기기억은 우리가 '기억하는' 모든 것이다. 그것은 며칠, 몇 달, 몇 년 전으로 거슬러 올라갈 수 있다. 해마는 단기기억을 장기기억으로 바꾸는 뇌의 구조물이며 내측 측두엽 깊숙한 곳에 있다. 뇌의 피질 하부와 전전두피질, 둘 다 해마와 많은 관련이 있다. 뇌는 기억을 해마에 저장하지 않고 대뇌피질 속으로 점진적으로 이동시키는 것처럼 보인다. 장기기억은 뇌 전체에 흩어져 있다. 뇌에 '장기기억 저장소'는 따로 존재하지 않는다. 시각기억은 후두엽(시각피질)에 저장되고, 청각기억은 측두엽에 저장된다. 일어난 일을 이미지로 다시 떠올리는 것은 사건을 다시 경험하는 것과 유사하다. 그 이유는 같은 회로가 활성화하기 때문이다. 시각기억은 시각회로를 활성화하고 청각기억은 청각회로를 활성화한다.

해마는 성인 뇌의 신경가소성을 최초로 보여준 영역 중 하나였다. 런던의 개인 택시(Black Cab)의 운행 자격 시험, 더 날리지The Knowledge를 치르기 위해 런던의 택시 기사들이 미로같이 복잡한 런던의 도로와 지형 지물을 암기할 때 그들 뇌를 관찰한 결과, 도로를 암기하는 동안 해마의 부피가 증가한다는 사실을 확인하였다.[5] 해마는 또한 공간 정보도 처리한다. 그 처리과정에는 사건과 사실뿐만 아니라 위치를 코딩하는 뉴런도 개입한다. 선사시대에는 '어디서 일어난 일인지'가 '무슨 일이 일어났는지'만큼이나 중요해서, 아마도 해마는 적절한 부차적 기능을 수행하는 나머지 기억 기능과 함께 길을 찾기 위해 발달했을 것이다. 상상으로 어떤 위치에 정보를 저장하고 그 정보를 떠올리는 기억 전략은 실제로 기억력 향상에 효과가 있다.[6]

기억의 단계

우리는 마치 '기억'을 실체가 있는 것처럼 이야기하지만 기억은 하나의 처리과정일 뿐이다. 기억은 뉴런 사이의 연결이나 시냅스 간의 강도가 바뀌는 것이다. 어떤 의미에서는 '기억'은 없고 기억해 내거나 다시 찾아내는 '행위'만 있을 뿐이다. 이 기억의 행위가 매번 '기억'을 바꿀 수 있다는 것을 우리는 알게 될 것이다. 장기기억이 되려면 반드시 다음의 세 가지 주요 단계를 거쳐야 한다. 한 단계라도 놓치면 기억이 남지 않는다.

첫 번째 단계는 코딩이다. 감각을 통해 뇌에 들어오는 정보가 기억의 흔적을 만든다. 기능성 자기공명영상 연구는 새로운 정보를 얻을 때 해마가 활성화되고 전두피질 영역도 활성화된다는 것을 보여준다. 코딩은 이 두 가지 뇌 영역에서 발생하는 시냅스의 강도 변화와 신경가소성을 통해 새로운 시냅스를 생성하는 것과 관련된다. 기억의 흔적은 시냅스 연결이 변경되어 저장된다. 알코올은 코딩 과정을 방해하는데 이것이 술을 많이 마신 사람이 다음날 아침 전날 일을 기억하지 못하는 이유이다.

놀라운 사건들은 더 강하게 코딩되는 경향이 있다. '놀란다'는 것은 우리의 관심을 유도하고 사건에 중요성을 부여하는 감정이다. 놀람은 긍정적인 것도 부정적인 것도 아니다. 놀라움은 항상 행복이나 두려움 또는 분노와 같은 일반적인 다른 감정들로 자연스레 넘어간다.

우리가 감정에 관한 장에서 보았듯이 뇌는 편도체를 사용하여 기억을 코딩하는 또 다른 독립적인 과정을 가지고 있다. 만약 우리가 싸움이나 교통사고와 같은 감정적으로 격렬한 상황에 휘말리면, 평상시 기억을 저장하는 해마뿐만 아니라 편도체도 기억을 독립적으로 저장한다. 따라서 당신은 같은 사건에 대해 일반적인 기억과 감정적인 기억 즉 두 가지 기억을 갖게 되는 것이다. 우리가 강렬하고 무서운 경험을 할 때 시간이 느려지는 것처럼 보이는 이유는 이 추가적인 기억 과정 때문이다. 뇌는 속도를 높이지 않는데 저장한 기억들이 더 많아지고 가득차서, 그래서 시간이 더 많이 걸리는 것처럼 느낀다.[7]

편도체 기억은 더 생생하고 충격적이지만(이런 기억들을 섬광 기억 flashbulb memory이라고 부른다.) 정확도는 더 떨어진다. 이것은 911 테러 사건을 기억하는 것에 관한 흥미로운 연구에서 나타났다.[8] 역사에 남을 만한 어떤 순간에 대해서 기억할 때 대부분의 사람들은 자신이 어디에 있었고 무엇을 하고 있었는지를 기억한다. 연구자들은 911 테러가 발생한 지 일주일 후 수백 명의 사람들을 인터뷰하며 그들에게 무엇이 기억나는지를 물었다. 그리고 1년 후 같은 사람들에게 똑같은 질문을 했다. 첫 번째 인터뷰 때의 응답이 정확하다고 가정한다면 1년 후의 응답은 첫 번째 인터뷰에서의 답변과 불과 60%만 일치했다. 2년 후에 실시한 인터뷰에서도 같은 결과가 나왔다. 팩트에 대한 기억은 덜 왜곡되었다. 팩트에 대한 기억은 1년 후 90%가 일치했고 3년 후에는 80%가 일치했다. 당시 그들이 어디에 있었고 무엇을 하고 있었는지에 대한 개인적인 기억도 그다지 일관적인 편은 아니었다. 가장 많이 달라진 것은 당시의 감정에 대한 기억들이다. 최초 응답과 40%밖에 일치하지 않았다. 그러나 이 감정적인 기억은 그들이 가장 확실하다고 믿는 기억들이었다. 그들은 확신하는 정도를 평가하는데 5점 만점에 4점을 주었다. 이 연구 결과를 통해 기억에 대한 확신은 기억이 정확하다는 것을 의미하지는 않는다는 것을 알 수 있다.

두 번째 단계는 강화와 저장이며, 이것은 기억을 안정시킨다. 기억강화는 두 단계로 이루어지는 것으로 추정된다. 내측 측두엽 특히 해마에 의해 결정되는 빠른 초기 과정이 있으며, 그 다음에 기억을 영구적으로 굳히는 느린 과정이 뒤따른다. 느린 강화 과정이 어떻게 이루어지는지는 명확하지 않지만 우리는 수면이 필수적이라는 것은 알고 있다. 해마는 신피질과 함께 작동하며 정보는 천천히 전달되고 신피질에서 영구적인 흔적으로 바뀐다. 기억을 상기시킬 만한 적절한 것이 주어지면 그 때 우리는 장기기억에서 그 기억을 찾아올 수가 있다.

수면 장애와 만성 스트레스는 모두 기억강화에 방해가 된다. 신체적, 정신적 스트레스는 시상하부-뇌하수체-부신(HPA)경로를 통해 스트레스 호르몬인 코티솔의 분비를 유발한다. 코티솔은 해마의 일부 영역에 결합하여 기억강화를 방해한다. 한 연구에서는 스트레스를 받지 않는 사람에 비해 만성적으로 높은 스트레스를 경험하는 사람들의 해마의 부피가 14% 감소한 것으로 나타났다.[9] 우울증은 해마의 부피를 감소시키기 때문에 기억력에도 영향을 미치는 것으로 보인다.[10]

머리 부상이나 외상도 기억강화에 부정적 영향을 미친다. 조셉은 12살 때 차에 치였다. 그는 차로 쪽으로 나간 것과 병원에 입원한 것은 기억한다. 그러나 사고 당시 의식을 잃지 않았음에도 불구하고 사고 자체에 대해서는 기억하지 못한다. 여러 면에서 사고 자체가 가장 충격적이고 강렬하게 코딩은 되었지만 기억강화는 잘 되지 않았던 것이다.

수면

우리는 1장에서 수면이 근육 기억을 강화하고 신경가소성을 활성화하는 데 얼마나 중요한 역할을 하는지 살펴보았다. 수면은 모든 종류의 기억을 강화하는 데 중요한 역할을 한다. 이 사실은 새롭게 등장한 개념이 아니다. 로마의 역사학자 퀸틸리언Quintilian은 2000년 전에 다음과 같이 기록했다. '하룻밤 동안의 수면이 기억의 강도를 크게 증가시킨다는 것은 기이한 사실이며 즉석에서 떠올려지지 않는 기억들이 다음날에는 쉽게 조정된다.'

1924년 '수면과 기억강화 간의 연결고리'가 과학 용어로 확정되었다.[11] 관련한 연구들은 이후 여러 번 반복되며 자기복제처럼 같은 결과를 내었고, 수면 후 기억 보존력이 40%까지 증가한다는 사실도 밝혀냈다. 비급속 안구운동(NREM, 비렘)을 하는 깊은 잠을 자는 동안, 해마 내부와 주변에 저장된 단기기억이 장기기억으로 변환되어 대뇌피질의 더 안전한 장소로 옮겨진다. 이 과정은 무분별하게 이뤄지지 않는다. 웬일인지 뇌는 우리가 매일 배우는 것들에 스티커와 같은 마커를 붙여서 중요한 것을 표시하는 것처럼 보인다. 비렘(NREM)수면 동안 뇌는 표시된 정보를 선택하고, 전달하고, 강화할 수 있는 것으로 보인다.[12] 숙면을 취하지 않으면 기억은 전달되지 않고 약한 상태로 남아서 쉽게 파괴되고 다른 기억으로 바뀐다. 급속 안구운동을 하는 렘(REM)에서는 이 강화된 기억들을 받아들이고 그 기억들을 뒤섞어가며 꿈과 같은 형태로 우리의 '정신 극장'에 통합시킨다. 많은 사람들이 시험이나 발표 전 날 벼락치기 암기를 위해 잠을 자지 않고 '밤샘'을 하는 것은 이상한 일이다. 정확히 그들이 취해야 하는 행동과 정반대로 하는 것이다.

인출

인출retrieval은 기억의 세 번째 단계이다. 그것은 우리가 기억하는 유일한 방법이다. 우리는 기억이 저장되어 있는 신경망을 어떻게든 다시 활성화하고 작동시킨다.[13] 우리는 기억하는 것을 당연하게 생각하지만 사실 이것은 놀라운 과정이다. 이 과정은 원래의 경험에 접근해서 그것을 우리 의식 속으로 가져오는 것과 연관이 있다. 우리는 그 경험을 시각화하고 묘사할 수 있으며 심지어 그 당시 우리가 느꼈던 감정들을 느낄 수도 있다. 기능성 자기공명영상 실험은 해마와 대상피질의 일부가 기억을 검색하여 인출할 때 활성화된다는 사실을 보여주었다. 해마는 일화기억 즉 우리의 개인적인 경험을 떠올릴 때만 활성화되는 것 같다. 측두엽의 다른 영역들은 익숙한 사건 또는 사물을 기억할 때 활성화된다. 이것은 다양한 종류의 사건에 대해 다양한 형태의 기억이 존재함을 암시한다.

우리는 여전히 인출 과정이 어떻게 진행되는지 모른다. 어떤 이론은 서로 다른 대상이 하나의 뉴런에 코딩될 수도 있다고 주장한다. 이렇게 코딩되는 세포들을 이른바 '할머니 세포'라 부르는데 아마도 두 대상 중 하나는 친할머니이고 다른 하나는 외할머니여서 그렇게 부르는지도 모르겠다. 허나 이야기는 여기서 그치지 않는다. 만약 할머니 세포가 죽는다면 당신은 할머니를 알아보지 못할 수도 있다. 마찬가지로 할머니가 변장을 하거나 나이 든 모습으로 바뀌면 그 세포는 할머니를 알아보기 위해 어떻게 적응할까? 그런데 어떤 상황에서는 하나의 세포가 하나의 기억을 암호화할 수 있다는 것을 보여 주는 연구 결과들도 나왔다. 한 실험에서 좌우 두 두개 간에 전극을 연결한 피실험자들에게 연예인, 유명한 건물, 그리고 친숙한 동물의 사진을 보여주었다.[14] 연구원들은 한 세포는 빌 클린턴의 사진에만, 다른 세포는 비틀즈의 사진에만, 그리고 또 다른 어떤 세포는 제니퍼 애니스톤의 사진에만 반응한다는 것을 발견했다. 제니퍼 애니스톤 세포는 유명한 세포가 되어 많은 연구가 이루어졌다. 그 세포는 그녀의 사진에는 반응했지만 이상하게도 그녀와 브래드 피트가 함께 나온 사진에는 반응하지 않았다. 그 세포는 그녀와 리사 쿠드로가 함께 나오는 사진에는 반응했기 때문에 아마도 그 세포는 '프렌즈(미국 드라마)' 관련 네트워크의 일부이거나 특정 인물이 아닌 특정 컨셉을 나타내는 세포인 듯하다.

'제니퍼 애니스톤 세포'는 장기기억 데이터가 저장, 인출, 검사, 반환되며 변하지 않고 손상되지 않는 하드디스크와 같다는 대중적인 비유를 담고 있다. 하지만 우리의 뇌는 컴퓨터가 아니며 기억은 하드디스크와 전혀 다르다. 개인적인 경험을 기억하는 것은 기억을 떠올릴 때마다 그것을 재구성하는 창조적인 행위이다. 기억을 다시 돌려놓은 것과 꺼내는 것은 조금 다르다. 이것은 조셉 르두Joseph LeDoux와 그의 동료들에 의해 진행된 몇 가지 흥미로운 실험에서 입증되었다.[15] 그들은 쥐들에게 큰 소음에 경미한 전기 충격을 상기시키도록 가르쳤다. 쥐들은 그 소리를 들으면 전기 충격을 예상하며 움츠러들었다. 연구진이 뇌에서 새로운 단백질이 형성되는 것을 막는 화학물질을 주입했을 때(기억은 새로운 연결을 만들기 위해 단백질을 필요로 함) 쥐들은 그 연관성을 잃어버렸다. 쥐들은 두려운 기억을 잃어버렸기 때문에 더 이상 전기 충격을 예상하지 못했다.

연구진은 더 나아가서 쥐들이 전기 충격을 기억하는 도중에 주사를 맞으면 어떻게 될지 궁금했다. 그들은 큰 소리를 두려워하는 쥐들을 붙잡아서 쥐들이 소리의 의미(전기 충격)를 기억하고 있는 정확한 순간에 화학물질을 주입했다. 결과는 놀라웠다. 기억하는 행위를 멈추게 함으로써 원래의 기억을 사라지게 만든 것이다. 그 쥐들은 더이상 연관성을 만들어 내지 않았다. 물론 이 실험은 쥐를 대상으로 했지만 인간의 기억 메커니즘도 쥐와 동일하다. 다른 연구에서는 두려운 기억이 활성화될 때 그 기억을 재강화하기 위해서는 편도체에서 새로운 단백질이 만들어져야 한다는 것을 알 수 있었다. 기억하는 행위는 창조적이며 재강화된 기억은 원래의 흔적과 완전히 같지 않다. 기억하는 뇌 영역은 기억을 코딩했던 뇌 영역이 아니어서 기억은 업데이트 되어야 한다.[16] 기억은 보관소가 아니라 처리과정이며 개인적인 기억은 당신이 마지막으로 떠올린 기억이 좋았던 만큼만 좋다.

코치는 클라이언트가 기억을 바꾸도록 도울 수 있다. 클라이언트는 사람, 상황, 생각, 감정을 기억하고 코치에게 이야기한다. 그들은 많은 기억으로 구성된 그들의 스토리를 코치에게 들려준다. 코치는 이 이야기를 받아들여 질문하고, 질문을 통해 재구성하고, 새롭게 구분하면서 새로운 관점을 제시한다. 그 결과 클라이언트의 스토리가 바뀌고 클라이언트의 기억은 처음 떠올렸던 기억과 미묘하게(때로는 극적으로) 달라진다. 클라이언트는 상사가 소리 지르는 것에 대해 불평을 한다. 그에 대한 뚜렷한 기억을 가지고 있으며 그 기억은 상사는 멍청하다고 얘기한다. 코치와 클라이언트는 당시 상황과 상사가 평소에 말하는 방식, 전체 상황, 당시 클라이언트의 기분 등에 대해 대화를 나눈다. 종국에 클라이언트는 상사가 화가 나서 목소리를 높였다가 평정을 되찾았던 상황, 즉 사무실에서 있었던 긴급 상황에 대한 기억을 가지고 코칭을 마친다. 이 기억은 '상사는 멍청하다'가 아닌 '사무실 긴급 상황'이라는 제목으로 수정된다.

의미기억

우리는 다양한 종류의 정보를 저장한다. 예를 들어, 조셉은 사실과 정보를 잘 기억함으로써 어떤 책의 내용과 대화 사이의 연관성을 쉽게 찾아내는 능력이 있다. 때로는 그 내용을 처음 읽었던 그 페이지에 대한 직관상(直觀像)을 가지고 대화를 이어가기도 했다. 그러나 그는 그 책을 언제 어디에서 읽었는지를 기억하지 못한다. 조셉은 경험과 교육을 통해 우리 모두가 습득하는 일반 지식의 저장소/사전, 즉 '의미기억semantic memory'이라는 것에 능숙한 것이다. 브라질의 수도, 뇌에 있는 뉴런의 수, 코칭이 시작된 장소와 시기 등 의미기억은 맥락이 없고 사실만 존재한다. 언제 어디서 배웠는지는 상관없다. 의미기억들은 틀릴 수 있어서 우리가 거짓말을 했을 수도 있고 오해했을 수도 있고 아니면 기억이 왜곡되었을 수도 있다. 하지만 의미기억이 틀릴 수 있기는 해도 비교적 안정적이다. 프랑스의 수도가 파리라는 기억은 바뀌지 않지만 파리에서 했던 일에 대한 기억은 떠올릴 때마다 조금씩 바뀔 것이다.

의미론적 지식은 대부분 언어적이며 단어에 저장된다. 어떤 단어들은 다른 단어들보다 더 추상적이다. 예를 들자면 교육, 존중, 행복, 소통, 논쟁 및 발표와 같은 단어가 있다. 이와 같은 단어들은 가치관과 중요한 개념을 나타내며 우리 모두는 그 의미에 대해 어느 정도 의미기억을 가지고 있다. 다만 단어가 추상적일수록 더욱 살이 붙을 것이고 우리의 일화기억에 들어있는 개인적 경험에 의해 감정적 어조와 의미가 부여될 것이다. 이 단어들은 경험에 의해 의미가 부여된다. 클라이언트가 그 단어들을 사용할 때 그들의 문화, 교육, 경험에 따라 당신이 생각하는 것과는 다른 의미를 부여할 것이다. 이러한 경우 의미기억만으로는 충분하지 않다. 클라이언트에게 이 단어가 어떤 의미인지 코치는 질문을 해 보아야 한다. 클라이언트들은 그들의 단어를 해독할 때 코치와 같은 사전을 사용하지 않는다.

우리의 지식은 기하급수적으로 확장되었다 우리는 인터넷으로 매초 기가바이트의 데이터를 생성한다. 인류의 과학적 지식 대부분은 지난 몇 백 년 사이에 생겨났다. 우리는 더 이상 그러한 지식을 뇌에 저장하지 않는다. 우리는 이제 그것을 기억하려고도 하지 않는다.[17] 인터넷 검색 엔진은 무한한 크기의 의미기억 저장소이다.[18] 다양한 측면에서 우리는 우리의 의미기억을 구글에다 외주를 맡긴 셈이다.

일화기억

일화기억episodic memory 또는 서술기억narrative memory은 개인적인 경험에 대한 기억이다. 이 기억은 어디서, 언제, 누가 있었는지와 같은 맥락이 항상 포함된다. 안드레아는 일화기억력이 좋다. 그녀는 자신의 삶에서 일어난 사건이 정확히 언제, 어디서 일어났는지에 대한 뛰어난 시각적 기억력을 지니고 있다. 일화기억은 해마와 내측 측두엽에 있는 다른 구조물에 의해 좌우된다. 이 영역들은 생후 18개월이 지나야 성숙하기 때문에 우리는 유아기 경험을 기억하지 못한다. 중요한 사건들은 의미기억과 일화기억을 가지고 있을 것이다. 예를 들어, 우리는 2001년 9월 11일에 뉴욕 쌍둥이 빌딩이 무너졌다는 사실을 알고 있고(의미기억), 그 뉴스를 들었을 때 우리가 어디에 있었고 무엇을 하고 있었는지 말할 수 있다(일화기억).

일화기억은 왜곡되고 잊혀지기 쉽다. 디지털 카메라, 유튜브, 인스타그램은 그 약점을 보완하기 위해 생겨났다. 비록 이런 '기억'들은 보통 좋은 인상을 주기 위해 조작된 것이기는 하지만 말이다.[19]

스크립트기억

일화기억은 종종 스크립트기억script memory과 혼동된다. 스크립트 기억은 실제 기억이 아니다. 이것은 '보통' 일어나는 일에 대한 하나의 일반적인 생각으로 비슷하면서도 서로 다른 많은 일화기억들의 집합체이다. 스크립트기억에는 맥락이 없다. 만약 당신이 20일 전에 아침 식사로 무엇을 먹었는지 설명해야 한다면 당신은 아마도 아침 식사에 대한 스크립트기억을 떠올릴 것이다. 실제로 아침으로 먹은 것이 당신 머릿속에 있는 스트립트기억과 같을 수도 있고 다를 수 있다. 스크립트 기억을 만들려면 일화기억을 구성하는 능력이 필요하다. 또한 몇 가지 비슷한 사례를 하나의 유형으로 일반화할 수 있는 능력도 있어야 한다. 우리는 약 네 살부터 스크립트기억을 만들어 내는 능력이 발달한다.

스크립트기억은 기억을 일반화하고 클라이언트의 억측을 보완한다. 판단이나 일반화 또는 불만 같은 것은 보통 스크립트기억에서 발생한다.

코치는 스크립트기억이 아닌 실제 사건에 대한 일화기억으로 코칭을 한다. 스크립트기억을 조심하라. 일화기억을 얻기 위한 좋은 질문은 '예를 들어주세요'와 '몇 가지 세부사항을 말해 주세요'이다. 이것은 클라이언트들이 일어날 수도 있었던 일이 아니라 실제 일어난 일을 기억해 내는 데 도움이 된다. 일화기억에 접근하는 또 다른 방법은 그 당시의 감정에 대해 물어보는 것이다. 그 구체적인 사례가 일반적으로 발생하는 것과 어떻게 다른지 물어볼 수도 있다. 이렇게 하면 스크립트기억이 실제 사건과 분리된다.

그리고 클라이언트가 사용하는 언어를 통해서 스크립트기억과 일화기억의 차이를 알 수 있다. 스크립트기억은 그 사건이 과거에 일어난 일이더라도 '나는 ~를 한다'와 같이 현재 시제로 표현할 것이다. 스크립트기억은 또한 '나는 이것을 할 것이다'처럼 종종 조건부 시제로 표현되며, 일화기억은 일반적으로 '나는 ~를 했다'처럼 구체적인 서술과 함께 과거 시제로 표현된다. 일화기억에는 많은 세부사항과 맥락이 담겨 있다.

암묵기억

암묵기억implicit memory은 습관적인 행동을 수반한다. 이 기억은 말로 표현하기 어렵다. 암묵기억은 행동으로 구현된다. 자전거 타는 방법을 설명해 보면 알 수 있다. 암묵기억에는 걷기(우리 모두 시행착오를 통해 걷기를 배웠다), 테니스, 운전, 기타 연주 등과 같은 숙달된 운동 기능이 포함된다.[20] 이러한 운동 기능은 주로 신경전달물질인 도파민을 통해 움직임을 조절하는 기저핵과 같은 여러 시스템과 관련이 있다. 조건반사와 비중독성 습관은 또 다른 유형의 암묵기억이다. 우리는 이들 대부분을 무의식적으로 수행하고 이것을 어떻게 하는지는 설명하기 어려워한다. 심지어, 찻잔을 들어 올리는 행위(글을 쓰면서 항상 하듯이)와 같이 일상적인 동작 하나도 손, 눈, 그리고 균형감각이 놀랍도록 복잡한 협업을 함께 해야 완성된다.

알림과 신호

기억을 하려면 코딩의 강도나 그 기억이 얼마나 단단히 자리잡았는지만으로는 부족하다. 기억을 떠올릴 신호cue가 있어야 한다. 사람들이 기억력이 나쁘다고 말할 때 그것을 가끔 필요한 정보를 끌어내는 데 도움이 될 만큼 충분한 알림 시스템이 설치되지 않았음을 의미한다.

알림reminders은 랜덤과 계획 두 가지 유형이 있다. 랜덤 알림은 언제나 발생한다. 한 레스토랑에서 풍기는 냄새는 오래 전 방문했던 다른 어떤 장소를 떠올리게 한다. 책에서 읽은 한 문장은 다른 어떤 책이 떠올리게 한다. 어떤 건물을 찾아가면 그곳에서 했던 일에 대한 기억들이 밀려 온다. 우리는 랜덤 신호를 통제하지 않는다. 랜덤 신호는 현재의 무언가가 더 넓은 시스템과 연결되거나 우리의 전전두피질에 저장된 기억과 연결되었을 때 발생하며, 이 신호는 마치 거미줄 가장자리에서 시작된 떨림이 전체 거미줄의 구석구석에 퍼져 나가는 것처럼 다른 기억들을 불러들인다.

계획 신호는 우리가 기억하기 원할 때 설정해야 하는 것이다. 설정하는 방법에는 여러 가지가 있다. 외부에 설정하는 방법도 있다. 다른 사람들에게 상기시켜 달라고 부탁할 수 있다(그러나 그들이 잊어버려도 비난하지 말라). 메모와 사진도 효과적인 방법이다. 맥락 의존적 기억은 당신에게 기억을 상기시켜 주기 위해 장소를 활용한다. 익숙한 건물 안으로 걸어 들어가면 기억들이 새록새록 떠오르는 것처럼 말이다. 기억은 단지 하나의 사건이 아니라 기억을 재구성하는 데 도움을 줄 수 있는 모든 것이 많은 연관성과 신호로 연결된 것이다.[21] 당신의 심리적인 상태가 신호가 되는 기억은 상태의존적 기억이다. 기억에 접근하려면 자신의 기분을 당시와 똑같은 상태로 돌려놓으면 된다.

기억을 재구성하는 데 도움이 되는 가장 좋은 신호는 기억과 이어진 연관성이다. 기억을 재구성하는 하나의 방법은 당신이 이미 알고 있는 것에 새로운 정보를 추가하는 것이다. 신경 차원에서는 시냅스를 강화하고 뉴런 간의 연결을 만들면서 기억들을 형성한다. 뉴런 간의 연결이 강할수록 기억도 더 선명하다. 우리가 배운 것을 다시 떠올리면 이미 존재하고 있던 연결이 활성화된다. 새로운 정보가 추가될 때 활성도가 증가하여 연결은 더 강해지고 예전 기억을 더 강하게 만들어 새로운 정보가 예전 기억과 함께 저장될 가능성을 높인다. 신경망 네트워크는 새로운 정보를 받아들이기 위해 이미 '활성화된' 상태인 것이다. 배우들은 이를 이용하여 대사를 외운다. 즉 그들은 다음 대사를 마지막으로 외운 대사에 연결된 신호와 이어 붙이는 것이다.

　　코치들은 클라이언트가 행동 단계를 잊지 않도록 돕는데 알림을 사용한다. 구조는 고객이 다르게 생각해 보거나 다르게 행동해 보겠다는 생각을 상기할 수 있도록 특별히 고안된 신호다. 구조는 클라이언트가 다른 방식으로 행동해 보겠다는 생각을 잊지 않고 제때 하길 원하지만, 막상 새로운 행동이 필요한 그 순간이 오면 깜빡해 버리는 우리의 보편적인 문제를 해결해 준다. 습관적인 사고에 장악되면 하고 싶은 대로 하지 않고 늘 해오던 대로 행동하게 된다. 이에 대한 대비로 코치와 클라이언트는 미리 알림을 준비해 놓을 수 있다. 가장 좋은 알림은 '활성화된' 네트워크 상태로 들어갈 수 있도록 기존의 아이디어 및 관심사와 연결 짓는 것이다. 일례로 조셉의 고객 중에 삶이 좀 더 균형 잡히길 원하는 클라이언트가 있었다. 그녀는 가끔 어떤 업무가 본인의 시간을 너무 많이 빼앗는다고 느꼈다. 그녀는 그림에 관심이 많았기 때문에 만다라를 십자가 형태로 그려서 책상 위에 올려놓는 것을 알림 및 행동 단계로 설정했다. 그녀는 이전에 두 가지 상반된 경향을 통합하는 것과 십자가 은유에 대해 이야기한 적이 있었기 때문에 그 구조물은 알림으로서 아주 적합한 것이었다. 코치가 클라이언트에게 상기시켜 주는 임무를 떠맡아서는 절대로 안 된다. 클라이언트 스스로가 상기해야 하고 그렇게 할 방법을 찾아야 한다.

프라이밍과 기억

우리는 앞에서 프라이밍의 작동 방식에 대해 이야기했다. 우리 뇌는 의식적으로는 알아차리지 못한 채 주어진 상황과 맥락에 영향을 받는다(플로리다 효과). 그러므로 우리의 기억도 프라이밍될 수 있다. 우리는 자신도 모르는 사이에 정보를 보유한 채 잊어버리며 이로 인해 이상한 결과가 생겨날 수 있다.

우리의 기억은 최근에 일어난 일에 의해 프라이밍되고 영향을 받는데 이는 어쩔 수 없는 일이다. 우리 뇌는 우리에게 익숙한 것들을 쏟아내기 위해 펌프처럼 준비되어 있다.[22] 예를 들어 우리가 H-P-O------S에서 빠진 글자를 채워서 단어를 만들어 보라고 하면, 당신은 hippopotamus(하마)보다 hippocampus(해마)라는 단어를 만들 가능성이 훨씬 더 높다. 만약 이 책이 아프리카 사파리 가이드북이었다면 hippocampus(해마)의 철자가 틀렸어도 당신은 hippopotamus(하마)에 프라이밍될 것이다. 이것은 사소한 예시에 불과하지만 그 원리는 중요하다. 당신은 중요한 회의나 중요한 대화 전에 어떤 책을 읽는가? 그것이 당신을 어떻게 프라이밍할까? 특정 단어가 프라이밍되면 나중에 비슷한 단어를 더 빠르게 인식할 수 있다. 프라이밍 단어를 본 뒤 실험에 참여한 기억상실증 환자들은 이전에 단어를 본 의식적인 기억이 없어도 더 빨리 단어를 인식하고 완성할 수 있었다.[23] 프라이밍은 어떤 종류의 기억은 별도의 기억 시스템에 의해 작동하며 의식적인 호출에 의존하지 않는다는 것을 보여준다. 상황은 우리의 인식을 우회하는 일종의 신호 역할을 한다.

프라이밍이 긍정적으로 작용할 수도 있다. 과거에 특정 상황에 노출된 경험이 있으면 다음에는 더 빠른 대응이 가능하다. 즉 프라이밍이 그 순간에 우리에게 필요한 것을 즉각적으로 연결해 우리를 돕는 것이다. 또한 프라이밍은 우리에게 불리하게 작용할 수도 있다. 주위가 산만해질 수 있는 것이다. 예를 한 번 보자. 지금 20초간 방을 둘러보고 녹색으로 보이는 모든 것을 기억하라. 다음 각주에서 당신의 기억력을 테스트할 것이다. 이제 다음 각주로 넘어가라.[24]

프라이밍은 뇌의 초점을 미리 맞춰 놓기 때문에 그것이 실수로 이어질 수 있다. 〈표 7.1〉의 단어 목록을 약 30초 동안 살펴보라.

표 7.1 기억 프라이밍

오렌지	멜론	라즈베리	메뉴
블랙	종	파이	건포도
잔디	스쿼시	모히토	여울
후추	사과	포도	토마토
씨	덤불	스크류드라이버	다섯
파인애플	마티니	높은	자두
아보카도	라임	올리브	에메랄드

이제 간단한 기억력 테스트가 실려 있는 각주[25]로 이동하라. 계속 읽어 나가기 전에 먼저 이 테스트부터 해보길 추천한다.

대부분의 사람은 존재하지 않았던 2~4개 단어가 본문의 리스트에 있었다고 응답한다. 그 이유는 당신이 같은 범주에 속하는 단어들을 예상하도록 특정 단어에 의해 프라이밍되었기 때문이다. 예를 들어, '라임', '아보카도', '잔디', '에메랄드'와 같은 단어들이 본문 리스트에 있었다. 이 단어들은 모두 녹색이며 프라이밍하여 녹색이 떠오르도록 하지만 '녹색'이라는 단어 자체는 리스트에 없었다. (이전 테스트에서도 녹색에 대한 간접 프라이밍이 있었다.) 당신의 기억력이 특출하지 않은 이상, 24개의 단어를 모두 기억하지는 못할 것이다. 이 간단한 트릭은 기억이 우리를 어떻게 오도할 수 있는지 잘 보여 준다. 이따금 우리는 사건이나 사실을 기억한다고 생각하는데 그것은 실제로 일어났기 때문이 아니라 그 일이 상황과 맥락에 너무 잘 들어맞기 때문에 그 일이 일어났어야 한다고 생각해서이다. 즉 우리는 프라이밍을 기반으로 기억을 잘못 재구성하는 것이다.

프라이밍은 많은 마술과 멘탈 트릭의 바탕이다. 2명 또는 4명의 사람들이 시도해 보기에 가장 적합한 예시를 하나 소개하겠다.

10에서 50 사이의 짝수를 선택하라. 정했는가? 이제 각주[26]로 이동하라.

질문에 의한 프라이밍

엘리자베스 로프터스Elizabeth Loftus[27]가 진행한 고전적인 실험들은 질문하는 방식에 의해 기억이 어떻게 프라이밍되는지 보여주었다. 첫 번째 실험에서는 한 그룹의 학생들에게 두 대의 자동차가 충돌하는 비디오를 보여주었다. 그런 다음 그 그룹을 다시 다섯 그룹으로 나누어 자동차의 속도를 추정하도록 요청했다.

첫 번째 그룹에게는 '두 차가 박살났을 때(smashed) 속도는 어느 정도였을까요?'라고 물었다.

두 번째 그룹에게는 '두 차가 충돌했을 때(collided) 속도는 어느 정도였을까요?'

세 번째 그룹에게는 '두 차가 들이받았을 때(bumped into) 속도는 어느 정도였을까요?'

네 번째 그룹에게는 '두 차가 서로 부딪혔을 때(hit) 속도는 어느 정도였을까요?'

다섯 번째 그룹에게는 '두 차가 접촉했을 때(contacted) 속도는 어느 정도였을까요?'라고 질문했다.

첫 번째 그룹은 '박살나다'라는 단어를 듣고 평균적으로 속도를 시속 약 41마일로 추정했다. '접촉'이라는 단어를 들은 다섯 번째 그룹은 평균적으로 속도를 시속 32마일로 추정했다. 다른 그룹은 41마일과 32마일 사이로 추정했다. 모두가 같은 비디오를 보았음에도 불구하고 질문의 형식이 답변을 바꾸어 놓은 것이다.

로프터스와 동료들은 후속 실험을 진행했다. 한 그룹의 지원자들에게 같은 자동차 사고의 비디오를 보여주고 자동차가 서로 '부딪혔을 때(hit)' 얼마나 빨리 가고 있는지 추정하도록 주문했다. 다른 그룹에게는 자동차가 서로 '박살 났을 때(smashed)'의 속도를 물었다. 일주일 후 영상을 다시 보여주지 않고 두 그룹 모두에게 사고 현장에서 깨진 유리를 보았는지 물었다. 기존에 자동차가 '박살났다'는 단어로 질문을 받은 사람들은 사고 현장에 깨진 유리가 없었음에도 불구하고 깨진 유리를 봤다고 보고할 가능성이 2배 이상인 것으로 드러났다. 프라이밍은 그들이 거기에 없었던 것도 기억하도록 만든 것 같다.[28]

이 실험들은 법정 증언에 커다란 영향을 미쳤고 목격자 증언의 신빙성에 의문을 제기했다. 증인은 거의 거짓말을 하지 않으며 자신의 진술이 정직하다고 믿는다. 하지만 이 실험 결과로 변호사들이 목격자 증언을 프라이밍하기 위해 어떻게 질문을 구사할 수 있는지에 대해 쉽게 알 수 있다.

다음 연구에서 흥미로운 시사점이 발견되었다.[29] 한 그룹은 '그 부서진 전조등(the broken headlight)을 보았나요?'라는 질문을 받았다. 다른 그룹은 '부서진 전조등(a broken headlight)을 보았나요?'라는 질문을 받았다. 그 결과 첫 번째 그룹에서 부서진 전조등을 봤다고 응답할 가능성이 두 배나 높았다. 비록 실제로는 부서진 전조등이 없었지만 첫 번째 질문은 '이미 부서진 전조등이 있었다'는 것을 암시하고 프라이밍했던 것이다.

다음 질문들을 보고 차이점을 발견해 보라.

① '그 잠재 고객 인터뷰를 진행하셨나요?'
② '잠재 고객 인터뷰를 진행하셨나요?'

첫 번째 질문은 이미 잠재 고객이 존재한다는 것을 암시하고 당신이 그를 인터뷰했는지 묻는 것이다. 이 질문은 당신이 특정 고객을 떠올리도록 프라이밍한다. 반면 두 번째 질문은 위 질문처럼 특정 고객을 떠올리도록 프라이밍하지는 않는다. 이러한 차이는 여러 언어에서 발견된다.

뇌가 어떻게 언어를 통합하고 저장하는지에 대한 명확한 모델이 아직 없다. 측두엽(청각을 처리하는 영역)과 전두엽, 특히 브로카 영역(개념을 다루는)을 연결하는 좌뇌에는 넓은 범위에 걸친 연결들이 존재한다. 마치 우리 뇌에는 단어와 개념이 저장되어 있고, 그것들이 무엇을 뜻하는지 그리고 그것들이 지닌 철자와 소리 패턴을 가지고 문장을 만들기 위해서 서로 어떻게 결합하는지에 대한 내용이 담긴 심적

어휘집이 있는 것 같다. '고객'과 '그 고객'이 서로 다르게 구별되는 이 부분이, 어쩌면 우리가 단어를 학습하고 저장하는 방식의 조직적인 원리일지도 모른다.[30] 이는 코치를 비롯하여 정직하고 적확한 답변을 얻고자 질문을 하는 모든 사람들에게 분명 유의미하다. 언어는 생각을 프라이밍하고 특정 방향으로 이끄는 커다란 힘을 가지고 있다. 클라이언트나 클라이언트가 지닌 문제에 대해 코치가 하는 가정이나 짐작이 코치가 하는 질문에 새어 들어갈 수 있고 클라이언트의 답변은 프라이밍될 수 있다.

망각

망각은 정상적인 현상이며 시간이 지남에 따라 기억력이 저하되면서 자연스럽게 발생한다. 어떤 일들은 잊어버리기 더 쉽다. 예를 들어 알코올 같은 것으로 인해 코딩 과정에 방해받거나 해서 기억이 제대로 코딩되지 않으면, 기억이 강화되어 뇌에 저장될 가능성은 낮아진다.

기억이 잘 강화되고 저장될수록 잊혀질 가능성은 줄어든다. 반복은 기억 강화에 도움이 된다. 망각에 대한 최초의 연구는 1885년 헤르만 에빙하우스Hermann Ebbinghaus에 의해 진행되었는데 그 실험에서 사람들은 배운 것의 50%를 2시간 안에 잊어버렸고, 이틀이 지나서는 나머지 80%를 잊어버렸다.[31] 그 실험은 세 글자로 이루어진 의미 없는 음절들로 진행되긴 했지만 일반적인 원칙은 여전히 유효하다. 반복 없이 시간이 경과되면 될수록 강화는 더 많이 망각으로 이어진다.

뇌는 모든 것을 저장하도록 설계되지 않았다. 잊는 것은 정상이고 축복이다. 무엇보다 중요한 목표와 가치라는 형식으로 전전두피질에서 이루어지는 하향식 통제는 우리가 무엇에 주의를 기울이고 무엇을 기억하는지에 영향을 준다. 감정적으로 중요한 사건들은 잘 저장되고 반복은 기억을 강화하도록 해준다. 우리는 또한 사건들 사이의 연결들도 이해하고, 그렇지 않으면 기억을 잘 할 수 있게 연결을 만들기도 한다.

장기기억도 시간이 지나면 자연스럽게 퇴화된다. 강화되고 잘 코딩된 장기기억이라도 그 기억을 재구성할 신호가 없다면 쉽게 떠오르지 않을 수 있다. 때때로 우리는 감정적으로 불쾌한 기억을 잊고 싶어 하지만 의도적으로 잊기가 어렵다고 느낀다. 일단 기억이 강화되면 무엇을 잊어야 하는지 알기 위해 그 기억을 떠올려야 하는데, 그런 모든 회상하는 행위 자체가 시냅스를 강화하고 잊지 않도록 만들기 때문이다. 시냅스는 원래 형태로 돌아가지 않는다. 아마도 언젠가는 기억의 단백질 형성을 방해하는 약물이 만들어질 것이고, 르두의 쥐처럼 딱 적절한 순간에 그 약물 주사를 맞으면 우리도 잊을 수 있을 것이다. 제약 회사들은 우리가 이 글을 쓰는 동안에도 이 방법을 연구하고 있을 것이라는 데 한치의 의심도 없다.

코칭에 적용하기

◎

기억이 어떻게 작동하는지 그리고 어떻게 코딩하고 강화하고 찾아내 회상하는지를 아는 것은 매우 유용하다. 가끔 클라이언트는 시험, 회의 또는 작문 과제와 같은 어떤 프로젝트를 위해 기억력을 향상시키고 싶어 한다. 기억력 향상은 간단해 보이지만 기억하는 행위는 많은 측면들이 관련되어 있다. 첫째로 코딩이다. 기억의 흔적은 당시에 측두엽과 해마에 의해 잘 코딩되어야 된다.

기억의 재료들을 조직화하고, 명확하게 구획하여 덩어리로 묶고, 그것들 사이의 관련성을 만드는 것은 코딩이 더 잘 되도록 돕는다. 조직화가 잘 될수록 코딩도 잘 된다. 잘 코딩되면 강화도 잘 되고 기억을 찾아내기도 쉽다. 기억의 궁전은 기억의 재료를 조직하는 '청킹 Chunking; 덩어리로 묶기'의 한 방법이다. 청킹의 또 다른 방법은 기억해야 할 것들 중에서 할당된 범주와 공통점을 찾는 것이다. 단기기억은 정보의 개수를 7±2 '청크Chunk'로 제한받지만 청크의 크기는 제한 받지 않는다.

당신은 기억력이 좋은 사람에 대한 글을 읽음으로써 프라이밍을 유리하게 사용할 수 있다. 1998년에 진행된 한 실험에서 한 그룹에게는 지능에 대한 강의를 하면서 프라이밍을 하고 그런 다음 일반 상식 퀴즈를 풀게 했다. 두번째 그룹에게는 축구 훌리건들에 대해 읽어주며 프라이밍하고 첫 번째 그룹과 같은 퀴즈를 풀게 했다. 두 번째 그룹은 퀴즈 성적이 첫번째 그룹보다 낮았다.[32] (축구 훌리건들이 뛰어난 기억력을 가지고 있을 수도 있겠지만 지능으로 유명하지는 않다.)

좋은 기억력을 갖기 위한 원칙을 요약하면 다음과 같다.

① 술을 마시지 마라
② 주의를 기울여라
③ 건강한 정신 상태를 유지해라
④ 편도체를 진정시켜라 (편도체 납치로부터 벗어나라)
⑤ 기억을 조직화하고 덩어리로 만들어라
⑥ 당신 자신을 잘 프라이밍하라

기억을 안정화하기 위해서는 기억강화가 필요하다. 우리는 수면이 기억강화에 필수적이라는 것을 알고 있다. 반복 또한 기억강화에 도움이 된다. 뇌는 진화를 거치면서 '반복되는 사건'이 생존에 있어서 중요하다는 것을 학습해 왔다. 반복은 패턴을 제공하며 뇌는 항상 패턴을 찾으려 한다. 당신이 목적을 가지고 무언가를 반복하려고 하향식 결정을 내리면 당신의 뇌는 바싹 주의를 기울인다.

얼마나 자주 그리고 얼마나 오랫동안 반복해야 하는가? 이것은 모든 수험생들에게 중요한 질문이다. 많은 이론이 있지만 일반적으로 '반복 사이의 시간 간격이 점차 늘어나야 하며 아마도 그 간격은 매번 두 배로 증가해야 한다.'는 주장에 의견이 일치했다. 2시간 후에 한 번, 4시간 후에 한 번, 다음 날 한 번, 그 다음 날 또 한 번, 그 다음 이틀 후에 다시 또 반복하는 것처럼 말이다. 정확한 간격과 방법은 무엇을 기억하느냐에 따라 달라지지만, 짧은 시간에 다섯 번 반복하는 것은 3일에 걸쳐 다섯 번 반복하는 것에 비할 바가 못 된다. 며칠에 걸쳐서 반복을 하면 수면이 기억강화의 마법을 부리도록 도움을 주기 때문이다.

모든 것을 똑같이 기억하기 쉬운 것은 아니므로, 어려운 부분은 더 많은 반복이 필요하다. 자꾸 잊어버리는 것들은 기억강화에 가장 많은 시간을 할애해야 한다는 말이다. 그러니까 계속 처음부터 반복하는 것은 그렇게 효과적이지 않다는 의미이다. 조셉이 기타를 연주하기 시작했을 때, 그는 매번 곡 시작 부분부터 연습하곤 했다. 일주일 후 그는 도입부를 훌륭하게 연주했다. 마지막 부분도 꽤나 괜찮았지만 곡의 중간 부분에서는 실수가 많았다. 그는 전략을 바꾸어 연습시간의 50% 이상을 어려운 파트 연습에 할애했다. 그 결과 그 곡을 더 잘 기억하게 되었고 연주도 훨씬 더 좋아졌다.

기억강화와 저장에 도움되는 사항은 다음과 같다.

① 수면

② 할 때마다 간격을 늘려가면서 반복하기

③ 수면

④ 전략적 반복 – 어려운 부분을 더 자주 반복하기

⑤ 수면

코치는 클라이언트가 정확하게 기억을 떠올리기를 원하며 클라이언트에게 연관성 및 추가적인 세부사항, 특히 상황과 맥락에 대한 질문을 하여 도움을 줄 수 있다. 이렇게 하면 스크립트기억의 오류에 빠지는 위험을 피할 수 있다. 고의적으로 거짓말을 하는 클라이언트는 거의 없지만 기억하는 행위는 매우 섬세한 과정이기 때문에 내용이 추가(지어냄)되거나 누락(삭제)되어 기억이 왜곡될 수 있다. 기억은 틀릴 수 있으며 기억에 대한 개인의 확신이 정확성을 보장하지는 않는다. 오히려 종종 그 반대이다. 물론 클라이언트는 자신을 가장 좋게 보이도록 표현할 것이고 종종 자신에게 유리한 기억만 떠올리기도 한다.

주의를 분산시키거나 중간에 끼어드는 것도 기억을 방해할 수 있다. 코치는 일부러 클라이언트의 말을 끊거나 그들의 주의를 산만하게 하지는 않을 것이다. 그러나 의도치 않게 클라이언트의 주의를 흐트러뜨릴 수도 있다. 많은 클라이언트들이 위를 쳐다보거나 눈의 초점을 풀어서 시각적으로 기억을 재구성한다. 클라이언트가 이런 상태에 들어가 있을 때 코치는 가만히 있어야 하고 괜한 움직임으로 클라이언트의 정신적인 그림 그리기를 방해해선 안 된다.

우리는 프라이밍이 기억을 편향시킬 수 있다는 것을 알고 있다. 따라서 코치는 질문에 신중을 기해야 한다. 코치가 던지는 질문은 클라이언트가 기억하는 내용에 영향을 미칠 것이므로, 코치는 단어 선택에 신중해야 하고 프라이밍의 위력을 충분히 고려해야 한다.

기억이 어떻게 작동하는지 아는 것은 코치로 하여금 최고의 알림과 구조를 만드는 데 도움이 될 것이다.

마지막으로, '인터프리터interpreter'를 기억하라. 인터프리터는 모든 정보를 이해하려 하고, 패턴, 원인, 결과를 찾으려고 하며, 뒤죽박죽 섞여 있는 경험 속에서 질서를 만들어 내려고 노력하는 뇌의 한 부분이다. 뭔가 내용이 잘 맞아떨어지지 않는 부분이 있으면 인터프리터가 우리에게 유리하도록 매끄럽게 손질해 줄 것이다. 인터프리터는 우리를 우리 자신의 이야기의 영웅으로 만든다. 모든 기억에는 빈틈이 있고 인터프리터는 그럴싸한 방식으로 빈틈을 메운다. 이는 지극히 정상적이다.

우리의 뇌가 기억을 어떻게 다루는지 알면 널리 퍼진 몇 가지 멘탈모델을 약화시킬 수 있다. 우리의 기억은 우리가 생각하는 것만큼 정확하지 않고 신뢰할 수 없다. 기억이 작동하는 방식, 프라이밍의 위력, 스크립트기억의 유혹을 알고 있을 때 우리는 함정을 피하고 그것을 최대한 활용할 수 있다.

기억하는 행위는 창의적인 과정이며 우리는 이미 일어난 불변의 과거 사건을 떠올릴 때도 창의적이다. 우리는 기억을 바꾸고 다른 의미를 부여할 수 있다. 이런 능력이 코칭을 의미 있게 만든다. 코치는 기억된 자아의 서기로서 기억을 충실하게 기록한 다음 질문의 마법을 통하여 클라이언트가 자신의 기억을 재구성할 수 있도록 돕는다.

주석

1) 카너먼, 프레드릭슨, B. L. 슈라이버, C. A. & Redelmeier, D. A. (1993) 통증이 적은 경우보다 많은 경우: 더 좋은 결말 추가. 심리학, 4(6), 401-405.

2) 헨리 몰래슨(H.M.)은 신경과학 역사에서 가장 유명한 환자 중 한 명이다. 그의 사례는 외상성 부상을 감수하고 우리가 뇌를 이해하도록 도와주었다. 그는 1926년에 태어나 2008년에 사망했다.

3) 몇몇 영화들은 헨리 몰래슨이 겪었던 완전한 역행성 기억상실증에 대한 경험을 극화하려고 노력했다. '벤자민 버튼의 시간은 거꾸로 간다'와 '메멘토'가 아마도 가장 근접했을 것이다. 또한 댄 시몬스의 소설 '하이페리온'에는 '멀린의 병'으로 고통받는 인물 중 한 명이 등장한다. 이것은 그들이 나이를 거꾸로 먹게 하고, 매일 아침 그들은 전날에 대한 기억을 완전히 상실한 채 전날보다 하루 더 젊은 날에 잠에서 깬다.

4) 1956년 밀러Miller가 처음 제안한 이 모델은 오늘날에도 여전히 유효하다. 정보 덩어리chunk의 크기는 당신이 만들 수 있는 것이면 뭐든지 된다.

Miller, G. A. (1956). The magical number seven, plus or minus two: Some limits on our capacity for processing information. Psychological Review, 63(2), 81.

5) Maguire, E. A., Gadian, D. G., Johnsrude, I. S., Good, C. D., Ashburner, J., Frackowiak, R. S., & Frith, C. D. (2000). Navigation-related structural change in the hippocampi of taxi drivers. Proceedings of the National Academy of Sciences, 97(8), 4398-4403.

6) 기억의 궁전 전략은 기원전 8세기부터 그리스와 로마인들은 알고 있었다. 그것은 상상의 집을 시각화하고 당신이 기억하고 싶은 것들을 특정한 장소에 배치하는 작업이 포함된다. 집안을 걸어 다니면서 아이디어를 찾고, 장소를 시각화하며, 소리 듣는 것을 상상하는 것이 도움이 된다. 기억 전략에 관한 유용한 책이 몇 권 있다.

'Your Memory, how it works and how to improve it'. 케네스 히그비Kenneth Higbee, Perseus Books, 2001.

2011년 Penguin Books 〈Moonwalking with Einstein〉(한국어판: 아인슈타인과 문워킹을, 이순, 2011)이라는 조슈아 포어Joshua Foer의 책도 있다. 조슈아 포어는 기억력 훈련에 관심을 갖게 된 저널리스트이다. 1년간의 연구 끝에 그는 미국 메모리 챔피언십 결승전에 진출했다. 그는 카드 두 벌의 순서를 5분 안에 암기하는 것과 같은 과제를 놓고 다른 사람들과 경쟁했다. 그는 사람들이 엄청나게 큰 난수들을 줄줄이 외워대는 기이한 세상에 대해 재미있게 글을 쓴다. 그의 책을 읽으면서 나는 자전거를 타는 코끼리에 대해 오스카 와일드(내 기억에)가 남긴 재치있는 말이 떠올랐다. '자전거를 타는 코끼리보다 누군가가 코끼리들을 가르치려고 했다는 것이 나는 더 믿기 힘들다.'

7) 신경과학자인 데이비드 이글맨David Eagleman은 자원봉사자들이 시속 70마일의 속도로 3초 안에 150피트 아래 특별히 고안된 안전그물망에 떨어지는 일련의 실험을 통해 '시간왜곡' 현상을 탐구했다. 사람들은 자신의 추락이 다른 사람들의 추락보다 더 오래 걸렸다고 추정했다. 그들이 떨어지는 동안 특별한 크로노미터를 보게 해, 이글맨은 시간이 느리게 가는 것처럼 보인다는 걸 알려줬다. 1957년 알프레드 베스터Alfred Bester의 소설 〈Tiger, Tiger〉(한국어판: 타이거! 타이거!, 그리폰북, 2004)에서 영화 '매트릭스 3부작'(1999~2003)에 이르기까지 우리는 지금까지 시간이 느려지는 것은 사실 SF 소설이나 영화에서나 볼 수 있었다.

8) Hirst, W., Phelps, E. A., Buckner, R. L., Budson, A. E., Cuc, A., Gabrieli, J. D., … Vaidya, C. J. (2009). Long-term memory for the terrorist attack of September 11: Flashbulb memories, event memories, and the factors that influence their retention. Journal of Experimental Psychology: General, 138(2), 161. 웹 사이트 http://911memory.nyu.edu/(2018년 4월 24일 접속)도 참조하라.

9) Bremner, J. D., Randall, P., Vermetten, E., Staib, L., Bronen, R. A., Mazure, C., … Charney, D. S. (1997). Magnetic resonance imaging- based measurement of hippocampal volume in posttraumatic stress disorder related to childhood physical and sexual abuse - A preliminary report. Biological Psychiatry, 41(1), 23-32.

10) Bremner, J. D., Narayan, M., Anderson, E. R., Staib, L. H., Miller, H. L., & Charney, D. S. (2000). Hippocampal volume reduction in major depression. American Journal of Psychiatry, 157(1), 115-118.

11) Jenkins, J. G., & Dallenbach, K. M. (1924). Obliviscence during sleep and waking. The American Journal of Psychology, 35(4), 605-612

12) Stickgold, R., & Walker, M. P. (2013). Sleep-dependent memory triage: Evolving generalization through selective processing. Nature Neuroscience, 16(2), 139.

13) 신경과학자들은 기억이 어떻게 저장되고 그런 다음 어떻게 그렇게 구체적으로 다시 접근하는지 아직 알지 못한다. 우리는 아주 오래전에 있었던 특정 사건을 놀랍도록 세밀한 기분까지 다 느끼며 완벽하

게 기억할 수 있다. 한 가지 흥미로운 이론은 기억 저장소가 신경전달물질 세로토닌과 도파민의 영향으로 배열이 바뀌는 단백질(CPEB: cytoplasmic polyadenylation element binding: 꼭 알고 싶으면 참고할 것)과 관련이 있다는 것이다. 일단 활성화되면 그것은 신경전달물질과 함께 다시 활성화될 수 있는 특정한 기억으로 수상돌기와 시냅스에 흔적을 남긴다.

In Search of Memory, by Eric Kandel, W. Norton 2006 for an accessible account.

14) Quiroga, R. Q., Reddy, L., Kreiman, G., Koch, C., & Fried, I. (2005). Invariant visual representation by single neurons in the human brain. Nature, 435(7045), 1102.

15) Nader, K., Schafe, G. E., & LeDoux, J. E. (2000). The labile nature ofconsolidation theory. Nature Reviews. Neuroscience, 1(3), 216.

16) Nader, K., Schafe, G. E., & Le Doux, J. E. (2000). Fear memories require protein synthesis in the amygdala for reconsolidation after retrieval. Nature, 406(6797), 722.

17) 영화 '인디아나 존스: 최후의 성전'에서 숀 코너리가 맡은 배역인 존스 교수는 다음과 같은 유명한 말을 남겼다. "기억하지 않으려고 적어뒀지(I wrote it down, So I wouldn't have to remember it.)".

18) 우리는 점점 더 나은 외장 메모리 시스템을 발명해 왔다. 기록체계는 기원전 7000년경에 시작되었을 것으로 추정되며, 인간의 기억과는 별개로 사건에 대한 독립적인 기록을 만드는 것이 처음으로 가능해졌다. 점차 문자체계가 개선되고 언어가 발달하여 역사를 기록하면서 이야기꾼과는 다른 방식으로 세대에서 세대로의 전승이 가능해졌다. 약 1450년경에 인쇄기가 나오기 전까지 글쓰기는 느리고 힘든

일이었기 때문에 매우 중요한 정보만 기록했다. 인쇄기를 사용하면서 갑자기 우리의 뇌 밖에 있는 정보에 더 빠르고 쉽게 접근할 수 있게 되었고, 현재에 와서는 클라우드 스토리지, 구글, 수백만 개의 웹사이트 덕에 우리는 사실을 기억할 필요가 없다. 구글은 우리의 의미 기억에 접속한다. 이제 기억할 필요가 없어짐에 따라 우리의 기억력은 점점 감소할 것이다.

19) 우리는 우리의 일화기억을 인스타그램, 유튜브, 디지털 사진에 아웃소싱하고 있는 건지도 모른다.

20) 헨리 몰래슨의 절차와 관련된 기억procedural memory은 수술에 영향을 받지 않았다. 그는 여전히 기술을 배울 수 있었고, 비록 배운 것을 기억하지는 못했지만 시간이 지나면서 더 잘하게 되었다. 이것은 이상한 경험이었을 것이다. 점점 실력은 향상되고 있는데 연습은 안 한 것 같으니 말이다.

21) 맥락의존적 기억은 종종 우리에게 불리하게 작용한다. 코칭 세션의 새로운 아이디어는 직장에서 시도하기 어려울 수 있다. 직장 밖에서 훈련을 통해 익힌 새로운 기술은 익숙한 직장 내 업무 환경에서는 쉽게 사라진다. 기술과 정보는 상황과 맥락에서 배우고 그 맥락에서 가장 쉽게 기억할 수 있다. 그래서 스쿠버 다이버들은 안전 훈련을 배운 다음 육지가 아닌 기술이 실제로 필요한 곳인 물속에서 반복 훈련을 한다.

22) 간략한 개요는 다음에서 확인할 수 있다.: Tulving, E., & Schacter, D. L. (1990).

Priming and human memory systems. Science, 247(4940), 301-306.

23) Graf, P., & Schacter, D. L. (1985). Implicit and explicit memory for new associations in normal and amnesic subjects.

Journal of Experimental Psychology: Learning, Memory, and Cognition, 11(3), 501.

24) 자, 이제 파란색으로 보이는 모든 것의 목록을 만들어라.

그리 쉽지는 않을 것이다. 녹색에 프라이밍되어 있기 때문이다. 파란색을 기억하기 위해서는 기억을 다시 떠올리고 다시 찾아봐야 하며 이전에 알아차린 것은 무시해야 한다. 그것은 주의의 힘을 보여준다. 한 가지에 주의를 집중함으로써 다른 것들은 보이지 않게 된다. 다시 한번 둘러보고 얼마나 많은 파란색 물체를 놓쳤는지 확인하라.

25) 당신이 방금 읽은 본문에 다음 단어 중 몇 개가 있었는가? 기억나는 것들을 적어서 본문으로 돌아가라.

속심	초록
파인애플	사과
포도	마부
라즈베리	메뉴
파이	건포도
칵테일	스크류드라이버
오렌지	토마토
종	배
스쿼시	다섯

26) 프라이밍이 작동했다면('2명에서 4명의 사람들이 시도해 보기에'라는 문구, '24개의 단어' 그리고 '목록에 없는 2~4개 단어') 번호는 아마 24(또는 42)일 것이다. 당신은 프라이밍을 알아챘을 것이다. 나중에 혹시 독심술사를 만나게 되면 프라이밍을 조심하라. 그의 말 한마디 몸짓 하나하나에 전부 의미가 있을 테니 말이다.

27) Loftus, E. F., & Palmer, J. C. (1996). Eyewitness testimony.

Introducing Psychological Research. Macmillan Education UK, 305-309.

28) 일각에서는 우선 피험자들이 평균적인 일반인이 아닌 대학생들이었다는 점을 들어 이 연구에 이의를 제기했다. 두 번째로는 피험자들이 약간의 감정적 개입이 있는 상태로 비디오를 보았다는 점도 들었다. 만약 그들이 실제 사고에 연루되거나 목격을 했다면, 감정적인 반응은 기억에 영향을 미쳐 그 결과를 다르게 만들 수 있다. 우리가 아는 바로는 강렬한 감정은 기억을 아마도 훨씬 더 왜곡시킬 수도 있다.

29) Loftus, E. F., & Zanni, G. (1975). Eyewitness testimony: The influence of the wording of a question. Bulletin of the Psychonomic Society, 5(1), 86-88.

30) 'he', 'she', 'a', 'the', 'from', 'to' 같은 이런 단어들은 안에서 특정 명사와 동사들이 떠다니는 사회적 물이다. 그것들이 얼마나 중요하고 뇌가 그것들을 어떻게 처리하는지 알고자 한다면, 〈The Secret Life of Pronouns(한국어판: 단어의 사생활, 사이, 2016)〉, 제임스 페니베이커James Pennebaker 저, Bloomsbury Press, 2011.를 읽어 보라.

31) Averell, L., & Heathcote, A. (2011). The form of the forgetting curve and the fate of memories. Journal of Mathematical Psychology, 55(1), 25-35.

32) Dijksterhuis, A., & Van Knippenberg, A. (1998). The relation between perception and behavior, or how to win a game of trivial pursuit. Journal of Personality and Social Psychology, 74(4), 865.

참고문헌

Averell, L., & Heathcote, A. (2011). The form of the forgetting curve and the fate of memories. Journal of Mathematical Psychology, 55(1), 25–35.

Bester, A. (1991). Tiger, Tiger. New York, NY: New American Library.

Bremner, J. D., Narayan, M., Anderson, E. R., Staib, L. H., Miller, H. L., & Charney, D. S. (2000). Hippocampal volume reduction in major depression. American Journal of Psychiatry, 157(1), 115-118.

Bremner, J. D., Randall, P., Vermetten, E., Staib, L., Bronen, R. A., Mazure, C., ⋯ Charney, D. S. (1997). Magnetic resonance imaging– based measurement of hippocampal volume in posttraumatic stress disorder related to childhood physical and sexual abuse – A preliminary report. Biological psychiatry, 41(1), 23-32.

Dijksterhuis, A., & Van Knippenberg, A. (1998).The relation between perception and behavior, or how to win a game of trivial pursuit. Journal of Personality and Social Psychology, 74(4), 865.

Foer, J. (2011). Moonwalking with Einstein. London, England: Penguin Books.

Graf, P., & Schacter, D. L. (1985). Implicit and explicit memory for new associations in normal and amnesic subjects. Journal of Experimental Psychology: Learning, Memory, and Cognition, 11(3), 501.

Higbee, K. (2001). Your memory, how it works and how to improve it. New York, NY: Perseus books.

Hirst, W., Phelps, E. A., Buckner, R. L., Budson, A. E., Cuc, A., Gabrieli, J. D., ⋯ Vaidya, C. J. (2009). Long-term memory for the terrorist attack of September 11: Flashbulb memories, event memories, and the factors that influence their retention. Journal of Experimental Psychology: General, 138(2), 161-176.

Jenkins, J. G., & Dallenbach, K. M. (1924). Obliviscence during sleep and waking. The American Journal of Psychology, 35(4), 605-612.

Kahneman, D., Fredrickson, B. L., Schreiber, C. A., & Redelmeier, D. A.

(1993). When more pain is preferred to less: Adding a better end. Psychological science, 4(6), 401-405.

Kandel, E. (2006). In search of memory. New York, NY: W. Norton.

Loftus, E. F., & Palmer, J. C. (1996). Eyewitness testimony. Introducing Psychological Research. Macmillan Education UK, 305-309.

Loftus, E. F., & Zanni, G. (1975). Eyewitness testimony: The influence of the wording of a question. Bulletin of the Psychonomic Society, 5(1), 86-88.

Maguire, E. A., Gadian, D. G., Johnsrude, I. S., Good, C. D., Ashburner, J., Frackowiak, R. S., & Frith, C. D. (2000). Navigation-related structural change in the hippocampi of taxi drivers. Proceedings of the National Academy of Sciences, 97(8), 4398-4403.

Miller, G. A. (1956). The magical number seven, plus or minus two: Some limits on our capacity for processing information. Psychological Review, 63(2), 81.

Nader, K., Schafe, G. E., & LeDoux, J. E. (2000a). Fear memories require protein synthesis in the amygdala for reconsolidation after retrieval. Nature, 406(6797), 722.

Nader, K., Schafe, G. E., & LeDoux, J. E. (2000b). The labile nature of consolidation theory. Nature Reviews. Neuroscience, 1(3), 216.

Pennebaker, J. (2011). The secret life of pronouns. London, England: Bloomsbury Press.

Quiroga, R. Q., Reddy, L., Kreiman, G., Koch, C., & Fried, I. (2005). Invariant visual representation by single neurons in the human brain. Nature, 435(7045), 1102.

Simmons, D. (1989). Hyperion. New York, NY: Doubleday.

Stickgold, R., & Walker, M. P. (2013). Sleep-dependent memory triage: Evolving generalization through selective processing. Nature Neuroscience, 16(2), 139.

Tulving, E., & Schacter, D. L. (1990). Priming and human memory systems. Science, 247(4940), 301-306.

http://911memory.nyu.edu/

제8장

학습과 보상
– 미래 속의 과거

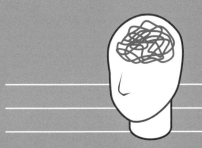

학습과 보상
– 미래 속의 과거

클라이언트가 코칭을 받으러 오는 이유는 뭘까? 변화를 원해서 이다. 더 나은 삶 또는 현재와 다른 삶을 원하는 것이다. 코치는 그런 클라이언트가 과거 경험을 통해 배움을 얻어 더 나은 미래를 만들 수 있도록 돕는다. 학습은 모든 변화와 성장의 핵심이다.

학습

학습이란 우리 행동의 결과를 근거로 생각이나 행동을 바꾸는 것을 말한다. 이전의 행동에 대해 보상을 받으면 우리는 그 행동을 반복한다. 바꿔 말하면 이전의 행동에 대한 보상이 없으면, 즉 원하는 것을 얻지 못하면 우리는 다른 방법을 시도한다. 우리의 뇌는 학습에 특화되어 있다. 목표와 가치를 가지고 있는 것은 뇌가 아니다. 당신이다. 뇌에는 뉴런과 신경전달물질이 있고 학습을 위해 뇌는 아주 매혹적인 방식으로 이것들을 사용한다. 뇌에게 있어서 학습이란 더 보람 있는 결과를 만들어 내는 신경경로와 시냅스를 새롭게 창조하는 행위이다. 이렇게 만들어진 신경경로와 시냅스는 강화되어 새로운 사고와 행동 습관이 된다. 이 새로운 경로들이 어떻게 만들어지는지 알려면, 먼저 이반 파블로프Ivan Pavlov와 그의 유명한 개들을 먼저 만나봐야 한다.

이반 파블로프는 학습과 고전적 조건화에 대한 연구로 1904년에 노벨상을 수상했다. 그는 당시 '소화'에 대한 연구를 하고 있었는데 그 과정에서 발견한 학습에 대한 통찰은 우연히 주어진 행운이었다. 그의 연구는 개가 음식을 보는 것과 음식의 냄새에 어떻게 반응하여 침을 흘리는지에 대한 것이었다. 그러던 중 그는 식사 시간을 알리는 종소리에 반응하여 개들이 침을 흘린다는 것을 알아차렸다. 나중에 개들은 먹이를 주지 않았는데도 종소리만 듣고 침을 흘렸다. 개들은 그 종소리가 '음식이 오고 있다'라는 믿을 만한 '예고'라는 것을 학습한 것이다.[1] 침을 흘리는 반사작용은 음식이 나오기 전인 종소리가 나는 시간으로 거슬러 올라갔다. 그 종소리가 음식이 나오는 원인은 아니었지만 음식이 나올 거라는 예고가 되었다.[2] 이것을 고전적 조건화라고 부른다. 어떤 자극이 긍정적인 예고로 받아들여지기 때문에 자극과 반응이 연결되는 것이다.

고전적 조건화는 가장 단순한 학습 유형이다. 개들은 미래를 예측하기 위해 노력했고 시간이 지남에 따라 종소리가 음식을 정확히 예고한다는 것을 학습하여 침을 흘린 것이다. 학습은 경험을 통해 우리의 예측을 업데이트하는 것이기 때문에 우리는 올바른 방식으로 반응할 수 있고 미래를 더 안정적으로 예측할 수 있다. 매 순간 우리는 앞으로 무슨 일이 일어날지에 대한 예상을 근거로 행동한다. 예를 들어 나는 이 단락을 타이핑하면서 자판을 누르면 글자가 화면에 나타날 것이라고 예상하고 있다. 너무 확실해서 굳이 자판을 쳐다보지도 않는다. 그러나 나는 'i', 'e', 'h'키(주: 영어자판에서 오타가 많이 발생하는 키)는 그렇게 믿을 만하지 않다는 것을 깨달았다. 당신도 다음과 같이 문장을 입력해 보라. 'So typ a sntnc lk ts and t s vry annoying. Tm to larn.'(주: So type a sentence like this and this is very annoying. Time to learn.) 상당히 짜증난다는 것을 체험해 볼 수 있다.

우리가 예상을 근거로 행동할 때 아래 세 가지 중 한 가지 경우가 발생한다.

첫째, 우리의 예상이 맞을 수도 있다. 그러면 우리는 변화할 필요가 없고 학습은 일어나지 않는다. 내가 예상한 그대로 자판이 작동한 경우이다.

둘째, 우리가 예상하는 방향으로 상황이 흘러가지 않을 수 있다. 이때 우리는 실망한다. 이것을 '부정적인 예측오류negative prediction error'라고 한다. 이것은 예상을 바꾸어야 한다는 신호이며 이런 상황에서 학습이 일어난다. 나는 자판이 예상대로 작동하지 않을 때 방법을 다르게 해서 키를 눌러보았다. 그렇게 해서 키를 너무 세게 누르면 작동하지 않는다는 것을 알았다. 키를 부드럽게 눌러야만 글자가 제대로 입력된다는 걸 배운 것이다. 그래서 나는 키를 세게 두드리는 대신 손가락으로 보듬듯이 부드럽게 어루만진다.

셋째, 우리가 예상치 못한 보상을 받는 경우이다. 뭔가 솔깃하게 좋은 일이 생기면 우리는 그것을 알아차리고 그 일이 또 일어나기를 바라고 거기서 학습이 일어난다. 결과가 우리에게 유리하기 때문에 '긍정적인 예측오류positive prediction error'라고 한다. 내가 자판을 좀 더 부드럽게 치면 입력도 더 빨라진다는 것을 알아차린 경우가 이에 해당한다.

코칭과 관련된 상황을 가정해 보자. 당신은 새로운 클라이언트에게 일련의 준비된 질문을 한다. 클라이언트들은 많은 통찰을 얻게 된다. 그런데 당신은 이 상황을 예상하지 못했다. 왜냐하면 이 질문들은 매우 평범한 질문이었기 때문이다. 당신은 이 긍정적인 예측오류에 기뻐하며 이 질문들을 분석해서 두 번째 클라이언트에게도 시도해 본다. 그들 또한 중요한 통찰을 얻게 된다. 당신은 준비된 질문을 던지면 그 질문이 클라이언트를 통찰로 이끈다는 것을 발견한다. 훌륭하다! 당신은 강력한 질문구조에 대해 학습하였다. 이후 또 다른 코칭에서 이러한 질문들이 그 클라이언트에게도 도움을 줄 것이라고 기대를 하고 실제로 결과는 그렇게 된다. 당신은 계속 질문의 효과를 보며 정기적으로 그 질문을 사용하게 된다. 그러던 어느 날 이런 질문에 전혀 반응하지 않는 새로운 클라이언트를 만나게 된다. 이제 주의를 기울여야 할 때이다. 이것은 부정적인 예측오류의 상황이다. 당신은 예상했던 보상을 얻지 못하고 있다. 그러므로 이제 질문을 더 개선하기 위해 학습해야 한다. 학습하려면, 우리가 예상했던 것들을 되짚어보고 효과를 발휘하지 못했던 질문을 보완해야 한다. 이렇듯 우리는 긍정적 또는 부정적 예측오류에 따라 행동하면서 학습한다. 우리 뇌는 신경전달물질인 도파민을 통해 이런 작용을 한다.

도파민과 학습

뇌의 주요 신경전달물질 중 하나인 도파민을 소개하겠다. 도파민은 행동, 학습, 동기부여, 집중, 즐거움으로 연결되는 모든 사람들이 좋아하는 신경전달물질이다. 그리고 흥분성 신경전달물질이라 신호가 다음 뉴런으로 튀어 가서 점화시킬 가능성을 높인다. 도파민은 일을 벌이는 편이다. 거의 모든 도파민은 뇌의 두 영역에서 만들어진다. 첫 번째는 움직임을 조절하는 기저핵의 일부인 흑핵(혹은 흑질) substantia nigra[3]이다.[4] 도파민 뉴런은 또한 복측피개영역(VTA: ventral tegmental area)이라고 불리는 기저핵에 가까운 중뇌의 작은 영역에서 생성된다.

이러한 도파민을 생성하는 뉴런은 두 가지 중요한 경로를 따른다. 첫 번째는 중변연계 경로 또는 '보상경로'이다.[5] 도파민은 우리가 좋은 음악을 듣거나 사랑하는 사람의 사진을 보고, 맛있는 음식을 먹고, 성관계를 하고, 축구경기에서 승리하는 보상이 주어지는 경험을 할 때 분비된다. 그러나 우리가 경험으로 얻는 즐거움은 대부분 그때 뇌에서 방출되는 '오이오피드opioids'라고 불리는 화학물질 때문이다. 보상경로는 복측선조체[6]의 일부인 측좌핵으로 이동하고 편도체, 해마 및 전대상피질로 계속 이동한다.

두 번째 경로는 중피질 경로라고 하며 안와전두피질을 포함한 신피질의 전두엽까지 이어진다. 신피질은 원하는 것을 성취할 계획을 세우기 위해 현재 상황을 파악하는 영역이다.

또한 도파민은 뇌 기저부의 작은 구조인 기저핵에서 사용되는 주요 신경전달물질이다. 도파민은 목표를 추구하고 행동하는 데 필요한 연료와 같다.

피곤함을 느끼면 커피 한 잔이 마시고 싶어지고 그러면 기저핵이 당신을 부엌에 있는 커피머신으로 안내한다.[7] 이처럼 생각은 행동으로 이어지며 그 행동은 세상과 나 자신에게 영향을 미친다. 신경학자이자 노벨상 수상자인 찰스 셰링턴 경Sir Charles Sherrington이 남긴 말이다. '인생의 목표는 생각이 아니라 행동이다.'

이러하여 도파민은 중요한 뇌 경로 대부분에 관여한다. 감정을 처리하는 편도체, 움직임을 조절하는 기저핵, 사고와 감정을 통합하는 안와전두피질, 충동적인 행동을 제어하고 의사 결정을 모니터링하는 전대상피질, 기억의 주요 구성 요소인 해마에 관여한다. 도파민 시스템은 기억, 감정 및 의사결정과 연결되어 있다. 도파민이 방출되면 우리는 활력을 느끼고 의욕적이 된다. 활력과 의욕은 무슨 일이 일어나는지 결정하지 않는다. 그 일이 얼마나 빠르고 강하게 일어나는지에 관여한다. 도파민은 힘든 상황에서 우리가 인내할 수 있게 해준다. 도파민 부족은 가벼운 우울증 같은 에너지 부족 현상으로 나타난다. 또한 과도한 도파민 방출은 불안증세로 이어질 수 있고 정신분열증과 관련이 있다.

원하는wanting(심리학에서는 '유인적 현저성incentive salience'이라고 한다, 역주: 특정 자극을 현저히 선호함을 의미한다) 느낌 이면에는 도파민이 있다. 이 사실은 평균보다 더 높은 도파민 수치를 갖게끔 사육한 쥐 실험을 통해 알려졌다. 이 쥐들은 일반 쥐들보다 먹이를 향해 더 빠르게 돌진하는 모습을 통해 갈망의 징후를 보여 주었다. 하지만 다른 일반 쥐들보다 먹이를 더 즐기는 것 같아 보이진 않았다. 우리가 쥐의 표정을 판단할 수 있는 범위 내에서 말이다.[8]

사람의 행동을 신경전달물질 차원으로 축소시켜 설명할 수는 없지만 도파민은 성격에 깊은 영향을 미친다. 도파민 수치는 유전학적 영향을 많이 받는다. 선천적으로 높은 도파민 수치를 가진 사람이 있는가 하면 그렇지 않은 사람들도 있다. 도파민을 얼마나 잘 활용하는지는 사람마다 다르다. 최소 4가지 유형의 도파민 수용체가 있으며 어떤 사람들은 다른 사람들보다 더 많은 도파민 수용체를 갖고 태어날 수 있다. 또한 도파민을 얼마나 효율적으로 분해하는지도 사람마다 차이가 있다.[9] 새로운 경험을 더 필요로 하는 것처럼 보이는 사람들이 있다. 그들은 아마도 도파민을 비효율적으로 활용하기 때문에 새로움과 스릴로 도파민 수치를 높이려고 흥분되는 일과 익스트림 스포츠를 찾아다닌다. 그런 반면 도파민을 효율적으로 활용하는 사람들은 시원한 맥주를 마시며 해변에서 책을 읽는 것만으로도 행복을 느낀다. 그들은 선천적으로 더 많은 도파민을 가지고 있거나 더 효율적으로 활용할 수 있는 사람이다. 자신을 안다는 것은 도파민이 자기에게 어떻게 작용하는지 이해하고 그것을 존중할 줄 아는 것도 포함된다.[10]

도파민과 기대

최근의 연구에서 뇌가 기대를 표현하기 위해 도파민을 사용한다는 결과가 나왔다. 도파민은 우리가 무언가 보상이 주어질 것을 기대할 때 분비되며 우리가 그것에 주의를 기울이게 만든다. '이건 좋을 거야.'라는 기대에 부응하는 경험을 하게 되면 도파민 수치는 계속 유지된다. 기대했던 것보다 더 좋은 경험을 하게 되면 더 많은 도파민이 분비되어 긍정적 예측오류가 나타난다. 그러면서 기분이 좋아지고 보상회로에 살살 자극이 오는데, 특히 측좌핵 보상 회로가 자극된다. 만약에 경험이 우리 기대수준에 미치지 못하면 도파민 수치는 낮아지고 부정적 예측오류가 생긴다. 이 경우에는 비록 즐거운 경험이었을지라도 실망감을 느낀다. 또한 새로운 경험은 더 많은 도파민을 분비한다. 새로움은 예측할 수 없고 흥미진진하기 때문이다. 이 경우에 뇌는 도파민 수치를 어느 정도로 높여야 할지 모른다. 요약하자면 도파민 신호는 당신이 기대했던 것과 얻은 것의 차이다. 뇌는 도파민을 이용해 예측오류를 측정하고 학습한다.[11]

여기 흥미로운 우리 일상 속 사례를 소개한다. 우리는 훈련과 상담을 여러 나라를 다니며 진행하느라 비행기 실내에 너무 친숙하게 되었다. 몇 년 전까지 우리는 줄곧 이코노미 클래스를 이용했고 그래서 우리의 비행 경험은 이코노미 클래스를 타면서 느꼈던 수준에 머물러 있었기 때문에 비즈니스 클래스의 편안함은 모르는 상태였다. 이코노미 클래스 수준은 항공사마다 큰 차이가 없었고 장거리 비행을 할 때는 대부분 불편할 거라는 우리의 기대 수준은 이미 정해져 있었다. 그에 따라 우리의 도파민 수치는 일정하게 유지됐다.

사업이 성장하면서 우리는 비즈니스 클래스를 타기 시작했다. 체크인도 더 편하고 더 좋은 음식을 먹고 스트레스도 덜 받았다. 비즈니스 클래스를 이용했던 첫 번째 비행 경험은 높은 도파민 수치를 만들어 냈다. 물론 우리는 그 당시에는 이런 관점으로 생각해 보지 않았다. 5번째 비행 이후 비즈니스 클래스는 더 이상 특별하게 느껴지지 않았다. 그것이 표준이 되어버린 것이다. 도파민 수치는 다시 평평한 직선 형태를 나타내게 되었다. 그러다가 몇 년 전 장거리 비행에 비즈니스 클래스를 퍼스트 클래스로 업그레이드한 적이 있다. 우리는 퍼스트 클래스를 타본 적이 없어서 기대가 컸다. 그러나 그 비행기의 퍼스트 클래스는 매우 실망스러웠다. 우리가 알고 있는 비즈니스 클래스보다 별로 나을 게 없었다. 편리하긴 했지만 우리의 도파민 수치는 급속히 곤두박질쳤다. 그리고 그 후 오랫동안 그 항공사를 이용하지 않았다. 편파적인가? 그렇지만 도파민은 원래 합리적이지 않다.

그 후에 우리는 아시아 항공사의 비즈니스 클래스를 탔다. 우리가 이용했던 다른 항공사의 비즈니스 클래스보다 월등히 좋았다. 처음에는 도파민 수치가 치솟았지만, 그 항공사를 몇 번 이용한 후 그들의 서비스는 새로운 표준이 되었다. 그러던 어느 날 조셉은 운 좋게도 에어버스의 항공편을 퍼스트 클래스로 업그레이드 받았다. 도파민은 새롭게 최고치를 경신했다. 엄청난 안락함, 훌륭한 공간과 음식, 서비스, 심지어 35,000피트 상공에서 샤워할 기회도 주어졌다. 일반적인 비즈니스 클래스의 기억은 먼지 속으로 사라졌다. 이 새롭고 더 나은 경험 하나하나가 과거 경험과 비교되면서 과거의 기억을 흐릿하게 만들었다. 문제는 당신이 지금 가진 것에 감사하지 않는다는 것이다. 왜냐하면 그것이 당신에게 익숙하거나 기대했던 것에 미치지 못하기 때문이다. 새롭고 짜릿한 경험이 주는 스릴(도파민의 급격한 분출)은 그 경험을 반복한다고 해서 결코 되찾아올 수 없다.

도파민이 어떻게 기대와 보상 간의 미묘한 균형을 조절하는지는 현 케임브리지 대학의 신경과학 교수인 울프람 슐츠Wolfram Schultz,[12][13]에 의해 처음 발견되었다. 그는 일련의 실험에서 원숭이의 도파민 뉴런이 보상에 어떻게 반응하는지 연구했다. 원숭이들은 번쩍이는 불빛에 노출되었고 몇 초 후 과일주스 한 잔을 제공받았다. 원숭이는 주스를 좋아하기 때문에 복측피개영역에 있는 도파민 세포의 활성도가 높아졌다. 원숭이들은 빛에 노출된 후 예상치 못한 보상을 받았기 때문에 이 경우는 긍정적 예측오류에 해당된다. 여러 번 반복된 후에는 주스에 대한 도파민 세포의 반응이 떨어졌다. 슐츠는 원숭이가 빛에 노출된 후 따라오는 주스를 기대했기 때문에 예측오류도 없고 추가적인 도파민 분비도 없는 것이라고 추론했다. 원숭이에게 주스는 언제나 그랬듯이 맛있었다.

가장 흥미로운 결과는 불빛이 번쩍일 때 도파민 세포가 점화되었다는 것이다. 파블로프의 개들이 종소리에 맞춰 침을 흘렸던 것처럼 도파민 반응도 실제 보상(주스)에서 보상 신호(빛)로 대체되었다. 만약 파블로프가 개의 도파민 수치를 테스트할 수 있었다면 아마 도파민 반응이 음식에서 '종소리'로 옮겨가는 것을 발견했을 것이다. 도파민 수치는 일관된 신호로 대체된다. 일상 속 예를 들어보자면 퇴근하고 집에 돌아오는 길에 당신 집 창문이 햇살에 반짝거리며 당신을 환영하는 것과 비슷하다. 당신은 아직 집에 도착하지 않았지만 그 광경은 당신이 곧 집에 있을 것이라고 예상되는 신호로서 당신을 기분 좋게 한다.

슐츠는 두 번째 실험도 진행했는데, 이번에는 원숭이들이 빛에 노출되었지만 주스를 일절 제공받지 못했다. 원숭이들이 이것을 알아차리자 빛에 대한 도파민 반응은 떨어졌다. 이것은 부정적 예측오류에 해당된다. 기대했던 보상이 실현되지 않았으므로 도파민이 줄어든 것이다. 얼마간 지난 다음에도 도파민 세포에는 아무런 변화가 나타나지 않았다. 모든 것이 원래대로 돌아왔고 빛도, 주스도, 도파민도 없었다. 도파민의 활성도는 보상의 크기가 아니라 그것이 기대에 얼마나 부합하는지에 관한 것이다. 도파민 생성 세포들의 활성도는 예측오류, 즉 획득한 보상과 예상되는 보상 사이의 차이이다.

이것은 보상이 제대로 평가되지 않는 경우 왜 그런지 그 이유를 설명해 준다. 예를 들어 매장 매니저가 연말 보너스를 받는다고 가정해보자. 그는 보너스를 기대하고 있고 자신은 당연히 받을 자격이 있다고 생각한다. 즉 보너스는 그에게 특별한 것이 아닌 것이다. 따라서 추가적인 도파민 분비도 없다. 그런데 만약 보너스를 받지 못하게 되면, 도파민 수치는 떨어지고 그는 실망과 불만을 느낄 수 있다. 이는 매니저가 아닌 낮은 도파민 수치가 그렇게 느끼는 것이다. 당신이 보상을 기대하고 당연히 보상을 받을 자격이 있다고 생각하면 보상을 받았을 때 도파민 수치는 증가하지는 않는다. 그렇지만 보상을 받지 못하면 도파민 수치는 떨어지게 된다. 중요한 것은 보상이 아니라 기대이다.[14]

예측오류는 우리가 결코 만족하지 못하는 이유를 잘 설명해 준다. 우리가 목표를 향해 나아가면서 도파민은 동기부여된 상태를 유지하게 해주고 계속해서 목표를 원하게 만든다. 그리고 일단 목표를 달성하면 도파민 수치가 낮아진다. 새롭고 흥미진진했던 지난 목표가 새로운 기준이 되고, 우리는 다시 또 새로운 도전을 찾아 나선다. 이것의 장점은 우리가 계속 더 나은 것을 갈망하고 학습한다는 것이다. 단점은 우리가 무엇을 얻고 이루든 결코 만족할 수 없다는 것이다.

좋아하는 음식도 계속 먹으면 무덤덤해지고 질린다. 우리가 꿈꾸던 직업을 갖게 되어도 어느 순간 평범한 직업이 되고 결국에는 지루하게 느껴질 것이다. 그러면서 다음 단계로 초점을 맞추기 시작한다. 복권에 당첨되면 단기적으로는 행복하지만 6개월 후에는 다시 원래의 행복 수준으로 되돌아간다.[15] 새로운 성적 파트너와의 스릴은 오래 지속되지 않는다. 지속적인 관계는 도파민 이상으로 더 많은 것들에 기반해 구축되어야 한다. 요컨대 도파민은 단지 행복을 쫓는 쳇바퀴에 기름칠을 하는 정도에 해당한다. 우리는 원하는 것을 얻기 위해 일하며 그것은 더 높은 목표를 향한 그 다음 단계가 된다. 클라이언트들은 승진, 새 집, 새로운 관계 또는 새로운 기술을 얻기 위해 열심히 노력하다가 문득 그것이 충분하지 않다고 느끼기 시작할지도 모른다. 그럴 때 그들은 이미 가진 것에 감사해야 한다고 생각하려 할지도 모르지만, 어떤 성취나 감사도 그들이 더 많은 것을 원하는 것을 막지는 못할 것이다(그림 8.1). 이것은 매우 중요한 의미를 함축하고 있다. 이상적인 직업, 배우자, 집 또는 삶은 당신의 외부에 존재하지 않는다. '저 밖'에서 찾아다니면 결코 찾지 못한다. 그것들은 당신이 그것에 바치는 열정과 헌신의 미덕 때문에 존재한다.

그림 8.1 행복과 행복을 쫓는 쳇바퀴

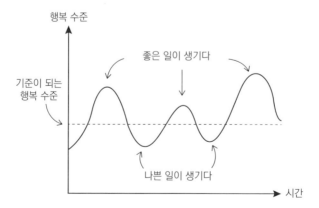

클라이언트는 자신을 행복하게 해줄 것이라고 생각하는 목표를 가지고 코칭을 받으러 온다. 이러한 목표들 중 일부를 '만약에~(if only)'라고 부른다. '만약 내가 이런 직업, 이런 배우자, 이런 휴가, 이런 기술, 이런 차, 이런 집이 있다면 행복할 것이다.' 이 문장 중간에 무엇이든 끼워 넣을 수 있다. 우리가 하는 말을 오해하지는 말라. 우리는 이러한 것들이 나쁘다거나 단기간에 효과를 내지 못할 것이라고 말하는 게 아니라 이런 목표들은 장기간에 걸쳐 작동하는 목표들이 아니라고 말하는 것이다. '만약(if)~ 그러면(then)~'으로 구성된 목표는 우리의 행복이 통제할 수 없는 요인에 의존하게 만들기 때문이다. '만약(if)~ 그러면(then)~' 모델 자체에 의문을 제기하기보다는 클라이언트가 '만약'과 '그러면' 사이에 바로 실행할 다음 목표를 끼워 넣도록 한 뒤 다시 시작하면 된다.

이런 목표들이 살짝 변형된 것들이 있는데, 예를 들면 '만약 내 배우자, 자녀, 상사가 잔소리하지 않는다면/난장판을 만들지 않는다면/나한테 소리 지르지 않는다면/코 파지 않는다면… 나는 행복할 것이다' 같은 것들이다. 이런 종류의 목표들은 '다른 사람들이 무엇을 하거나 무엇을 그만두는지'로 자신의 행복이 좌우되게 하기 때문에 행복을 느끼기 더 어렵다.

행복을 쫓는 쳇바퀴에서 벗어나는 방법은 목적지가 아닌 여정 그 자체를 즐기는 것이다. 우리는 늘 여정 속에 있으며, 바로 그곳에 행복이 있다. 성공은 여정에서 생기는 보너스일 뿐이다. 목표는 확실하다. 성공할 수도 있고 그렇지 않을 수도 있다. 실패하면 비참해질 수도 있고 성공하면 잠시 행복할 것이다. 그리고 다시 또 뭔가 원할 것이다. 그러니 그러기보다 목표가 내 삶의 방향을 정하도록 내버려두고, 그 목표를 달성하기 위해 최선을 다하는 당신의 여정에 주의를 기울여라. 너무 많은 클라이언트들이 굳은 결의로 행복을 향해 나아가는 과정에서 자신이 불행하다고 느낀다(그림 8.2.).

우리는 3장에서 에베레스트 등반가에 대해 이야기했다. 등반가들은 몇 달에 걸쳐 등반 준비를 하고 또 정상에 오르기 위해 몇 주를 그 산에서 보낸다. 그렇게 정상에 오르면 겨우 30분 동안 정상에 머무르고 다시 내려온다. 클라이언트들로 하여금 방향성 있는 목표를 수립하도록 독려하라. 일단 목표가 정해지기만 하면 그들은 그 여정에 에너지를 쏟으면서 과정을 즐길 수 있을 것이다.

2015년 안드레아는 스페인 북부의 산티아고 순례 길을 걸었다. 그녀는 5주 동안 거의 1000Km를 걸었다. 집으로 돌아가기 전 산티아고 데 콤포스텔라에서 이틀을 머물렀다. 그녀에게 있어서 순례길 완주는 여정을 떠나는 이유였고 진짜 아름다움은 여정 속에 있었다. 산티아고로 가는 길은 멋지고 가치 있는 경험이었고, 마지막에 산티아고 대성당의 첨탑을 바라보는 순간은 환상적이었다. 배움은 여정 속에 있었던 것이다.

그림 8.2 행복의 쳇바퀴

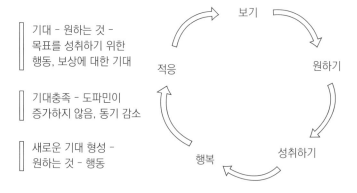

기대 - 원하는 것 -
목표를 성취하기 위한
행동, 보상에 대한 기대

기대충족 - 도파민이
증가하지 않음, 동기 감소

새로운 기대 형성 -
원하는 것 - 행동

보기
원하기
성취하기
행복
적응

카를로스 카스타네다Carlos Castaneda가 이야기했듯이, 모든 길은 똑같다. 길 자체는 어디로도 이어지지 않는다. 이 길을 즐기면서 간다면 당신에게 좋은 길이 될 것이고, 그렇지 않다면 이 길은 당신에게 아무런 의미도 없을 것이다.[16]

우리는 코칭할 때 항상 클라이언트들에게 목표 이면에 숨겨진 가치를 묻는다. 모든 목표는 가치를 지닌다. 여기서 가치란 그 목표를 우선시하도록 만드는 중요한 어떤 것이다. 목표 이면에 숨겨진 가치가 항상 명확하게 드러나는 것은 아니며 그것을 찾아내기 위해 몇 가지 추가 질문이 필요할 수도 있다. 한 클라이언트는 어떻게 커리어를 개발하여 회사에서 더 높은 자리로 승진할 수 있을지에 대해 이야기를 꺼냈다. 우리는 '그것이 어떤 점에서 중요한가?', '그것을 원하는 이유는 무엇인가?', '그것을 이루면 무엇을 얻을 수 있는가?'와 같은 질문을 하면서 가치관을 좀더 살펴보았다. 그는 돈, 만족, 안전을 언급했다. 그가 가장 적극적이고 열정적으로 이야기한 부분은 부모님을 공경하고 자녀들을 위해 일하는 것, 즉 세대 간의 연결고리에 대해 이야기할 때였다. 우리 둘 다 처음에는 이 가치를 알아차리지 못했었다. 이것은 살아오면서 그가 매 순간 지니고 있었던 가치였다. 그는 이 가치를 느끼기 위해 굳이 승진할 필요가 없었다. 여기 우리가 던진 핵심 질문이 있다. '당신이 승진을 하든 못하든 간에 어떻게 하면 지금 삶에서 이 세대 간의 연결에 대한 가치를 더 느낄 수 있을까요?' 라는 질문을 통해 목표의 중요성을 유지하면서 클라이언트에게 활력을 불어넣을 수 있었다.

코칭에 적용하기

위에서 살펴본 내용들을 코칭에 어떻게 적용할 것인가?

먼저 뇌는 새로움을 좋아한다는 점을 고려하라. 새로운 무엇인가는 언제나 흥미롭고 자극적이다. 새로움이 실제 상황을 더 좋게 만드는 것은 아니지만 도파민 수치를 증가시킴으로써 동기수준을 향상시킬 수 있다. 따라서 뇌가 가장 좋아할 코칭은 새로운 아이디어를 찾고 새로운 도전 과제와 씨름하고 그런 다음 그것들을 통합한 혼합물이 될 것이다. 훌륭한 코칭이란 도전과 지원 사이의 균형이다. 도전은 새로운 것을 가져다주고 지원은 함의의 탐색을 도와 클라이언트 내면에 통합이 일어나도록 한다.

우리는 새로운 것을 시작할 때 처음에는 빠르게 학습하지만 '수확 체감의 법칙'에 의해 점차 학습속도가 느려진다. 왜냐하면 처음에는 긍정 예측오류로 인해 도파민 수치가 가장 높아 높은 동기부여 상태를 유지하기 때문이다. 그러나 우리가 그 상황에 익숙해짐에 따라 시간이 지나면서 도파민 수치는 점차 낮아진다. 처음의 에너지 가득하고 동기부여된 상태를 더 오래 유지하면 좋겠지만 우리 뇌는 그렇게 설계되지 않았다. 만약 오랫동안 처음과 같은 높은 동기 수준이 계속 유지된다면, 우리는 계속 과거의 지식에 행복을 느끼고 만족하기 때문에 새로운 것을 배우려 하지 않을 것이다.

코치는 이 원리를 클라이언트와 함께 가볍고 간단한 과제를 설정해 작업해 볼 수 있다. 새롭게 해 본 것들 그리고 성공한 것들, 이 모든 작업들은 주요 목표와 연결되어 있어야 한다. 클라이언트가 실행계획을 세우는 것을 도울 때마다 항상 그 과정 과정에 축하의식도 함께 설계한다. 축하의식과 함께 한 작은 단계 단계에서의 성공은 뇌

속에서 오이오피드를 방출시킬 것이고 성공 경험은 차곡차곡 쌓일 것이다. 축하의식은 보상이고 그것은 외식, 공원, 산책, 파티, 주말 휴식 등 무엇이든 될 수 있다. 자녀에게 선물을 주거나 직장에서 누군가를 돕는 등 다른 사람을 위해 하는 일을 축하의식으로 삼은 클라이언트도 몇 사람 있었다.

도파민의 작용원리를 이해하면 기대수준을 조정하는 것이 훨씬 쉬워진다. 기대하는 것은 자연스러운 일이다. 기대는 예측오류의 기준을 세우고 학습하기 위해 반드시 필요하다. 하지만, 우리는 종종 기대를 충족시키지 못한 것에 대해 세상 탓을 한다. 또한 다른 사람들이 우리의 기대를 충족시켜야 한다고 믿으며 그렇지 않으면 실망감을 느낀다. 우리는 사실 기대가 전적으로 우리 자신이 만들어 낸 것, 우리의 경험으로부터 형성된 것이며 다른 사람들은 우리의 기대에 대해 아무것도 모른다는 사실을 잊어버린다. 다시 말하자면 다른 사람들은 우리의 도파민 수치를 모르는 것이다. 예를 들어 당신이 제일 좋아하는 코미디언의 공연을 보러 간다고 생각해 보자. 당신은 멋진 시간을 보낼 것이라 기대했지만 공연은 예상과 달리 수준 미달이고 당신은 실망감을 느낀다. 그에 따라 당신의 뇌는 부정적 예측오류인 낮은 도파민 신호를 보내고 있다. 당신은 이 실망감이 전부 코미디언의 형편없는 실력 탓이라며 그들에게 실망감을 투사할지도 모른다. 그러나 코미디언은 당신의 기대치나 도파민 수준에 대해 전혀 알지 못하며 그것에 대한 책임을 지지 않는다. 그들은 단지 최선을 다해 그들이 할 일을 할 뿐이다. 물론 가끔은 상황을 객관적인 기준으로 따져볼 수 있고 그렇게 해야 하는 경우도 있다. 하지만 중요한 것은 도파민 수치는 객관적인 기준에 반응하지 않고 당신 개인의 기대치에 반응하기 때문에 실망감은 개인적인 느낌이라는 사실이다.

실망감은 우리가 부정적 예측오류를 경험하는 방식을 나타낸다.

도파민 수치가 내려가면 기분이 좋지 않기 때문에 부정적 예측오류는 기분 나쁜 형태로 경험된다. '실망감'은 중변연계 경로인 '보상회로'에 도파민이 적게 분비된다는 것을 의미한다. 그러나 실망감을 느끼지 않고서는 긍정적 예측오류에서 오는 행복감과 에너지를 느낄 수 없고 우리는 더 이상 학습할 수도 없게 된다.

또한 도파민이 전전두피질로 이동하는 중피질 경로mesocortical pathway도 있는데, 이것은 널리 통용되는 명칭이 아니기 때문에 우리는 이것을 '리프레임 서킷reframe circuit'이라고 부를 것이다. 이 회로는 기대와 실망을 색다르게 바라보는 관점 (즉 가치, 균형 및 시간 프레임에 근거한 또 다른 관점)을 갖도록 도와준다. 전전두피질은 멀리 볼 줄 아는 안목을 갖고 있다. 전전두피질은 당신이 결과를 심사숙고하도록 돕고 갈망과 실망의 느낌을 더 큰 삶의 그림에 통합시킨다.

기대와 동의

임원 코칭을 해 보면 막연한 기대를 품고 회사를 경영하는 임원이 많다. 막연한 기대를 품은 경영이란 직원들이 일을 잘하기를 기대하지만 그들이 해야 할 일을 정확히 설명하거나 어떻게 해야 하는지 방법을 지시하지 않는 경영 방식이다. 기대가 직원들과 해야 할 명확한 의사소통과 합의를 대신하는 것이다. 기대치의 기준이 명확하지 않고 직원들은 임원의 기대에 부응하지 못하는 경우가 생긴다. 그 결과 임원들은 실망감을 느끼고 직원들은 임원들로부터 비난을 받는다. 기대로 하는 경영은 실망과 비난, 서로 탓하기로 이어진다. 요구사항이 명확하지 않기 때문에 직원들이 적절하게 대응하기 어려운 것이다. 따라서 이 상황에서는 부정적 예측오류가 발생할 가능성이 매우 높다. 즉, 직원들이 기대에 부응하더라도 긍정적 예측오류도 없고 도파민이 추가로 분비되지 않는 것이다. 아무리 일을 잘해도 평소와 다르게 느껴지지 않으므로 별 감흥이 없으며, 성과에 부합하는 칭찬을 할 마음도 생기지 않는 것이다. 막연한 기대로 하는 경영은 도파민 고갈을 초래하는 경영 방식이다.

합의에 의한 경영 방식이 도파민을 고갈시키는 경영을 막는 해결책이 될 수 있다. 이것은 양측이 기대사항을 자세하게 공유하고 명확하게 합의하는 것을 의미한다. 직원은 막연한 기대에 대해 책임 질 이유는 없지만 동의한 것을 이행할 책임은 있다. 합의를 어긴다는 것은 비즈니스의 기본인 신뢰를 깨는 것이기 때문이다. 예기치 못한 상황이 발생하면 양측은 언제든지 재협상을 요청할 수 있다. 일단 합의가 이루어지면 업무에 대한 막연한 기대는 없어지고, 대신 합의 사항을 충실히 이행할 것에 대한 기대가 자리 잡는다.

다음은 합의가 잘 이루어지기 위해 필요한 기본 원칙이다. 이것은 개인적인 삶과 사업에 모두 적용된다. 합의는 어떤 조치가 이루어져야 한다는 요구사항에서부터 시작된다.

- 첫째, 합의를 구하기에 적절한 상황이어야 하고 양측 모두 합의할 의지와 능력이 있어야 한다. 예를 들어 임원은 개인 비서에게 항공편 예약을 요청할 수 있다. 이것은 양측의 직책을 고려해 보면 적절한 상황에 해당한다.
- 둘째, 요청사항은 그것이 잘 완료될 수 있게끔 상세해야 한다. 언제 그것을 해야 하는지 가끔은 어떻게 해야 하는지에 대한 내용이 포함되어야 하기도 한다. 예를 들어 특정 날짜에 특정 도시로 가는 에어버스 380 비즈니스 클래스 항공편을 예약하

라고 알려줘야 한다. 어느 항공사를 이용해야 하는지는 중요하지 않을 수 있으므로 언급하지 않아도 된다.
- 셋째는 마무리다. 상대방이 요청을 수락, 거부 또는 협상을 시도할 수 있다. 요청이 수락되면 합의가 이루어진 것이고 약속이 성립된 것이다. 만약 거부당했다면 그것은 협상이 시작되는 것이다. 직장에서는 협상이 제한될 수도 있지만 일상 생활에서는 늘 하는 일이다.

양측이 모두 원한다면 합의는 쉽게 이루어질 것이며 실제로 대부분의 경우 그렇게 된다. 합의는 누가 옳고 그르다고 판단하는 것이 아니라 단지 어떤 일을 실행하자고 상호 간에 확실히 이야기해 두는 행위이다. 단 한 가지 분명한 원칙은 약속을 지켜야 한다는 것이다. 약속을 어기면 당신은 상대에게 실망감을 안겨줄 것이고 신뢰할 수 없는 사람으로 여겨지게 될 것이다. 일단 약속이 이루어지면 특별한 사정이 없는 한 지켜질 것이라는 정당한 기대가 생겨난다.

중독

어떤 일이 일어나 갑자기 도파민이 솟구쳤다고 가정해 보자. 이것은 언뜻 보기에 재미있을 것 같지만 사실 위험한 상황이다. 당신은 경험으로부터 배우려 하기보다 똑같은 그것을 반복하고 싶을 것이고 그것이 무엇이든지 간에 선택 상황에서 그것이 항상 더 좋아 보일 것이다. 그 경험은 언제나 기대했던 것보다 더 많은 기쁨을 가져다줄 것이기 때문에 당신은 그 경험을 갈망할 것이다. 이것이 바로 우리가 무언가에 중독되면 생기는 일이다. 중독은 도파민 보상회로의 부정적인 측면으로서 중독성 있는 물질과 행위는 우리의 보상회로에 침투하여 도파민을 방출하고 갈망을 유발한다.

중독을 이해하면 코칭에 도움이 된다. 도파민 시스템은 매우 보편적이다. 우리는 꼭 마약이 아니더라도 어떤 것에든 중독될 수 있다. 중독되려면 일시에 도파민 분비가 급증하기만 하면 된다. 물론 코치는 마약에 중독된 클라이언트를 상대하지는 않는다. (그러나 코칭은 과거 마약 중독이었던 사람이 안정적으로 살아갈 수 있도록 돕기 위해 점점 더 많이 활용되는 추세다.) 그런데 행동 중독은 요즘 들어 많이 다루어지고 있고 클라이언트들이 흔히 겪는 문제라고 볼 수 있다.

인간은 자신의 뇌를 변화시키고 자신을 넘어서서 다른 의식 상태에 도달하기를 원한다. 약물은 이 바람을 이루어 준다. 세계에서 두 번째로 가장 많이 거래되는 상품인 커피에는 중독성 정신활성물질이 들어 있다.[17] 카페인은 커피와 차, 일부 에너지 음료에 들어 있는 정신활성물질로서 뇌에 직접 작용한다. 카페인은 피곤하고 졸린 느낌을 없애 주고 당신의 정신을 초롱초롱하게 해 준다. 대부분의 사람들이 늦게까지 일할 때 가장 많이 찾는 것이 카페인이다. 카페인은 신경전달물질인 아데노신adnosine의 길항제이다. 이 말은 시냅스에서 아데노신 대신 그 자리를 차지할 수 있는 물질이라는 뜻이다. 아데노신 자리를 차지하고는 아데노신 수용체를 차단하는 것이다. 아데노신은 수용체에 많이 결합하면 할수록 더 졸린 기분을 느끼게 만드는 물질이며 하루종일 생성된다. 하루가 끝날 때는 많은 양의 아데노신이 수용체에 붙어있고 그 결과 당신 몸은 잠들 준비가 된다. 하지만 카페인이 수용체를 차단하면 아데노신이 수용체에 결합할 수 없어 몸이 피로감을 느끼지 않게 된다. 하지만 그 다음 이어지는 필연적인 결과도 있다. 아데노신은 계속 생성되고 축적되고 있기 때문에 카페인이 몸에서 사라지면 기회를 노려온 아데노신이 밀물처럼 밀려와 수용체에 달라붙는다. 그래서 당신은 더 졸리고 더 집중하기 어려운 카페인 충돌 상태caffeine crash를 겪게 된다.

또 다른 중독성 정신활성물질인 알코올은 최소 5000년이 넘는 세월 동안 존재해 왔다. 알코올은 도파민을 분해하는 효소를 감소시킴으로써 도파민이 뇌에서 더 오래 머무르게 만든다. 알코올은 또한 뇌 활동을 감소시키고 '긴장이 풀리는' 느낌을 준다.

담배에 들어 있는 니코틴은 중독성이 매우 강하다.[18] 전 세계 성인의 대략 1/3이 정기적으로 담배를 피우는 것으로 추정된다. 건강에 악영향을 미치는 것은 니코틴이 아니라 담배에 들어있는 독성 물질과 발암 물질이다. 니코틴은 각성 및 주의력과 관련된 신경전달물질인 아세틸콜린의 작용제이다. 이 말은 니코틴이 시냅스에서 아세틸콜린 수용체에 결합하여 강하게 활성화시킨다는 의미이다. 그렇게 되면 뉴런들은 아세틸콜린이 있다고 착각하여 정신을 또렷하게 만든다. 또한 니코틴은 매우 중독성이 높은데 그 이유는 도파민을 생성하는 복측피개영역의 뉴런들도 아세틸콜린 수용체를 갖고 있기 때문이다. 니코틴은 이 수용체들과 결합하고 뉴런은 도파민을 대량 생산하도록 자극받아 담배를 갈망하게 된다.

'학습'에 대한 이야기로 시작한 이번 챕터 내용이 점차 '중독'에 대한 이야기로 빠지는 것이 흥미롭지 않은가? 사실 학습과 중독 두 가지 모두 동일한 뇌 메커니즘에 의해 활성화된다. 차이가 있다면 학습은 현재의 경험을 바탕으로 미래를 더 잘 예측하기 위해 노력하는 것이다. 이는 인공지능을 가르치는 데에도 사용하기 아주 좋은 아름다운 메커니즘이다. 도파민이 측좌핵을 활성화시키면 학습도 즐겁게 느껴질 수 있다. 이런 학습의 단점은 실망, 불만족, 중독이 생긴다는 것이다.

항상 더 좋은 것을 찾으려 하기 때문에 불만을 피할 수 없는 것이다. 우리는 항상 새로운 것을 배우고자 한다. 우리는 항상 더 새롭고, 더 빛나는, 더 최첨단의 행복을 쫓는 쳇바퀴로 이동하기를 원한다. 중독이란 똑같은 그 쳇바퀴 위에서 점점 더 빨리 가면서 '지금 이게 세상에서 제일 좋은 거야!'라고 믿고 또 정말로 자신이 앞으로 나아가고 있다고 믿는 것을 말한다.

학습, 즐거움 그리고 전전두피질

학습과 즐거움 둘 다 우리 뇌에서 좀더 '원시적'이라 할 수 있는 기저핵과 측좌핵에 의해 움직인다. 원시적인 것이 '어리석음'을 의미하는 것이 아니라 삶에 필수적이라는 뜻이므로 이는 선택의 문제가 아니다. 뇌의 원시적인 부분은 자동으로 반응한다. 보상회로는 근시안적이고 충동적이다. 그것은 '지연할인'의 주동자로서 순간에 주의를 쏟는다. 우리 뇌에는 또한 중피질 경로를 통해 활성화되는 전전두피질이 있다. 전전두피질의 가장 중요한 부분은 배외측전전두피질, 안와전두피질 및 전대상피질이다. 배외측전전두피질은 계획, 추론, 자기 통제에 중요한 역할을 하며, 가치관을 고려하여 학습 및 보상을 더 넓은 시간 범위에서 생각해 보게끔 하는데 중요한 역할을 한다. 전전두피질은 보상회로를 조절하고 필요할 경우 이를 억제한다.

이것은 클라이언트에게 매우 도움되는 내용이다. 그들은 자신의 의식과 통제 밖에 있는 도파민 회로가 무엇이며 어떻게 작동하는지 이해할 수 있다. 이것을 이해하면 클라이언트는 더 적절한 기대를 품으려 하고 더 많은 합의를 할 것이며, 그에 따라 실망하는 일이 줄어들고 더 수용적인 태도를 갖게 될 수 있다. 이것은 또 과거의 기쁨에 대한 감사함과 미래의 기쁨을 위한 더 훌륭한 계획으로 이끌 것이고, 행복을 쫓는 쳇바퀴로부터 한 발짝 물러나도록 해줄 것이다. 우리가 배외측전전두피질의 메시지에 주의를 기울이면 보상회로는 신경가소성에 의해 강화되고 사용하기가 더 수월해진다. 배외측전전두피질의 메시지가 무시되면 연결이 약해지고 그에 따라 점점 메시지도 줄어드는 악순환이 시작된다. 어느 연구 결과에 따르면 중독과 섭식 장애를 겪는 환자의 경우 배외측전전두피질 활동이 처음에는 증가했다가 메시지가 무시됨에 따라 점점 활동이 줄어드는 것으로 밝혀졌다. 중독 환자의 경우 보상회로와 전전두피질을 연결하는 회백질이 줄어들며 기억력과 의사결정 능력도 영향을 받았다. 학습과 중독은 모두 신경가소성을 통해 강화된다. 뇌는 우리의 반복되는 생각과 행동에 반응하여 스스로 변화하기 때문이다.

행동중독

약물만 도파민 시스템 활성화를 촉진시킬 수 있는 것이 아니다. 행동도 가능하다. 구글 자료에 따르면 2016년 상위 8대 중독은 마약, 섹스, 포르노, 술, 설탕, 사랑, 도박, 페이스북이었다. 우리는 이 중 '사랑' 중독에 대해서는 잘 모르지만 다른 중독에 대해서는 명확하게 알고 있다. 약물과 알코올은 도파민 시스템에 직접적인 영향을 미친다. 그리고 다른 것들은 전부 진화론적 관점에서 볼 때 우리 뇌가 처리할 수 없는 새로운 어떤 것, 즉 일종의 '초대형' 자극 같아 보인다.

'초대형'이라는 개념을 이해하려면 시간 여행이 필요하다. 코치에게 타임머신이 있고 시간을 초월하여 코칭을 할 수 있다고 상상해 보라. 선사 시대의 클라이언트는 크로마뇽인 그룹의 지도자이다. 그에게 가치 있는 목표는 무엇일까? 아마도 소금, 지방, 알코올 그리고 설탕을 무한 공급받는 것이 가치 있는 목표일 것이다. 과거에는 그것들이 희귀하고 값어치가 있었을 것이다. 따라서 크로마뇽인 클라이언트는 그것들을 가능한 한 많이 원하고, 많이 쥐고 있고, 많이 소비하려 할 것이다. 그에게 그것들은 정크 푸드가 아니기 때문이다. 그런데 지금은 그것들이 흔해졌다. 동네 슈퍼마켓 진열대에는 손쉽게 살 수 있는 고칼로리의 달콤하고 맛있는 음식들이 넘쳐난다. 따라서 우리의 보상회로는 죽과 딱딱한 빵에 익숙한 아이가 갑자기 치즈 케이크 가게에 들어가서 넋을 잃게 된 것처럼 어쩔 줄 몰라 한다. 우리의 보상회로는 선사 시대 이후로 변하지 않았으므로 정크 푸드를 만나면 압도당하는 것이다.

포르노도 마찬가지다. 섹스는 삶의 큰 보상 중 하나이지만 과거에는 성적으로 자극적인 이미지를 접하기가 어려웠다. 그러나 이제는 마우스 클릭 한 번으로 원할 때면 언제든 접할 수 있다. 도박 또한 중독성이 있다. 화려한 시설, 판돈, 분위기 같은 모든 요소가 도박을 '초대형 자극'으로 만들고 우리의 보상회로는 황홀경에 빠져버린다. 연구에 따르면 고질적인 도박꾼들은 측좌핵으로부터 나오는 쾌락 반응이 더 적게 관찰된다.[19] 음식, 섹스, 게임, 사회적 접촉 등 일상적인 즐거움도 너무 과하면 보상회로를 과대 자극하여 초대형 사이즈가 되면 도파민을 크게 증가시킬 수 있다. 그렇게 되면 보상과 쾌락을 갈망하게 되고 시간이 지날수록 점차 무감각해지며, 그러다가 전에 경험했던 쾌락과 같은 수준으로 느끼고 싶어 점점 더 많은 경험을 갈망하게 될 수도 있다. 이 모든 것이 중독의 징후인 것이다.

뻔뻔스럽게도 많은 인터넷 사이트들이 버젓이 중독 모델을 기반으로 만들어졌다. 수많은 소셜 미디어 사이트들은 사용자가 소비하는 것을 목적으로 만들어진 것이 아니라 '사용자를 소비하기 위한' 목적으로 만들어졌다.[20] 소셜 네트워킹 사이트로부터 얻는 예기치 못한 보상과 통제되지 않는 보상을 그 예로 들 수 있다.[21]

대부분의 디지털 기업들은 어떤 기능이 클라이언트에게 가장 적합한지 알고 싶을 때 A/B 테스트[22]라는 것을 한다. 이 테스트는 글꼴, 색 구성표, 페이지 디자인뿐만 아니라 콘텐츠에도 적용할 수 있다. 방법은 이렇다. 테스트하려는 한 가지 특징을 제외하고는 모두 동일한 두 개의 사이트를 만든다. 그런 다음 각 사이트의 클릭율과 사용 시간을 비교한다. 그 특징에서 승리를 거둔 사이트는 다른 특징에 대해 다시 A/B 테스트를 받게 된다. 이 테스트는 저비용이고 간편하며 아무에게도 알릴 필요가 없다. 페이스북은 하루에 1000건 이상의 A/B 테스트를 실행하곤 했다. A/B 테스트는 사이트가 당신의 측좌핵에게 최대한 매력적으로 보이도록 사이트라는 자극을 '초대형화'하는 방법이다. 수백 명의 똑똑한 사람들이 많은 웹 사이트 뒤에 숨어서 당신의 자제력을 가장 약화시킬 수 있는 방법을 궁리하고 있는 것이다.

'중독된다'는 것은 해도 괜찮다고 느껴지는 무언가에 의존하고 갈망하는 것을 의미한다. 중독은 문제를 일으킨다. 우리는 임원진들을 코칭하면서 수익 증대에 중독 징후를 보이는 케이스를 만난 적이 있다. 임원들은 그것 말고도 자신의 권력을 확인하는 맛 그리고 다른 사람들 위에 군림하는 맛에 빠질 수도 있다. 이러한 문제들은 꽤나 복잡하다. 치료하기 위한 첫 번째 단계는 문제를 인정하도록 하는 것이다. 그들에게는 통찰이 필요하다. 다른 사람들의 관점에 주목하고 자기 행동의 결과를 직면하고 이해할 필요가 있다. 또한 코치가 그들에게 신경과학적 관점에서 무슨 일이 일어나고 있는지 설명해 주는 것도 도움이 될 수 있다. 그들에게는 코치와 회사 직원들로부터 행동에 대한 피드백을 받는 시스템이 필요하다.[23]

학습과 도파민 그리고 중독에 대한 탐구는 '우리가 어떻게 기대를 만들어 내고 어떻게 미래를 예측하려 노력하는가'라는 주제와 연결된다. 기대는 멘탈모델, 신념 또는 사고의 습관이며 다음 장의 주제가 될 것이다.

1) 영국의 코미디언 에디 이자드Eddie Izzard는 파블로프가 만약 개 대신 고양이를 실험에 이용했다면 어떻게 됐을지를 상상하는 스탠드업 코미디를 많이 했다. 고양이가 개보다는 예측 가능성이 덜하긴 하지만 분명 그 실험도 유효했을 것이다(아마 그다지 순탄하지는 않았겠지만). 고양이들은 1935년까지 슈뢰딩거가 고양이를 과학사에 올려놓을 때까지 기다려야 했다.

2) 종소리가 음식을 나오게 했다고 개들이 생각했는지는 우리는 알 수 없다. 만약 그랬다면 그건 개의 미신이었을 것이다. 미신은 외부 사건이 단지 그것과 연관된 것으로 보지 않고 어떤 일을 일어나게 하는 것이라고 생각하는 것을 말한다. 미신은 세상을 통제하고 예측하려고 시도하는 또 하나의 방법이다. 행동주의자 B.F.스키너Skinner는 비둘기에게 임의의 간격으로 먹이를 주어 비둘기에게 미신을 심어주는 실험을 했다. 비둘기들은 먹이가 나타나게 하려고 이상한 의식과 경련을 일으켰다. 왜냐하면 전에 그런 행동을 했을 때 먹이가 생겼기 때문이다. 예측할 수 없는 환경에서 그들이 알고 있는 유일한 방법, 즉 전에 해서 성공했던 것을 반복하여 통제력을 행사하려고 노력했다. 우리는 비둘기보다 더 똑똑하다. 그리고 우리가 새 셔츠를 입는 날 새 고객을 만난다면 그 셔츠를 다시 입는다고 해서 다른 새 고객이 또 생기지 않는다는 것을 알고 있다.

3) 라틴어로 '검은 물질'을 뜻한다. '뉴로멜라닌neuromelanin'색소에서 도파민의 검은 색이 나오고 이로 인해 흑핵substantia nigra(또는 흑질)이라는 이름이 붙여졌다. 도파민은 파스 콤팍타pars compacta(작은 부분)라고 하는 흑핵의 한 부분에서 만들어진다.

4) 이것은 선조체의 등쪽(배측) 혹은 앞쪽이고 미상핵caudate nucleus,

조가비핵putamen이라고 불리는 두 개의 구조로 구성되어 있다. 도파민은 기저핵에서 움직임을 조절하는 데 중요하다.

5) 복측선조체와 도파민 중변연계 경로는 1950년대에 올즈Olds와 밀너 Milner의 연구에서 뇌의 '쾌락 중추'로 일찍이 명성을 얻었다. 그들은 쥐의 뇌에 전극을 이식한 다음, 레버를 눌러 뇌를 자극할 수 있는 기회를 주었다. 몇몇 쥐들은 레버를 몇 번 눌렀고 신경 쓰지 않았다. 다른 쥐들은 지쳐 쓰러질 때까지 레버를 계속 눌렀다. 먹고, 자고, 교미하는 데 관심이 없었다. 이 쥐들은 우리가 현재 '도파민 중변연계경로'라고 부르는 복측피개영역에 전극을 이식받았다.

Olds, J., & Milner, P. (1954). Positive reinforcement produced by electrical stimulation of septal area and other regions of rat brain. Journal of Comparative and Physiological Psychology, 47 (6), 419. 참조.

이것은 쥐의 기행으로 치부될 수도 있다. 그러나 1950년대 로버트 히스Robert Heath의 연구에서 정신과 환자의 뇌 중격 영역에 전극을 이식하자 유사한 결과가 나타났다. 가능하다면 그들은 섹스와 수면도 제치고 뇌를 자극할 것이다.

Heath, R. G. (1963). Electrical self-stimulation of the brain in man. American Journal of Psychiatry, 120 (6), 571-577 참조.

이러한 실험들 덕분에 도파민은 수년간 연구 주제로서 뜨거운 관심을 받았다. 그런데 나중에 도파민이 쾌락을 원하지만 쾌락 자체에 관여하지 않는다는 것이 분명해졌다. 연구자들이 도파민 길항제(도파민 수용체에 자리 잡고 도파민이 작용하는 것을 막는 화학 물질)를 투여했을 때 사람들은 여전히 경험에서 쾌락을 느꼈지만 그 쾌락을 얻고자 충동적으로 행동하지는 않았다.

6) 이것은 선조체의 뒷부분이다.

7) 도파민이 자발적인 움직임을 제어하기 때문에 흑핵에서 도파민 생성 세포가 죽으면 근육이 떨리고 몸의 움직임이 어려워진다. 이것이 파킨슨병이다. 파킨슨병은 뇌에서 도파민으로 전환되는 L-DOpa라는 약물로 치료한다. 도파민은 혈액뇌장벽(BBB: blood brain barrier)을 통과하지 못하기 때문에 직접 투여할 수 없다.

8) 쥐의 표정은 과학적으로 그다지 설득력은 없다. 다른 실험에서 좀더 나은 증거가 있다. 도파민을 생성하지 않도록 유전적으로 조작된 쥐는 아무것도 할 의욕이 없고, 음식 그릇에까지 가느라 고생하기보다 굶어 죽을 것이다. 도파민이 없는 쥐는 전형적인 '몽상가lotus eater'이다.

9) 효소 카테콜-O-메틸트랜스퍼라제(COMT: catechol-o-methyltrans ferase)는 전두엽에서 사용되었던 도파민을 분해한다. 어떤 사람들은 COMT의 활동을 감소시키는 유전자를 갖고 태어나서 도파민이 시냅스에 더 오래 머물 수 있다.

10) 이제 유전학의 발전과 인간 게놈 프로젝트를 통해 200달러 이하의 가격으로 당신의 유전적 도파민 프로파일을 알아낼 수 있다.

11) 예측오류 가설은 1972년 로버트 레스콜라Robert Rescorla와 앨런 바그너Allan Wagner가 처음 제안했다. 예상대로 레스콜라-바그너 Rescorla-Wagner 가설이라고도 한다. 도파민이 학습 상황에서 어떻게 작동하는지에 있어서 예측오류가 전부인지는 여전히 논쟁의 여지가 있다. 그러나 예측오류 학습은 인공지능 강화 학습에 주목할 만한 효과가 있는 것으로 밝혀졌다. AI는 많은 가능성(예: 체스 이동)을 검토하며 작동되고, 유리한 포지션(프로그램된 보상)으로 이어지는 네트워크를 강화한다. 시간이 지나면 가장 강력한 네트워크는 가장 훌륭한 성공을 거둔 네트워크들이다. 가장 좋은 것은 시행착오를 통해 전적으로 실용적으로 움직이는 것이다. 이렇게 움직여야 성공으로 이어진다. 인간은 빠르게 학습하지만 기계는 더 철저하다. 지금까지 그들은 최고

의 인간 선수들을 상대로 한 규칙 기반 게임(예: 체스, 바둑)의 승률에서 우위에 있다.

12) Schultz, W., Dayan, P., & Montague, P. R. (1997). A neural substrate of prediction and reward. Science, 275 (5306), 1593-1599.

13) Schultz, W. (1998). Predictive reward signal of dopamine neurons. Jzournal of Neurophysiology, 80 (1), 1-27.

14) 사업이 어떻게 잘못된 보상을 받는지에 대한 좋은 설명은 알피 콘 Alfie Cohn의 책 〈Punished by Rewards(Houghton Mifflin, 1999)〉를 참조하라. 당시의 도파민 연구는 알려지지 않았지만 연관성은 쉽게 알 수 있다.

15) 복권 당첨자에 대한 많은 연구가 있다. 예를 들어 가드너, J., & 오스 왈드(Gardner, J., & Oswald, A. J.)(2007) 돈과 정신 건강: 중형 복권 당첨에 대한 종단적 연구. 건강 경제학 저널 (Gardner, J., & Oswald, A. J. (2007). Money and mental wellbeing: A longitudinal study of medium-sized lottery wins. Journal of Health Economics, 26 (1), 49-60.)

소득 수준이 행복에 미치는 영향에 대한 문헌도 있다. 예상할 수 있듯이 기본 소득을 높이면 단기적으로는 행복해지지만 장기적으로는 행복하지 않으며, 보고된 행복 수준과 소득 수준 사이에는 상관관계가 거의 없다. 6만 달러 이상의 수준에서 연간 행복도는 평탄하다고 보고되었다. 돈으로 행복을 살 수는 없지만 돈이 부족하면 비참함을 살 수 있다. 다음 논문을 참고하라. Easterlin, R. A. (1995). Will raising the incomes of all increase the happiness of all? Journal of Economic Behaviour & Organization, 27 (1), 35-47.

16) 〈The Teaching of Don Juan, a Yaqui way of Knowledge〉(한국

어판: 돈 후앙의 가르침 - 멕시코 야키족의 초월적인 지식체계, 정신세계사, 2014) 캘리포니아 대학교 출판부, 1968.

17) 커피는 국제 무역량에서 석유 다음으로 많다. 커피는 그 역사가 흥미롭다. 1500년대 영국에 처음으로 커피가 들어왔을 때 특히 남성들 사이에서 큰 인기를 끌었는데, 1674년 한 여성 단체가 '커피 반대 여성 청원'이라는 청원을 유포했을 정도로 인기가 높았다. 청원에는 '커피는 시간을 낭비하게 한다. 모두 이 까맣고, 걸쭉하고, 지저분하고, 쓰고, 악취 나고, 구역질나는 웅덩이 같은 물 때문에 입을 데고 돈을 써 대고 있다'고 쓰여 있다. 그로부터 스타벅스에 이르기까지는 긴 여정이 있었다.

18) 금연 성공률은 약 10% 정도로 헤로인의 경우와 거의 같다. 금연 성공률을 보면 니코틴은 헤로인만큼 중독성이 강하다.

19) Goudriaan, A. E., Oosterlaan, J., de Beurs, E., & Van den Brink,

W. (2004). Pathological gambling: A comprehensive review of biobehavioral findings. Neuroscience & Biobehavioral Reviews, 28 (2), 123-141.

또한 다음 논문도 참고하라. Reuter, J., Raedler, T., Rose, M., Hand, I., Gläascher, J., & Büuchel, C. (2005). Pathological gambling is linked to reduced activation of the mesolimbic reward system. Nature Neuroscience, 8 (2), 147- 148.

20) 페이스북의 전 임원이자 초창기 주주인 션 파커Sean Parker는 소셜 미디어 플랫폼이 중독성을 가지도록 설계된 만큼 페이스북이 인간의 심리를 악용한다고 말했다. 그는 당신이 흥미를 계속 가지도록 도파민을 조금씩 주입하는 사이트에 대해 이야기한다. 다음에서 기사를 볼 수 있다.

https://www.axios.com/sean-parker- unloads-on-facebook-god-only-knows-what-its-doing-to-our-childrens-brains-1513306792-f855e7b4-4e99-4d60-8d51- 2775559c2671.html (2018년 5월 3일 접속)

21) 이는 1950년대 B.F. 스키너가 최초로 기술한 '보상의 가변적 일정 변화'라는 심리학 모델에 기반을 두고 있다. 그는 쥐들이 무작위적인 보상에 더 반응한다는 것을 보여주었다. 쥐들은 레버를 누르고 가끔 맛있는 간식을 먹었다. 그리고 가끔은 아무것도 없었다. 무작위적인 보상을 받은 쥐들은 레버를 반복해서 누르곤 했다. 매번 같은 보상을 받은 쥐는 그렇지 않았다. 반복은 예측할 수 없는 환경을 통제하려는 하나의 방법이다. 예상치 못한 보상은 도파민을 증가시키지만, 이는 무작위의 예상치 못한 보상이기 때문에 학습할 수가 없다. 계속 압박 하는 것 외에는 어떤 전략도 계획할 수가 없다. 다음 음식은 맛있을 수도 있고 아닐 수도 있다. 도박에서도 마찬가지다. 다음 판은 크게 이길 수도 있다(그러나 아마 아닐 것이다). 도파민 가능성이 배외측전전 두피질보다 우선한다.

22) 구글이 2000년에 처음 사용한 것으로 알려졌다.

23) 이에 도움이 되는 개입과 좋은 코칭 모델들이 많이 있다. 마셜 골드 스미스의 책 〈What got you here, won't get you there〉(한국어 판: 일 잘하는 당신이 성공을 못하는 20가지 비밀, 리더스북 2008)이 시작 하기에 매우 좋은 책이다. 이 책에서는 신경과학에 상응하는 설명 없 이 이러한 행동과 이를 다루는 방법을 알려준다.

참고문헌

Castaneda, C. (1968). The teachings of Don Juan, a Yaqui way of knowledge. Berkeley, CA: University of California Press 1968.

Cohn, A. (1999). Punished by rewards. Boston, MA: Houghton Mifflin.

Easterlin, R. A. (1995). Will raising the incomes of all increase the happiness of all? Journal of Economic Behaviour & Organization, 27(1), 35-47.

Gardner, J., & Oswald, A. J. (2007). Money and mental wellbeing: A longitudinal study of medium-sized lottery wins. Journal of Health Economics, 26(1), 49-60.

Goldsmith, M. (2007). What got you here, won't get you there. London, England: Hyperion.

Goudriaan, A. E., Oosterlaan, J., de Beurs, E., & Van den Brink, W. (2004). Pathological gambling: A comprehensive review of biobehavioral findings. Neuroscience & Biobehavioral Reviews, 28(2), 123-141.

Heath, R. G. (1963). Electrical self-stimulation of the brain in man. American Journal of Psychiatry, 120(6), 571-577.

Olds, J., & Milner, P. (1954). Positive reinforcement produced by electrical stimulation of septal area and other regions of rat brain. Journal of Comparative and Physiological Psychology, 47(6), 419.

Reuter, J., Raedler, T., Rose, M., Hand, I., Gläascher, J., & Büuchel, C. (2005). Pathological gambling is linked to reduced activation of the mesolimbic reward system. Nature Neuroscience, 8(2), 147-148.

Schultz, W. (1998). Predictive reward signal of dopamine neurons. Journal of Neurophysiology, 80(1), 1-27. Retrieved from https://www.axios.com/sean-parker-unloads-on-facebook-god-only- knows-what-its-doing-to-our-childrens-brains-1513306792-f855e7b4- 4e99-4d60-8d51-2775559c2671.html

Schultz, W., Dayan, P., & Montague, P. R. (1997). A neural substrate of prediction and reward. Science, 275(5306), 1593-1599.

제9장

멘탈모델

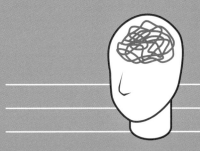

멘탈모델

우리는 세 가지 질문으로 이 책을 시작했다.

지금 어디에 있는가?
어디로 가고 싶은가?
당신을 멈추게 하는 것이 무엇인가?

처음 두 질문은 목표와 가치에 관한 것이다. 이 질문에 대해서는 앞에서 도파민, 보상회로, 기대, 감정 및 변연계가 우리에게 몇 가지 답변을 해 주었다.

이제 세 번째 질문, '원하는 것을 성취하는 데 방해가 되는 것은 무엇인가?'에 대해 알아보자.

제일 주요한 방해 요인은 보통 목표 자체가 아니라 목표에 대해 생각하는 방식에 있다.

우리가 목표에 대해 생각하는 방식은 멘탈모델(mental model: 세상이 어떻게 돌아가고 우리 자신과 다른 사람들을 어떻게 생각할지에 결정적으로 영향을 미치는 신념이나 견해들)을 기반으로 한다.

멘탈모델은 만물이 어떻게 작용하는지에 대한 사고체계다. 그것은 무슨 일이 일어날지 예측하고 어떤 상황에서 우리 자신과 다른 사람들에 대한 기대치를 만들어 낸다. 우리는 우리의 멘탈모델에 따라 행동한다. 멘탈모델은 경험을 기반으로 하거나, (어리거나 젊어서 혹은 세상이 어떻게 돌아가는지에 대한 경험이 거의 없는 상황에서) 다른 사람들의 영향으로 만들어질 수 있다. 멘탈모델은 우리가 사건에 대응할 수 있도록 돕는 생각의 구성체이다. 즉 당신이 도파민 학습 시스템을 통해 배운 것들의 인지적 결정화(結晶化)이다. 그것은 신경과학에서 인터프리터interpreter[1]라고 불리는 시스템에 의해 구성되고 조직된다. 이에 대한 것은 다음 장에서 더 자세히 살펴보겠다. 인터프리터는 사건 조각을 일관성 있는 이야기로 진행시키는 시스템으로 인해 생긴 이름이다. 이것은 전전두피질의 왼쪽 반구에서 작용하며 무질서한 모든 정보를 받아들여 원인과 결과로 연결 지어 사건을 이해한다. 이렇게 멘탈모델을 구성한다. 그리고 우리는 그렇게 구성된 멘탈모델에 따라 행동을 함으로써 반응 행동을 일으키는 단순한 자극으로부터 자유롭게 된다.

　멘탈모델은 생각하는 것, 학습된 것, 반복적으로 하는 것, 그리고 성찰없이 하는 행동과 같은 습관이라 할 수 있다. 종종 '신념'이라고도 하는데 보통 신념이라고 하면 종교적인 함의를 지니고 있지만 코칭은 종교적인 것까지는 다루지는 않는다. 신념이라는 단어는 또한 우리가 세상에 대해 가지는 생각이 아니라 세상에 대한 사실을 의미한다. 코칭은 클라이언트의 신념이 사실인지 아닌지를 다루는 것이 아니라 그것이 클라이언트에게 미치는 영향만을 다룬다. 또한 우리는 물리적 법칙에 대한 멘탈모델 같은 것도 다루지 않는다. 즉 우리 모두가 '믿고 있고' 그것을 엄연한 사실로 받아들이고 행동하는 '중력' 같은 것은 다루지 않는다.[2] 코칭으로 우리는 클라이언트의 행복과 성취에 영향을 미치는 멘탈모델을 다룬다. 하지만 클라이언트의 행복도 성취도 정확히 검증하거나 입증하지는 못한다.

멘탈모델에는 우리에게 힘을 주는 모델과 우리를 제한하는 모델 두 가지 유형이 있다

우리에게 힘을 주는 멘탈모델은 영감을 주고 가능성을 열어주며 생각할 여지를 준다. 예를 들어 '우주는 언제나 내게 우호적이다.' 또는 '어떤 일이 일어나든 나는 그것을 통해 배움을 얻을 수 있다.'와 같은 것들이다. 우리를 제한하는 멘탈모델은 우리가 성취하고, 창조하고, 행복해지는 것을 막는다. 예를 들어 '다른 사람이 져야만 내가 이길 수 있다.' 또는 '성공하기 위해서는 반드시 엄청난 노력을 해야 한다.'와 같은 생각이다. 확증편향은 기존 멘탈모델을 강화하는 데 많은 역할을 한다. 이러한 멘탈모델은 스스로 알아차리기 어려울 수 있다. 보통 우리는 그것들을 의식하지 못한 채 단지 행동으로 옮길 뿐이다. 우리는 멘탈모델이 행복 또는 원하는 것에 대한 성취를 방해한다는 것을 인식했을 때에만 제한하는 멘탈모델을 바꾸려고 시도할 것이다. 이때 코치는 클라이언트가 제한하는 멘탈모델을 인식하고 극복할 수 있도록 도울 수 있다.

멘탈모델을 습득하는 방식

우리는 멘탈모델을 '신중히 선택하는 것'이라고 생각하고 싶어하지만 사실 살아가면서 '주어진 것들 중에 수용하는 것'이라고 표현하는 게 더 정확하다. 제한하는 멘탈모델은 주로 부분적인 정보로 인한 오해에서 비롯된다. 주어진 정보가 완전하지 않다면 테니스 코트의 반쪽 면만 보고 테니스 규칙을 알아내려는 것과 같다. 전체를 보지 않은 채 잘못된 결론을 내린 다음 테니스가 이상한 게임이라고 생각

하는 것과 같다.

일반적인 오해 중 하나는 상관관계를 인과관계로 착각하는 것이다. 한 클라이언트는 성장기 동안 항상 부모님이 싸우는 것 같아 보였던 일에 대해 자세히 들려주었다. 부모님의 싸움에 자신이 어떻게든 책임이 있다고 느꼈지만 알고 보니 싸움의 원인은 완전히 다른 데 있었다. 아이들은 세상이 어떻게 돌아가는지 잘 모르는 상태에서 잘못된 결론을 내리기 쉽다. 재미있는 사례가 있다. 친구 딸이 5살이었을 때이다. 아이는 엄마에게 왜 모두 어렸을 때 뼈를 부러뜨려야 하냐고 물었다. 내 친구인 그 엄마는 '사람들은 일부러 뼈를 부러뜨리지는 않아!'라고 말하며 왜 그렇게 생각했는지 딸에게 이유를 물었다. 알고 보니 딸이 아는 모든 어른들은 어린 시절에 팔, 다리, 손목, 발가락, 손가락 등뼈가 부러진 경험이 있었던 것이었다. 아이는 그것이 성인이 되기 위한 피할 수 없는 절차라고 혼자 결론 지은 것이다. 내 친구가 재빨리 상황을 설명하지 않았다면 소녀는 분명히 성인이 되기 위해 뼈를 부러뜨리는 방법을 찾았을 것이다. 어린 시절 뼈가 부러지는 일은 흔하지만 반드시 필요하지는 않다.

멘탈모델을 형성하는 또 다른 방법은 모방이다. 아이들은 부모와 같이 자신의 삶에 영향력 있는 어른들로부터 사람들이 서로를 어떻게 대해야 하는지, 언제 거짓말을 해야 하는지, 사회적으로 어떻게 행동해야 하는지에 대한 신체적으로나 정신적으로 고착된 태도들을 받아들인다. 아이들이 어른들의 말을 들으면서 모국어의 문법을 배우는 것처럼 어른들의 행동을 관찰함으로써 자신의 부모가 하는 행동의 원리를 도출한다. 우리의 행동이 언어라면 우리의 신념은 문법이다. 즉 문법이란 우리가 하는 행동을 왜 하는지를 결정하는 보이지 않는 구조인 것이다. 아이들은 이러한 패턴을 쉽게 자기의 것으로 만든다.

세 번째는 반복이다. 한두 번은 우연일지라도 세 번 반복되는 것은 패턴이다. 우리의 뇌는 항상 패턴을 찾는다. 돈을 갚지 않는 사람 3명에게 돈을 빌려준 경험은 사람들은 신뢰할 수 없다는 멘탈모델을 만들 수 있으며 또한 내가 판단력이 부족한 사람이라는 멘탈모델을 만들 수도 있다. 이 두 가지 모두 몇 안 되는 사례만으로 내린 좋지 않은 결론이다. 여기서 시스템1(가용성의 원칙)이 작동하는 것에 주목하자. 출처 기억상실source amnesia은 이 패턴을 확대한다. 출처 기억상실은 우리가 어떤 사실을 기억하지만 그것이 어디서 왔는지는 잊어버리는 경향이 있음을 의미한다. 아주 다른 상황에, 다른 출처임에도 불구하고 하나의 출처인 것처럼 섞여버린다. 전부 하나의 패턴으로 일반화되어 제한적인 멘탈모델이 될 수가 있다.

그 외에도 중요한 사건 하나가 멘탈모델을 구축하는 경우이다. 가령 친구에게 돈을 빌려줬는데 그 친구가 도망을 갔다면, 친구를 신뢰했기 때문에 그 사람은 낯선 사람에게 돈을 빌려준 것보다 더 크게 상심할 수 있다. 이러한 경험도 역시 '사람은 믿을 수 없다', 또는 '나는 사람 보는 눈이 없다'라는 멘탈모델을 만들 수 있다. 하지만 이 두 멘탈모델 또한 한번의 사건을 일반화한 것으로 적절한 것이 아니다. 또 다른 예는 많은 돈을 투자했으나 실패한 사업의 경우이다. 이러한 경우에는 투자 규모가 클수록 사건은 더 중요하고 강렬하게 된다. 그 투자에 대한 결과가 고통스럽게 느껴질 때마다 편도체는 활성화되고 나중에는 돈을 빌려주는 것 자체에 공포 반응이 생길 것이다. 이렇게 되면 '사람은 믿을 수 없다'라는 멘탈모델이 전전두피질에 의해 공식화되기에 이를 것이다.

마지막으로는 전혀 경험에 기반하지 않고 '사람은 믿을 수 없다'와 같은 생각을 하는 경우이다. 마치 신발 바닥에 붙은 껌을 떼어 내듯이 동료들에게 받는 압박의 불편함 속에서 그런 생각을 집어 올 수 있다.

기대하는 두뇌 - 맞춤법 검사기

───────── ◎ ─────────

우리는 세상에 반응만 하지 않는다. 세상과 상호작용한다. 멘탈모델은 우리의 주의와 행동을 지휘한다.

우리는 세상을 어떻게 이해해야 할까?
우리가 무엇을 해야 하는지 어떻게 알까?
우리는 멘탈모델을 사용한다.

멘탈모델은 기대를 생성시킨다.

뇌는 감각을 통해 얻은 외부 세계의 정보를 가지고 기대를 수정한다.

이것은 우리에게 보이는 것과 반대다. 즉 우리는 있는 그대로 정보를 받아들이고 이해한다고 생각하지만 그렇지 않다. 당신의 뇌는 먼저 이전의 경험으로 구축된 기대를 가지고 출발해서, 이후 입력되는 감각 데이터들이 타당하도록 만드는 데 그 기대를 사용한다. 그런 다음에 결과를 도출한다. 뇌는 첫 몇 글자를 입력하면 자동 완성되는 기능이 장착된 매우 정교한 맞춤법 검사기처럼 작동한다. 즉 뇌는 들어온 몇 가지 정보와 상황, 맥락을 가지고 어떤 일이 일어날 것인지를 가장 정확하게 예측한다는 말이다. 스마트한 맞춤법 검사기는 줄임말을 포함하여 당신이 사용하는 단어나 당신 스스로를 어떻게 표현하는지에 대해 주의를 기울인다.[3] 이렇게 당신이 하는 것에 주의를 기울여 배우고 다음에 옴 직한 것들을 예측한다. 이것이 바로 당신 뇌가 하는 일이다. 이러한 초기 예측이 없으면 프로세스가 훨씬 느려진다. 우리는 앞에서 도파민 예측오류가 작동하는 것을 통해 이 시스템을 이미 보았다. 우리는 이미 알고 있는 것에서부터 시작한다. 새로 입력된 데이터로 기대를 수정하는 것은 가장 쉬운 학습 방법이다. 뇌는 늘 가장 빠른 길을 찾는다. 그래서 대부분의 경우 약간의 수정으로 충분할 것이다.

먼저 예측하고 수정한다

뇌는 일단 예측의 원리로 작동하고 그런 다음 필요한 경우에 수정을 한다. 시각 시스템이 가장 명쾌한 예다. 우리가 눈으로 무언가를 보면, 후두엽피질occipital cortex은 무엇일 것이라고 예측한 다음 그것을 시상으로 보낸다. 시상은 신호를 받아서 그것이 가야 할 곳으로 연결해 주는 중계소이다. 시상은 눈을 통하여 들어오는 것과 시각피질에서 예측하는 것을 비교한 후, 그 차이를 처리하기 위하여 다시 피질로 보낸다. 이것이 우리가 세상을 학습하는 방식이다. 우리가 예측하는 것과 외부 세계를 감각으로 느끼는 것과의 차이를 알아차리는 것으로 말이다.[4] 가끔은 즉석에서 바로 이런 프로세스를 알아차릴 수 있다. 예를 들면 조셉은 화장실에서 수건 더미 위에서 잠자고 있는 고양이를 순간 '보았다'. 그 수건 더미는 고양이가 좋아하는 곳이었고 공교롭게도 수건 더미가 흐릿한 '고양이 모양'이었다. 조셉은 그곳에서 고양이를 볼 것으로 예측했다. 하지만 그 예측은 그의 눈을 통해 들어온 피드백, 즉 고양이가 아닌 그냥 수건이라는 감각 정보에 의해 즉시 수정되었다.

착시현상은 뇌가 예측하는 것이 외부 세계와 일치하지 않을 때 나타날 수 있는 좋은 예다. 그 결과 우리는 거기에 실재하는 것이 아니라 뇌가 예측하는 것을 본다(그림 9.1).

그림 9.1 당신은 당신의 눈을 믿는가?

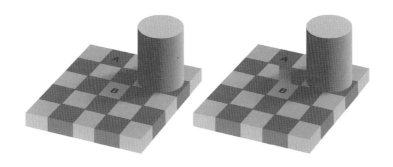

정사각형 A와 정사각형 B 중 어느 쪽이 더 어두운가?

분명히 사각형 A가 더 어둡다. 보는 것이 믿는 것이라.

하지만, 그렇지 않다. 두 정사각형의 색상은 동일하다(오른쪽 그림 참조).

우리의 시각피질은 빛과 그림자 그리고 방향을 해석하는 데 있어 몇 가지 고유의 규칙을 가지고 있다. 우리는 거기 실제로 있는 것을 보는 것이 아니라 그 규칙이 예측하는 것을 '본다'. 이 경우 우리는 시각피질에 내장된 규칙을 이길 수 없다. 심지어 정사각형이 같은 색상임을 알 때도 보지 못한다.[5]

시각피질은 예측들을 만들어 낼 뿐만 아니라 우리가 인식한 것을 예측한 것에 들어맞도록 매끄럽게 만든다. 우리는 방을 가로질러 눈을 휙 돌릴 때가 있는데, 그것은 미친 듯이 빙빙 도는 느낌이 아닌 부드럽게 한 번에 이어지는 연속적인 움직임으로 경험한다. 또한 우리는 자주 눈을 깜박이지만 1분에 몇 번씩 세상이 어두워지는 경험을 하지는 않는다. 우리 눈에는 시신경이 망막으로 들어가는 중앙부에 맹점이 있지만 맹점 바깥의 블랙홀을 보지 않는다. 독서를 할 때 눈은 단속성 안구운동으로 알려진 짧고 빠른 움직임으로 글자들 사이의 여백을 뛰어넘는다. 그럼에도 독서에 대한 당신의 경험은 의식하고 있는 단어들의 매끄러운 흐름이다(그래서 우리가 읽을 것이라고 예측하는 것을 읽고 따라서 당신은 십중팔구 실제로 말이 되지 않음에도 불구하고 의미가 통하는 마지막 문장을 읽게 되는 것이다).

우리의 예측은 우리의 모든 감각에 영향을 미친다. 어떻게 당신의 팔이 쉽고 자연스럽게 움직이는지 궁금한 적이 있었나? 또한 다른 사람이 팔을 움직일 때는 내 팔과는 다른 방식으로 인식한다는 것을 궁금해 한 적이 있는가? 그것은 뇌가 움직임을 예측하지 못해서 낯설게 느끼기 때문이다. 왜 스스로는 간지럼을 태울 수 없는지 궁금한 적이 있는가? 뇌가 간지럼을 태우라는 명령을 자신의 손가락에 보내기 때문에 자신이 무엇을 느낄지 번히 예측할 수 있어서 그렇다. 간지럼은 예측할 수 없어야 느낄 수 있다. 그렇지 않으면 간지럼은 느낄 수 없다. 당신이 간지럼을 탈 때 피부 수용체는 촉각을 해독하는 체성감각피질에 메시지를 보낸다. 그게 자신을 간지럽히는 것이면 그 신호가 약해진다.[6] 우리는 이 원리가 셀프코칭에도 적용되는지 궁금했다. 당신이 스스로를 코칭할 때 당신은 질문이 올 거라는 걸 알고 있다. 그것은 코치가 하는 예측 불가능한 질문만큼 자극적이지 않다.[7] 우리 상상력이 매우 창의적일 수 있지만 우리가 배움을 위한 피드백을 받기 위해서는 '바깥의' 현실이 필요하다.[8] 피드백이 없으면 배울 수도 없다. 그래서 코치 없이 혼자 하는 멘탈 관리인 셀프코칭은 심도 있게 하기 어렵다. 전문 코치와 함께 하는 것이 더 재미있고 효과적이다.

우리는 한 가지 정보에 의존함으로써 쉽게 실수할 수 있기 때문에 뇌는 예측을 위해 모든 감각을 사용한다. 뇌는 필요한 것보다 더 많은 정보를 받아들인다. 우리는 주로 시각에 의존하지만 뇌는 다른 감각에도 주의를 기울인다. 예를 들어 우리는 들을 때 입모양을 읽는 것에 주의를 기울이며[9] 청각이 시각과 일치하지 않을 경우엔 이상하게 들리거나 보인다. 가수의 립싱크를 보는 것은 노래를 잘못 들리게 만든다. 뇌는 감각을 통해 엄청난 양의 정보를 받아들이고 그것을 내장된 규칙 및 학습된 기대들과 비교하고 혼란 속에서 의미와 행동들을 만들어 내는 놀라운 일을 한다. 뇌는 이 작업을 항상 원활하게 수행하여 세상이 합리적이고 예측 가능한 것처럼 보이게 한다. 합리적이고 예측 가능한 세상을 만드는 것은 뇌가 이루는 가장 큰 기적이다.

코치들을 위한 시사점

우리는 객관적인 관찰자가 아니다. 우리의 관찰은 멘탈모델에 의해 생성된 기대와 예측에서부터 출발한다. '곤경에 빠지는 것은 뭔가를 모르기 때문이 아니다. 뭔가를 확실히 안다는 착각 때문이다.' 이를 잘 압축한 유명한 글귀이다.

우리의 멘탈모델은 뇌의 많은 부분에서 정보를 수집하고 통합하는 좌뇌 전전두피질에 의해 유지된다. 편도체로부터 감정을, 보상 시스템으로부터 가치를, 해마로부터는 기억을 수집하는 것이다. 학습하기 위해서는 외부의 피드백으로 멘탈모델이 업데이트되어야 하지만 종종 업데이트되지 않기도 한다. 신체 감각에 대한 피드백을 무시하는 것은 불가능하다. 만약 중력이 당신에게 적용되지 않았다는 생각이 든다면 당신은 다시 중력을 느끼도록 할 즉각적인 피드백을 마련할 것이다. 멘탈모델은 각양각색이어서 피드백을 무시하거나 왜곡, 재해석할 수 있는 많은 방법들이 존재한다.

첫째, 우리는 멘탈모델에 애착을 가지고 있다. 멘탈모델은 우리 것이다. 혼란스러운 세상에서 우리에게 확신을 주는 것이다. 우리는 마지막 순간까지 멘탈모델을 붙잡고 있다.

둘째, 우리는 확증편향을 사용한다. 즉 유리한 증거만 선별하고 멘탈모델에 반하는 피드백을 무시한다.

셋째, 제한하는 멘탈모델은 우리의 행동을 제한하고 가능성 있는 피드백을 제한할 것이다. 우리는 자신을 멘탈모델이 심각하게 도전을 받는 상황에 처하도록 내버려 두지 않기 때문에 멘탈모델은 자기실현적 예언이 된다. 예를 들어 자신의 팀이 무능하다고 생각하는 클라이언트를 가정해 보자. 팀이 무능하므로 그는 노골적으로 팀 내 다른 사람에게 일을 맡기지도 않고 의견을 구하지도 않는다. 그러니 자신의 멘탈모델에 도전이 되는 피드백을 받을 만한 상황을 결코 만들지 않게 되는 것이다. 이것이 제한하는 멘탈모델의 존재를 지탱하는 방법이다. 즉 경험을 제한함으로써 우리 자신을 우리 자신이라고 인정하고 납득한다. 이를 설명하는 완벽한 예시가 있다. 그것은 바로 가느다란 밧줄만으로 코끼리의 탈출을 막을 수 있는 방법이다. 코끼리가 어릴 때 조련사는 코끼리의 다리를 땅에 박은 말뚝에 묶어서 돌아다닐 수 없게 한다. 아기 코끼리는 말뚝을 뽑을 만큼 강하지 않다. 이후 코끼리는 충분히 성장하여 말뚝을 쉽게 뽑을 수 있을 만큼 강해졌을 때조차도 자신의 힘을 다시 시험하려고 하지 않는다. 왜냐하면 자신은 그 말뚝을 뽑을 수 없다는 것을 '알기' 때문이다. 그들의 멘탈모델이 그들이 할 수 있는 것과 할 수 없는 것을 알려준다. 그래서 힘을 시험해 보지 않는다.

클라이언트의 제한하는 멘탈모델에 대해 할 수 있는 가장 좋은 코치의 개입은 클라이언트가 시스템2의 사고를 하게끔 돕고 클라이언트에게 도움이 되는 훌륭한 피드백을 받을 수 있는 클라이언트의 행동에 적극 찬성하는 것이다.

　여기 좋은 예시가 있다. 조셉은 스트레스와 과로를 토로하는 관리자를 코칭했다. 그는 확실히 요청받은 것보다 혹은 필요 이상으로 더 많은 일을 하고 있었다. 우리는 멀티태스킹과 효율적인 작업 방식에 대해 이야기하고 있었는데 그가 이런 말을 했다. "제 어시스턴트에게 지시해서 일을 더 줄 수 있다. 하지만 일을 잘해 내려면 내가 직접 하는 것이 낫다." 꽤 그럴듯하게 들린다. 이것이 다름 아닌 제한하는 멘탈모델이다. 이어 그는 '어시스턴트가 잘못한 것을 바로잡는 것이 처음부터 내가 직접 일하는 것보다 더 많은 시간이 더 걸린다'고 말했다 (이것은 멘탈모델이 참인 경우에만 맞는 말이다). 그는 업무를 위임하는 방법을 알고 있었지만 거의 위임하지 않았다. 그는 과거에 줄곧 무능한 어시스턴트들과 일했고 이는 그의 멘탈모델을 강화시켰다. 그가 현재 자신의 멘탈모델을 시험해 보지 않는 한 그는 현재의 이 어시스턴트, 이 일, 이 시간이 과거의 그 어시스턴트, 그 일, 그 시간과 다를 수 있다는 것을 배우지 못할 것이다. 우리는 그것을 배움의 기회로 삼았다. 그는 이 어시스턴트가 괜찮은지 알아보기로 했다. 몇 가지 작은 업무를 맡겨보는 데 동의했다. 맡긴 일이 잘 진행되자 어시스턴트는 다른 더 많은 일을 할 수 있게 됐다. 한 달이 지나자 클라이언트의 업무량은 줄어들었고 훨씬 더 행복하고 스트레스를 덜 받게 되었다. 이제 그는 자신을 위한 정말 중요한 일들에 집중할 수 있게 된 것이다.

　'무언가를 잘 해내고 싶다면 스스로 해야 한다'라는 멘탈모델 역시 거의 모든 제한하는 멘탈모델들이 공유하는 세 가지 중요한 특성을 가지고 있다.

　첫째, 위의 문장은 마치 세상에 대한 것, 다른 사람과 그들의 능력에 관한 것처럼 표현되어 있지만 그렇지 않다. 클라이언트 자신에 관한 것이다. 생각이나 아이디어는 누군가가 표현을 했기 때문에 존재하는 것 아닌가. 좀 아는 체를 해서 그의 말을 전체 문장으로 다시 써보면 "만약 내가 무언가를 잘 해내고 싶다면 그것을 스스로 해야 한다고 나는 생각한다."가 정확할 것이다. 이제 그 생각은 클라이언트 자신에게 한정된 것이 되었다. 세상의 이치에 대한 것이 아니다. 클라이언트는 '자신의 경험에 한해서 진실'이라는 단서를 붙여 이 문장을 다시 쓰는 데 동의했다. 지금까지는 일단 순조롭다.

둘째, 그것은 시대를 초월한 보편적인 법칙으로 표현된다. 그 생각을 완전히 한번 풀어내 보았다. '과거에 나는 특정한 상황에서 특정한 방식으로 특정한 사람들에게 일을 맡긴 적이 있는데 결과가 좋지 않았다. 그 경험이 바탕이 되어 이런 일이 다시 반복될 것을 두려워해 현재는 누군가에게 일을 위임하는 것을 꺼린다.' 그가 감정적으로 불안을 느끼기 시작하기도 했지만, 논리적으로 접근해 이를 탓할 수는 없었다. 조셉은 단지 그 생각을 테스트할 것을 고려해 보자는 것뿐이지 당신을 위임하게 만들려고 이러는 것이 아니라고 그를 안심시켰다.

셋째, 멘탈모델은 두 가지의 감정적 연결을 가지고 있다. 한 가지 감정적 연결은 이렇게 된다. 먼저 편도체가 업무 위임에 대한 불쾌한 기억을 저장하고, 기억은 현재와 연결되어 업무를 위임한다는 생각은 그 기억을 활성화시킨다. 우리의 뇌는 연상을 아주 잘한다. 신경과학자 안토니오 다마지오Antonio Damasio의 신체표지 가설에서는, 그의 뇌가 다른 생각들과 입력된 정보와 함께 업무 위임과 관련한 경험의 감정적 측면을 포착해서 안와전두피질에서 그것들을 처리한다고 예측할 것이다. 그래서 드러난 처리 결과는 당장의 위험을 피하는 것이었다(현상유지편향). 대신 그는 뒤쳐지지 않기 위해 더 열심히, 더 빨리, 더 오래 일하기로 결정했다. 하지만 이 단기 솔루션은 지속 가능한 것이 아니었다. 코치는 이런 감정적 측면을 다루어야 한다. 그것을 할 수 있는 한 가지 방법은, 다음과 같은 질문을 함으로써 클라이언트가 변화하지 않으면 어떤 위험이 닥칠지에 대한 자각을 일어나도록 돕는 것이다.

만약 당신이 이렇게 하지 않았다면 어떻게 되었을까?
당신은 얼마나 오랫동안 이 상황을 견딜 준비가 되어 있는가?

이 질문들은 멘탈모델을 바꾸지는 않지만 현재의 상태를 불편하게 만들 것이다.

두 번째 감정적 연결은 긍정적이고 지향적이다. 일을 잘하는 것은 중요하고 조셉의 클라이언트는 자신이 한 업무의 결과에 자부심을 느끼는 사람이었다. 그에게 업무를 위임한다는 것은 자신의 업무의 질이 한 등급 아래로 떨어진다는 의미였다. 그는 자신의 업무의 질을 관리한 것이었다. 멘탈모델은 제한적일지 몰라도 거기에는 항상 긍정적 가치가 존재한다.

클라이언트가 변화하기 위해서는 멘탈모델이 자신을 제한하고 있음을 인식하고 피드백을 기꺼이 받으려고 해야 한다. 그러려면 제한하는 멘탈모델에서 한발짝 물러나 볼 필요가 있다. 코치는 어떤 식으로도 그러한 멘탈모델과 관련된 이해관계에 있지 않으므로 코치는 그 멘탈모델이 틀렸음을 입증하려고 하지 않는다. 코치들은 단지 클라이언트가 그 멘탈모델에 대한 피드백을 받을 수 있는 조치들을 수용하도록 돕는다. 클라이언트는 잘 설계된 단계별 조치를 통해 균형 잡힌 피드백을 받을 것이고 자연스럽게 멘탈모델을 업데이트하게 될 것이다. 또한 업데이트된 멘탈모델은 업데이트 전 지니고 있던 긍정적 가치를 여전히 나타낼 것이다(이번 사례에서 그 긍정적 가치는 업무를 잘하는 것이었다).

'해야 한다'의 신경과학

멘탈모델은 종종 '해야 한다' 또는 '하지 말아야 한다'라는 말로 표현된다. 영어에는 must와 mustn't, 'have to'와 같은 단어가 많이 있다. 이는 모두 규칙의 의미를 포함하고 있다. 도덕적이고 윤리적인 규칙은 괜찮지만 일반적으로 '해야 한다'는 말 자체는 제한적인 규칙을 의미한다. 예를 들어 고객이 '일과 삶의 균형을 더 잘 맞추고 집에 더 일찍 가야 한다.'고 말할 수 있다. 이는 '나는 일찍 집에 가고 싶다.'라고 말하는 것과 같지 않다. 부족해서 원하는 것은 도파민이 유발한다. 이는 진짜 감정이다. 하지만 '해야 한다'는 도파민에 의한 것이 아니다. 그것은 우리가 우리 자신을 속이며 하는 상상의 생각이다. '해야 한다'는 일반적으로 '나는 이 일을 해야 한다는 부담감을 느끼고 있지만 하고 있지는 않습니다.'를 축약한 말이다.

우리는 코칭 현장에서 이런 패턴을 자주 접한다. 임원들은 운동을 더 많이 해야 하고, 자신의 팀을 더 잘 대우해야 하고, 일과 삶의 균형을 더 잘 유지해야 한다고 생각한다. 그들이 '해야 한다'고 생각하는 한, 실제 그들은 그것을 하지 않고 있다. 내부 갈등을 겪고 있는 것이다. 그렇게 하고자 하지만, 하고 있지 않다. 이를 간단히 말하면 전전두피질, 특히 규칙을 생성하는 배측 부분이 아이디어를 제시하지만 보상회로는 탑재되어 있지 않은 상태인 것이다. 따라서 기저핵에서는 아무런 조치도 취하지 않는다.

'해야 하는' 목표는 진정한 목표가 아니다. 가치와 감정이 충분히 강하지 않고 보상회로가 작동하지 않는다. 고객이 원하는 것을 진짜 목표로 전환하지 않는 한 그렇게 되지 않는다. 목표 전환이 이루어져야 보상 시스템이 가동되고 행동에 박차를 가하게 될 것이다. 그 전까지 클라이언트는 뭔가를 해야 하지만 하지 않을 때의 기분 그리고 그 때문에 나빠지는 기분이라는 두 가지 최악의 세상을 경험한다. 만약 클라이언트가 삶과 일의 균형을 위해 '해야 한다'는 표현을 쓴다면 그것은 목표가 아니다. 아무 일도 일어나지 않는다. 그 말은 그저 희망을 약하게 표현한 것일 뿐이다. 코치는 절대로 '해야 하는' 목표에 맞춰서 움직여서는 안 된다

대신 다음과 같은 질문들을 해 보자.

왜 지금 이 일을 하려고 합니까?

(클라이언트가 이 문제를 해결하고 싶어지게 만든 중요한 일이 생겼는가? 새로운 뭔가 생기지 않았다면 바꾸고자 할 이유가 없다.)

정말로 이를 원하시나요?

(전전두피질은 '예'라고 대답할 것이다. 하지만 뇌의 다른 영역에서는 비언어적 메시지를 보낼 것이고 대답은 일치하지 않을 것이다.)

솔직히 당신을 막는 것이 무엇입니까?

(이렇게 하면 뇌의 다른 부분들이 베르니케 영역과 브로카 영역을 제어하고 대답을 말로 표현할 수 있도록 허용한다.)

당신이 이것을 진정으로 원하려면 무엇이 진실이어야 할까요?

이러한 질문을 통해서 진정한 논의가 시작될 수 있다. 양쪽 모두 가치, 감정, 보상이 있을 것이고, 이를 논의해야만 클라이언트가 이 문제를 이해할 것이다.

가끔 클라이언트가 변화를 시험해 보고 그것이 어떻게 진행되는지 볼 수 있도록 설계된 작은 조치를 하는데 동의할 때가 있다. 후속 조치에 대한 언급은 하지 않는다. 일과 삶의 균형을 다루는 경우는 종종 이렇게 한다.

뇌의 중요한 영역들이 제대로 작동하여 클라이언트가 자신이 원하는 목표를 정직하게 말할 수 있을 때만이 그 목표에 전념할 것이다. 그렇지 않으면 잠시 잊는 것이 가장 좋다.

의심과 확신

멘탈모델은 증명하거나 반증하는 것이 불가능하다.

고객은 자신의 생각에 대해 얼마나 확신하는가?

우리는 멘탈모델을 참 또는 거짓, 맞다 틀리다와 같은 일차원적인 방식으로 다루는 경향이 있다. 그 결과 우리는 굳이 테스트하지 않거나 또는 테스트하는 것을 두려워한다(편도체 납치). 훌륭한 코치는 클라이언트가 자신의 고정된 신념을 조금씩 깨달을 수 있게 도와주지만, 그럼에도 불구하고 클라이언트는 신념들(클라이언트가 가장 크게 개연성을 부여하는 것들)을 강하게 붙잡는 경향이 있기 때문에 신념들을 흔들 피드백이 필요하다.

클라이언트가 그 생각을 얼마나 강하게 믿는지 1에서 10의 척도로 알아보자. 10은 100퍼센트 옳다고 믿는 것을 의미한다. 대부분의 멘탈모델은 6에서 8 사이의 점수를 받는다.[10] 멘탈모델이 확실할수록 이를 바꾸는 데에는 더 많은 피드백이 필요하다. 클라이언트가 가진 제한하는 멘탈모델을 다룰 때 우리는 매 세션마다 척도질문을 하고 그 멘탈모델에 대한 확신 정도가 어떻게 떨어지는지를 기록한다.

다음은 제한하는 멘탈모델을 테스트하기 위한 코칭 프로세스다. 단 바깥 세상에서 진실로서 존재하는 것이 아닌 클라이언트가 생각하는 것이므로 먼저 클라이언트가 이러한 멘탈모델을 가지고 있는 것이 맞는지 확인부터 해야 한다.

◆ 신뢰성

클라이언트가 그런 생각을 믿게 만든 사건에 대해 질문하라. 그런 사건이 실제 있었다면 그 생각은 경험에 근거한 타당한 것이다. 없는 경우에는 클라이언트가 그것을 사실이라고 믿게 만든 것이 무엇인지 물어볼 수 있다. 아이디어의 출처를 어디까지 신뢰할 수 있는가? 클라이언트는 출처가 있음에도 기억을 하지 못할 수도 있다.

◆ 영향 요인

그 경험을 하도록 한 주효한 요인들은 무엇인가?

그 경험을 했을 당시에 결과에 영향을 준 요인에는 어떤 것들이 있는가?

그러한 영향을 미치는 요인들 중 현재 바뀌었거나 혹은 달라져서 바뀔 수 있는, 그래서 더 나은 결과를 얻을 수 있는 그런 요인에는 어떤 것이 있는가?

◆ 긍정적인 함의

그 생각을 고수해서 좋은 점이 있는가?

적어도 어느 정도의 안전은 보장해 준다는 좋은 점이 항상 있다. 클라이언트는 이 점을 알 필요가 있다.

◆ 가치

여기서 중요한 것은 무엇인가?

그것은 어떤 가치를 나타내는가?

그들은 왜 경험을 일시적인 사건으로 흘려보내지 않고 이 생각을 채택했을까?

◆ 선호하는 생각

그들은 어떤 멘탈모델을 선호할까? (기존의 것과 정반대일 수는 없다.)

그 안에는 1인칭 대명사인 '내'가 들어가야 하고 그 가치를 존중해야 한다.

한 가지 예로 '나는 사람들에게 일을 위임했을 때 그들이 일을 잘할 것이라는 것을 믿을 수 없다.'라는 제한된 생각을 갖고 있는 어떤 클라이언트가 있다고 해 보자. 그랬을 때 선호하는 생각은 '나는 신뢰할 만한 사람들이 어떻게 일을 충분히 잘 하고 좋은 결과를 낼 수 있는지 알아보기 위해 일을 기꺼이 위임한다'이다.

◆ 조치

당신이 할 수 있는 작은 단계적 조치 중 어떤 것이 안전하면서 요인을 시험할 수 있고 또 그 생각에 대한 더 좋은 피드백을 받을 수 있게 하는 것일까?

이러한 질문은 클라이언트가 피드백을 얻기 위한 조치에 임하도록 하는데 도움이 될 것이다. 위임의 예에서 클라이언트는 위임 방식을 바꿀 수 있다. 작업을 쪼개 두 명의 다른 사람에게 위임하고 필요한 경우 본인들이 직접 수정할 시간을 줄 수도 있다. 그래도 안 되면 다른 방법을 시도하라. 목표와 가치를 유지하고 그 방법에 필요하면 필요한 만큼 유연해져라.

당신의 멘탈모델은 당신이 아니다. 인터넷 기업가인 마크 안드레센Marc Andreessen은 '강력한 신념을 갖고 느슨하게 유지하라'는 명언을 했다. 이 말을 다르게 표현하면 당신의 생각을 강하게 고수하고 그것을 위해 싸워라. 하지만 그 생각들을 계속 테스트하라. 그래서 언제든 당신이 취할 수 있는 최상의 생각을 할 수 있도록 하라. 항상 최상의 생각을 찾고 기대하고, 더 나은 생각을 찾으면 기존의 생각을 포기할 수 있도록 준비하라.

주석

1) Gazzaniga, M. (2012). Who's in charge? Free will and the science of the brain. Hachette, UK.

2) 거의 모든 사람들이 믿고, 사실과 경험이 지지하고 있는 중력의 예는 극단적이다. 지금까지 했던 우리의 모든 경험은 특별히 추가된 기술이나 지지대가 없다는 조건하에, 의자에서 떨어지면 우리는 천장이 아닌 바닥에 부딪힐 거라는 예측에 이르도록 우리를 안내한다.

3) 아무리 뛰어난 맞춤법 검사기라도 재미있는 실수를 할 수 있고 우리 모두 그런 사례들을 알고 있다. 친구가 아내에게 '당신이 날 태워 줬지(She was vehicular).'라고 문자 보내는 걸 우리는 재미있어 한다(친구는 아내가 아름답다(She was beautiful)라고 보낸 거라지만 누가 알겠는가?).

4) 우리의 뇌는 달라지는 것, 변화에 응해 일한다. 소리, 시각, 온도 등 모든 것이 고정된 감각 상실 수조에 들어간 사람은 정상인이고 건강해도 15분 안에 환각을 보기 시작할 것이다. 환각은 뇌가 인내심을 잃는 것이다 - 즉 뇌 바깥에서 달라지는 것이 없다면 뇌는 안에서 그것을 만들기 시작한다.

5) www.michaelbach.de/ot/index.html 에는 매우 환상적인 착시와 트릭들이 있다. (2018년 5월 5일 접속)

6) Blakemore, S. J., Wolpert, D. M., & Frith, C. D. (1998). Central cancellation of self-produced tickle sensation. Nature Neuroscience, 1 (7), 635-640.

7) 하지만 자신에게 질문을 하는 건 잘한 일이 분명하다. 어떤 경우엔 셀프 코칭이 상대가 해주는 미숙한 질문보다 낫다.

8) 우리는 어떤 생각을 가지고 실행에 옮기고 그리고 피드백을 받음으

써 그 생각을 테스트할 수 있다. 그러나 생각 자체만으로는 어떤 것도 배울 수 없다.

9) 이것은 이른바 맥거크 효과McGurk effect를 설명한다. 우리가 듣는 소리는 말하는 사람의 입술이 움직이는 것을 우리가 어떻게 보느냐에 달려있다. 'Ah' 소리를, 'b' 소리를 내는 화자의 입술 모양으로 만들어 낸다면 그것을 보는 우리는 'baa'처럼 듣는 것이다. 입술이 'f'를 발음할·때의 모양을 만드는 것을 본다면 'faa'처럼 들릴 것이다. 이것은 청각적 착각이며 무시하기는 어렵다(눈을 감으면 몰라도). 전체 효과는 https://www.youtube.com/watch?v=jtsfidRq2tw를 참조하라.

10) 우리 클라이언트 중에 10점을 준 사람은 단 한 사람도 없었다. 만약 10점을 준 클라이언트가 생긴다면 우리는 그 사람에게 중력에 대한 믿음에 점수를 매기도록 하고 그 믿음이 중력과 같은 수준에 있는지 물어볼 생각이다.

참고문헌

Blakemore, S. J., Wolpert, D. M., & Frith, C. D. (1998). Central cancellation of self-produced tickle sensation. Nature Neuroscience, 1(7), 635-640.

Gazzaniga, M. (2012). Who's in charge? Free will and the science of the brain. Hachette UK.

www.michaelbach.de/ot/index.html

https://www.youtube.com/watch?v=jtsfidRq2tw

제10장

우리의 사회적 뇌

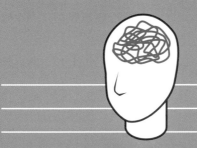

우리의 사회적 뇌

세상 어느 누구도 외딴섬이 아니다
한 사람 한 사람 모두 대륙의 한 조각, 전체의 일부다
한 줌의 흙덩이가 바닷물에 쓸려 사라지면
유럽의 땅은 그만큼 작아진다
육지 끄트머리 곶(串)이 그리 돼도 마찬가지
그대의 친구나 그대의 영지가 그리 돼도 마찬가지
어떤 이든 죽는다는 것은 나의 소실
나는 인류의 한 부분이기 때문이다
그러니 조종(弔鐘)이 누구를 위해 울리는지 알려고 하지 마라
그 종은 그대를 위해 울리는 것이다
– 존 던 *John Donne* 1624

우리의 사회적 뇌

우리는 뇌를 신체에서 독립적으로 분리된 섬처럼 인식해 왔지만, 실상은 존 던John Donne의 시적 표현에 훨씬 더 가깝다. 우리는 자신만

의 독특한 뇌를 가지고 태어나지만 타인과의 관계를 통해 더욱 개성적이며 독특하게 발달한다. 인간은 혼자서는 온전히 살아갈 수 없는 사회적 존재이고 우리 뇌는 이를 반영한다. 뇌가 발달하기 위해서는 타인의 보살핌과 사랑과 관심이 필요하다. 이것들은 뇌에 꼭 필요한 영양소인 것이다. 뇌는 타인과의 상호작용 그리고 그들과의 연결을 통해 만들어진다. 이 장에서는 그 방법들을 몇 가지 알아볼 것이다.

우리 뇌는 오히려 흐르는 강물에 더 가깝다. 강은 분리된 것처럼 보이고 별도의 시스템으로 연구할 수도 있다. 하지만 연구를 하면 할수록 강은 다른 물줄기와 연결되면서 끊임없이 변화하는 물의 흐름이라는 것을 깨닫게 된다. 이 말은 물이 흘러서 새로운 물의 공급이 없으면 고이고 썩고 말라버린다는 뜻이다. 즉 우리의 제한된 관점 때문에 강은 분리된 것처럼 보이는 것뿐이다.

사회적 연결은 많은 비즈니스 주제에 스며들어 있다. 그중 하나인 리더십은 수년간 카리스마, 비전, 커뮤니케이션 역량과 같은 개인적인 자질의 총합으로서 연구되었다. 하지만 리더십이라는 것은 '따르는 자들'이 없이는 존재할 수 없는 사회적 현상이다. 리더들은 개인적인 차원에서 다른 사람들과 관계를 맺어야 한다. 그러면서도 리더는 어디까지나 그룹의 일부이며 한편으론 다른 그룹을 상대해 우리 그룹을 대표하는 사람이다. 리더십은 신경학적, 심리학적, 문화적, 그리고 사회적 경험인 것이다. 사회적 차원은 우리를 구성하는데 필수 불가결한 부분이다. 치료사, 멘토, 트레이너 그리고 코치들은 모두 우리가 서로 어떻게 연결되어 있는지에 대한 이해가 꼭 필요한 사람들이다.

먼저 행복에서부터 시작해 보자. 우리의 행복은 다른 사람들에 의존적이다. 친구들과 함께하는 것, 타인과 교감하는 것은 우리에게 즐거움을 주고 이러한 즐거움은 우리가 옳은 뭔가를 하고 있다는 것을 알려주는 진화의 한 방법이다. 좋은 사회적 관계를 많이 형성한다는 것은 더 높은 수준의 행복과 밀접한 관계가 있다. 외롭다는 것은 우리를 불행하게 만든다. '혼자alone'와 '외롭게lonely'라는 두 단어의 뜻은 비슷하지만 분명히 다르다. '혼자'라는 것은 부정적인 의미가 아니다. 단지 지금 이 순간에 아무하고도 함께 있지 않다는 뜻이다. 대부분의 사람들은 언제든 불러서 만날 수 있는 좋은 관계망을 가지고 있고, 그러면서도 자기만의 방식으로 혼자 있는 것을 즐기기도 한다. 외롭다는 것은 원하지 않음에도 불구하고 너무 자주 혼자 있는 것이고, 외롭다는 것은 자신을 지지해 주는 좋은 관계가 없다고 느끼는 것이다. 그리고 외롭다는 것은 고통스러운 것이고, 많은 사람들 속에서도 우리는 외로울 수 있다. 그리고 외로움은 위협에 대해 더 많이 경계하게 하고 편도체를 활성화시키며 스트레스 호르몬 수치를 증가시킨다.[1] 최근 연구[2]를 살펴보면 인지된 고립은 짧은 수명과 심장병의 위험과 관련이 있음을 시사하고 있다. 또한 외로운 사람들은 인지력이 떨어지는 경향이 있다. 1979년에 실시된 아주 큰 사회적 연구는 사회적 접촉이 아주 적었던 사람들은 정상적인 사회 생활을 한 사람들보다 어떤 원인이든 사망 가능성이 2배에서 3배 사이로 높다고 보고했다.

사회적으로 고립된다는 것은 고통스러운 것이다. 교활하다 싶은 한 실험이 있었다. 자원 봉사자들이 연구에 참여하기로 하고 초대를 받고 왔는데 막상 연구에 들어가자 그들은 없는 사람인 듯 무시되었다(사실 그들이 무시되는 것 자체가 참여하기로 된 연구였던 것이다. 자원봉사자들은 그 사실을 몰랐다). 그 결과 무시당한 사람들은 아주 높은 수준의 분노와 슬픔을 보고했다.[3] 집단으로부터의 따돌림은 인류 진화의 역사 대부분의 기간동안 죽음을 의미했기 때문에 이 실험 결과는 충분히 예상 가능한 것이었다.

우정은 매우 중요하다. 우리는 친구를 갖고 싶어하고 친구를 찾는다. 그럴 때 우리가 그들 마음을 끌 수 있도록 우리의 가치 있음을 보여 준다. 그리고 그것은 중요한 일이다. 남을 돕기, 강해 보이기, 훌륭한 외모, 건강함으로 자신의 가치를 보여준다. 우리는 좋은 일을 한다. 그리고 우리가 좋은 일을 하는 것을 다른 사람들이 봐 주길 바란다. 그리고 우리는 사회적으로 어울리고 싶어 한다(로버트 시알디니의 사회적 압력을 기억하는가?). 우리는 종종 사회적 가치와 평판에 대해 다른 사람과 나 자신을 비교한다. 우리는 가치 있고 중요한 구성원으로서 집단의 일원이 되기를 희망한다. 하지만 우리가 클라이언트들에게 아무리 과거의 자신과 현재의 자신을 비교하여 자신의 성장과 변화를 측정해 볼 것을 권유해도 그들은 여전히 다른 사람과 비교한다. 이것은 자연스러운 일이다. 소셜미디어는 타인과의 비교를 기반으로 한다.

신경전달물질인 세로토닌의 수치는 사회적 지위와 관련이 있다. 높은 세로토닌 수치는 높은 자존감과 사회적 지위와 관련이 있는 것으로 보이며, 이것은 세로토닌이 기분을 조절하는 데 부분적인 역할을 한다고 볼 수 있다. 그러나 어느 방향으로든 그 인과적 관계를 증명하는 것은 불가능하다. 높은 세로토닌 수치가 당신을 사회적 사다리의 꼭대기로 데려가는 것인지 아니면 사회적 사다리를 오르면 더 높은 세로토닌 수치로 이어지는 것인지 우리는 알지 못한다. 그러나 그것은 사회적 요인이 개인의 신경화학에 어떻게 영향을 미치는지 보여 주는 또 다른 예이다. 우리는 또한 세로토닌 수치가 자신감 증가 및 더 나은 건강과 관련이 있음을 알고 있다. 낮은 세로토닌 수치는 자신감 감소, 스트레스에 대한 높은 반응, 우울증 및 건강 악화의 가능성과 관련이 있다.

우리는 다른 사람들과 연결되는가?

뇌는 매우 영리한 방법을 개발했다.

거울뉴런

거울뉴런은 신경과학 분야에서 최근 발견한 매우 중요한 주제다. 거울뉴런은 우리가 행동할 때 그리고 다른 사람이 하는 똑같은 행동을 우리가 볼 때 점화하는 뉴런이다. 거울뉴런은 행동을 거울처럼 그대로 반영한다(그러한 뉴런들을 '거울 뉴런'이라고 부르지만 단일 뉴런은 행동을 제어하지 않는 회로의 일부이다).

거울뉴런은 뇌가 모방을 통해 다른 사람들과 연결하는 방식이다. 우리는 태어나는 순간부터 다른 사람에게 배우고 의지한다. 모방은 학습의 한 방법이며 우리는 자신도 모르는 사이에 아는 것처럼 보이는 사람을 따라한다. 신생아들은 신체 통제는 불가능한데도 타인의 얼굴 표정을 흉내내는 것은 태어난 지 불과 몇 분 만에 가능하다.

거울뉴런은 우연히 발견된 듯하다. 1990년대 후반 이탈리아 파르마 대학의 자코모 리졸라티Giacomo Rizzolati 교수와 그 연구진은 원숭이의 전운동피질premotor cortex (행동을 계획하고 실행하는 것을 다루는 피질) 내 운동 명령 뉴런 회로를 연구하고 있었다. 어느 날 한 연구원이 실험실에서 무언가를 잡으려 손을 뻗자 이를 수동적으로 바라보고 있던 원숭이(원숭이 뇌에는 전극이 이식된 상태였음)의 뇌에서 폭발적인 전기 반응이 나타났다. 이상한 일이었다. 원숭이는 움직이지 않았기 때문이다. 그 연구원은 이 점을 포착하고 연구하여 거울뉴런을 발견한 것이다. 거울 뉴런이 직접 관찰된 최초의 일이었다.[4] 움직임을 조절하는 원숭이의 운동피질 내 뉴런들은 연구원의 움직임을 관찰하는 것에 반응하여 점화되었다.

이는 거울뉴런에 대한 거대한 관심을 불러일으켰고 그 열기는 특히 인간에게 거울뉴런이 존재하는지를 밝히는 연구로 이어졌다. 아니나 다를까, 훗날 경두개 자기자극을 이용한 파디가Fadiga의 연구가 인간의 뇌에도 거울뉴런이 존재한다는 것이 밝혀 주었다.[5] 많은 실험들이 인간의 거울뉴런에 대해 직접적인 기록을 남겼다.[6] 거울뉴런은 그 이후로 집중적으로 연구되었고 신경과학 분야에 흩어져 있던 퍼즐 조각을 맞추는 데 많은 도움을 주고 있다. 어떤 거울뉴런들은 행동을 직접 수행하든 행동을 보기만 하든 똑같은 행동에 점화된다. 이는 뇌세포가 의도에 반응할 수 있는 것으로 보였고, 그것은 놀라운 발견이었다. 그 뉴런들은 누군가 커피잔을 집으려고 손을 뻗을 때 점화되었지만 (커피잔을 잡는다는) 목표가 없는 같은 동작에는 점화되지 않았다. 거울뉴런은 행동만 아니라 목표도 반영하는 것이다. 우리에게 중요한 것은 행동이 아니라 의도이다. 행동에는 많은 다양한 의도가 있을 수 있는데 중요한 것은 어떤 의도인가이다. 인사를 하는 것인가? 위협을 하는 것인가? 아니면 제3의 의도를 가진 행동인가? 우리는 거울뉴런이 의도를 어떻게 구별해 내는지 알지 못하지만 이는 우리가 어떻게 다른 사람의 마음을 읽을 수 있는지에 대한 부분적인 해답을 준다. 행동은 보이지만 목표와 의도는 보이는 것이 아니다. 실제로 거울뉴런 시스템은 우리가 다른 사람의 관점을 취해 볼 수 있도록 한다. 즉 신경과학적으로 타인의 입장에 서 보는 셈인 것이다.

타인의 신발

◎

영어권에는 '타인의 신발을 신다walk in another person's shoes'라는 표현이 있다. 타인의 신발을 신고 걷는다는 것은 어떤 은유적 표현일까? 그것은 우리가 당연하다고 여기는 기술인 공감의 걷기이다. 이에 대해 오랜 기간 우세했던 설명은 과학자들이 자연을 관찰하고 가설을 세워 그것에 대해 설명하려고 하는 것처럼, 우리도 다른 사람들의 행동을 관찰하고 어떤 정신적인 상태가 그렇게 할 수 있는지에 대한 이론들을 가지고 그에 대처한다는 것이다. 이런 설명은 장황하고 복잡하며 지나치게 인지적이다. 공감에 대한 이런 설명은 전전두피질에 대한 과한 믿음으로 뇌를 옹졸한 과학자로 만들어버리는데, 사실 공감은 창조적 기회주의자에 더 가깝다.

타인의 신발을 신는 것, 즉 타인의 입장이 되어 보는 것은 우리가 다른 사람들의 기분과 생각을 이해하기 위해 거울뉴런이라는 방법을 통해 그들이 하는 행동과 의도를 자동으로 시뮬레이션하는 것과 같다. 거울뉴런은 일종의 가상현실의 장면을 생성한다. 그 장면들은 우리에게 다른 사람들의 행동과 의도에 접속할 수 있도록 해주고 다른 사람들의 마음을 읽을 가능성을 제공해 준다. 즉 일종의 구체적으로 구현된 시뮬레이션을 제공하는 것과 같다.

뇌는 누가 움직이는지, 즉 당신이 움직이는지 상대방이 움직이는지 어떻게 아는 걸까? 그 답은 우반구에 있는 마루덮개parietal operculum라는 영역에 있는 거 같다. 이 영역은 신체 이미지를 표현하는 것에 관여하기 때문에 해당 영역이 손상되면 신체의 위치를 자각할 수 없고 신체 움직임에 이상한 오류가 발생한다.[7] 이 영역은 거울뉴런 시스템에 속하지 않고, 우리가 관찰할 때 말고 행동할 때만 활성화된다. 마루덮개의 활성화가 의미하는 것은 행동하는 주체가 다른 사람이 아닌 나 자신이라는 것이다. 그리고 거울뉴런은 다른 사람의 행동보다 자신의 행동에 훨씬 더 강하게 활성화된다. 그래서 거울뉴런이 시뮬레이션을 활성화한 상태일 때에도 우리 뇌는 누가 실제로 행동하고 있는지를 정확하게 파악하고 있다.

또 다른 중요한 영역은 다른 사람들과 마주한 자기 자신이라는 당신의 인식을 담당하는 우측 모서리위이랑(RSG: right supramarginal gyrus)이다.[8] 이것은 체성감각피질 안에 있고 거울뉴런 시스템의 일부이다. 우측 모서리위이랑의 손상은 타인의 판단과 자신의 판단을 구별하는 것을 어려워한다. 이 영역이 정상적으로 잘 작동하지 않는 사람들은 자신의 생각을 다른 사람에게 투사한다.

우리는 다른 거울뉴런을 조정하는 '슈퍼 거울뉴런'을 가지고 있을 가능성이 높다. 그렇지 않다면 우리는 다른 사람들의 행동에 너무 많은 영향을 받을 것이다.[9] 안와전두피질 및 전대상피질에서 발견된 어떤 거울뉴런은 다른 사람의 행동을 자신도 할 때는 점화되지만 다른 사람의 행동을 관찰만 하는 경우에는 완전히 정지한다. 이 신경세포들은 운동 뉴런들에게 관찰된 행동을 따라하면 안 된다고 말하면서 다른 세포들을 억제하는 것으로 보인다.

또한 거울뉴런은 우리가 읽는 것들을 내부적으로 시뮬레이션함으로써 언어를 이해하는 데 도움을 줄 수 있다. 우리는 신체와 관련된 은유적 언어 표현을 많이 사용한다. '주제를 잡다', '도움의 손길을 내밀다', '뒤통수를 치다', '눈도장을 찍다'같은 많은 표현이 있다. 어쩌면 거울뉴런이 우리가 이런 표현들을 구체적으로 이해할 수 있도록 그 행동에 점화하는 건지도 모른다.[11] 그렇다고 한다면 거울뉴런은 추상적인 개념에는 점화되지 않으므로 클라이언트가 추상적인 개념을 보다 쉽게 이해할 수 있도록 하기 위해서, 코치들은 항상 보다 구체적인 언어와 명확한 비유를 사용해야 할 것이다.

공감

공감은 다른 사람들과의 감정적인 연결이다. 공감은 어떤 사람에게는 있고 어떤 사람에게는 없는, 선택할 수 있는 특성 같은 것이 아니다. 그렇지만 선천적으로 공감을 잘하는 사람이 있는가 하면 공감능력이 다른 사람에 비해 부족한 사람도 있다. 이 특성에 유전자가 한몫하는 것은 의심할 여지가 없다. 공감을 하기 위해서는 뇌의 다른부분이 함께 작동해야 하며 그것은 사람마다 다르다.[12]

공감은 다음 세 가지 능력의 조합이다.

· 타인의 감정을 이해하는 능력
· 타인의 감정을 공유하는 능력
· 타인의 감정에 적절한 감정이나 행동으로 반응하는 능력

이 세 가지 능력(이해, 공유, 반응)이 항상 함께하는 것은 아니다.

타인의 감정을 이해하는 것은 인지적 공감에 해당된다. 대부분의 사람들은 인지적 공감 능력을 갖고 있으며 다른 사람이 느끼는 것을 머리로 이해할 수 있다. 인지적 공감은 마음을 읽는 우리의 능력이다. 우리는 그래야 하는 만큼은 선하지만 자신보다 다른 사람의 이익을 더 크게 생각할 정도로 선하지는 않다. 윌리엄 이키즈William Ickes[13]는 자신의 연구에서 우리가 상대의 마음을 정확하게 알고 공감하는 비율이 전혀 모르는 타인에게는 20%, 친한 친구는 30%, 배우자와는 35%라는 결과를 도출했다. 이 수치는 그리 인상적이지는 않다. 하지만 우리에게는 다른 사람의 마음에 접근할 방법이 달리 없기 때문에 어떤 식으로든 다른 사람의 마음을 알 수 있다는 것은 기적이라 할

수 있다.

우리는 다른 사람들이 우리와 같은 마음을 가지고 있다고 가정하는 경우에만 타인의 생각을 이해할 수 있다. 우리는 다른 사람들에게 그런 욕망, 목표, 생각들이 있다고 생각하고 그들의 행동을 예측한다. 이것은 '마음이론'으로 알려져 있으며 3~5세 사이의 유아기에 발달한다. 우측 측두두정 연접부(RTPJ: right temporoparietal junction)[14]는 다른 사람을 이해하는 능력의 핵심 영역이다.[15] 우측 측두두정 연접부는 '우리 몸 밖'에서 하는 경험에도 관여하기 때문에, 우리 자신을 타인의 입장에 데려다 놓는 일도 우측 측두두정 연접부가 관여해야 하는 일이다. 마음이론과 관련된 뇌의 또 다른 영역은 상후장골극 상방 측두열구(pSTS: posterior superior temporal sulcus)[16]이다. 이것은 당신이 다른 사람의 시선의 방향을 따라갈 때 활성화된다.[17] 우리는 사람들이 손으로 가리키는 곳뿐만 아니라 눈으로 어디를 보고 있는 지에도 민감하게 반응한다. 다른 사람들이 무엇에 관심이 있는지, 무엇을 느끼는지 알고 싶을 때 그들의 눈을 바라본다. 어느 정도의 아이컨택이 우리에게 필요한 것이기도 하고 우리는 또 아이컨택을 바라기도 한다. 누군가의 의도와 그들의 마음 상태를 파악하는 일은 계획이 관여해야 하는 일이기 때문에 이 일 역시 전전두피질이, 그것도 배내측전전두피질이 관여하는 것은 딱히 놀랄 일은 아니다.[18] 뇌의 이 부분은 우리가 자신의 행동에 대해 생각할 때도 활성화되는데 이는 거울뉴런 이론이 맞다면 논리적으로 말이 되는 것이다. 우리는 다른 사람들을 나 자신인 것처럼 정신적으로 시뮬레이션함으로써 타인을 이해한다(그림 10.1).

그림 10.1 마음 이론: 측두두정 연접부

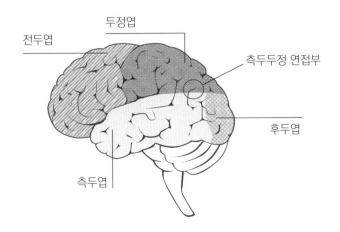

인지적 공감은 첫 번째 단계이다. 타인이 느끼는 것이 어떤 느낌인지 이해는 하지만 그것을 똑같이 느끼지 못하고 감정적 연결도 없다. 사이코패스는 인지적 공감만 할 수 있다. 다른 사람들과의 연결 즉 관계를 맺고 그들과 마음을 주고받으려면 감정을 나눌 수 있는 능력이 필요하다.

두 번째 단계는 감정적 공감이다. 감정적 공감이란 단순히 감정을 머리로 이해하는 것이 아니라 함께 느끼는 것을 말한다. 그래서 감정적 공감은 인지적 공감보다 더 많은 두뇌 시스템이 관여한다.[19] 감정적 공감에 관여하는 두뇌 시스템에는 편도체가 있다. 편도체는 감정 시스템의 핵심 영역이다. 편도체가 손상되면 눈을 마주치는 것이 어려워지고 다른 사람의 감정을 인식하는 것이 어려워진다.

하전두회inferior frontal gyrus(전전두피질의 아래쪽에 접히는 부분) 역시 감정적 공감에 관여하는 영역이다. 이 부분은 기본 감정을 표현한 표정의 사진을 볼 때 활성화되는 것이 확인되었으며 감정을 인식하는

데 필수적인 부분이 분명하다.[20] 전대상피질은 당신이 고통을 직접 경험할 때 그리고 다른 사람이 고통을 경험하는 것을 볼 때 활성화된다.[21] 이 또한 우리의 감정 시스템의 일부가 된다. 우리가 감정적인 경험을 떠올리거나 감정적인 영화를 볼 때도 전대상피질의 활동은 증가한다. 왜냐하면 그럴 때 당신은 스스로를 다른 사람이라 상상하게 되며, 당신의 거울뉴런 회로는 당신 내부에서 다른 사람이 느끼는 감정을 시뮬레이션하기 때문이다. 만약 닫히는 문 틈에 누군가의 손가락이 끼는 것을 보고 몸을 움찔한 적이 있다면 그것은 당신의 거울뉴런이 활성화되었다는 뜻이다(이 장면을 상상은 할 수 있어도 움찔하기는 어렵다).

목표는 감정적 공감 정도에 영향을 미친다. 한 실험에서 전문 침술사의 뇌 활동을 관찰했다.[22] 이러한 의료 종사자들은 환자의 건강 회복에 초점을 맞추기 위해 환자에게 고통을 준다는 생각에서 떨어져 나와야 한다. 이 연구를 통해 발견한 것은 전문 침술사가 침을 놓을 때 고통과 관련된 영역(뇌섬엽 및 전대상피질)은 특별히 유의미한 활동을 보이지 않는 대신, 실행 계획 영역인 배외측전전두피질이 활성화된다는 것이었다. 반면 비전문가들이 침술을 했을 때에는 고통에 관여하는 뇌의 부위가 활성화되었다(추측컨대 분명 환자의 고통 관련 부위도 활성화되었을 것이다). 우리는 그 분야에 대해 잘 모르지만 같은 메커니즘이 의료 전문직 종사자들에게도 역시 작동해야 한다. 의사들은 감정적 공감을 제어하고 자신의 거울뉴런 시스템의 개입을 통제할 수 있어야 한다. 그렇지 않으면 직업으로서 의료 행위가 힘들 것이다. 이것이 사실이라면 반대로 감정적 공감의 증대 또한 가능해야 한다.

거울뉴런은 내면의 모방을 통해 다른 사람의 감정을 이해하도록 도와준다.[23] 내면의 모방이 이루어지려면 거울뉴런 시스템이 뇌의 감정적 부위인 변연계와 소통해야 한다. 그래야 우리가 다른 사람과 감정적으로 연결이 되고, 그들의 감정을 느낄 수 있다. 그 연결고리 역할은 뇌섬엽이 하는 듯하다. 뇌섬엽의 영어 표기인 'insular'는 '섬'이라는 뜻의 라틴어이지만, 뇌섬엽은 결코 외딴 섬이 아니며 뇌와 가장 밀접하게 연결되어 있는 부위 중 하나이다. 그것은 몸에 대한 인식을 포함한 자기 인식self awareness에 깊이 관련되어 있으면서 거울뉴런 시스템과 변연계에 연결되어 있다. 한 연구에서는 지원자들에게 혐오, 공포, 슬픔, 분노, 행복 등 기본 감정의 표정을 한 얼굴들을 관찰하게 했다. 한 그룹은 목격한 표정들을 흉내 냈고 다른 그룹은 지켜보기만 했다. 기능성 자기공명영상을 통해 두 그룹 모두 거울뉴런 연결망, 전방 뇌섬엽 및 변연계가 활성화되는 것이 관찰되었다. 또한 추가 연구에서는 피험자가 문에 손이 낀 사람을 보는 동안 그의 전대상피질과 뇌섬엽도 활성화되는 것이 밝혀졌다.[24] 전대상피질과 뇌섬엽이 손상되면 다른 사람의 감정을 인식하는 능력이 떨어진다. 마지막으로 의사결정 과정에서 감정과 인지의 통합을 담당하는 안와전두피질 영역도 활성화되는 것이 관찰되었다. 안와전두피질의 손상은 항상 사회의식 결여(사회적 규칙을 알지 못하거나 신경 쓰지 않는 현상)라는 결과를 초래한다.

마지막 단계는 연민이 넘치는 동정적 공감이다.

동정적 공감은 고통을 인지적으로나 감정적으로 이해할 뿐만 아니라 그 사람을 위해 나서고 싶은 마음이 생기는 수준의 공감을 의미한다. 연민 가득한 공감은 생각과 감정을 타인을 돕고자 하는 의지와 연결시킨다. 동정적 공감은 인지적 공감과 감정적 공감의 균형에 좌우되며 상대방을 돕고자 하는 의지를 불러온다. 하지만 그 도움은 상대방이 받아들일 수 있을 정도로 적절한 수준의 것이어야 한다.

공감의 장벽

무엇이 공감을 방해하는가?

위협이다. 위협은 편도체를 장악하고 공감에 관여하는 뇌의 기능을 차단한다. 권위, 권력, 가치관, 자아상에 대한 위협은 공감을 멈추게 한다. 우리는 누군가가 우리를 위협하는 것에 공감하지 않는다. 특히 분노, 혐오, 경멸 등과 같은 강한 감정들은 공감을 방해한다. 또한 피곤하거나 배고프거나 술에 취하면 공감이 어려워진다.

문화적 요소들이 공감을 방해할 수도 있다. 어떤 문화적 규칙은 특정 계층의 사람들이 불공평하게 대우받는 것을 허용할 수도 있다. 하지만 외부인들은 그 사람들을 그렇게 보지 않을뿐더러 그 사람들에게 그렇게 대우하는 것을 위협적이라고 볼 수도 있다. 또 한 집단에 대한 동일시는 반대 집단에 있는 사람들에 대한 공감을 멈추게 할 것이다. 그 '집단'이라는 것은 가족, 친인척, 직장, 부서, 직종, 축구팀, 인종, 종교 등이 될 수 있다. 사람들은 다른 여러 집단과 동일시하고 그 집단들이 서로 겹치기도 하기 때문에 많은 혼란을 초래할 수 있다. 이는 몇몇 사람과 연결되기 위해 다른 사람들을 희생시키기도 해야 하는, 사회적 연결의 어두운 측면이다.

코치를 위한 시사점

코치는 클라이언트가 하는 생각의 프로세스를 따라가야 하고 감정적으로도 연결되어야 한다. 또한 코치는 인지적 공감과 감정적 공감의 균형을 잘 유지해야 한다. 지나친 인지적 공감은 냉정해 보이고 지나친 감정적 공감은 클라이언트가 그 감정에 더 억눌리게 할 수 있다. 인지적 공감은 코치들을 클라이언트의 생각 프로세스에 접근하게 해주지만, 코치가 클라이언트의 생각을 좀 알 거 같다고 해서 성급하게 결론으로 건너뛸 수는 없다. 클라이언트는 이미 자신의 생각에 있어서는 전문가이다. 우리가 클라이언트가 어떻게 생각하는지 알아차릴 수도 있겠지만, 직접 물어볼 수 있는 것을 굳이 마음을 읽을 필요가 있겠는가.

코치는 클라이언트의 감정을 꽤 강하게 느낄 수 있다. 코치들은 클라이언트에게 특히 클라이언트가 짓는 얼굴 표정에 세심한 주의를 기울인다. 거울뉴런 가설은 코치들이 아주 작고 무의식적인 클라이언트만의 얼굴 근육의 움직임으로 표현되는 것들을 똑같이 따라 할 것이라고 예측한다. 얼굴과 변연계는 연결되어 있다. 감정은 얼굴의 표정을 촉발하고 얼굴 표정은 감정을 촉발한다. 따라서 코치는 클라이언트의 감정을 실제로 느낄 수도 있으므로 세션 시 코치는 반드시 자신의 감정 정리는 끝난 맑은 상태여야 한다. 그렇지 않으면 세션 도중 코치가 혼란을 느낄 수 있다. 가령 한 클라이언트가 직장 상사에 대해 이야기하고 있는데 갑자기 코치가 이유도 없이 분노를 느끼는 것이다. 이런 일은 충분히 가능하다. 왜냐하면 클라이언트는 상사에게 화가 나 있고 코치는 그 화를 집어내 자신이 느끼는 것이 가능하기 때문이다. 이런 경우에 코치는 자신의 직감을 따라서 "저는 당신이 상사에게 분노를 느끼고 있는 것 같다는 생각이 드는데…어떠세요?"와 같은 질문을 해도 좋다. 이렇게 질문하는 것은 클라이언트가 자신의 분노에 대해 이야기할 수 있는 기회로 이어지기도 한다. 다만 클라이언트가 원할 경우에 한한다.

마지막으로는 윤리적인 측면이다. 가령 클라이언트가 가진 이슈가 코치가 현재 힘들어 하고 있는 문제와 같을 경우 코치는 윤리적 딜레마에 빠진다. 이렇게 되면 클라이언트의 공정한 파트너로서의 자리를 지키기 상당히 어려워진다. 클라이언트의 이슈가 코치가 이미 가지고 있는 감정이나 의심 같은 것을 촉발하고 확대시키기 때문이다. 이런 상황이라면 코치는 그 클라이언트의 코칭을 맡지 않는 것이 현명하다.

얼굴을 마주 보는 것이 공감에 가장 좋다. 그야말로 진정한 연결이다. 거울뉴런은 다른 사람의 영상을 마주할 때 작동은 하지만 그렇게 강하지 않다. 우리는 몸을 가진 물리적 존재이다. 가상 현실이 부상하거나 말거나 우리는 이 물리적 현실에 대한 수백 만년에 걸친 실전 경험과 적응력을 갖추고 있다. 물리적 현실은 우리 인간의 진화와 성장이 이루어진 곳이다. 이 사실을 뒷받침해 주는 연구가 있다. 똑같은 피험자들이, 똑같은 온라인 게임을, 서로 다른 공간에서 컴퓨터 메시지를 주고받으며 함께했을 때보다 같은 공간에서 얼굴을 맞대고 게임을 했을 때 훨씬 더 좋은 협력을 보여줬다.[25] 모든 연구가 대면 코칭이 협력, 신뢰, 헌신을 낳는데 가장 효과적임을 시사한다. 현실적인 어려움이 분명 있지만 극복할 만한 가치가 있다. 우리는 항상 소수 인원의 대면 코칭을 요청한다. 그래도 다수 인원이라면 온라인 화상 회의 방식으로 진행한다.

코치라면 항상 클라이언트에게 공감해 주고 자신의 감정에 있어 균형을 잃지 않아야 한다. 지나친 공감은 코치를 클라이언트의 감정에 휘둘리게 만들 수 있다. 또 감정적 공감이 너무 과할 때는 코치가 탈진할 수도 있다. 모든 코치에게는 세션 후 거울뉴런의 청소와 재설정, 그리고 세션 후 남아 있는 감정들을 모두 떨쳐 내기 위한 의식적인 절차가 필요하다. 직전 클라이언트의 감정적 흔적을 다음 세션까지 끌고 가고 싶어하는 코치는 아무도 없을 것이다. 세션이 끝날 때마다 하는 짤막한 휴식이나 마음챙김 명상은 거울뉴런의 재설정에 도움이 된다. 감정적 공감에 흡수되어 버릴 위험을 피하기에 가장 좋은 방법은 동정적 공감이다.

영적 전통, 특히 불교[26]가 동정적 공감을 이해하고 실천하기에 가장 좋다. 이 부분에 대해 정리를 잘해 놓은 곳을 온라인상에서 찾아볼 수 있다.[27] 동정적 공감은 마음챙김 명상과 자애(慈愛)명상으로 배우는 것이 가능하다. 이런 명상을 꾸준히 하면 신경가소성에 의해 회로가 만들어진다.

공감을 느낄 때 당신은 상대를 친근하게 느낀다. 마치 너무 앞서가며 재촉하지도 않고 너무 뒤처지지도 않으면서 그 사람과 나란히 함께 걷는 것처럼. 당신은 그가 무엇을 느끼는지 이해하고 그가 느끼는 것이 온당해 보인다. 그리고 그가 느끼는 감정을 꽤 강하게 느낄 수도 있다. 이런 공감은 코치의 현존presence을 더해 준다. 현존에 관한 많은 글들이 알려져 있고, 현존에 관한 신경과학은 계속해서 발견되고 있다. 현존은 다른 사람에 의해 평가되기 때문에 즉 당신이 현존한다는 것을 일단 상대가 느껴야 하기 때문에 연구가 쉽지 않다. 현존은 코치의 일이다. 주의를 기울이고, 온전히 현재에 있으며, 머릿속의 재잘거림은 없는 상태다. 코치는 자신이 이해한 것을 확실히 하기 위해 자주 뒤로 물러나고, 거의 개입은 하지 않으며, 성급하게 결론 내리지 않는다. 세션 중 코치는 20% 이하로 말을 하고 나머지 80%는 클라이언트가 말하도록 한다. 이는 몇 가지 신경과학적 표지로 이어질 수도 있다. 우리가 추측할 수 있는 것은, 뇌는 이때 공감과 주의 집중과 관련된 부위들을 활성화시킬 것이라는 것과 코치의 휴식 모드 뇌 활동, 디폴트 모드 네트워크가 감소할 것이라는 점이다.

코칭에서 이루어지는 대화는 클라이언트의 현실 즉 그들의 감정과 생각, 처한 환경에 대한 수용을 기반으로 한다. 수용한다고 해서 클라이언트의 현실이 다 괜찮아서 바꿀 것이 없다는 의미가 아니다. 클라이언트들은 자신의 현재 상태를 수용하지 않을 때가 많다. 그래서 코치가 이것을 꼭 해야 한다. 이해는 수용에서 비롯된다. 코치도 클라이언트도 수용하지 않고서는 그 상황을 이해하지 못할 것이다. 또한 이해 없이는 바꿀 수도 없을 것이다. 코칭 현장에서는 '해야 한다should'라는 단어를 금지한다. '해야 한다'는 언제나 현재 상태에 대한 거부를 의미하기 때문이다.

밖에서 보면 두 사람은 연결되어 있다. 두 사람은 동기화된 것처럼 보인다. 서로를 따라하는 것이 아니라, 서로를 비춰주는 댄서들처럼 말이다. 이것은 자연스럽게 일어난다. 몸짓과 목소리의 합은 연결의 결과이지, 연결하기 위한 수단이 아니다. 몸짓과 목소리를 따라하며 맞추려고 하면 당신의 거울뉴런은 당신이 그것을 쉽게 따라하도록 작동은 해줄 것이다. 하지만 그 모습은 가짜(실패한 립싱크처럼)로 보일 뿐이다. 공감은 연결로 이어지고 연결은 신뢰로 이어진다.

신뢰

신뢰는 가장 강력한 사회적 유대 중 하나이다. 신뢰trust는 '지지support'를 뜻하는 어근에서 나온 말이다. 지금 가장 가까이 있는 벽에 기대 보라. 당신이 그 벽을 신뢰한다면 당신은 그 벽에 당신 체중을 전부 실을 것이다. 그리고 그 벽이 신뢰할 만한 것이라면 물론 그 벽은 당신의 기대를 저버리지 않을 것이다. 당신은 레이스 커튼에는 절대 기대지 않을 것이다. 레이스 커튼은 당신을 지탱해 주지 못할 것이고 기댔다가는 십중팔구 넘어지고 말 테니까 말이다. 레이스 커튼은 기대기에는 믿을 만한 것이 못된다. 그렇다면 사람들은 어떨까? 사람들의 경우에는 아예 믿지 못할 사람, 완전히 믿을 수 있는 사람, 즉 레이스 커튼이냐 벽돌이냐로 무 자르듯 두 쪽으로 자를 수가 없다. 그렇게 한다면 기본적 귀인오류가 될 것이다. 사람에 대한 신뢰는 상황과 맥락에 의존한다. 어떤 상황에서는 신뢰할 수 있지만 또 다른 상황에서는 그렇지 않을 수 있다. 신뢰와 검증은 좋은 규칙이다. 특히 비즈니스 상황에서 더욱 그렇다.

신뢰할 것인지 말 것인지를 결정하는 것은 차가운 인지, 즉 배외 측전전두피질의 활약이 필요한 일이다. 당신은 사람과 상황을 놓고 저울질하며 믿을 수 있을지 가늠해 볼 것이다. 그 사람에 대해 당신은 뭘 알고 있나? 무엇이 이슈인가? 금전 관련 상황이나 사업상의 거래와 로맨스는 상황이 많이 다르고, 그 사람이 어떤 영역에서 신뢰할 만하다 해서 다른 영역에까지 그 신뢰를 꼭 가져가는 것은 아니다. 신뢰 역시 감정적인 문제이다. 옥시토신의 수치가 높으면 사람들이 관대해지고 낯선 이에게도 돈을 빌려주려고 한다는 것을 밝힌 연구[28] 이후 옥시토신은 '신뢰의 호르몬'으로 널리 알려졌다. 지금까지 이 옥시토신에 대한 많은 연구가 있어 왔다. 옥시토신은 시상하부에서 만들어지고 뇌하수체에서 방출되는 호르몬이다. 이 호르몬은 섹스하는 동안에 방출되고 또한 모유수유 중에도 방출되는데 엄마와 아기 사이에 모성 유대를 확립시키는 아주 중요한 역할을 수행한다. 이는 또한 신경전달물질로서도 활동할 수 있다.

옥시토신은 스트레스 호르몬 코티솔을 방출하는 회로, 즉 시상하부-뇌하수체-부신(HPA) 회로를 진정시키는 효과를 가진 것 같다. 이 회로는 소셜 미디어 상에서 나쁜 입장에 처했을 때를 포함해 신체적 위험에서부터 업무 마감에 이르기까지, 어떤 형태이든 우리가 위협을 느낄 때 바로 작동에 들어가는데 옥시토신은 이런 코티솔 수치를 감소시키고 혈압을 낮춰준다. 이는 아마도 옥시토신 수용체를 가진 편도체와의 상호작용을 통해 두려움과 불안을 줄여 신뢰를 촉진시키는 것으로 보인다.

집단 협력의 어두운 측면은 '우리'가 아닌 외부인으로 보이는 사람들에 대한 거부이다. 옥시토신이 신뢰와 협력을 촉진하지만 '집단 내'에서만 그렇다는 것을 시사한 연구가 있다. 예를 들면 자신이 속한 집단에 기여하는 일에 (신뢰를 이용해) 거짓말을 하는 사람이 생길 가능성을 옥시토신이 끌어올리는 경우이다. 옥시토신이 민족 중심주의와 집단 편파주의에 일조하고 더 큰 범위의 협력을 제한할지도 모른다. 인간은 각 단계들을 통과하면서 발달하는데 강력한 집단 정체성은 인간 발달 단계의 첫 단계의 한 부분이다. 옥시토신이 다른 집단을 희생해 가며 이 집단 정체성을 강화한다 해도 그리 놀라운 일은 아닐 것이다.

옥시토신은 공감에 한 몫 한다. 이는 사회적 지지를 구하는 신호로 작용할 수도 있다. 비협조적인 배우자와 사는 사람들이 옥시토신의 수치가 더 높은 것으로 밝혀졌다. 그렇다면 배우자가 협조적이게 되면 그들의 옥시토신 수치는 평균으로 내려올까?[30] 또한 옥시토신은 뇌에서 좋다고 느끼는 오피오이드 같은 화학물질의 내성을 감소시켜 기분 좋은 느낌을 더 오래 지속시키도록 할 수도 있다.

'우리'가 지닌 힘

◎

'우리'는 연결을 의미하는 대명사이다. 한낱 단어 하나에 불과하지만 매우 강력하다. '우리'가 없다면 당신은 혼자이다. '우리'가 없다면 리더십도 없다. 리더는 따르는 사람들이 있어야 리더가 될 수 있기 때문이다. 그런데 대부분의 리더들은 '우리'라는 단어를 의외로 적게 사용하고 리더십은 리더 자신에 관한 게 전부라고 생각한다. 그들의 말을 살펴봐도 1인칭 단수인 '나'와 2인칭 단수인 '너/당신'을 지나치게 많이 사용한다. '나'와 '너/당신'은 분리되어 있다. '우리'는 함께함을 뜻한다. 경영진인 리더가 자신의 팀에 대해 말할 때, 너/당신이라는 2인칭을 사용한다면 어떻게 들어도 그것은 지적하는 것처럼 들릴 수 있다. (코치가 리더를 따라다니면서 실시간으로 이렇게 한다면 지적하는 모양새는 더 심해 보일 것이다.) 리더가 '우리'라는 단어를 너와 나를 포함한 사람이라는 의미에서 사용해야만 힘을 발휘할 수 있다. 협력과는 상관없이 이 '우리'라는 대명사를 사람들이 사용할 수 있는 방법은 세 가지가 있다.[31]

1인칭 대명사는 영어에서 가장 흔하게 사용하는 단어이다.[32]

사람들은 여성이 1인칭 복수형인 '우리(we, us, our)'를 남성들보다 더 많이 사용할 것으로 추정하지만, 연구 결과는 이 문제에 있어 성별 간의 차이는 나타나지 않았다는 것을 보여주었다. (여성들은 사회적 단어인 '걔들', '친구', '부모님'을 남성들보다 더 많이 사용한다.)

협력과 공동창조에 대해 이야기하는 리더들, 더 중요한 것은 자신의 행동으로 그러한 가치를 몸소 보여주는 리더들이 카리스마를 발산하고 추종자들을 끌어들이려는 리더들보다 훨씬 더 성공적이고 설득력 있을 것이다. 개인적이고 카리스마가 중요한 리더십 모델은 이미 오래전에 사라졌다. 리더십은 단순히 리더 한 사람에 관한 것이 아니다. 한 집단에 속한 사람들 전체에 관한 것이고 그중 한 사람이 집단에 영감을 주는 대표인 것이고, 그 대표는 집단 전체에 공유된 가치와 비전으로 모든 사람들을 위해 무언가를 창조한다.

궁극적으로 코치는 세션을 할 때 '당신과 나'보다 '우리'에 대해서 더 많이 이야기할 수 있을까?

이에 대해서는 말이 많다. '당신과 나'라고 표현하는 것을 찬성하는 좋은 의견에는 이런 것이 있다. 코치가 '우리'라고 표현하는 것은 어쩐지 클라이언트에 대한 책임보다는 일종의 안락한 '공생 관계'를 더 장려하는 것 같다는 것이다. 반면 '우리'를 사용해서 말하는 것을 찬성하는 쪽은 코치는 라포 형성을 원하고 클라이언트와 함께하며 연결을 촉진하고자 하기 때문에 '우리'를 사용하는 것이 타당하다고 말한다.

두 의견 모두 옳다. 당신이 클라이언트가 취할 행동 조치와 책임을 강조하고 싶을 때는 '나'와 '당신'이라는 말을 사용하라. 클라이언트의 목표, 가치, 멘탈모델은 클라이언트의 것이고, 그것이 클라이언트의 것이라는 것을 명료하게 해야 하기 때문이다. 또한 세션의 내용에 대해서 이야기할 때에도 '나'와 '당신'을 사용하라. 그러나 프로세스에 대해 이야기할 때에는 '우리'를 사용하라. 당신과 클라이언트 두 사람은 세션을 함께 공동 창조하는 관계이다. 하지만 그것을 통해 결과를 취하는 사람은 클라이언트이다.

공정성

◎

우리는 공정성에 대한 타고난 감각을 가지고 있다. 많은 사람들이 어떤 제안을 받았을 때 그 제안이 공정하지 않으면 설사 자신이 손해를 보더라도 거절한다. 학자들이 공정성에 대한 감각을 연구하기 위해 활용한 게임이 있다. 이름하여 '최후통첩 게임'이다.[33] 한 사람이 다른 한 사람과 일정한 금액의 돈(100파운드)을 나눠야 하는 게임인데, 그 돈을 첫 번째 사람이 원하는 방식대로 나눠서 두 번째 사람에게 제안할 수 있다. 그리고 두 번째 사람은 첫 번째 사람의 제안을 거절할 수 있지만, 제안을 거절하면 두 사람 모두 돈을 받지 못한다. 순수하게 합리적인 관점에서 보면 두 번째 사람은 공짜로 생기는 돈이므로 첫 번째 사람이 어떤 제안을 하든 무조건 받아들여야 할 것이다. 하지만 그렇지 않다. 두 번째 사람은 제안이 불공정하다고 생각하면 종종 거절한다(예: 100파운드 중 10이나 20 파운드일 경우). 이렇게 제안을 거절할 때 두 번째 사람들의 뇌는 배외측전전두피질과 뇌섬엽이 활성화된다. 일반적으로 배외측전전두피질은 합리적인 계산에 관여하고 뇌섬엽은 혐오나 분노 같은 감정과 관련이 있다. 두 번째 사람의 뇌섬엽이 활성화될수록 제안을 거절할 가능성도 높아진다. 부당한 제안에 대한 거절은 자신의 사회적 지위가 낮아짐에 따라 첫 번째 사람에게 이용당하는 것에 대한 분노와 관계 있을 수 있다. 또한 첫 번째 사람의 부당한 제안에 대한 처벌이기도 하다.

또 다른 실험은 앞의 게임 아이디어를 확장시켰다.[34] 이제 돈은 10달러이다. 첫 번째 사람은 두 가지 옵션 중에 하나를 선택할 수 있다. 옵션1은 자신에게 5달러, 두 번째 사람에게 5달러를 주는 것이었고, 옵션2는 자신에게 6달러, 두 번째 사람에게 1달러를 주는 것이었다. 첫 실험에서 참가자 3분의 2가 공정한 선택인 옵션1을 선택했다. 다음 실험은 교묘한 변화를 추가했다. 첫 실험과 마찬가지로 첫 번째 사람이 5달러 아니면 6달러를 받을 수 있는 것은 똑같은데 두 번째 사람이 얼마를 받을지에 대한 정보를 주지 않고 선택하도록 한 것이다. 두 번째 사람도 첫 실험과 마찬가지로 5달러나 1달러를 받을 수 있으나 이제는 첫 번째 사람의 선택에 좌우되지 않는 것이다. 그런데 문제는 이 다음에 있다. 첫 번째 사람에게 자신이 선택을 완료하기 전에 두 번째 사람이 무엇을 얻게 될지 보거나 보지 않는 선택권이 주어진 것이다. 이런 조건으로 실험을 진행했을 때 약 절반의 참가자들이 두 번째 사람이 얼마를 받는지 보지 않는 것을 선택했고 대부분의 참가자들은 6달러 받았다. 결과를 보지 않으면 첫 번째 사람들은 자신의 선택의 결과를 몰랐다고 정직하게 항변할 수 있고 그들 양심에 꺼릴 것은 없다. 공정성이 중요해 보이나 사실 양심이 더 중요할 수도 있다. 우리의 일부는 공정하기를 원한다. 또 다른 우리의 일부는 보상을 더 원한다. 그 둘의 차이를 (물론 평균적으로) 만드는 것은 외부 환경이다. 두 번째 사람이 얼마를 받았는지 모르기 때문에 이것이 부당한 것인지 확인할 수 없다고 주장하면서 자신이 더 많은 돈을 가질 수 있다. '무지가 축복인 곳에서는 현명함은 어리석음이 되는 것인가?' 이 말은 모든 것이 공개된 상황에서는 사람들이 속이거나 부당하게 행동하지 않을 것임을 밝힌 모든 연구 결과들과도 상통한다. 자신이 무엇을 했는지 다른 사람들이 모르고 잘 피해갈 수만 있다면 사람들은 부당하게 속일 가능성이 상당히 높다.

또 다른 연구는 죄수의 딜레마 게임[34]으로 협력을 연구했다. 그 연구 결과는 타인을 돕는 사회적 행위는 측좌핵과 안와전두피질을 활성화시키는, 행위 자체가 본질적으로 보람을 느끼는 일임을 강하게 시사한다. 음식과 같은 실질적인 보상을 받을 때와 같은 뇌 영역이 활성화된다. 다른 사람이 보상을 받는 것을 보는 것은 우리 기분을 좋아지게 한다.

우리 뇌는 네트워크의 일부로 타인과의 연결은 우리의 건강과 생존에 필수적인 부분이다. 사회 신경과학은 이제 막 걸음마를 떼었고 앞으로 중요한 많은 발견들이 있으리라 확신한다.

주석

1) 일반적인 경우에 한함 – 내성적인 사람은 다른 사람들과 함께 참여하는 것에서 스트레스를 받을 것이다.

2) Bhatti, A. B., & ul Haq, A. (2017). The pathophysiology of perceived social isolation : Effects on health and mortality. Cureus, 9 (1), e994. http://doi.org/10.7759/cureus.994

3) Williams, K. D. (2007). Ostracism. Annual Review of Psychology, 58.

4) Kohler, E., Keysers, C., Umilta, M. A., Fogassi, L., Gallese, V., & Rizzolatti, G. (2002). Hearing sounds, understanding actions : Action representation in mirror neurons. Science, 297 (5582), 846-848.

5) Fadiga, L., Fogassi, L., Pavesi, G., & Rizzolatti, G. (1995). Motor facilitation during action observation: A magnetic stimulation study. Journal of Neurophysiology, 73 (6), 2608-2611.

6) Iacoboni, M., & Dapretto, M. (2006). The mirror neuron system and the consequences of its dysfunction. Nature Reviews Neuroscience, 7(12), 942.

7) 예를 들어 질병인식불능증anosognosia은 환자가 몸의 일부가 마비되었다는 사실을 부정하는 이상한 증후군이다. 가장 유명한 예는 1913년부터 1921년까지 미국의 대통령이었던 우드로 윌슨 Woodrow Wilson이다. 그는 몸의 왼쪽이 마비되는 뇌졸중을 겪었지만 괜찮다고 주장했다. 질병인식불능증을 가진 많은 환자들은 다른 장

애 환자들이 마비가 되었다는 사실도 부정한다. 이것은 아마도 그들의 거울 뉴런이 손상되어 다른 사람들의 움직임에 대해 정확한 판단을 할 수 없기 때문일 것이다.

8) 우리가 예상된 행동을 상상할 때 뇌의 이 부분은 강하게 활성화된다. 그러나 그것이 손상되었을 때는 숙련된 동작들을 수행할 수가 없고 자신의 생각을 행동으로 옮기는 데 어려움을 겪는 운동불능증(apraxia)이 발생한다.

9) 우리는 이미 다른 사람들의 행동과 말에 많은 영향을 받고 있다(항상 좋은 방향이지는 않지만). '미디어를 통해 노출된 폭력'의 영향에 대한 연구들은 그 폭력이 모방을 조장한다는 점을 아주 강력하게 시사하고 있다. 다음 논문을 참고하라. Paik, H., & Comstock, G. (1994). The effects of television violence on antisocial behavior: A meta-analysis1. Communication Research, 21 (4), 516-546.

10) Mukamel, R., Ekstrom, A. D., Kaplan, J., Iacoboni, M., & Fried, I. (2010). Single-neuron responses in humans during execution and observation of actions. Current Biology, 20 (8), 750-756.

11) 이에 대해 연구하는 많은 논문들이 있고 이런 많은 연구들은 우리가 비유를 어떤 식으로 이해하는지에 대한 아주 재미있는 사례들을 만들어 낸다. 이는 또한 프라이밍이 작동하는 이유를 설명해 줄 수도 있다. 우리가 자각하지는 못하지만 생각에 영향을 주고 그리하여 행동에도 영향을 미치는 우리의 환경 안에서 일어나는 일에 대해 뇌는 시뮬레이션을 실행하고 있는 것이다. 다음 논문들을 참고하라.
Gallese, V., & Lakoff, G. (2005). The brain's concepts: The role of the sensory-motor system in conceptual knowledge. Cognitive Neuropsychology, 22 (3-4), 455-479. and, Aziz-

Zadeh, L., Wilson, S. M., Rizzolatti, G., & lacoboni, M. (2006). Congruent embodied representations for visually presented actions and linguistic phrases describing actions. Current Biology, 16 (18), 1818-1823.

12) 코치의 공감에 관한 최고의 책들 중 하나는 〈The Science of Evil〉이다. 코칭을 떠나 매우 흥미롭게 읽을 만한 책인 이 책은 신경과학 분야에서 공감 연구의 선두에 있는 연구자들 중 한 명인 사이먼 배런-코언 Simon Baron-Cohen이 저자이다. 많은 사례를 제시하며 공감이 얼마나 다양한지 보여주고 그리고 자신의 공감 정도를 측정하고 이해하는 법을 알려준다.

13) Ickes, W. (1993). Empathic accuracy. Journal of Personality, 61 (4), 587-610.

14) 이것은 측두엽과 두정엽이 만나는 곳 오른쪽에 있다.

15) Saxe, R., & Kanwisher, N. (2003). People thinking about thinking people: The role of the temporo-parietal junction in 'theory of mind'. Neuroimage, 19 (4), 1835-1842.

16) (대뇌)열구는 뇌 표면에 나 있는 얕은 홈이다. 그래서 상방측두열구 (pSTS)는 측두엽 꼭대기에서 약간 뒤쪽에 있는 홈을 말한다.

17) Campbell, R., Heywood, C. A., Cowey, A., Regard, M., & Landis, T. (1990). Sensitivity to eye gaze in prosopagnosic patients and monkeys with superior temporal sulcus ablation. Neuropsychologia, 28 (11), 1123-1142.

18) Mitchell, J. P., Macrae, C. N., & Banaji, M. R. (2004). Encoding-specific effects of social cognition on the neural correlates of subsequent memory. Journal of Neuroscience, 24 (21), 4912-4917.

19) 사이코패스의 특성을 가진 사람들에 대한 연구에서도 감정적 공감을 밝혀냈다. 사이코패스는 일반적으로 인지적 공감능력이 뛰어나지만 감정적 공감능력은 거의 또는 전혀 없다. 고통스러워하는 다른 사람을 보는 것은 그들에게 아무런 영향을 미치지 않는다. 사이코패스는 복잡한 주제이지만, 연구에 따르면 헤어 사이코패스 체크리스트(역주: 캐나다의 범죄 심리학자 로버트 헤어Robert Hare 박사가 개발한 사이코패스 진단도구)에서 높은 점수를 받은 사람들은 복내측전전두피질(뜨거운 인지 경로)과 안와전두피질의 활동이 적다고 한다. 그들은 또한 다른 사람들이 고통받는 것을 볼 때 편도체와 보상회로가 더 활성화된다. 이것은 동정적 공감과 반대로 그들이 다른 사람들의 고통을 즐긴다는 것을 의미할지도 모른다. 공감에 해당하는 어떤 특정 뇌 영역이 정해져 있는 것은 아니지만, 연구는 공감이 부족한 사람은 자신의 고통에 대한 생각에는 민감하지만 다른 사람의 입장에서 그들의 고통을 같이 느낄 수 있는 능력은 부족하다는 것을 밝혀냈다.

아래 논문을 참고하라. See Buckholtz, J. W., Treadway, M. T., Cowan, R. L., Woodward, N. D., Benning, S. D., Li, R., ······ Smith, C. E. (2010). Mesolimbic dopamine reward system hypersensitivity in individuals with psychopathic traits. 그리고, Nature Neuroscience, 13 (4), 419. also: Paulhus, D. L., & Williams, K. M. (2002). The dark triad of personality: Narcissism, Machiavellianism, and psychopathy. Journal of Research in Personality, 36 (6), 556-563.

20) Shamay-Tsoory, S. G., Aharon-Peretz, J., & Perry, D. (2009). Two systems for empathy: A double dissociation between emotional and cognitive empathy in inferior frontal gyrus

versus ventromedial prefrontal lesions. Brain, 132 (3), 617-627.

21) Hutchison, W. D., Davis, K. D., Lozano, A. M., Tasker, R. R., & Dostrovsky, J. O. (1999). Pain-related neurons in the human cingulate cortex. Nature Neuroscience, 2 (5), 403.

22) Cheng, Y., Lin, C. P., Liu, H. L., Hsu, Y. Y., Lim, K. E., Hung, D., & Decety, J. (2007). Expertise modulates the perception of pain in others. Current Biology, 17 (19), 1708-1713.

23) Carr, L., Iacoboni, M., Dubeau, M. C., Mazziotta, J. C., & Lenzi, G. L. (2003). Neural mechanisms of empathy in humans: a relay from neural systems for imitation to limbic areas. Proceedings of the National Academy of Sciences, 100 (9), 5497-5502.

24) Jackson, P. L., Meltzoff, A. N., & Decety, J. (2005). How do we perceive the pain of others? A window into the neural processes involved in empathy. Neuroimage, 24 (3), 771-779.

25) Sally, D. (1995). Conversation and cooperation in social dilemmas: A meta-analysis of experiments from 1958 to 1992. Rationality and Society, 7 (1), 58-92.

26) A good place to start is: https://www.dalailama.com/messages/compassion-and-human-values/compassion (2018년 6월 12일 접속).

27) https://www.psychologytoday.com/intl/blog/irrelationship/201408/new-understanding-compassionate-empathy (2018년 6월 12일 접속).

28) Zak, P. J., Stanton, A. A., & Ahmadi, S. (2007). Oxytocin increases generosity in humans. PLos One, 2 (11), e1128. 화학물질에 노출되었다는 이유로 낯선 사람에게 돈을 빌려 준다는 연구 결과에 대해서는 의견이 엇갈린다. 부디 실험이 잘 통제되었기를 바란다.

29) De Dreu, C. K., Greer, L. L., Handgraaf, M. J., Shalvi, S., Van Kleef, G. A., Baas, M., ······ Feith, S. W. (2010). The neuropeptide oxytocin regulates parochial altruism in intergroup conflict among humans. Science, 328 (5984), 1408-1411.

30) Taylor, S. E., Gonzaga, G. C., Klein, L. C., Hu, P., Greendale, G. A., & Seeman, T. E. (2006). Relation of oxytocin to psychological stress responses and hypothalamic–pituitary–adrenocortical axis activity in older women. Psychosomatic Medicine, 68 (2), 238-245.

31) 첫 번째 '우리'의 용법은 공유된 집단 내에서 '너'와 '나'를 의미한다. 두 번째는 "우린 이런 거 잘 못하죠. 그렇죠?(We are not very good at this are we?)"라고 할 때 '우리'는 '당신'이라는 뜻이다. 마지막으로 정치인들이 쓰는 '우리'도 있다. '우리는 더 나은 정부가 필요하다'라고 말할 때 '우리'는 일반적으로 (그들에 동의하는) 사람들을 뜻한다. 그리고 다른 나라는 몰라도 영국 왕실에서만큼은 'Royal We(과거에 국왕이 자신을 가리킬 때 한 사람인데도 'I' 대신 'we'를 쓴 데서)'도 있다.

32) 샘플로 제시된 모든 단어의 약 3.6%를 차지한다. 그리고 'the', 'and' 그리고 'to'가 'I'에 이어 각각 3.48%, 2.92%, 2.91%의 순으로 흔하게 사용했다.

33) Sanfey, A. G., Rilling, J. K., Aronson, J. A., Nystrom, L.

E., & Cohen, J. D. (2003). The neural basis of economic decision-making in the ultimatum game. Science, 300 (5626), 1755-1758.

34) Dana, J., Weber, R. A., & Kuang, J. X. (2007). Exploiting moral wiggle room: Experiments demonstrating an illusory preference for fairness. Economic Theory, 33 (1), 67-80.

35) Padoa-Schioppa, C., & Assad, J. A. (2006). Neurons in the orbitofrontal cortex encode economic value. Nature, 441 (7090), 223.

36) 그리고 아마도 게임쇼의 인기를 설명해 줄 것이다.

참고문헌

Aziz-Zadeh, L., Wilson, S. M., Rizzolatti, G., & Iacoboni, M. (2006). Congruent embodied representations for visually presented actions and linguistic phrases describing actions. Current Biology, 16(18), 1818- 1823.

Baron-Cohen, S. (2011). The science of evil. New York, NY: Basic Books.

Bhatti, A. B., & ul Haq, A. (2017). The pathophysiology of perceived social isolation: Effects   on health and mortality. Cureus, 9(1) e994. doi:10.7759/cureus.994

Buckholtz, J. W., Treadway, M. T., Cowan, R. L., Woodward, N. D., Benning, S. D., Li, R., ·····Smith, C. E. (2010). Mesolimbic dopamine reward system hypersensitivity in individuals with psychopathic traits. Nature Neuroscience, 13(4), 419.

Campbell, R., Heywood, C. A., Cowey, A., Regard, M., & Landis, T. (1990). Sensitivity to eye gaze in prosopagnosic patients and monkeys with superior temporal sulcus ablation. Neuropsychologia, 28(11), 1123-1142.

Carr, L., Iacoboni, M., Dubeau, M. C., Mazziotta, J. C., & Lenzi, G. L. (2003). Neural mechanisms of empathy in humans: A relay from neural systems for imitation to limbic areas. Proceedings of the National Academy of Sciences, 100(9), 5497-5502.

Cheng, Y., Lin, C. P., Liu, H. L., Hsu, Y. Y., Lim, K. E., Hung, D., & Decety, J. (2007). Expertise modulates the perception of pain in others. Current Biology, 17(19), 1708-1713.

Dana, J., Weber, R. A., & Kuang, J. X. (2007). Exploiting moral wiggle room: Experiments demonstrating an illusory preference for fairness. Economic Theory, 33(1), 67-80.

De Dreu, C. K., Greer, L. L., Handgraaf, M. J., Shalvi, S., Van Kleef, G. A., Baas, M., ····· Feith, S. W. (2010). The neuropeptide oxytocin regulates parochial altruism in intergroup conflict among humans. Science,

328(5984), 1408-1411.

Fadiga, L., Fogassi, L., Pavesi, G., & Rizzolatti, G. (1995). Motor facilitation during action observation: A magnetic stimulation study. Journal of Neurophysiology, 73(6), 2608-2611.

Gallese, V., & Lakoff, G. (2005). The brain's concepts: The role of the sensory-motor system in conceptual knowledge. Cognitive Neuropsychology, 22(3-4), 455-479.

Hutchison, W. D., Davis, K. D., Lozano, A. M., Tasker, R. R., & Dostrovsky, J. O. (1999). Pain-related neurons in the human cingulate cortex. Nature Neuroscience, 2(5), 403.

Iacoboni, M., & Dapretto, M. (2006). The mirror neuron system and the consequences of its dysfunction. Nature Reviews Neuroscience, 7 (12), 942.

Ickes, W. (1993). Empathic accuracy. Journal of Personality, 61(4), 587- 610.

Jackson, P. L., Meltzoff, A. N., & Decety, J. (2005). How do we perceive the pain of others? A window into the neural processes involved in empathy. Neuroimage, 24(3), 771-779.

Kohler, E., Keysers, C., Umilta, M. A., Fogassi, L., Gallese, V., & Rizzolatti, G. (2002). Hearing sounds, understanding actions: Action representation in mirror neurons. Science, 297(5582), 846-848.

Mitchell, J. P., Macrae, C. N., & Banaji, M. R. (2004). Encoding-specific effects of social cognition on the neural correlates of subsequent memory. Journal of Neuroscience, 24(21), 4912-4917.

Mukamel, R., Ekstrom, A. D., Kaplan, J., Iacoboni, M., & Fried, I. (2010). Single-neuron responses in humans during execution and observation of actions. Current Biology, 20(8), 750-756.

Padoa-Schioppa, C., & Assad, J. A. (2006). Neurons in the orbitofrontal cortex encode economic value. Nature, 441(7090), 223.

Paik, H., & Comstock, G. (1994). The effects of television violence on antisocial behavior: A meta-analysis1. Communication Research, 21(4), 516-546.

Paulhus, D. L., & Williams, K. M. (2002). The dark triad of personality: Narcissism, Machiavellianism, and psychopathy. Journal of Research in Personality, 36(6), 556-563.

Sally, D. (1995). Conversation and cooperation in social dilemmas: A meta-analysis of experiments from 1958 to 1992. Rationality and Society, 7(1), 58-92.

Sanfey, A. G., Rilling, J. K., Aronson, J. A., Nystrom, L. E., & Cohen, J. D. (2003). The neural basis of economic decision-making in the ultimatum game. Science, 300(5626), 1755-1758.

Saxe, R., & Kanwisher, N. (2003). People thinking about thinking people: The role of the temporo-parietal junction in 'theory of mind'. Neuroimage, 19(4), 1835-1842.

Shamay-Tsoory, S. G., Aharon-Peretz, J., & Perry, D. (2009). Two systems for empathy: A double dissociation between emotional and cognitive empathy in inferior frontal gyrus versus ventromedial prefrontal lesions. Brain, 132(3), 617-627.

Taylor, S. E., Gonzaga, G. C., Klein, L. C., Hu, P., Greendale, G. A., & Seeman, T. E. (2006). Relation of oxytocin to psychological stress responses and hypothalamic-pituitary-adrenocortical axis activity in older women. Psychosomatic Medicine, 68(2), 238-245.

Williams, K. D. (2007). Ostracism. Annual Review of Psychology, 58.

Zak, P. J., Stanton, A. A., & Ahmadi, S. (2007). Oxytocin increases generosity in humans. PLos One, 2(11), e1128.

https://www.dalailama.com/messages/compassion-and-human- values/compassion

https://www.psychologytoday.com/intl/blog/irrelationship/201408/new-understanding-compassionate-empathy

제11장

정체성
– 우리는 누구인가?

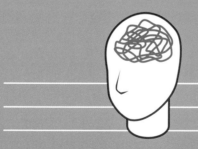

제11장

정체성
− 우리는 누구인가?

우리 뇌는 마술사

────── ◎ ──────

이제 마지막 기적이다. 우리의 의식, 성격, 그리고 '나'에 대한 우리의 감각은 뇌를 통해 생기는 것으로 보인다. 뇌가 손상되면 성격과 자아에 대한 감각이 변한다. 한 가지 희귀한 사례로 미식가 증후군 gourmand syndrome이 있다. 우측 전두엽의 특정 부위에 손상을 입으면 고급 음식에 극도로 몰두하게 된다고 한다. 실제로 뇌의 해당 부위가 손상되어 뇌졸중을 앓던 스위스 정치 평론가는 음식 칼럼니스트가 되었다.[1]

그렇다. '기계 안에 사는 유령'도 없고 저기 꼭대기에 앉아 모든 것을 별개의 의식도 없다. 꼭대기에서 쇼를 진행하는 의식은 무한히 쇼를 진행하려면 기계 안에 사는 유령이 필요할 것이다.[2] 우리는 '하향식'이나 '상향식' 처리 과정에 대해 이야기했지만 이것은 지극히 단순화한 표현이다. 뇌의 한 영역은 모든 다른 영역으로부터 피드백을 받는다. 피드백을 받지 않는 영역이 없다. 따라서 완벽하게 하향식으로 처리되는 것은 없다. 뇌의 어떤 영역도 독자적으로 쇼를 운영하지 않는다. 즉 고통에 반응하는 상향식 극단에서부터 편안하게 앉거나 하루 계획 검토하기와 같은 하향식에 이르는 뇌의 처리과정들은 모두 섞여 있다.

두뇌는 뛰어난 마술사이다. 뇌는 쇼를 만든 후 자신의 모습은 감추고 쇼에 당신의 주의를 고정시킨다. 이 멋진 오락물에 뇌의 모든 부분이 기여하고, 그런 상호작용을 통해 쇼는 완성되나 거기에는 대본도 감독도 없다. 뇌는 출연진이면서 제작진이고, 감독이면서 관객이고, 쇼 그 자체다. 뇌는 이 모든 역할을 동시에 한다. 출연진과 제작진은 쇼 제작을 위해 함께 일하나 그들의 아젠다 역시 각자 가지고 있다. 그래서 그들은 무대 위에서 이 쇼를 어떻게 구성할 건지를 놓고 언쟁을 벌인다.

우리는 '의식'이 물질에 불과하고 다른 차원은 없다고 말하는 것이 아니다. 이 책의 어떤 것도 모든 것들이 의존하는 그것, 즉 닿을 수 없을 것 같이 느껴지나 너무나 가깝고 친밀한 그것의 영적 바탕을 배제하지 않는다. 우리가 말하고자 하는 것은 우리가 아는 한 물질인 뇌는 이 세상에 의식을 발현하기 위해 필요한 것이라는 것, 그것이 전부다.

여기 또 다른 은유적 표현이 있다. 뇌는 다양한 앱 즉 소규모의 전문화된 프로그램들을 실행시키는 태블릿 컴퓨터와 같다. 태블릿은 당신이 원하는 앱을 개관하고, 선택하고 실행시킬 사용자인 당신이 필요하다. 하지만 앱들 중 일부는 사용자의 마음이 아닌 '자신의 마음'을 따로 가질 지도 모른다. 길을 잃었을 때 당신은 구글 지도를 실행하고 싶은데 생존기술 관련 영상을 재생하려는 유튜브 앱이 방해할 수도 있다. 앱 간의 갈등과 협력에 대하여 좀 더 자세히 살펴보자.

닫힌 방안의 팀, 파트2

─◎─

1장에서 미스터리한 경영진을 코칭한 적이 있었다는 것을 기억하는가? 뇌에서 일어나는 일을 의인화하여 피터, 메리, 얀 같은 이름들을 붙여 사람처럼 표현했었다.

닫힌 방안에서는 어떤 일이 벌어지고 있을까?
하나의 팀으로서 어디까지, 얼마나 함께 일을 하는 것일까?
여느 팀과 마찬가지로 항상 의견이 일치하지는 않는다.

가장 분명한 경우는 뇌를 두 개의 반구로 나누는 것이다. 대중 과학은 좌뇌를 지식인으로, 우뇌를 기발한 예술가로 캐스팅했다. 사실 양쪽 반구는 모든 것을 할 수 있지만 각각이 일부 영역에 특화되어 있는 것도 사실이다. 좌뇌는 패턴, 원인과 결과를 찾는다면, 우뇌는 큰 그림을 살펴서 더 직접적으로 알아차린다. 중복되는 것도 많다.[3] 두 반구는 뇌량으로 알려진 두꺼운 백색질 섬유띠로 연결되어 있어 각 반구는 서로의 정보에 접근할 수 있다. 뇌량이 절단되면 각 반구는 독자적으로 존재하며 서로 정보를 공유하지 못한다. 이와 달리 감정 상태는 피질 하부로 전달되는지, 뇌량을 절단해도 좌뇌와 우뇌 사이에서 감정 전달은 멈추지 않는다(그러나 감정을 촉발시킨 인식은 여전히 고립되어 있다). 분할뇌 수술(뇌량 절단 수술)을 받은 환자들도 똑같이 느꼈다. 분할뇌 수술은 1940년대부터 시행되어 왔는데 보통은 심각한 뇌전증 환자들을 돕기 위한 수술이었다. 분할뇌 환자들에 관한 연구는 각 반구가 '각자의 마음'을 가지고 있다는 것을 보여 주었다. 좌뇌가 말을 하면[4] 우뇌는 말이 없어진다. 이때는 원하는 것을 왼손으로만 짚거나 가리킬 수 있다. 분할뇌 환자들은 좌뇌가 깨어 있지 않으면 사물을 이름 짓거나 묘사할 수가 없다. 그렇다고 해서 환자들이 그 사물에 대해 인식하지 못한다는 말은 아니다.[5]

1978년, 조셉 르두Joseph LeDoux와 마이클 가자니가Michael Gazzaniga가 지휘한 분할뇌 환자에 대한 유명한 실험을 살펴보자.[6] 좌뇌의 시야에는 닭발 사진을, 우뇌의 시야에는 눈 덮인 풍경 사진을 보여 주었다. 그러고 나서 환자에게 방금 본 것이 무엇인지 물었다. 그는(정확히 말하면 그의 좌뇌는) '닭'이라고 대답했다. 그런 다음 그에게 닭 사진과 눈 치우는 삽 사진의 카드 두 장을 보여주었다. 그리고 자신이 본 것이 묘사된 카드를 가리키도록 요청했다. 우뇌의 통제하에 있는 그의 왼손은 눈삽을 가리켰다. 좌뇌의 통제하에 있는 그의 오른손은 닭을 가리켰다. 그러나 둘 다 옳을 수는 없다. 왜 눈삽을 가리키고 있느냐는 질문에는 닭장을 치우기 위해서라고 했다. 좌뇌는 모순을 해결하기 위해 이야기를 만들어 냈다. 우리 뇌의 여러 영역들은 다양한 인식 능력을 갖고 있지만 모든 영역이 언어에 접근할 수 있는 것은 아니다. 언어에 접근 가능한 영역은 그럴듯한 이야기를 만들어 낼 수 있는 이점이 있다.

인터프리터

가자니가는 상황이 납득되도록 하기 위해 이야기를 만들어 내는 뇌 영역을 인터프리터interpreter라고 불렀다. 인터프리터는 갈등을 완화하고 당신과 다른 사람들에게 일관성 있는 이야기를 제시한다. 인터프리터는 주어진 정보로 우리의 현실을 일관되게 유지하는 이야기를 구성한다. 언론 담당 비서관처럼 최고의 이야기를 지어낸다. 인터 프리터는 (내가 틀린 것 같으면 변명이 될 만한 이유를 꾸며내고) 가능하면 언제나 멋지게 보이고 싶고, 타인에 의해 좋게 평가되고 싶고, 언제나 옳기를 바라는 에고에게 있어서 아주 중요한 역할을 맡은 듯하다.

인터프리터를 담당하는 곳이 여기다 하고 뇌의 한 부분을 콕 집어 분명하게 정의할 수는 없지만, 인과관계를 추론하고 패턴을 찾는 것에 의존하는 것으로 봐서 좌뇌의 기능일 가능성이 높다. 패턴은 정보를 제공해 준다. 또한 패턴이 의미하는 것은 사물이 무작위적이지 않다는 것이다. 인터프리터는 우리의 경험을 일관성 있고 의미 있게 만드는 주역들 중 하나이다. 아귀가 맞지 않는 것들은 인터프리터가 모두 그럴 듯하게 합리화한다. "나는 매우 훌륭한 리더인데 직원들이 내 경쟁자의 이간질에 넘어가는 바람에 나를 따르지 않는 거야." 같은 말이 좋은 예시다.

우리는 우리가 파악한 근거나 이유를 과대평가한다. 우리는 갈등을 합리화하고 프라이밍 효과를 합리화한다. 니스벳Nisbett과 윌슨 Wilson이 수행한 연구를 좋은 예로 들 수 있다.[7] 378명의 쇼핑객에게 왼쪽에서 오른쪽 방향으로 진열한 4개의 동일한 잠옷을 보여주고 어떤 것이 마음에 드는지 물었다. 이들은 압도적으로 오른쪽 잠옷을 선택했다. 맨 오른쪽에 있는 것을 선택한 사람들은 자신의 선택에 대해 다양한 이유(색상 또는 질감)를 제시했다. 물건이 놓인 위치는 선택을 설명할 근거가 될 수 없기 때문에 위치 때문에 선택했다는 말이 안 되는 이유는 대지 않았다. 사람들은 오른쪽에 있는 물건에 우호적인 편향이 있는 듯하다. 그래서 아마 가장 마음에 드는 것을 찾으려고 왼쪽에서 오른쪽 방향으로 훑었을 것이다. 그러나 모두 똑같은 잠옷이었기 때문에 제일 마지막에 본 맨 오른쪽 잠옷을 선택한 것이다. 우리는 사실 모른다. 우리가 아는 것은 우리가 그렇게 한 이유를 완전히 파악하지는 못하면서 이치에 맞는 그럴듯한 설명은 아주 잘 만들어 낸다는 사실뿐이다.

궁지에 빠진 뇌가 하는 일

뇌의 각 영역이 각자의 길을 가고 있다는 것을 보여 주는 흥미로운 예는 많다. 인터프리터는 항상 설명하기 위해 거기에 있다. 명백한 장애를 갖고 있는 사람이 자신의 장애를 부인하는 질병인식불능증Anosognosia은 이전 장에서 살펴봤다. 뇌졸중은 뇌를 손상시켜 신체 한쪽에 마비가 오게 할 수 있다. 상당수 뇌졸중 환자들이 신체가 마비된 것을 부인하고 정상적으로 움직일 수 있다고 주장한다. 왜 이런 일이 발생하는지는 분명하지 않으나, 이는 우뇌의 손상 때문일 수 있다. 우뇌는 전체적인 패턴과 큰 그림을 더 많이 다룬다. 그리고 아마 좌뇌의 인터프리터를 견제, 감독하고 균형을 유지하는 역할도 할 것이다. 우뇌의 견제를 받지 못한 인터프리터는 그들이 처한 어려움을 해명하려고 터무니없는 이야기를 지어내는 거만한 폭군이 될 것이다. 그래서 이 균형 유지 역할을 담당하는 부분에 손상이 오면 좌뇌의 인터프리터는 고삐 풀린 망아지처럼 아무리 터무니없더라도 자신이 원하면 무슨 이야기이든 마음껏 지어낼 수 있는 자유가 생긴다. 우리는 모두 평범한 삶을 살면서 우리에게 유리한 현실이 원활하게 펼쳐지길 바란다. 하지만 질병인식불능증은 그런 우리의 마음을 극단까지 몰고 간다. 인터프리터는 신체에 닥친 마비를 어떻게 해서든 해명을 해야만 해서 '나는 마비되지 않았어'라고 마비를 부정하거나, '너무 피곤해서 다리를 움직일 수 없는 거야'라고 합리화하거나, '나중에 기분 좋아지면 움직여질 거야'라고 상황을 모면할 구실을 댈 것이다. 그런데 그들이 하는 말은 거짓말이 아니다. 그저 자신이 한 경험의 일부를 전부 다인 것처럼 표현할 뿐이다.

편측무시neglect는 또 다른 상태이다. 이것은 한쪽 반구의 부상이나 뇌졸중으로 인해 신체 한쪽에 주의를 기울이는 능력이 손상되는 경우에 나타나는 증상이다. 예를 들어 우뇌 손상을 입은 환자는 신체 왼쪽을 전혀 인식하지 못할 수 있고 왼쪽 시야로는 아무것도 '보지' 못할 수 있다. 이러한 환자는 세수를 할 때 오른쪽 얼굴과 오른손만 씻는다. 접시의 오른쪽에 있는 음식만 먹고 시계를 볼 때도 오른쪽에만 주의를 기울일 수 있다. 이런 환자들은 한쪽면을 억누르거나 부정해서 그러는 것이 아니라 단순히 보지 못하기 때문에 그렇게 행동한다.

그 외에도 맹시blindsight라는 것이 있다. 사람은 물체를 정확히 볼 수 없는데도 물체가 어디에 있고 어떻게 움직이는지를 우연보다 높은 확률로 정확하게 가리킬 수 있다. 이것은 시각 정보가 뇌에서 두 가지 경로를 따라 이동하기 때문이다. 뇌에서 물체의 위치를 인식하고 가리킬 수 있는 영역은 활성화되어 일을 하는데, 다른 경로에서 오는 정보가 차단되어 사람이 물체를 보아도 보는 것을 인식하지 못하는 것이다. 우리는 우리가 모르는 것은 모른다. 설사 뇌의 어떤 영역은 그것을 인식하고 있다 하더라도 말이다.

마지막으로 스탠리 큐브릭 감독의 영화 '닥터 스트레인지 러브'에 등장해 유명해진 '외계인 손 증후군alien hand syndrome'을 한번 살펴보자.[8] 외계인 손 증후군은 환자 자신의 의지와 상관없이 손이 '독립된 자신의 마음'을 가지고 있는 것처럼 보이는 증상을 말한다. 환자가 불편한 상황을 항의하는 장면이라고 하자. 환자가 항의하는 동안 그 손은 물건, 사람, 음식 같은 것을 막 집을 것이고, 다른 한 손은 잘못된 행동을 하는 손을 저지하려고 하면서 두 손은 서로 통제하기 위해 싸울 것이다. 환자는 손을 통제할 수 없고 또 한 손이 한 일에 대한 책임감도 느껴지지 않는다. 외계인 손 증후군은 전대상피질 손상이 원인이 되어 발생한다.

외계인 손 증후군은 우리 모두가 경험하는 내부 갈등의 극단적이고 구체화된 버전이다. 한 손은 한쪽 방향으로 당기고 다른 손은 반대 방향으로 당길 때 우리는 '두 개의 마음이 존재한다'는 것을 경험한다. 어떤 한쪽을 선택하기도 하고 적당한 선에서 타협하기도 하며 살아간다. 뇌에는 이와 같이 우리가 통제하지 못하는 모듈과 루틴이 있지만, 그것들은 평소에 잘 드러나지 않고 대부분 모든 것이 자연스럽게 작동한다. 우리의 의식적인 마음, '나'라는 감각은 이러한 뇌의 왕성한 활동들 너머에 있는 행복한 무지 속에 둥둥 떠다닌다.

무의식적 편향

우리 뇌에는 많은 모듈들이 있는데 모두가 하는 일이 달라서 때로는 당황스러운 결과가 나올 수 있다. 내재적 연관 검사(IAT)[9]라는 것이 있다. 이 검사는 1995년에 고안되어 인종이나 성별 같은 논란의 여지가 있는 많은 주제들에 대한 사람들의 태도를 측정하는데 사용되었다. 대표적인 검사 방식은 사람에 관한 카테고리, 예를 들어서 '변호사'라는 단어를 제시하고 참가자들에게 이 단어를 보게 하고, 동시에 잇달아 나타나는 단어들, 예를 들어 뛰어나다, 형편없다, 멋지다 같은 단어를 보면서 좋다 혹은 나쁘다로 평가하게 하는 것이다. 이때 이 변호사라는 카테고리가 단어에 대한 판단을 방해하면, 좋다 혹은 나쁘다 판단을 내리는 반응시간이 늦어진다. 이는 카테고리와 판단 사이에 '내재적 연관'이 있음을 보여준다. 이론적으로 이것은 어떤 것에 대한 한 사람의 내재적 판단을 측정할 수 있는 도구이다. 그리고 그 사람들이 믿는다고 말하는 내용과 검사 결과가 상충할 수도 있다. 예를 들어 당신은 변호사가 신망이 높은 직업이라고 생각한다고 아주 강하게 주장한다. 그런데 검사 결과 당신은 변호사들을 계속 부정적인 단어와 연관시킨다는 것을 보여줄 수 있다는 말이다. 대부분의 사람들은 내재적 연관 검사를 할 때 편견을 보이지만 이것은 그들이 실제로 편견을 가지고 있고 편견에 따라 행동한다는 것을 의미하지는 않는다. 검사 결과는 행동을 예측하지 않는다. 또한 당신이 검사를 다시 한다면 결과가 달라질 수도 있다. 그때 일어나는 일은 검사를 하는 동안 당신 뇌의 일부가 검사 패턴을 인지하고 정보를 받아들인다는 것이다. 그리고 이것은 당신이 반응하는 속도를 방해한다. 이 검사는 편견의 증거로 등극했다. 그러나 이는 옳지 않다. 주의력과 감정 그리고 연관성, 이 모두가 반응 시간에 영향을 줄 수 있다. 그래서 하나 이상의 모듈을 재실시해 보면 전혀 다른 소수의 결과가 나오기도 한다. 따라서 당신이 아무리 한 가지를 일관되게 말해도, 당신의 반응시간은 살짝 살짝 다른 이야기를 하는 것은 그리 놀랄 일이 아니다. 이 검사는 당신이 '진짜로' 생각하는 것을 말해 주는 것이 아니다. 당신이 어떻게 행동할지에 대해 알려주는 것 또한 분명히 아니다. 그것은 내면의 갈등이 드러나도록 해준다. 거기엔 우리가 알고 있는 것보다 더 많은 일들이 일어나고 있다.

코칭에 적용하기

───────◎───────

코치는 클라이언트가 새로운 통찰, 새로운 관점 그리고 새로운 차별성을 담은 더 풍부한 이야기를 만들도록 돕는다. 코칭은 클라이언트가 좋은 이야기를 생각해 내도록 하기 위해 클라이언트에게 더 나은 언어를 제공하는 것과 같다. 이 이야기는 기존에 클라이언트가 갖고 있던 이야기보다 더 정확한 것은 아니지만, 더 확장된 어휘와 더 훌륭한 플롯을 가진 더 자유롭고 더 행복한 삶에 대한 이야기다. 이러한 코칭을 통해 더 많은 클라이언트의 의식이 확장될 수 있다. 클라이언트가 더 좋은 이야기를 얻게 되면 클라이언트들은 그 이야기를 따라간다.

클라이언트의 인터프리터는 이야기를 한다. 그 이야기는 일관성이 있는 이야기이고 클라이언트를 유리하게 만들어주는 이야기일 것이다. 거짓말을 한다는 말이 아니다. 모든 사람들은 이야기를 할 때 선택적으로 한다. 인터프리터는 그 사람에 대한 최고의 메시지이면서 가장 방어적인 메시지를 제공하고 코치는 이것을 가지고 코칭을 한다. 인터프리터의 이야기가 잘못됐다는 의미가 아니다. 그 이야기 이면에 숨어 있는 '진짜' 이야기가 있기 때문에 그렇다.

인터프리터의 이야기는 다른 사람의 영향도 받는다. 클라이언트 한 사람을 상상해 보자. 그 클라이언트에게는 어린 시절부터 알았고 서로를 완전히 신뢰하는 믿을 만한 친구가 있다. 그런데 그 친구가 그를 배신한 것이다. 아마 그 결과로 어떤 일들이 그에게 생길 것이다. 첫째, 그 클라이언트에게 그 친구는 이제 아는 사람에서 무서운 낯선 사람으로 바뀐다. 안 된 일이지만 더 안된 일은 클라이언트가 가진 그들의 이야기가 붕괴되고 그는 스스로에게 질문을 하게 된다는 것이다. '나는 정말로 그 친구를 알고 있었던 것일까', '내가 잘 속는 바보인가'라고 말이다. 진정 그 클라이언트에게 무슨 문제가 있는 것일까? 그가 그렇게 잘못한 것인가? 그는 스스로에게 낯선 사람이 된다. 이것이 배신이 매우 파괴적일 수 있는 이유이다. 따라서 이런 이야기는 다시 써져야 한다.

인터프리터는 모호하고 다양한 여러 관점을 가지고 사는 것에 능숙하지 않다. 미스터리 살인사건을 해결하려 하는 형사처럼 뛰어들어 모호함을 해소하고 해명해 주고 싶은 유혹에 쉽게 빠진다. 그래서 코치는 주의를 기울이고, 기다리고, 테스트하고, 더 많은 질문을 하는 것이 좋다. 이것이 코칭에서 '왜'로 시작하는 질문이 잘 통하지 않는 이유 중 하나이다. 인터프리터는 그럴듯한 설명을 만들어 내며, 코치들은 클라이언트가 변명하도록 부추기는 것이 되기 때문이다.

인터프리터는 직선적으로 사고한다. 크고 두드러진 결과는 크고 두드러진 원인에 귀속시키는 경향이 있어서, 상관관계인 것을 원인으로 생각하려고 하고 사건과 사건 사이에 시간 차가 있으면 연결해서 생각하려고 하지 않는다. 또한 사물이나 현상을 그 사람 내면의 정신적인 측면에서 설명하려 든다(기본적 귀인오류). 따라서, 직장 동료에게 소리지르는 행동 같은 것은 '과도한 스트레스, 빠듯한 업무 마감이나 어리숙한 동료' 때문이라고 설명할 것이다. 우리는 우리가 하는 행동에 대해 그럴 듯해 보이는 합당한 이유를 찾는다. 우리는 환경과 프라이밍의 영향에 대해 대부분 무지하다. 소리지르는 행동은 잠을 잘 못 잤거나 커피를 너무 많이 마신 탓일 수도 있다. 우리는 왜 그런 행동을 하는지에 대한 통찰은 거의 없지만 합당한 이유를 만들어 내는 데에 능숙하다.

뇌가 어떻게 작동하는지 아는 것은 우리에게 직관에 대한 새로운 관점을 제공한다. 직관은 여러 가지로 불려왔다. 직관은 '정보는 가지고 있지만 언어로 접근 불가능한 뇌'의 일부일 수 있다. 그래서 우리는 마치 '소수의 작은 목소리'처럼 상황에 대해서 느낌의 형태로 정보를 받는다. 직관은 언어와 논리의 뒷받침은 없을지 모르나 좋은 정보를 가지고 있을 수 있다. 모든 직관을 따르라고 말하는 것이 아니다. 팀에 속한 개인들이 여러 가지 관점을 가지고 있는 것처럼 직관도 클라이언트의 관점 중 하나이다. 이상하거나 쓸모없을 때도 있을 지 모르나, 수용할 만한 가치가 있는 경우도 있다.

　뇌에 대한 지식이 있으면 코치는 '이것에 대해 진심으로 어떻게 생각하나요?' 또는 '이것에 대한 진짜 대답은 무엇인가요?' 같은 어리석은 질문을 하지 않을 수 있다. 모든 생각과 관점은 진짜이다. 그러나 다양하게 각기 다를 수는 있다. 이 모든 것을 고려하여 통합된 스토리를 만드는 것이 코치와 클라이언트가 함께해야 할 일이다.

　긍정적이든 부정적이든 실생활의 모든 결과는 기회, 노력, 그리고 다른 사람들과의 상호작용에 따른 혼합물이다. 그러나 모든 사람들은 자신의 재능을 과대평가한다. 심지어 자신에게 불리한 증거가 있을 때에도 말이다.[10] 사람들은 좋은 결과를 얻을 때는 그것을 자신의 노력으로 돌릴 가능성이 크고, 나쁜 결과는 우연이나 다른 사람들의 간섭으로 돌릴 가능성이 더 크다. 클라이언트의 이야기를 들을 때 이것을 기억할 필요가 있다.

　이 주제에 대한 많은 연구가 있다. 어떤 실험에서는 피실험자들에게 가짜 지능 테스트를 받을 것을 요청했다. 어쩌면 당신은 내가 말한 실험이 진짜로 있었던 실험인지 가짜인지 의심할지도 모르겠다. 당신이 하는 의심은 정당한 것 같다. 테스트 후 점수는 피험자들에게 무작위로 배분했다. 그런 다음 피험자들에게 왜 그 점수를 받았다고 생각하는지 물었다. 그들은 점수가 좋으면 노력한 덕분이라 말했고 점수가 나빴을 때에는 다양한 변명을 했다.[11] 이런 현상은 피실험자들이 실제 거짓말 탐지기가 아니지만 거짓말 탐지기라고 생각한 기계에 연결해 검사를 받고 있다고 믿는 상황에서도 똑같았다. 그들은 여전히 (가짜)높은 점수를 받은 것은 자신의 지능 덕분이며 (가짜)낮은 점수를 받은 것은 운이 없었다는 등의 다른 이유들을 거론했다.[12] 간혹 문화에 따른 차이도 있어서,[13] 어떤 사람들은 좋은 결과는 우연이었고 나쁜 결과는 자기 탓이라는 반대 견해를 취하기도 했다. 낙관적으로 결론짓는 것이 비관적으로 결론짓는 것보다 건강에 훨씬 좋다는 결과도 있다.[14]

이제 당신은 클라이언트가 서로 모순되는 생각을 표현하는 것에 놀라지 않을 것이다. 부조화는 정상이다. 코치는 다양한 관점을 모두 수집하고 클라이언트가 그것들을 더 나은 이야기로 통합하도록 돕는다.

자기통제

지금까지의 논의 속에 묻혀 있던 철학적 질문을 탐구해 보자. 만약 우리가 자유로운 행위자이고 자기 통제력이 있다고 한다면, 과연 어떤 자아가 누구를 통제하는 것일까? 뇌의 어떤 영역은 이것을 원하고 다른 영역에서는 저것을 원한다. 결국 우리는 '우리 자신'과 갈등을 빚는 셈이다. 뇌의 보상회로가 이 방향으로 끌어당기면 전전두피질은 저 방향으로 끌어당긴다.

우리 모두 그것을 하고 나면 다음날 아침에 후회할 것이라는 것을 알고 있으면서 하고 싶고 하기 좋아하는 것들이 있다(음식, 섹스, 술, 쇼핑, 파티 등). 그리고 우리에게는 해야 하지만 하고 싶지 않아서 미루고 있는 일들도 있다(세금 신고, 숙제, 시댁 방문 등).

실제로 자기통제는 '두뇌 팀'이 논의를 거쳐 채택한 가장 좋은 방법, 즉 대체로 장기적 이익을 위해 빠른 보상을 포기하는 방법으로 해결하는 것을 의미한다. 우리가 두 개 이상의 방법 사이에서 갈등을 겪을 때 당장은 끌림이 덜하지만 장기적으로 더 나은 방법을 선택하는 데는 자기통제가 필요할 것이다. 전전두피질은 장기적인 이익이 있는 일과 옳은 일을 해야 한다고 주장하지만 항상 뜻대로 되는 것은 아니다.

1600년 전 아우구스티누스Saint Augustine가 "주님, 나에게 정절을 주소서. 그러나 아직은 주지 마십시오."라는 말로 압축해 잘 표현해 줬다. 보드카와 마요네즈를 섞은 음료를 마시는 호머 심슨Homer Simpson은 이를 더욱 생생하게 표현했다. "그건 미래의 호머 문제죠. 봐요, 내가 지금 그 남자처럼 하지 않아도 되니 얼마나 좋아요."[15]

자아피로

'자기통제'라는 투쟁은 '자아피로Ego fatigue'라는 결과를 가져온다. 의지력은 쓰면 쓸수록 피곤해지고 휴식이 필요해지는 것이, 근육과 비슷해 보인다. 자아피로는 의사결정피로와 비슷하다. 뇌에서 일어나는 일은 분명하지 않다.[16] 일부 연구자들은 뇌가 많은 포도당을 사용하기 때문에 유혹을 버티기가 힘들다고 말하지만 그것은 말이 안 된다. 오히려 그 반대로 뇌는 겨우 분당 0.5 칼로리 미만을 소비하고 운동도 자기통제력을 손상시키지 않는다. 초콜릿바 역시 자기통제를 돕는 것이 아니긴 마찬가지이다. 이는 포도당에 관한 문제가 아니다.

뇌의 여러 영역은 아마도 무엇을 해야 할지에 대해 논쟁하고 보상에 대한 비용을 계산하고 있을 것이다. 상황적 맥락도 중요하다. 예를 들어 좋은 바에서 친구들과 함께 마시는 술은 거절하기 어렵지만 혼자 마시는 술을 참기는 훨씬 쉽다. 또한 시간대, 감정 상태, 다른 사람들, 이 모두가 결정에 영향을 미치며 프라이밍도 한몫한다. 팽팽한 논쟁에서는 종종 상황이 결정적인 요인으로 작용한다. ("배 고플 땐 장 보러 가지 마세요!")

심리학자 로이 바우마이스터Roy Baumeister는 자기통제와 자아피로에 대한 고전적인 연구를 수행했다.[17] 한 실험에서 한 피험자 그룹은 갓 만든 초콜릿칩 쿠키가 가득 올려진 테이블 앞에 앉았다. 그런 다음 연구원들은 피험자들에게 앞에 놓인 맛있어 보이는 쿠키 대신 무를 먹도록 요청했다. 반면 다른 운 좋은 피험자 그룹은 맛있는 쿠키를 먹는 것이 허용되었다. 이제 각 피험자는 연구원들이 방을 비운 5분 동안, 먹도록 요청 받았던 것을 먹는 명예와 함께 방에 남겨졌다. 물론 연구원들은 방을 지켜보고 있었고 피실험자들이 먹은 것을 꼼꼼하게 기록했다. 그 후 그들은 모든 피실험자들에게 퍼즐을 풀라고 주었다. 피실험자들이 풀게 된 퍼즐은 애초에 푸는 것이 불가능했지만 그들은 그것을 알지 못했다.

쿠키 대신 무를 먹으며 자기통제를 해야 했던 피실험자들은 퍼즐을 더 빨리 포기했고 실험 후 더 피곤함을 느꼈다고 보고했다. 아무도 부정행위를 하거나 쿠키를 먹지는 않았다.[18]

바우마이스터는 유사한 다른 실험을 했다. 그는 일부 학생들에게 등록금 인상을 지지하는 연설을 해 달라고 요청했고, 다른 학생들에게는 등록금 인상에 반대하는 연설을 요청했다. 그런 뒤 그들 모두에게 해결 불가능한 퍼즐을 풀게 했다. 그러자 등록금 인상을 주장했던 학생들이 더 빨리 포기했다. 학생들이 등록금이 더 비싸지는 걸 지지하지 않는다는 가정하에 자신의 가치와 신념에 반하는 공개적 발언 또한 자아피로를 유발하는 것으로 보였다.

세 번째 실험에서는 학생들을 초대하여 슬픈 영화를 보게 했다. 한 그룹은 평소처럼 반응하라는 지시를 받았고, 다른 그룹은 감정을 억제하라는 지시를 받았다. 감정을 억제한 사람들은 그렇지 않은 사람들보다 퍼즐을 빨리 포기했다. 감정의 억제는 자아피로를 유발하며 감정을 이전 상태로 돌리지 못했다.

이 실험들은 흥미롭다. 모든 실험에서 피실험자들은 외부 지시에 순응했다. 하지만 만약 자기통제 여부를 각자 자유롭게 선택했더라도 결과가 같았을까?

코치를 위한 시사점

누구나 자기통제와 내적 갈등의 문제로 어려움을 겪는다. 클라이언트들은 건강 문제나 다이어트, 운동 같은 문제로 힘들어한다. 자신의 기질이나 동료에게 못되게 구는 면, 사소한 질투 같은 이슈들도 사람들을 힘들게 한다.

이러한 내적 갈등은 갈등 당사자가 둘 다 자기 자신이기 때문에 더 열심히 노력하는 것은 효과가 없다. 싸우는 상대는 당신 자신이고 승자는 오직 한 사람이다. 이때 코치가 적용할 수 있는 한 가지 방법은 문제의 프레임을 바꿔 다르게 보도록 돕는 것이다. 내적 갈등을 내 안에 있는 어쩔 수 없는 기본적인 종속물의 하나로 바라보는 것이 아니라, 모든 목소리를 다 들어야 하고 토론을 통해 행동을 결정하는 하나의 팀이 내 안에 있다고 생각하는 것이다.

코치는 또한 클라이언트가 상황적 맥락을 활용하는 것을 도울 수도 있다. 우리는 사무실의 편안함, 가구, 조명, 난방 같은 것에 신경을 쓴다. 그러한 것들이 우리의 상태에 영향을 미친다는 사실을 알기 때문이다. 그리고 그렇게 함으로써 클라이언트는 자신의 문제와 관련된 단서나 환경 및 사람들을 피할 수 있다. 그 외에도 '율리시스 계약'을 변형하여 어려운 상황을 피하는 데 사용할 수도 있다. 요는 클라이언트의 주의를 끄는 다양한 요인들을 관리하는 것이다.

자아피로는 의사결정피로와 같다. 클라이언트가 한꺼번에 너무 많은 문제로 힘들어하지 않도록 한 번에 하나씩 다루어라. 또한 클라이언트가 문제의 프레임을 바꿔서 볼 수 있도록 도와라. 그들은 유혹에 저항하는 것이 아니다. 도전을 통해 의지력을 시험하거나 새로운 대안을 시도하고 있는 것이다. 그리고 친절한 말과 축하와 같은 작은 보상은 자아피로를 늦추는 데 도움이 된다

마시멜로 효과

마시멜로 효과에 대한 언급 없이 자기통제를 논할 수는 없다. 1960년대 월터 미셸Walter Mischel이 최초로 연구한 이후 수많은 논문들[19]과 책이 그 뒤를 이었다.[20] 그는 스탠퍼드 대학교 보육원에서 4살짜리 아이들을 대상으로 실험을 진행했다. 아이들은 각각 방에 들어갔고 맛있어 보이는 마시멜로 간식 한 개가 놓여 있는 테이블 앞에 앉았다. 미셸은 아이들에게 자신이 15분 정도 방에서 나가 있을 것이라고 말하고 그동안 마시멜로를 원하면 먹어도 되지만 자신이 돌아올 때까지 기다리면 마시멜로를 하나 더 받을 수 있다고 말했다.

아이들의 약 3분의 1이 즉시 마시멜로를 먹었다. 또 다른 3분의

1은 기다리기는 했지만 미셸이 돌아오기 전에 먹어버렸다. 나머지 3분의 1은 미셸이 돌아올 때까지 기다렸고 약속대로 마시멜로 한 개를 보상으로 더 받았다. 미셸은 학교를 다니는 딸이 두 명 있는데 아이들의 성장을 지켜보면서 몇 가지 패턴을 발견했다. 4살짜리 아이가 간식을 얻기 위해 얼마나 긴 시간을 기다릴 수 있는지 그 시간을 보고 그 아이의 미래를 예측할 수 있을까?

그렇다. 예측 가능했다. 마시멜로 실험이 피험자였던 아이들의 미래 성공 여부에 대한 뛰어난 예측 기준이 될 수 있음을 다년에 걸쳐 증명하였다. 오래 기다린 아이일수록 SAT(표준화된 학업 성취도 테스트) 점수가 높았고 체질량 지수가 낮을 가능성이 높았다. 연구가 진척되고 다른 연구자들의 실험이 되풀이됨에 따라 가장 오래 기다린 아이들은 인생에서 성공할 가능성이 높은 것으로 드러났다. 여기서 성공은 건강, 부, 행복으로 정의한다.

미셸은 이 연구를 다음과 같이 요약했다. 4~5세 나이에 다른 아이들보다 더 오래 기다릴 수 있었던 아이들은 더 학구적이고, 사회적으로 유능하고, 언어적으로도 유창하고, 합리적이며, 주의깊고, 계획적이며, 좌절과 스트레스를 잘 다루는 청소년으로 성장했다고 부모들은 평가했다.[21] 미셸은 이 능력을 '자기조절self-regulation 능력'이라고 불렀다. 이것은 아이의 삶에 미치는 영향을 보여주는 주목할 만한 결과이다. 이 자기조절 능력은 어쩌면 일반적인 능력보다 훨씬 더 중요한 심리적 구조일지 모른다.[22] 따라서 팀이나 리더십, 코칭에서 자기조절 능력의 효과를 더욱 더 연구하고 탐색할 가치가 있다고 생각한다.

이 아이들은 어린 나이에도 불구하고 기다리는 것을 견딜 수 있었다. 좌측 전전두피질은 지연된 보상에 의해 가장 활성화되는 영역인 것으로 보인다.[23] 전전두피질에는 두 가지 매우 중요한 역할이 있다. 하나는 합당한 이유로 행동을 금지하는 것이고, 다른 하나는 전후 상황을 살펴 그 사람이 적절히 대처하도록 하는 것이다. 뇌는 발달하는데 많은 시간이 걸리고 전전두피질은 가장 늦게 발달하는 영역 중 하나이다. 이것이 청소년들이 충동적으로 행동하는 이유이기도 하다. 4살짜리 아이들 대부분이 마시멜로를 먹었다는 것은 놀라운 일이 아니다. 오히려 많은 아이들이 성공적으로 버텨냈다는 것이 더 놀라운 일이다.

아이들은 지금 이 순간에 있고 내일은 아직 멀리 있다. 아이들에게 15분간의 기다림은 끝없이 느껴졌을 것이다. 아이들은 기다리기 위해 여러 가지 전략을 사용했다. 어떤 아이들은 달콤함의 유혹을 피하기 위해 눈을 가렸고 어떤 아이들은 보지 않으려고 마시멜로를 숨기려고 했다. 어떤 아이들은 맛보다는 모양에 대해 생각하며 주의를 돌리려 했다. 우리는 재구성이 감정을 관리하는 데 효과적이라는 것을 알고 있지만 4살짜리 아이들은 이것을 할 수 있는 인지적 성숙함을 가지고 있지 않을 것이다. 다년간 지속된 연구를 통해 여러 요인들이 발견되는데, 그중 성별도 기다림에 영향을 미치는 한 요인으로 여자아이들이 남자아이들보다 평균적으로 더 오래 기다렸다.

실험에서는 몇 가지 전제가 있었다. 첫째, 아이들은 보상을 원한다고 가정한 것이다. 마시멜로 한 개도 유혹적이지만 두 개가 훨씬 더 좋다. 기다림에 대한 추가 보상은 그만한 가치가 있어야 한다. 예를 들어 신용카드 한도까지 다 쓰지 않고 나중에 있을 더 큰 파티를 위해 지금 돈을 절약하는 것과 같다. 또 좀 다르기는 해도 가족 휴가를 위해 돈을 저축하는 것 역시 가치가 있는 일이다.

둘째, 아이들은 연구원을 신뢰했다고 보았다. 기다리면 두 번째 마시멜로를 얻을 것이라고 믿었으며 이것은 매우 중요한 요인이었다. 2012년에 이루어진 한 연구에서는 실험을 약간 변형했다.[24] 실험자는 테스트 전에 두 그룹에게 약속을 하고, 한 그룹에게는 약속을 어기고 두 번째 그룹에게는 약속을 지켰다. 그 두 번째 그룹은 보상으로 주어지는 마시멜로를 최대 4배 더 오래 기다렸다. 여기서는 자기통제보다 더 많은 일이 일어나고 있었다. 즉 실험자가 두 번째 마시멜로에 대한 약속을 지킬 가능성을 아이들이 저울질하는 것이었다. 4살짜리 아이들에게도 신뢰가 중요하다. 미래의 보상이 없다면 지금 자신을 통제하는 것이 무슨 의미가 있겠는가? 신뢰할 수 있는 환경에서 자란 아이들이 만족감을 지연시킬 가능성이 더 높았을 수 있다. 즉, 자기통제에서 신뢰가 핵심적인 이슈일 지도 모른다.[25] 신뢰가 가득한 어린 시절의 환경은 아마도 이후의 삶의 건강, 부, 행복에도 영향을 미칠 것이다.

자유의지 혹은 자유롭지 않을 의지?

우리는 자유의지를 가진 자로서 어디까지 우리 행동을 통제할 수 있는 것일까?

뇌에서는 목소리가 제일 큰 자가 이길까요?

어쨌든 결정은 누가 하는가?

벤자민 리벳Benjamin Libet은 1980년대에 이러한 질문을 탐구하기 위해 일련의 실험을 진행했다. 한 실험에서[26] 피실험자들에게 뇌전도 검사계(EEG)를 부착하고 그들이 원할 때마다 손가락을 움직이도록 지시했다. 피실험자들은 손가락을 움직이려는 결정을 의식했을 때 그 정확한 시간을 알렸다. 뇌전도 검사계는 그 순간 피험자들 뇌에서 어떤 일이 일어나는지를 기록했다. 논란의 여지는 있었지만 결과는 명확했다. 손가락을 움직이기로 한 의식적인 결정을 보고하기 약 200밀리초(역주: 1밀리초 = 1000분의 1초) 전, 그리고 손가락을 움직이기 0.5초 전에 뇌에서 운동준비전위 신호가 먼저 나타났다. 뇌 활동의 순서는 5분의 1초 후에 의식적인 결정이 내려졌고, 그 후 5분의 3초 후에 실제 움직임이 나타났다. 우리는 의식적 결정을 내리면 뇌 활동이 나타나고 그런 다음 실제 움직임이 일어날 거라고 생각하지만 실제로는 그렇지 않은 것이다. 다른 연구에서는 피실험자가 어느 손으로 버튼을 누를지 자신의 선택을 보고하기 10초 전부터 피험자가 왼손을 사용할지 오른손을 사용할지를 정교한 스캐닝 기술(fMRI)을 통해 뇌 활동을 보고 예측할 수 있었다. 이 실험들은 뇌가 결정을 내리고 당신에게 알려주기 전까지는 의식적인 당신은 자신이 무엇을 할 것인지조차 알지 못한다고 말해 주고 있는 것 같다. 이 부분은 의도와 형사책임이라는 관점의 차이에 있어서 신경과학자, 철학자, 법률 전문가들 사이에서 여전히 많은 논의를 낳고 있다.

이것이 의미하는 것이 무엇일까? 사실 조화되어야 할 모든 부분부분들이 모듈화되어 있는 뇌의 속성을 고려하면 그리 놀랄 일은 아니다. 뇌는 '방문을 닫은 채' 우리에게 많은 것들을 숨긴다. 모든 것이 동시에 일어날 수 없는 것이고 어떤 행위에 대해 가장 늦게 알아차리는 것이 우리의 의식적인 마음이라는 것은 문제가 아니다. 의식적인 마음이 행위를 알아차렸을 때는 그 행위의 의도를 기각시킬 짧은 시간이 있고, 또한 팀으로서 뇌는 그 행위를 훌륭하게 완수해 낼 건의안을 제시할 수 있다. 최종 권한은, 가지고 있는 거부권을 행사하여 행위를 중단시킬 수 있는 의식적인 마음에 있다. 우리의 의식적인 마음이 가진 권한은 무엇을 하지 않을 것인지 결정하는 힘에서 나온다. 행위를 중단시키는 것은 그 행위를 저지르는 것만큼 강력한 것이다.

우리가 경험한 자유의지는 오히려 자유롭게 '하지 않을' 의지에 더 가깝다. 우리는 의식적으로 어떤 행위를 허용하거나 중단하기를 선택할 수 있다. 비록 그 행위를 위한 뇌의 준비를 의식이 영원히 모르게 되더라도 말이다. 십계명의 대부분은 '~하지 말라……'는 표현으로 기술되어 있으며, 불교의 다섯 가지 기본적인 도덕의 원칙은 '행위를 하라'가 아닌 '행위를 절제하라'는 원칙이다. '해하지 말라'는 가장 오래된 치유 전문직 즉 의학의 가장 근본이 되는 원칙이다.

주석

1) Regard, M., & Landis, T. (1997). 'Gourmand syndrome' Eating passion associated with right anterior lesions. Neurology, 48 (5), 1185-1190.

2) 2015년 개봉한 영화 '인사이드 아웃'은 11살 소녀의 머릿속에 있는 캐릭터들로 감정을 보여 준다는 멋진 아이디어로 만들어진 영화이다. 그러니까 영화에서는 감정들이 그녀의 뇌와 행동을 조종했다. 멋진 영화였지만 의인화된 감정들이 감정적으로 반응하면 그 감정 캐릭터들 머릿속에는 도대체 또 어떤 감정 캐릭터들이 있단 말인가?

3) 드물지만 한쪽 뇌만을 가지고 태어난 아기들이 있다는 기록이 있다. 그럼에도 불구하고 그들은 잘 자라고 장성하여 평범한 삶을 산다. 놀라운 뇌의 신경가소성은 뇌의 일부분이 다른 뇌기능을 대신하여 실행하고 처리하도록 한다.

4) 왼손잡이, 오른손잡이 상관없이 96%의 사람들이 좌뇌에서 언어 기능을 담당한다.

5) 뇌의 서로 다른 부분들은 다른 방법으로 의사소통을 한다. 예를 들어, 갈바닉 피부반응 검사는 피부의 전기 저항을 측정한다. 화려한 핀을 꽂거나 혐오스러운 상처(자극이 좋을 수도 나쁠 수도 있다) 등 자극적인 것을 보면 땀이 아주 조금씩 나는데, 갈바닉 피부반응 검사기는 그 변화를 감지해 보여 준다. 아이오와 도박 과제를 기억하는가? 피실험자들은 의식적으로는 나쁜 카드에 대해 전혀 모르지만 갈바닉 피부반응 검사는 스트레스 반응을 보여 주었다. 이것은 뇌의 비언어적 부분으로 소통이 가능함을 보여 준 것이다. 거짓말 탐지기는 이 원리로 만들어 졌다. (일반적으로 거짓말 탐지기라고 표현하는데 사실 거짓말 탐지기는 거짓 말을 탐지하지 않고 거짓말로 인해 발생할 수 있는 스트레스를 탐지한다.)

6) Risse, G. L., LeDoux, J., Springer, S. P., Wilson, D. H., & Gazzaniga, M. S. (1978). The anterior commissure in man: Functional variation in a multisensory system. Neuropsychologia, 16 (1), 23-31.

그리고 다음 논문을 보라: Gazzaniga, M. S. (2005). Forty-five years of split-brain research and still going strong. Nature Reviews Neuroscience, 6 (8), 653.

7) Nisbett, R. E., & Wilson, T. D. (1977). Telling more than we can know: Verbal reports on mental processes. Psychological Review, 84 (3), 231.

8) 그리고 이것은 영화 '이블 데드 2'에서 주인공의 오른손이 그를 죽이려고 할 때 플롯 장치로도 사용되었다.

9) Greenwald, A. G., & Banaji, M. R. (1995). Implicit social cognition: Attitudes, self-esteem, and stereotypes. Psychological Review, 102 (1), 4.

이 테스트는 다양한 다른 내재적 연관을 검사하는 데 사용되어 왔다. 다음 사이트에서 직접 테스트해 볼 수 있다: https://implicit.harvard.edu/implicit/ (2018년 5월 29일 접속)

10) '워비곤 호수 효과(Lake Wobegon Effect)'로 알려져 있다. 한 연구에서 50명의 운전자로 구성된 두 그룹에게 자신의 운전 기술을 평가하도록 요청했다. 예상대로 두 그룹 모두 매우 좋은 평가를 내렸고 두 그룹의 평균도 거의 비슷했다. 그런데 눈에 띄는 사실은 두 그룹 중 한 그룹의 사람들은 교통사고를 당해 병원에 입원한 사람들로 구성되어 있다는 것이다. 그리고 이 그룹의 대부분의 사람들은 사고를 경찰의 과실로 판단했다.

다음 논문을 참고하라. Preston, C. E., & Harris, S. (1965).

Psychology of drivers in traffic accidents. Journal of Applied
Psychology, 49 (4), 284.

11) Blaine, B., & Crocker, J. (1993). Self-esteem and self-
serving biases in reactions to positive and negative events:
An integrative review. In Self- esteem (pp. 55-85). Boston,
MA: Springer.

12) Riess, M., Rosenfeld, P., Melburg, V., & Tedeschi, J.
T. (1981). Self- serving attributions: Biased private
perceptions and distorted public descriptions. Journal of
Personality and Social Psychology, 41 (2), 224.

13) Mezulis, A. H., Abramson, L. Y., Hyde, J. S., & Hankin, B.
L. (2004). Is there a universal positivity bias in attributions?
A meta-analytic review of individual, developmental, and
cultural differences in the self-serving attributional bias.
Psychological Bulletin, 130 (5), 711.

14) Seligman, M. E. (2004). Authentic happiness: Using the
new positive psychology to realize your potential for lasting
fulfillment. New York: Simon and Schuster.

15) 심슨 가족(시즌 22 Ep 3).

16) 주제와 관련하여 다음 논문을 보라. Gibson, E. L. (2007).
Carbohydrates and mental function: Feeding or impeding
the brain? Nutrition Bulletin, 32 (s1), 71-83.

17) Baumeister, R. F., Bratslavsky, E., Muraven, M., & Tice,
D. M. (1998). Ego depletion: Is the active self a limited
resource? Journal of Personality and Social Psychology, 74
(5), 1252.

18) 그들은 피곤했고 기분이 좋지 않았다. 배가 고픈 상태에서 방에 남겨진 채, 맛있는 초콜릿 냄새를 맡으며 무를 먹으라는 지시를 받았고 풀리지 않는 문제를 풀라는 과제가 주어졌다. 그리고 그들은 실험하는 동안 내내 실험의 실체를 알지 못했다.

19) Mischel, W., Shoda, Y., & Rodriguez, M. L. (1989). Delay of gratification in children. Science, 244 (4907), 933-938.

20) Mischel, W. (2014). The marshmallow test: Understanding self-control and how to master it. New York: Random House.

21) Shoda, Y., Mischel, W., & Peake, P. K. (1990). Predicting adolescent cognitive and self-regulatory competencies from preschool delay of gratification: Identifying diagnostic conditions. Developmental Psychology, 26 (6), 978.

22) 심리적 차원의 '빅 5'는 외향성(사교성 수준), 상냥함(친근함 수준), 양심성(업무 동기 수준), 정서적 안정성(침착함 수준), 지성(호기심 수준)으로 구성되어 있다. 이 차원들의 조합으로 성격 유형이 구성된다. 아무래도 여기에 6번째 마시멜로 차원이 추가되어야 할 것 같다.

23) Figner, B., Knoch, D., Johnson, E. J., Krosch, A. R., Lisanby, S. H., Fehr, E., & Weber, E. U. (2010). Lateral prefrontal cortex and self- control in intertemporal choice. Nature Neuroscience, 13 (5), 538-539.

24) Kidd, C., Palmeri, H., & Aslin, R. N. (2013). Rational snacking: Young children's decision-making on the marshmallow task is moderated by beliefs about environmental reliability. Cognition, 126 (1), 109-114.

25) 미셸이 했던 원래의 실험에서는 모든 아이들과 신뢰를 쌓았지만, 그 후에 있었던 실험들이 항상 그렇게 한 것은 아니었다.

26) Libet, B., Gleason, C. A., Wright, E. W., & Pearl, D. K. (1983). Time of conscious intention to act in relation to onset of cerebral activity (readiness-potential) the unconscious initiation of a freely voluntary act. Brain, 106 (3), 623-642.

참고문헌

Baumeister, R. F., Bratslavsky, E., Muraven, M., & Tice, D. M. (1998). Ego depletion: Is the active self a limited resource? Journal of Personality and Social Psychology, 74(5), 1252.

Blaine, B., & Crocker, J. (1993). Self-esteem and self-serving biases in reactions to positive and negative events: An integrative review. In R. F. Baumeister (Ed.), Self-esteem (pp. 55-85). New York: Plenum Press.

Figner, B., Knoch, D., Johnson, E. J., Krosch, A. R., Lisanby, S. H., Fehr, E., & Weber, E. U. (2010). Lateral prefrontal cortex and self-control in intertemporal choice. Nature Neuroscience, 13(5), 538-539.

Gazzaniga, M. S. (2005). Forty-five years of split-brain research and still going strong. Nature Reviews Neuroscience, 6(8), 653.

Gibson, E. L. (2007). Carbohydrates and mental function: Feeding or impeding the brain? Nutrition Bulletin, 32(s1), 71-83.

Greenwald, A. G., & Banaji, M. R. (1995). Implicit social cognition: Attitudes, self-esteem, and stereotypes. Psychological Review, 102(1),

4. Retrieved from https://implicit.harvard.edu/implicit/

Kidd, C., Palmeri, H., & Aslin, R. N. (2013). Rational snacking: Young children's decision-making on the marshmallow task is moderated by beliefs about environmental reliability. Cognition, 126(1), 109-114.

Libet, B., Gleason, C. A., Wright, E. W., & Pearl, D. K. (1983). Time of conscious intention to act in relation to onset of cerebral activity (readiness-potential) the unconscious initiation of a freely voluntary act. Brain, 106(3), 623-642.

Mezulis, A. H., Abramson, L. Y., Hyde, J. S., & Hankin, B. L. (2004). Is there a universal positivity bias in attributions? A meta-analytic review of individual, developmental, and cultural differences in the self-serving attributional bias. Psychological Bulletin, 130(5), 711.

Mischel, W. (2014). The marshmallow test: Understanding self-control and how to master it. New York, NY: Random House.

Mischel, W., Shoda, Y., & Rodriguez, M. L. (1989). Delay of gratification in children. Science, 244(4907), 933-938.

Nisbett, R. E., & Wilson, T. D. (1977). Telling more than we can know: Verbal reports on mental processes. Psychological Review, 84(3), 231.

Preston, C. E., & Harris, S. (1965). Psychology of drivers in traffic accidents. Journal of Applied Psychology, 49(4), 284.

Regard, M., & Landis, T. (1997). 'Gourmand syndrome' Eating passion associated with right anterior lesions. Neurology, 48(5), 1185-1190.

Riess, M., Rosenfeld, P., Melburg, V., & Tedeschi, J. T. (1981). Self-serving attributions: Biased private perceptions and distorted public descriptions. Journal of Personality and Social Psychology, 41(2), 224. Risse, G. L., LeDoux, J., Springer, S. P., Wilson, D. H., & Gazzaniga, M. S. (1978). The anterior commissure in man: Functional variation in a multisensory system. Neuropsychologia, 16(1), 23-31.

Seligman, M. E. (2004). Authentic happiness: Using the new positive psychology to realize your potential for lasting fulfillment. New York: Simon and Schuster.

Shoda, Y., Mischel, W., & Peake, P. K. (1990). Predicting adolescent cognitive and self-regulatory competencies from preschool delay of gratification: Identifying diagnostic conditions. Developmental Psychology, 26(6), 97

제12장

이제 어떻게 할 것인가?

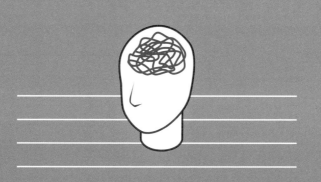

제12장

이제 어떻게 할 것인가?

 이 책을 집필하는 것은 우리에게 흥미진진한 여정이었다. 물론 당신도 흥미롭게 읽었기를 바란다. 이제 남은 것은 코칭을 통해 분명해진 행동 단계에서 가장 중요한 것을 선택하는 것이고, 이렇게 함으로써 당신은 '클라이언트가 자기 주도적 신경가소성을 사용하도록 돕는 퍼실리테이터'가 될 수 있다.

 다음은 우리 눈에 도드라져 보였던 주제들이다.

코칭에서 구현하려면

 뇌는 우리 몸의 일부이며 뇌 없이는 생존할 수 없다. (이 글을 쓰는 시점인 2018년에는 달라졌지만.) 코치들은 클라이언트에게 말을 건네고 클라이언트의 마음에 집중은 하지만, 대부분 클라이언트로부터 돌아오는 말에 의존해 코칭해 왔다. 그러나 이제는 브로카 영역(Broca's area, 언어표현에 관여하는 뇌의 부분)에 근접한 목 위쪽 부분에 코치의 주의를 한정할 것이 아니라, 관점을 확장하여 우리 코치들이 그 사람 전체를 코칭한다는 자세가 필요하다는 것을 앞서 뇌를 살펴본 우리는 알게 되었다. 팀으로서 뇌에는 언어 능력을 관장하지 않는 구성원들도 있고 언어 능력과 상관없이 그들도 영향력을 행사할 수가 있다는 것을 우리는 이해했다.

수면

◎

　수면은 높은 성취에 필수적인 요소다. 그러나 높은 성과와 성취에 대한 많은 책이 있지만, 이 부분에 있어 수면을 언급한 책은 없는 거 같다. 그래서인지 많은 경영자들이 기본에 해당하는 뇌의 필수요인들의 충족을 무시해도 자신을 더 높은 수준으로 끌어올릴 수 있다고 생각한다. 우리가 책을 집필하는 동안 수면은 여러 번 언급되었다. 수면은 의심의 여지없이 매일매일 우리 뇌와 몸을 재충전할 수 있게 해주는 효과적인 행위로서 독보적이다. 우리가 알고 있듯이 지속적으로 매일 6시간 이하의 수면을 하게 되면 우리 몸의 면역 체계에 영향을 미친다. 그리고 장기적으로는 다양한 질병과도 상관이 있다.

　수면은 근육의 기억을 강화시키고 신경가소성을 가능하게 한다. 수면은 전날의 기억을 업데이트하고 기억력을 최대 40%까지 높인다. 깊은 잠은 해마에서 단기기억을 가져와 대뇌피질에 저장하는 것으로 보인다. 렘수면은 자신만의 독특한 이야기를 마법 극장에서 보는 듯한 꿈을 통해 정리된 기억들을 취하고 그것들을 다시 통합한다. 이 과정은 단순히 기억만을 위한 것이 아니다. 기억만이 아니라 창의성에도 굉장히 중요한 관련 네트워크들을 뇌에 생성하는 과정이다. 더욱이 이 과정은 놓쳤다고 해서 따라잡을 수 있는 것이 아니다. 기억은 그날 밤 바로 정리하고 통합시키지 않으면 흐려지고, 다음 날

아무리 숙면을 취한다 해도 전날 기억은 강화되지 않는다.[1]

열흘간 6시간 미만의 수면을 취한 성인들을 대상으로 연구를 진행했는데, 이것이 24시간 동안 잠을 자지 않는 것과 같은 수준의 인지적 작업 수행 능력 저하를 부른다는 것을 보여주었다(우리는 전원이 그렇게 살아왔기 때문에 이런 주제로 연구를 한다는 것이 썩 기분이 좋지는 않았다).

우리는 일상의 경험을 통해 잠이 부족할 때 과민반응을 보일 가능성이 더 높다는 것을 알고 있다. 감정적인 이미지를 보인 피험자의 뇌 스캔은 감정 조절에 미친 명백한 결과와 함께, 수면이 부족할 때는 편도체 신호가 약 60% 증폭된다는 사실을 보여주었다.[2] 수면은 뇌에 매우 큰 영향을 주며 수면의 중요성을 코칭에 적용한다면 보다 효과적일 것이다. 우리는 클라이언트가 특히 높은 성과와 리더십 그리고 창의성과 관련해 어려움에 처했을 때 항상 자신의 수면패턴에 주의를 기울여 보도록 권하고 있다.

신체운동

높은 성과 달성에 중요한 측면의 하나이지만 눈에 잘 띄지 않는 곳에 숨어 있는 것이 바로 신체적 운동이다. 많은 사람들은 높은 성과를 쫓느라 바빠 운동하는 데 시간을 할애하지 않는데 사실 운동은 여러 면에서 몸을 이롭게 하고, 뇌 역시 이롭게 한다. 몸은 뇌를 지원한다. 따라서 몸이 건강할수록 뇌를 더 잘 지원할 수 있다.[3] 직원들의 성과가 향상되고 실적이 올라가길 원한다면 운영 계획에 체육 활동을 포함시킬 것을 다시 한번 경영자들에게 요청한다.

마음챙김

───── ◎ ─────

마음챙김은 앞서 언급한 수면, 운동과 함께 실천방법의 삼두마차를 완성하게 해준다. 마음챙김과 명상의 실천은 이 책에 불쑥불쑥 여러 번 등장했다. 마음챙김 수행의 이점에 대한 연구는 아주 잘 되어 있다. 마음챙김은 주의를 다루는 연습이다. 삶의 매 순간 우리는 우리의 주의를 어디에 둘지를 선택한다. 그리고 이러한 우리의 선택이 우리의 배움, 감정 상태, 그리고 일어날 결과를 결정한다

주의에는 두 가지 유형이 있다. 첫 번째는 넓게 열려있는 주의 wide-open attention이다. 이것은 당신이 주의를 의식하고 자각하고 그리하여 세상이 당신에게 오도록 하는 것이다. 당신은 순간에 머물며 어떤 자극에도 끌려들어가지 않고 모든 자극을 가치 판단 없이 알아차린다. 지금 당장 할 수 있다. 그저 편안히 앉아서 마음에 떠오르는 것이 무엇이 되었든 알아차리는 것이다. '좋다', '나쁘다' 같은 라벨을 붙이지 말라. 그것에 끌려 들어가지도 말라. 자신이 자신의 경험의 목격자가 되는, 이것이 마음챙김이다. 당신은 더 차분해지고 더 객관적이 되며 당신과 당신 주변에서 일어나는 일로 인한 스트레스의 영향에서 비켜난다. 여전히 마음에는 생각과 감정이 연속적으로 흘러 지나가지만 이제 당신은 그 생각과 감정에 자신도 모르게 빠져들게 되지는 않는다. 마음챙김의 실천은 열린 주의를 길러준다. 또한 마음챙김의 실천은 내측 전전두피질과 편도체 사이의 연결을 강화함으로써, 우리에게 일어나는 일로 인해 방해받고 감정적으로 반응하는 것을 줄여준다.[4] 즉 몸에서 느껴지는 신호를 증폭시킴으로써 사람들이 더 자각하고 깨어 있을 수 있도록 돕는다. 역설적이게도 그와 동시에 그것은 불편한 자의식도 줄여 준다.

주의는 '주의 과실attentional blink'이라는 현상의 영향을 받는다. 우리가 무언가를 찾고 있는 중이고 정보는 빠르게 변하는 상황에서(예를 들어 중요한 정보나 바디랭귀지, 얼굴 표정을 캐치하려고 클라이언트에게 주의를 기울이는 상황) 정보가 또 다른 중요한 정보와 시간적으로 매우 근접하게 발생하면 우리는 그 정보를 놓치게 된다. 우리가 어떤 정보를 인식할 때 바로 다음에 나타나는 것을 '깜빡'하고 놓치는 짧은 구간이 있기 때문이다(5분의 2초에서 0.5초 정도 지속됨). 명상 훈련은 이렇게 주의가 '깜빡'하는 현상을 약 33% 감소시키는 것으로 나타났다. 마음챙김은 그만큼 우리를 더 관찰력 있는 코치가 되도록 도와줄 수 있다.

주의의 두 번째 유형은 집중된 주의focused attention이다. 즉 집중할 대상을 선택하는 것이다. 그것은 우리의 목표와 가치에 의해 통제되기 때문에 우리는 그것을 '하향식 주의'라 부른다. 우리의 집중된 주의는 이것에서 다른 것으로 이동하기 때문에 한 가지에 계속 집중하는 것은 쉽지 않다. 공부하고 기억하고 이해하기 위해서 집중은 꼭 필요하다. 수백만 달러 규모의 제약 산업은 사람들이 집중을 더 잘할 수 있도록 돕는 데 집중하고 있다. 마음챙김 수행은 집중을 돕는다. 이것은 집중을 나타내는 신호인 위상결속phase locking[5](뇌파가 외부 자극에 동기화되는 정도를 나타냄)을 증가시킨다. 주의가 분산될수록 위상결속은 줄어들고 위상결속이 증가할수록 선택적 주의력(더 높은 집중력)이 커진다.

마음챙김 수행은 한 클라이언트의 코칭이 끝나고 다음 클라이언트의 코칭을 하기 전에 코치가 이완하고 재충전하는 것을 도울 수 있다. 거울뉴런 활동이 사그라지도록 잠시 멈춤으로써 직전 클라이언트의 감정과 문제를 다음 코칭 세션으로 가져가지 않게 한다.

마음챙김 수행은 '디폴트 모드 네트워크'에 영향을 미친다.[6] 디폴트 모드 네트워크는 우리가 집중된 주의 상태가 아닐 때 즉 '아무것도' 하지 않고 있을 때 또는 느긋하게 휴식을 취하거나 비현실적인 세계를 상상할 때 활동하는 뇌의 영역으로 구성되어 있다. 이것은 내측 전전두피질, 두정엽 피질 및 후방대상피질을 포함한다. 디폴트 모드 네트워크는 메모리 시스템인 해마에도 연결된다. 뇌의 운동 영역이 관여하지 않기 때문에 행동은 일어나지 않는다. 우리가 '아무것도' 생각하지 않으면 그때 우리는 우리 자신에 대해 생각한다. 과거의 성공과 실패, 미래의 야망, 진짜로도 상상으로도 느꼈던 모욕감, 백일몽과 악몽, 이 모든 것들은 우리 자신에 관한 것이다. 디폴트 모드 네트워크가 지배적일 때 우리가 이야기의 주인공이 된다. 반대로 목표 지향적인 행동은 당신을 디폴트 모드 네트워크에서 벗어나게 하고 그러면 당신은 다른 사람들에 대해서도 생각한다. 디폴트 모드 네트워크는 분명히 인터프리터와 모종의 연결이 있을 터이지만 두 기능이 모두 뇌 전반에 분산되어 작용하므로 입증하기가 어렵다.

기능성 자기공명영상(fMRI)을 사용한 연구[7]에서 숙련된 명상가는 그들의 디폴트 모드 네트워크가 훨씬 활동성이 낮다는 것을 발견했다. 공감은 타인과의 연결이고 디폴트 모드 네트워크는 전부 자신에 대한 것이다. 연구에 따르면 마음챙김 명상은 디폴트 모드 네트워크를 고요하게 함으로써 동정적 공감을 구축할 가능성이 매우 높은 것으로 보인다.

숙련된 명상가들을 대상으로 한 다른 연구에서는 디폴트 모드 네트워크의 활동성이 전전두피질의 주의 및 실행 제어와 관련된 네트워크와 더 동기화되어 있음을 밝혔다. 마음에서 방황하는 시간이 적어지고 주의를 차분히 유지하는 능력이 더 좋아진 것처럼 보였다.

마지막으로 마음챙김 명상은 감정적인 자기조절에 도움이 되며 전전두피질과 편도체 사이의 피드백 고리를 강화함으로써 감정적 동요로부터 더 빨리 진정되도록 이끈다는 것을 우리는 안다.

충분한 양질의 수면, 규칙적인 신체운동 및 마음챙김 수행은 당신의 몸과 뇌를 위한 최선의 실천방법이다. 클라이언트의 목표와는 별개로 코칭이 이러한 영역에 더 많은 관심을 기울여야 한다고 우리는 믿고 있다.

억제

뇌라는 팀에는 많은 구성원이 있지만 전체 총괄을 담당하는 CEO 같은 역할은 없다. 팀은 어느 한 구성원에게 복종하지 않는다. 늘 토론을 하고 서로 다른 구성원들(예를 들어 편도체, 디폴트 모드 네트워크, 보상 시스템)은 모두 각자 다른 기능과 자기만의 안건이 있다. 그들이 모두 함께 사안에 대한 논의를 거치고 나면 '당신'이 실행할 답안이 드러난다. 전전두피질에는 거부권이 있기 때문에 그나마 CEO 역할에 가장 가깝다. 거부권을 행사하는 것이 쉽지 않겠지만 자유롭게 '하지 않을' 권리도 매우 중요하다. 가끔 전전두피질은 술에 취했거나, 상황에 압도당했거나, 반쯤 잠이 들었거나, 다른 일에 정신이 팔려 거부권을 행사하지 않을지도 모른다. 지나고나서 당신은 그 때 거부권을 쓰지 못한 걸 아쉬워할 지도 모르겠다.

전전두피질은 억제의 달인이다. 억제가 없다면 보상 센터는 폭동을 일으키고 편도체는 정기적으로 납치될 것이며 인터프리터는 더욱 환상적이고 이기적인 이야기를 만들 것이다. 전전두피질과 보상 센터 사이의 많은 연결은 억제된다. 집중적 사고는 자연스럽게 되는 것이 아니라 다양한 충동, 산만함, 상관없는 생각들이 멈췄을 때 된다. 충동, 산만함 및 관련 없는 생각을 억제하는 능력은 집중적 사고에 매우 중요하다.

또한 전전두피질은 습관적인 반응을 중단시킴으로써 창의성을 허용한다. 즉 새로운 생각이 생겨날 여지를 마련해 준다. 시스템1에서 곧장 튀어나오는 명백하지만 잘못된 답변을 중단시키고, 보다 신중하게 고려된 답변을 하는 시스템2에게 자리를 양보하려면 전전두피질이 필요하다. 전전두피질이 손상되면 사람들이 주변 환경에 즉각적 반응을 할 뿐, 목표 지향적이지도 창의적이지도 않게 된다. 전전두피질은 작업기억에 대한 방해요소들을 억제하므로 원하는 작업을 계속할 수 있게 해준다. 뇌는 무한한 가능성의 놀이터인데 이 놀이터는 중요한 것, 주목해야 할 것을 선택하고 그런 다음 산만한 주의를 돌려 선택한 것에 집중을 유지함으로써 질서를 확립하는 전전두피질 없이는 아마도 엉망진창이 될 것이다.

전전두피질은 계속해서 행동할지 여부를 결정한다. 자유롭게 '하지 않을' 의지의 결정권자이다. 전전두피질이 잘 작동한다면 티격태격하는 두뇌 팀 내에서 영향력 있는 목소리를 낼 것이다. 전전두피질은 다른 구성원이 가지지 못한 능력, 즉 균형 잡힌 관점 특히 다른 시계time horizons(視界, 역주: 경제용어로는 투자 후 회수되기까지의 기간을 뜻하는데, 여기서는 전전두피질이 어떤 행동이 미치는 영향과 결과를 각기 다른 타임라인으로 보고 비교하여 선택하는 능력을 가졌다는 것을 설명하면서 사용한 용어다.)를 선택할 수 있는 능력이 있다.

시간 여행

두뇌 팀 내 구성원 대부분은 즉각적인 위험, 위협 및 보상과 같은 짧은 시계(視界)를 가지고 있다. 그러나 전전두피질은 우리가 성장함에 따라 같이 성장하여 점점 더 확장된 관점을 가질 수가 있다. '나중에 우유를 두 배로 줄게' 라는 말로 당장 지금 배고픈 아기를 우리는 설득할 수 없다. 그러나 우리가 성장함에 따라 전전두피질이 성숙해지고, 그렇게 차츰 우리는 만족감을 지연시킬 수도 있고 다른 팀 구성원에게 거부권을 행사할 능력도 얻게 된다. 전전두피질이 언제 완전히 성숙해질지 장담할 수 있는 사람은 없다. 그래도 통상 남성의 경우에 약 25세, 여성의 경우는 남성보다 몇 년 더 빠르다고 한다. 그렇다고는 하나 물론 반대의 경우도 있다. 지혜는 여정이지 목적지가 아니지 않은가.

전전두피질은 다양한 미래를 상상할 수 있다. 서로 다른 미래의 시나리오들을 시험삼아 테스트할 수 있다. 이 힘은 인간에게만 있는 것 같다. 결과가 어떻게 될지 알기 위해 행동으로 옮기지 않아도 된다는 이야기다. 전전두피질은 과거, 현재를 포괄하여 가능한 미래를 구성하는데 이것은 우리 삶에 엄청난 힘을 준다. 어쩌면 이 부분이 인간 두뇌의 고유성을 정의하는 주요 특성일지 모른다. 이 책을 씀으로 인해 우리는 코칭 실습에 몇 가지 질문을 추가할 수 있었고 또한 클라이언트가 언제 행동할 것을 고려하는지 질문할 수 있게 되었다.

예를 들어 클라이언트가 일자리 제안을 거절할 생각을 하고 있는 상황이라면,

"일주일이 지났다고 상상해 보세요. 당신은 일자리에 대한 제안을 거절했습니다. 지금 기분이 어떤가요?"라고 물어보는 것이다.

두 번째 질문은 "일주일이 지났다고 상상해 보세요. 당신은 일자리 제안을 거절했습니다. 그 결정에 대해 어떻게 생각하고, 그 결과는 어떠했습니까?"라고 물어본다.

클라이언트가 미래 시간과 연결되어 있는지 확인하라. 클라이언트는 미래의 자신을 상상한 후 현재 시제로 말해야 한다. 예를 들면 '나는 이것을 느낀다. 나는 이것을 생각한다.'처럼 말이다. 클라이언트가 내린 결정이나 행동에 따라 시간의 프레임은 언제든 변경할 수 있다. 어떤 행동은 하루가 될 수 있고, 어떤 행동은 일주일이 될 수도 있고, 한 달, 심지어 일년이 될 수도 있다.

만약 클라이언트가 마음이 편하지 않거나 상상의 미래에 불안을 느낀다면 다른 질문을 해 보자.

"(이 미래에) 당신 마음이 편해지려면 무엇이 사실이어야 할까요?"

이 질문은 클라이언트가 미래의 '지금'에서 한 결정에 대해 좋은 기분을 느끼기 위해서는 현재의 '지금' 무엇을 해야 하는지 묻는 것이다.

긴 시간에 걸쳐 계획을 세운다는 것은 지속적인 자아에 대한 생각이 있어야 한다. 우리는 어제와 거의 같은 사람이라고 느끼고 내일도 크게 변하지 않을 것이다. 지속적인 자아를 갖는다는 것은 무엇을 의미하는가? 이전의 우리 자신을 수용하고 동정과 연민을 가진다는 뜻이다. 타인에게만 동정적 공감을 하는 것이 아니다. 자신에게도 느끼는 것이다. 과거를 돌아보면 지금은 실수했다고 생각할 행동들을 발견하게 된다. 하지만 그런 행동들도 그때의 나한테는 그럴만한 충분한 이유가 있었던 것이다. 모든 사람들은 자신이 할 수 있는 최선을 다한다. 물론 과거의 우리 자신도 포함해서 말이다. 우리의 자아은 늘 똑같은 변하지 않는 하나의 자아가 아니라, 끊임없이 변화하는 팀과 같다. 우리에게는 날카로운 경계선이 아니라 시간이 흐름에 따라 뭉뚝하고 더 흐릿해지는 경계선을 지닌 나만의 의미 있고 독특한 연속성에 대한 감각, 한 사람으로서 나에 대한 감각, 자아에 대한 감각이 있다. 거울에 비친 그 사람을 우리는 알아보지 않는가. 과거의 나를 품어 안아라. 그래야 미래의 나가 지금의 나를 품어 안을 수 있다.

신경가소성

우리는 이 책을 신경가소성으로 시작했다. 왜냐하면 신경가소성은 다른 모든 것을 뒷받침하기 때문이다. 신경가소성이 없다면 우리는 배우지도 적응하지도 성숙하지도 못할 것이다. 신경가소성은 새로운 생각과 습관을 만들고 오래된 것을 폐기한다. 이는 우리에게 도움이 될 생각과 행동 습관을 만든다는 뜻이고 그래서 우리는 그것들을 줄곧 지켜보고 검토할 필요가 없다. 우리는 자신의 뇌를 바꿀 수 있다. 우리는 생각과 행동을 통해 뇌를 새롭게 만들고, 변화된 뇌는 더 넓은 시야를 가지고 볼 수 있다. 그리고 모든 훌륭한 재능들과 마찬가지로 신경가소성에도 중대한 부정적인 측면이 있다. 우리가 반복하는 것이 무엇이든 더 강해진다는 것이다. 뇌는 무엇이 좋고 나쁜지 판단하지 않는다. 생각의 습관을 제한하는 것은 생각에 힘을 실어주는 것만큼 쉽다. 반복과 주의 집중은 뇌에 새로운 연결망을 구축한다. 주의 집중 없는 반복도 똑같이 연결망을 구축할 수 있지만 훨씬 느릴 것이다. 또한 이미 형성되어 있는 습관을 만든 연결망을 바꾸는 것은 새롭게 구축하는 것보다 훨씬 더 어렵다. 습관은 매우 존중되어야 한다. 습관은 우리가 삶에 만족할 때는 가장 큰 동맹이지만 우리가 변화를 원할 때는 가장 큰 적이다.

상황맥락

<hr>

　우리는 어디에서 행동하는지 언제 행동하는지 그리고 누구와 같이 있는지 어떤 일이 벌어지고 있는지와 같은 상황, 즉 맥락의 힘을 이 책에서 여러 차례 다루었다. 전전두피질은 상황맥락 속에서 받아들이고 그에 맞게 적절히 당신 행동을 조절한다. 상황맥락의 영향을 받고 싶지 않을 때가 있다. 프라이밍되는 것도, 앵커링되는 것도, 우리의 인식을 벗어나 설득당하는 것도 원하지 않을 때가 있다. 시스템 1은 상황맥락을 잘 처리하지 못한다. 프라이밍되었을 때처럼 상황맥락을 너무 심각하게 받아들이거나 기본적 귀인오류에서처럼 상황맥락을 무시한다. 시스템2는 상황맥락을 적절하게 검토하고 받아들인다. 시스템2는 비맥락적 사고, 즉 추상적 사고를 이용한다. 생각을 되짚어볼 수 있고 상황맥락에서 행동의 원리를 분리해서 검토할 수도 있다. 상황맥락의 힘을 깨우면 깨울수록 우리는 우리 자신과 클라이언트를 더 많이 도울 수 있다

　상황맥락이 우리를 도울 수 있다. 환경의 힘을 이용해야 한다. 예를 들어 나는 사무실 책상에 앉아 이 장을 타이핑하고 있다. 오후 햇살이 창문을 통해 비치고 새들이 지저귀고 있다. 조용하고 나를 방해하는 것은 없다. 고양이는 내 책상 위에서 자고 있고 아마 1분 뒤면 나른하게 서류 위를 거닐 것이다. 그리고는 내 주의를 끌려고 컴퓨터에 앉을 것이고 내게 컴퓨터를 보지 말고 자기를 보고 집중하라고 억지 부릴 것이다. 물론 이건 나중 문제다. 컴퓨터의 키보드는 잘 작동한다. 이 모든 것들이 글쓰기에 도움이 된다. 불편한 의자와 비좁은 책상, 자꾸 고장 나는 컴퓨터가 있다면 지구상에서 가장 위대한 작가가 될 수도 있겠지만 집중하기는 힘들 것이다. 제대로 된 상황맥락이

라면 나는 지구상에서 가장 위대한 작가가 될 필요가 없다. 하나님 감사합니다! 그런데도 우리는 자주 사람들에게 그들에게 맞는 적절한 상황이 되게끔 하기보다는 사람들이 그 상황에 맞출 것을 요구한다. 클라이언트들은 환경을 고정불변의 것으로 볼지 모른다. 클라이언트가 바꿔야 한다. 클라이언트가 가능한 한 쉽게 그렇게 하도록 도우라. 여기에는 도움이 되고 친절하고 자신을 지지해 줄 사람들과 정기적으로 어울리는 것도 포함된다.

사무실 환경은 휴대폰 벨소리, 커피 냄새, 사무실 내 배치 상태 같은 트리거와 신호들도 가득 차 있으며 그것들은 주의를 끌려고 우리 마음의 옷자락을 잡고 끌어당긴다. 버텨 내기 어려운 일이다. 환경을 더 잘 통제하면 할수록 우리는 우리의 주의를 더 잘 통제할 수 있다. 율리시스 계약은 극단적인 예시다. 미래에 닥칠 위험을 알고서 미래 환경을 통제하도록 한다. 미래 자아를 돕고 미래 자아에게 좋은 친구가 되어라. 호머 심슨처럼 굴지 말고 당신 미래 자아가 그 혼란스러운 상황을 처리하게 두자. 미래의 당신은 물론 여전히 당신이다.

예측의 힘

우리는 미래를 예측하고, 그 예측을 기반으로 행동하고, 우리가 받은 피드백을 통해 멘탈모델을 조정하면서 배운다. 우리는 예측하지 않고 살 수 없다. 하지만 우리는 그것들이 우리 자신이 한 예측임을 알고 인정할 뿐더러, 세상이 그에 맞춰 움직일 거라 기대하지도 않는다. 예측이 틀렸다는 것이 밝혀졌을 때 그때가 바로 배움의 기회이다. 하지만 많은 사람들은 실망에 빠질 기회로 받아들인다. 실망이란 예측이 충족되지 않았을 때 느끼는 슬픔과 분노의 혼합물이다.

실망의 반대말은 뭘까?

감사하는 마음이다.

감사는 현재 가지고 있는 것에 대해 기쁨이 충만한 마음이다. 그것은 이미 완벽하다. 감사는 일어난 일에 가치를 부여한다. 물론 이것이 완벽하고 더 좋을 수 없는 최상의 상태라는 의미는 아니다. 또한 더 많은 것을 추구하는 노력을 포기하라는 말도 아니다. 감사는 행복이나 슬픔과 나란히 놓을 수 있는 감정은 아니다. 오히려 의지의 행위에 가깝다. 감사에 대한 연구가 몇 가지 있었다. 이는 더 많은 행복감[8], 더 나은 사회적 관계[9], 돈에 대한 조급함과 지연할인을 관리하는 능력과 관련이 있다.[10]

감사의 마음은 보상 센터, 전대상피질, 도덕적 이해 그리고 자기참조self-reference와 관련된 전전두피질 및 안와전두피질의 일부(복내측 전전두피질과 뇌섬엽)를 포함한 뇌의 많은 영역을 활성화시킨다.[11] 가장 중요한 도덕적 감정 중 하나인 듯하다. 감사와 행복은 둘 다 건강과 웰빙의 이점을 가진 느낌이다. 우리는 모든 클라이언트에게 감사 일기를 작성하도록 권장하며, 특히 자신과 타인에게 매우 엄격한 클라이언트에게 유용하다. 높은 기대를 가지고 있어 더 자주 실망할 가능성이 높기 때문이다.

미래

코칭 현장 그리고 코칭에 대한 연구에 있어 신경과학은 어떤 변화를 가져올까? 코칭에는 모든 주된 흐름이나 추세가 동일한 기본 철학과 기법을 공유하면서도 많은 다양한 코칭 모델들이 존재한다. 즉 코칭에는 하나의 기법만 있는 것이 아니기 때문에 이에 대한 예측은 쉽지 않다.[12]

일단 우리는 신경과학이 지속적으로 코칭에 대한 이해를 더해 줄 것이라 생각한다. 이 책에서 탐구한 주제들은 향후 몇 년 이내에 코칭에 통합될 것이다. 사고, 기억, 감정, 학습 - 이 네 가지는 전부 코칭의 기본 토대이다.

또 하나 예측 가능한 미래 시나리오는 미미한 변화만 있는 것이다. 이 경우 신경과학은 기존의 코칭 기법들을 보강하는 데 활용될 것이고 이것은 아마 단기간에 걸쳐 일어날 것이다. 장기적인 관점에서 살펴볼 수 있는 관련 트렌드 몇 가지도 있다.

첫째, 몸에 대한 관심이 더 커질 것이다. 건강, 행복, 관계 개선, 리더십 기술, 목표가 무엇이 되었든 그것은 마음과 몸에 달려 있다. 뇌에서 어떻게 마음이 생기고 뇌에서 구체적으로 어떤 일이 일어나는지에 대한 이해가 높아질 것이다. 그에 따라 몸을 돌보는 일이 더 중요하게 여겨질 것이다. 리더가 부족한 수면에 부족한 운동, 충분하지 않은 휴식을 하고 있고 뇌가 어떻게 작동하는지에 대한 지식이 거의 없는 상태에, 제대로 갖춰지지도 않은 환경에 있는 사람이라면 어떻게 그런 사람에게 훌륭한 리더십을 기대하겠는가.

이미 세계적인 기업에서는 헬스시설, 마음챙김 세션 및 건강한 식생활에 중점을 두고 있다. 모두 뇌와 몸의 건강을 통해 정신적 지원을 하는 트렌드의 하나이다. 아마도 수면은 하이 퍼포먼스를 위한 다음 트렌드가 될 것이다. 몸의 건강을 등한시한 채 정신이 맑게 깨어날 수는 없다.

수면, 운동 및 마음챙김은 모두 집중력과 동기 부여에 도움이 된다. 또 어떤 가능성이 있는가? 보다 적절한 명칭이 필요한 스마트 약물(smart drugs, 역주: 지능과 집중력 향상을 위한 보조제)이나 누트로픽스 (nootropic, 역주: 뇌기능 보조제)의 복용이 증가하는 추세다. 2018년 6월 기사[13]에 따르면 성인 12명 중 1명은 '스마트 약물'을 복용하고 있다 고 인정했다.[14] 실제 수치는 더 높을 것으로 보인다. 보고서에 따르 면 대부분의 사람들은 강도 높은 업무로 인한 압박감을 처리하기 위 해 일을 할 때 복용한다고 한다. 많은 사람들이 양질의 수면, 운동 및 휴식을 갖지 못할 때 이를 커버하기 위해 스마트 약물에 의존할 가능 성이 높다. 이것은 도덕적, 윤리적, 법적인 문제이며 스포츠에서 경기 력 향상 약물 복용에 대한 문제보다 더 복잡하다. 이런 스마트 약물 에 관한 문제는 앞으로 5년 이내에 진지하게 고려되어야 한다.

어떤 의미에서 우리는 모두 약물을 복용하고 있다. 도파민, 세로 토닌, 옥시토신 및 아세틸콜린은 모두 직간접적으로 보조 가능한 화 합물이다. 우리는 이런 기능들을 필요로 한다. 이러한 천연 화학물질 은 자연스러운 상태로 중독성의 위험이 있거나 건강을 위협하지는 않는다. 그것들은 집중, 기분, 기억의 경험을 낳는 뇌의 물리적 과정 을 실행하는 데 필요하며 실행에 필요한 정도도 사람에 따라 모두 다 다르다. 예를 들어 동기 부여의 느낌은 다른 많은 것들과 함께 도파 민을 필요로 한다. 도파민은 직접 보충되지 않으므로 도파민을 충분 히 얻기 위해서는 도파민 전구체를 충분히 섭취해야 한다. 도파민은 혈액뇌장벽을 통과하지 못하기 때문이다. 도파민 생성의 주재료이며 필수 아미노산인 페닐알라닌Phenylalanine은 계란, 육류, 우유(그리고 다 이어트 탄산음료에도)와 같은 많은 식품에 들어 있는 화합물로 뇌에서 아미노산인 티로신으로 전환된 후 다른 단계를 거쳐 도파민으로 전 환된다. 도파민은 그 자체로 중요한 신경전달물질인 노르아드레날린 noradrenaline과 아드레날린으로 합성된다. 도파민의 구성성분은 식단 에 의존해야 한다. 그리고 도파민이 얼마나 효과적으로 사용되느냐는 유전학도 한몫한다.

누트로픽스와 같은 인지강화제는 두뇌의 신경전달물질 분비를 증가시키고 뇌 기능 향상을 돕는 보충제이다. 그 효과는 주의력과 기억력, 집중력 향상이라 할 수 있다. 누트로픽스는 우리가 흔히 먹는 비타민, 미네랄 보충제처럼 인지 강화를 위해 먹는 비타민, 미네랄 보충제와 같다고 보면 된다. 많은 사람들이 인지강화제를 쓴다. 어떤 것들은 체내에 선천적으로 존재한다. 예를 들어 알파 글리세릴 인산화 콜린(GPC: glyceryl phosphoryl choline), 은행 빌로바(Ginkgo biloba), 오메가3 및 오메가6 같은 것이 있다. 스마트 약물과 누트로픽스가 뇌에 어떤 작용을 하는지에 대한 근거는 명확하지 않지만 많은 사람들이 집중력과 기억력 향상을 가져왔다고 말한다. 코치가 잘하고 있는 사람들을 더 잘하도록 돕는 사람이라고 하면 누트로픽스는 우리 몸에서 그런 코치의 역할을 한다. 잘하고 있는 것을 더 잘하도록 돕는 것이다. 실제로 그런 약물이 도움이 되는가? 만약 그렇다면 사용할 가치가 있다고 생각하는가? 미래의 코치는 이 주제에 대해 더 적극적으로 탐구해야 할 것이다.[15]

우리는 뇌 스캔이 가까운 미래에 코칭에 사용될 것이라고 생각하지는 않는다. 뇌 스캔이 코칭의 목적이라는 측면에서 뇌에 대해 알려줄 수 있는 것은 매우 제한적이라고 본다. 무엇이 효과가 있고 무엇이 그렇지 않은지는 우리에게 알려줄 수는 있지만 지금 이것이 코칭에 어떻게 적용될 수 있을지는 파악하기 어렵다.

우리는 뉴욕에서의 뇌 스캔에 대한 이야기로 이 책을 시작했다.

뇌 스캔이란 무엇인가?

뇌 스캔은 우리 자신에 대한 새로운 이해를 가져다주었으며 매우 흥미롭고 가치 있는 경험이었다. 그것은 우리의 코칭의 깊이와 폭을 넓혀 주었고 덕분에 개인적으로나 전문적으로 도움이 되는 방향으로 나아갈 수 있었다. 뇌 기반의 코칭은 기존의 지식을 뒤엎으려는 것이 아니다. 이 책의 모든 내용은 코치들이 이미 하고 있는 것들을 더 강화하고, 개발하고, 확장하기 위한 것이다. 기존의 코칭 방법에 뇌에 대한 지식을 추가적으로 적용할 때 코칭에 대한 신뢰도는 높아진다. 뇌과학에 기반을 둔 코칭이 전혀 다른 방향을 가리키게 될 때, 우리는 배우고 평가하고 변화할 수 있는 새로운 기회를 얻게 될 것이다.

클라이언트는 뇌가 어떻게 작동하는지 뇌에 대한 지식이 어떠한 힘을 갖는지에 대해 알지 못한다. 우리는 자기 자신에 대해 더 많이 알수록 더 멀리 나아갈 수 있다. 뇌의 복잡하고 놀라운 작용을 보면 겸허함을 느낀다. 우리 모두는 우리가 가늠할 수 있는 것보다 더, 어쩌면 우리가 통찰할 수 있는 최대한을 한 것 이상의 더 깊은 심원을 가지고 있다. 우리는 우리 스스로에 대한 답변 불가능한 질문을 만들어 낼 수 있다. 마음은 뉴런과 신경전달물질에 의해 유지되는 과정이지 물리적인 장소가 아니다. 뇌는 단백질과 포도당으로 먹고 살지만 경험 역시 필요하다. 경험은 뇌가 먹는 음식이다. 뇌는 경험을 학습으로 전환한 다음 더 많은 바라건대 더 좋은 경험으로 전환한다. 그래서 모든 외부 입력의 최종 밑그림을 가지고 우리가 현실이라 부르는 것을 생산한다. 어찌된 일인지 우리의 의식은 뇌라는 그 소란스러운 팀 위를 부유하며 주의와 행동을 가지고 최선을 다해 표현을 하고 있다. 우리는 우리의 주의를 어디에 둘지, 행동을 할지 말지를 선택을 할 수 있다. 그것은 우리 자신과 세상을 바꾸게 될 것이다.

우리는 이 책을 미국의 심리학자 윌리엄 제임스의 인용구로 시작을 했다. 따라서 이 책의 마무리를 1890년에 그가 쓴 다른 문구로 하는 것이 적절하다고 생각했다.

교육에서 가장 중요한 것은 우리의 신경계를 적이 아닌 동맹으로 만드는 것이다. 그렇게 하여 우리는 가능한 한 일찍 우리가 할 수 있는 많은 유용한 행동들이 자동적이고 습관적이 되도록 만들어야 한다. 그리하여 우리가 전염병으로부터 우리 자신을 보호해야 하는 것처럼 우리에게 해가 될 가능성이 높은 방향으로 성장하지 않도록 대비해야 한다.

코치는 클라이언트가 과거를 받아들이고 미래에 대한 기대감을 가지고 자신의 진화하는 팀인 뇌를 이해할 수 있도록 도울 때, 그때 효과적인 코칭이 이루어진다.

이 책은 당신을 변화시켰다. 당신이 기억하기 때문이다. 당신의 뇌는 당신이 이 책을 읽기 시작했을 때와 완전히 같지 않게 되었다. 우리는 당신의 뇌가 이 책을 읽는 것을 즐겼기를 바라며 그것이 큰 행복과 배움으로 전환되길 기대한다.

주석

1) Stickgold, R. (2005). Sleep-dependent memory consolidation. Nature, 437 (7063), 1272.

2) Yoo, S. S., Gujar, N., Hu, P., Jolesz, F. A., & Walker, M. P. (2007). The human emotional brain without sleep—A prefrontal amygdala disconnect Current Biology, 17 (20), R877-R878.

3) 운동이 건강에 좋다는 말은 상투적인 표현이지만 많은 상투적인 표현들처럼 역시 '운동을 하는 것'보다 '그 말을 하는 것'에 사람들은 더 뿌듯해 한다. 다음 사이트는 인지적 이점을 잘 요약해 놓았다. https://www.psychologytoday.com/intl/blog/the-athletes-way/201404/physical-activity-improves-cognitive-function (2018년 6월 1일 접속).

순수한 인지 훈련의 인지적 이점에 대한 많은 주장이 있다. 이를 제공하는 많은 앱, 웹 사이트 및 프로그램들이 있다. 하지만 이러한 것들이 분명한 이점을 제공하는지 또 그 이점들이 얼마나 클지에 대해서는 아직 확고한 결론이 나지 않았다. 반면 신체운동이 주는 인지적 이점에 대해서는 이미 매우 분명하게 밝혀졌다.

4) Desbordes, G., Negi, L. T., Pace, T. W. W., Wallace, B. A., Raison, C. L., Schwartz, E. L. (2012). Effects of mindful-attention and compassion meditation training on amygdala response to emotional stimuli in an ordinary, non-meditative state. Frontiers in Human Neuroscience, 6, 292. doi:10.3389/fnhum.2012.00292.

5) Paulson, S., Davidson, R., Jha, A., & Kabat--Zinn, J. (2013). Becoming conscious: The science of mindfulness. Annals of the New York Academy of Sciences, 1303 (1), 87-104.

6) Brewer, J. A., Worhunsky, P. D., Gray, J. R., Tang, Y. Y., Weber, J., & Kober, H. (2011). Meditation experience is associated with differences in default mode network activity and connectivity. Proceedings of the National Academy of Sciences, 108 (50), 20254-20259.

7) Brewer, J. A., Worhunsky, P. D., Gray, J. R., Tang, Y. Y., Weber, J., & Kober, H. (2011). Meditation experience is associated with differences in default mode network activity and connectivity. Proceedings of the National Academy of Sciences, 108 (50), 20254-20259.

8) Froh, J. J., Sefick, W. J., & Emmons, R. A. (2008). Counting blessings in early adolescents: An experimental study of gratitude and subjective well-being. Journal of School Psychology, 46 (2), 213-233.

9) Algoe, S. B., Haidt, J., & Gable, S. L. (2008). Beyond reciprocity: Gratitude and relationships in everyday life. Emotion, 8 (3), 425.

10) DeSteno, D., Li, Y., Dickens, L., & Lerner, J. S. (2014). Gratitude: A tool for reducing economic impatience. Psycho logical Science, 25 (6), 1262-1267.

11) Fox, G. R., Jonas, K., Hanna, D., & Antonio, D. (2015). Neural correlates of gratitude. Frontiers in Psychology, 6, 1491

https://www.frontiersin.org/article/10.3389/fpsyg .2015.01491

12) O'Connor, J., & Lages, A., (2007). How coaching works. London, England: AC Black.

13) https://www.telegraph.co.uk/news/2018/06/15/smart-drug-epidemic-one-12-adults-admit-taking-trying-work/ (2018년 6월 19일 접속).

14) 가장 인기 있는 것은 암페타민adderall과 모다피닐modafinil로, 둘 다 집중력을 높이는 인지 강화제이지만 암페타민은 도파민 시스템을 방해하고 중독의 상당한 위험을 수반한다. 불법은 아니다.

15) 스마트 약물의 미래에 대한 윤리적 논의는 바바라 사하키안 Barbara Sahakian과 제이미 라부제타Jamie Labuzetta의 책 〈Bad Moves〉(Oxford University Press 2013)를 참고하라.

참고문헌

Algoe, S. B., Haidt, J., & Gable, S. L. (2008). Beyond reciprocity: Gratitude and relationships in everyday life. Emotion, 8(3), 425.

Brewer, J. A., Worhunsky, P. D., Gray, J. R., Tang, Y. Y., Weber, J., & Kober, H. (2011). Meditation experience is associated with differences in default mode network activity and connectivity. Proceedings of the National Academy of Sciences, 108(50), 20254-20259.

Desbordes, G., Negi, L. T., Pace, T. W. W., Wallace, B. A., Raison, C. L., & Schwartz, E. L. (2012). Effects of mindful-attention and compassion meditation training on amygdala response to emotional stimuli in an ordinary, non-meditative state. Frontiers in Human Neuroscience, 6, 292. doi:10.3389/fnhum.2012.00292.

DeSteno, D., Li, Y., Dickens, L., & Lerner, J. S. (2014). Gratitude: A tool for reducing economic impatience. Psychological Science, 25(6), 1262-1267.

Fox, G. R., Jonas, K., Hanna, D., & Antonio, D. (2015). Neural correlates of gratitude. Frontiers in Psychology, 6, 1491.

Froh, J. J., Sefick, W. J., & Emmons, R. A. (2008). Counting blessings in early adolescents: An experimental study of gratitude and subjective well-being. Journal of School Psychology, 46(2), 213-233.

O'Connor, J., & Lages, A. (2007). How coaching works. London, England: AC Black.

Paulson, S., Davidson, R., Jha, A., & Kabat-Zinn, J. (2013). Becoming conscious: The science of mindfulness. Annals of the New York Academy of Sciences, 1303(1), 87-104.

Sahakian, B., & Labuzetta, J. (2013). Bad Moves. Oxford, England: Oxford University Press.

Stickgold, R. (2005). Sleep-dependent memory consolidation. Nature, 437(7063), 1272.

Yoo, S. S., Gujar, N., Hu, P., Jolesz, F. A., & Walker, M. P. (2007). The human emotional brain without sleep - A prefrontal amygdala disconnect. Current Biology, 17(20), R877-R878.

https://www.psychologytoday.com/intl/blog/the-athletes- way/201404/physical-activity-improves-cognitive-function

https://www.frontiersin.org/article/10.3389/fpsyg.2015.01491

https://www.telegraph.co.uk/news/2018/06/15/smart-drug-epidemic-one-12-adults-admit-taking-trying-work/

참고문헌

◆ 추천도서(2018)

우리가 찾은 유용하고 흥미로운 책들의 목록이다. 분명 목록에서 놓친 책들이 있으리라 생각한다. 신경과학은 빠르게 성장하는 분야라, 목록을 가급적 가장 최근에 출판된 책 위주로 만들었다. 물론 언급된 책 이외에도 더 많은 책들이 있을 것이다.

◆ 신경과학 관련 도서

Austin J. H. (1998). Zen and the brain: Toward an understanding of meditation and consciousness. MIT Press.

Baron-Cohen, S. (2011). The science of evil. Basic Books.

Damasio, Antonio, (2000). The feeling of what happens. Vintage books.

Davidson, R. J., & Begley, S. (2012). The emotional life of your brain: How its unique patterns affect the way you think, feel, and live--and how you can change them. Penguin.

Doidge, N. (2007). The brain that changes itself: Stories of personal triumph from the frontiers of brain science. Penguin.

Eagleman, D. (2011). Incognito: The secret lives of the brain. New York: Pantheon.

Eagleman, D. (2015). The brain: The story of you. Vintage.

Fallon, J. (2013). The psychopath inside: A neuroscientist's personal journey into the dark side of the brain. Penguin.

Frith, C. (2013). Making up the mind: How the brain creates our mental world. John Wiley & Sons.

Gazzaniga, M. S. (Ed.). (2014). Handbook of cognitive neuroscience. Springer.

Iacoboni, M., (2008). Mirroring people. Farrar, Straus & Giroux.

Johnson, S. (2004). Mind wide open: Your brain and the neuroscience of everyday life. Simon and Schuster.

Kurzban, R. (2012). Why everyone (else) is a hypocrite: Evolution and the modular mind. Princeton University Press.

LeDoux, J. (1998). The emotional brain: The mysterious underpinnings of emotional life. Simon and Schuster.

Levitin, D. J. (2006). This is your brain on music: The science of a human obsession. Penguin.

Lewis, M. (2015). The biology of desire: Why addiction is not a disease. Hachette UK.

Macknik, S., Martinez-Conde, S., & Blakeslee, S. (2010). Sleights of mind: What the neuroscience of magic reveals about our everyday deceptions. Henry Holt and Company.

Mischel, W. (2014). The Marshmallow test: Understanding self-control and how to master it. Random House.

Quartz, S. R., & Sejnowski, T. J. (2003). Liars, lovers, and heroes: What the new brain science reveals about how we become who we are. Harper Collins.

Ramachandran, V. S., Blakeslee, S., & Shah, N. (1998). Phantoms in the brain: Probing the mysteries of the human mind (pp. 224-225). New York: William Morrow.

Sahakian, B., & LaBuzetta, J. N. (2013). Bad Moves: How decision making goes wrong, and the ethics of smart drugs. OUP Oxford.

Schwartz, J. M., & Begley, S. (2009). The mind and the brain. Springer Science & Business Media.

Walker, M. (2017). Why we sleep. Allen Lane.

◆ 코칭 관련 도서

O'Connor, J., & Lages, A. (2009). How coaching works: The essential guide to the history and practice of effective coaching. A&C Black.

Stober, D. R., & Grant, A. M. (Eds.). (2010). Evidence based coaching handbook: Putting best practices to work for your clients. John Wiley & Sons.

◆ 신경과학 및 코칭 분야의 심화 읽기 자료

Azmatullah, S. (2013). The coach's mind manual: Enhancing coaching practice with neuroscience, psychology and mindfulness. Routledge.

Bossons, P., Riddell, P., & Sartain, D. (2015). The neuroscience of leadership coaching: Why the tools and techniques of Leadership Coaching Work. Bloomsbury Publishing.

Brann, A. (2017). Neuroscience for coaches: How to use the latest insights for the benefit of your clients. Kogan Page PublishersDehaene, S. (2014). Consciousness and the brain: Deciphering how the brain codes our thoughts. Penguin.

Damasio, A. R. (2000). The feeling of what happens: Body and emotion in the making of consciousness. Vintage Books.

Glaser, J., (2014). Conversational Intelligence. Bibliomotion.

Greenfield, S. (2017). A day in the life of the brain. Penguin.

Higbee, K. L. (2001). Your memory: How it works and how to improve it. Da Capo Press.

Kandel, E. R. (2007). In search of memory: The emergence of a new science of mind. WW Norton & Company.

Lehrer, J. (2008). Proust was a neuroscientist. Houghton Mifflin Harcourt.

Pillay, S. S. (2011). Your brain and business. Pearson Education India.

Rock, D., & Page, L. J. (2009). Coaching with the brain in mind: Foundations for practice. John Wiley & Sons.

Sacks, O. (2009). The man who mistook his wife for a hat. Picador.

Swart, T., Chisholm, K., & Brown, P. (2015). Neuroscience for leadership: Harnessing the brain gain advantage. Springer.

◆ 인터넷 사이트

신경과학 관련 많은 웹사이트들이 있다. 다음 주소가 도움이 될 것이다.

www.neuroscientificallychallenged.com

닫힌 방안의 팀원들의 정체

CEO; 피터 바흐 - 전전두피질 prefrontal cortex

통역사; 베라 스코어 - 베르니케 영역 wernicke's area

　　　존 브로커 - 브로카 영역 broca's area

최고 재무 임원; 빅터 스트릭랜드 - 복측피개영역 ventral tegmental area

위험 평가 담당; 델라 - 편도체amygdala

보안 감시 책임자; 앤드류 솔로 - 전대상피질 anterior cingulate cortex

설립자 겸 해결사; 얀 샘팀 - 시상 thalamus

최고 임원; 메리 아일랜드 - 뇌섬엽 insula

글로벌 인사 담당자; 리처드 보더 - 모서리이랑 supramarginal gyrus

데이터 처리 책임자; 메리 스티드 - 해마 hippocampus

용어집

Acetylcholine(아세틸콜린) 움직임에 필수적인 신경전달물질로 주의력과 기억력에 관여한다.

Agonist(작용제) 뉴런의 수용체에 결합하여 수용체를 활성화시키는 물질로 일반적인 신경전달물질 대신하여 수용체에 결합한다.

Amnesia(기억상실증) 기억력 장애나 상실은 주로 뇌 손상의 결과이다.

- Anterograde amnesia(순행성 기억상실): 새로운 기억을 형성하지 못한다.
- Retrograde amnesia(역행성 기억상실): 과거 사건에 대한 기억 상실.

Amygdala(편도체) 감정처리와 기억, 특히 두려움과 관련된 중앙 측두엽에 있는 뇌의 특수한 부분. 중앙 측두엽에 위치하고 감정 처리와 기억, 특히 두려움에 특화된 부위.

Antagonist(길항제) 수용체에 결합하여 수용체의 활성화를 차단하는 물질. 길항제가 결합하면 일반적인 신경전달물질은 수용체에 결합이 불가능하다.

Anterior cingulate cortex (ACC, 전대상피질) 전두엽 아래에 있는 결상피질의 앞쪽 부분. 오류감지, 주의조절 및 통증 감각과 관련이 있다.

Aphasia(실어증) 뇌 손상으로 인한 언어적 어려움.

Attention(주의) 우리가 자극을 의식하게 되는 과정. 여러 종류의 주의력이 있고, 많은 뇌 영역이 관련되어 있다. 주로 순수한 주의와 선택적 주의 유형이 있다. 우리의 주의는 하향식(목표 지향적)과 상향식(고통과 같은 자극에 반응)이 있다.

Attentional blink(주의 과실) 첫번째 자극 후에 너무 빨리 오는 두 번째 자극에 대한 주의력의 공백.

Autonomic nervous system(자율신경계) 소화, 온도, 심박수 등 많은 과정을 조절하는 말초신경계의 일부로 교감(흥분)과 부교감(진정) 시스템으로 구성되어 있다.

Axon(축삭돌기) 활동전위를 통해 정보를 다른 세포로 보내는 뉴런 세포체의 확장된 부분.

Basal ganglia(기저핵) 미상핵(caudate nucleus), 피각(putamen), 담창구(globus pallidus), 흑질(혹은 흑핵substantia nigra)을 포함한 뇌 깊은 곳에 있는 구조들의 그룹. 움직임을 제어하는 데 결정적인 역할을 한다.

Blindsight(맹시) 실제로 눈이 보이지 않는 사람이 의식적으로 볼 수 없음에도 불구하고 여전히 물체를 지적할 수 있는 상태를 말한다. 이는 시각 정보가 뇌에서 이동하는 경로가 두 가지이기 때문이다. 사람은 물체를 볼 수 없어도 여전히 물체의 위치와 방향을 알고 있을 수 있다.

Bottom-up processing(상향식처리) 주의를 집중시키는 자극(예: 통증)에 대한 반응으로 처리되는 것.

Brainstem(뇌줄기) 뇌의 한 부분. 척수로부터 정보를 주고받으며 호흡과 심박수와 같은 기능들을 조절한다.

Broca's area(브로카 영역) 뇌 좌반구 하측 전두엽에 있는 영역. 일반적으로 언어생성을 제어한다.

CAT scan(시티 촬영) 컴퓨터 축 단층 촬영. X-ray을 사용하여 뇌의 3차원 이미지를 제공하는 방법.

Caudate 선조체를 형성하는 기저핵의 일부.

Central nervous system (CNS (중추신경계)) 뇌와 척수.

Cerebellum(소뇌) 뇌의 넓은 영역으로 움직임, 협응, 균형을 조절하고 기억과 인지 관련 기능을 담당한다.

Cerebral cortex(대뇌겉질 / 대뇌피질) 대뇌반구의 바깥층으로 추상적 사고와 계획을 담당한다.

Cerebral hemispheres(대뇌반구) 뇌의 가장 큰 두 부분으로 거울을 마주보듯 생김새는 같으나 서로 다른 기능을 수행한다. 왼쪽은 말하기 및 언어 측면을 담당하고 오른쪽은 공간 능력 및 음악을 담당한다.

Cingulate cortex(대상피질) 뇌량(뇌들보, corpus callosum)을 둘러싸는 대뇌피질의 내부 영역.

Cognidion(인지) 우리가 사건과 생각을 알아차리고 그 지식을 문제해결에 활용하는 과정을 말한다.

Cognitive neuroscience(인지 신경과학) 마음의 생물학 – 인식과 사고에 대한 설명을 제공한다.

Conditioning(조건형성) 자극이 반응과 짝을 이루는 학습 메커니즘.

Consolidation(통합) 기억을 단기기억에서 장기기억으로 이동시키는 기억의 과정.

Corpus callosum(뇌량) 좌우 반구를 연결하고 둘 사이에 신호가 전달되도록 하는 구조.

Cortisol(코르티솔) 시상하부-뇌하수체-부신(HPA)축을 통해 부신에서 분비되는 스트레스 호르몬.

Deep brain stimulation(심부뇌자극, DBS) 뇌에 설치된 전극을 통해 뇌를 직접 자극한다.

Default network(디폴트 네트워크) 깨어 있으나 특별히 어떤 것에도 주의를 기울이지 않을 때 활성화되는 것으로 생각되는, 내측 전전두피질, 대상피질, 두정엽의 일부를 포함하는 구조 그룹, 공상하고 있을 때 가장 활동적이다.

Dendrites(수상돌기) 다른 뉴런으로부터 정보를 받는 뉴런의 확장.

Dopamine(도파민) 움직임, 동기부여, 주의력 및 욕구와 관련된 중요한 신경전달물질.

Electroencephalography(뇌파검사, EEG) 두피에 전극을 올려 뇌의 전기 활동을 측정한다.

Emotion(감정) 사건에 대한 느낌이나 반응 혹은 사건에 대한 우리의 해석을 말한다. 감정은 진화론적으로 심오하고 중요한 반응이다. 또한 감정은 우리의 생리에 변화를 주기도 하고, 중요한 사건들에 우리를 적응시킨다. 기본적인 감정은 행복, 분노, 슬픔, 두려움, 혐오감이다.

Empathy(공감) 다른 사람이 생각하거나 느끼는 것을 알아보고 적절한 반응을 하는 능력.
  – 인지적 공감은 다른 사람이 생각하는 것을 알아보는 능력
  – 정서적 공감은 다른 사람이 느끼는 감정을 알아차리는 능력
  – 동정적 공감은 다른 사람이 생각하고 느끼는 것에 적절한 반응을 하는 능력

Epinephrine(에피네프린) 투쟁, 도피, 공포 반응에 관여하는 신경전달물질. 심장 박동수와 혈액 속의 포도당의 양을 증가시킴. 아드레날린이라고도 부른다.

Episodic memory(일화기억) 과거에 실제로 겪었던 개인적인 경험에 대한 기억.

Event-related potential (사건 관련 전위, ERP) 어떠한 감각적, 인지적 자극 또는 운동 자극에 대한 특정한 전기적 뇌 반응이며 뇌파로 직접 측정 가능하다.

Feeling(느낌) 감각에 대한 신체적 인식.

Frontal lobe(전두엽) 두뇌의 앞쪽에 위치한 대뇌 반구 부분으로 주요 운동피질을 포함하고 있으며 실행 계획, 학습과 인지에 있어 중추적 역할을 한다.

Functional magnetic resonance imaging(기능성 자기공명영상 fMRI) 뇌의 혈류 변화를 감지하여 작업 수행 시 뇌의 어떤 부위가 활성화되는지를 측정하는 방법.

Fusiform gyrus(방추상회) 얼굴 인식에 특화된 측두엽의 주름.

Gamma-aminobutyric acid(감마-아미노부티르산GABA) 중요한 신경전달물질 억제제.

Ganglion(신경절) 신경세포군.

Glial cell(신경교세포) 뇌 내 세포를 지지하는 기능. 신경세포가 아닌 뇌 내 모든 세포를 말한다. 다양한 기능을 가진 다양한 종류가 있다. 뇌에는 신경세포(약 900억개)만큼 많은 신경교세포가 있다.

Goals(목표) 우리가 가지고 있지 않은 성취를 하거나 창조하고 싶은 것들.

Gyrus(뇌회) 접혀진 주름으로 인해 생긴 대뇌피질의 융기 부분.

Habit(습관) 의식적으로 통제되지 않는 생각이나 행동. 습관은 반복을 통해 강하게 연결된 뉴런 시스템에 의해 뇌에서 표현된다. 신경가소성이 습관 형성을 가능하게 하고, 현재 상태로 유지하고, 또한 변화하게끔 한다.

Hebb's law(헵의 법칙) '동시에 점화되는 뉴런들은 동시에 연결된다.'

Hippocampus(해마) 각 측두엽에 위치한 작은 기관으로, 기억을 코딩하고 통합하는 데 중요하다.

HPA axis(시상하부-뇌하수체-부신 축) 스트레스 반응에서 중요한, 시상하부-뇌하수체-부신 사이의 상호작용 시스템.

Hypothalamus(시상하부) 뇌의 한 기관으로, 보통 뇌하수체를 제어하고 자율신경계 일부를 조절하는 변연계에 포함된다.

Insula(뇌섬엽) 우리의 인지 감각을 조절하는 것으로 보이는 뇌 깊숙한 곳의 중요한 영역. 편도체와 전대상피질을 포함한 다른 영역들과 깊은 연관성을 가지고 있다.

Learning(학습) 피드백을 통해 예상과 예측을 갱신하며 세상 속에서 더 많은 지식과 기술을 습득하는 것.

Limbic system(대뇌변연계) 편도체를 주요 부분으로 하고 뇌의 감정 네트워크를 형성하는 구조의 이름.

Long-term memory(장기기억) 적절한 자극이 주어지면 되찾을 수 있는, 뇌의 여러 영역에 걸쳐 분포되어 저장되는 기억.

Long-term potentiation(장기 상승 작용) 반복에 의한 시냅스의 강화를 뜻한다. 헵의 법칙과 신경가소성 및 습관 형성의 바탕이 된다.

Magnetic Resonance Imaging(MRI, 자기공명영상) 자기공명 기술을 이용하여 고해상도 뇌 사진을 제공하는 방법.

Medulla(연수) 척수가 뇌간과 연결되는 부분.

Memory(기억) 과거 정보를 코드화하고, 통합하고 불러오는 기능을 뜻한다. 해마와 측두엽 관련 영역이 담당한다.

Mental models(멘탈모델) 세상에 대한 신념, 가정 또는 기대들로서 우리가 마치 그것이 참인 것처럼 따라서 행동하는 것들.

Mesocortical pathway(중피질계 경로) 뇌의 두 가지 도파민 경로 중 하나로, 복측피개영역에서 대뇌피질로 연결됨. 실행 계획과 함께 욕구를 조절한다.

Mesolimbic pathway(중변연계 경로) 복측피개영역에서 측좌핵과 편도체로 이어지는 도파민 경로. 쾌락과 보상의 느낌에 영향을 미친다.

Midbrain(중뇌) 뇌간의 윗부분.

Mirror neuron network(거울뉴런 네트워크) 자신이 어떤 행동을 할 때뿐만 아니라 다른 사람이 그 행동을 하는 것을 관찰할 때에도 발화하는 뉴런.

거울 뉴런은 행동을 시뮬레이션함으로써 타인의 의도를 이해할 수 있도록 하며 공감의 기초가 된다.

Motor cortex(운동피질) 움직임을 제어하는 피질 영역.

Motor neuron(운동 뉴런) 뇌에서 근육으로 정보를 전달하는 뉴런.

Mu waves(뮤파) 행동하고 관찰하는 동안 억제되는 뇌파로 디폴트 모드 네트워크의 일부로 여겨진다.

Myelin(미엘린) 축삭돌기를 둘러싼 지방 피막. 축삭돌기를 보호하고 신호를 빠르게 전달시킨다.

Neocortex(신피질) 대뇌피질의 표층부이며, 가장 최근에 진화된 부분. 고등 지능의 기능과 관련이 있다.

Neuron(뉴런) 핵, 축삭돌기, 수상돌기로 구성된 신경세포. 뇌는 약 900억 개의 뉴런으로 구성되어 있음.

Neuroplasticity(신경가소성) 뇌가 스스로 변화하는 능력

Neurotransmitter(신경전달물질) 뉴런의 시냅스에서 방출되어 신호가 다음 뉴런으로 계속 전달되도록 하는 화학 물질.

Nucleus accumbens(측좌핵 혹은 중격의지핵, NA) 욕구, 보상 획득 및 그에 따른 쾌락의 경험에 관여하는 기저핵의 일부.

Occipital lobe(후두엽) 각 대뇌 반구의 네 개의 엽 중 하나로, 시각에 관여한다. 뇌의 뒤쪽에 위치한다.

Opioids(오피오이드) 뇌에서 방출되는 화학 물질로 쾌감을 느끼게 함. 도파민 및 보상 시스템과 관련이 있다.

Orbitofrontal cortex(OFC, 안와전두피질) 안와 바로 위의 전전두피질의 일부. 의사결정, 감정 처리 및 학습에 관여한다.

Oxytocin(옥시토신) 시상하부에서 생성되는 호르몬. 이것 역시 신경전달물질이며 모성애, 출산, 수유에 관여한다. 사회적 유대감과 신뢰의 경험에 있어서도 중요할 수 있다.

Parietal lobe(두정엽) 전두엽 뒤에 있는 각 대뇌 반구의 네 부분 중 하나. 1차 체성감각피질을 포함하고 있다. 주의력의 방향과 공간의 방위에 관여한다.

Peripheral nervous system(말초신경계) 뇌와 척수 밖에 존재하는 신경계의 일부.

Pituitary(뇌하수체) 시상하부 아래쪽에 위치한 내분비선으로, 많은 호르몬을 분비한다.

Pons(뇌교) 척수 근처의 뇌 기저부의 일부로, 호흡과 심장박동 조절에 관여한다.

Positron emission tomography(PET, 양전자 단층촬영) 방사성 입자를 주입한 후, 이를 이용해 혈류 속 입자를 추적하며 뇌활동을 실시간으로 영상화 하는 방법.

Prediction error(예측오류) 예측값과 실제 경험값의 차이. 학습에 필수적이며 뇌에서 생성된 도파민 수준으로 측정한다.

Prefrontal cortex(PFC, 전두두피질) 전두엽의 앞쪽 부분. 계획과 실행을 담당한다.

Premotor cortex(전운동피질) 일차운동영역 앞쪽에 위치한 운동 영역. 움직임을 계획하는 것에 관여한다.

Primary motor cortex(일차운동피질) 전두엽 뒤쪽에 위치한, 자발적인 움직임을 제어하는 뇌의 영역.

Priming(프라이밍) 맥락이 우리의 사고에 미치는 영향. 환경 속의 사물과 아이디어들은 우리가 알지 못하는 사이에 연결이 없는 주제들을 생각하는 방식에 영향을 미친다.

Procedural memory(절차 기억 행위) 기술 및 조작에 관한 기억.

Putamen(조가비핵, 피각) 기저핵을 형성하는 선조체의 일부.

Qualia(감각질) 주관적인 감각.

Refractory period(불응기) 우리가 어떤 감정을 느낀 직후에, 그 감정에 비추어 사건을 해석하는 시간.

Reversal Learning(역전학습) 이전에 학습한 행동이 더 이상 보상이 되지 않을 때 이를 억제하는 능력.

Reward system(보상 시스템) 학습을 돕는 측좌핵과 복측피개영역을 포함한 여러 뇌 구조. 보상 시스템은 성취에 대한 욕구와 즐거움의 경험에 관여한다.

Semantic memory(의미 기억) 사건이나 개념의 의미에 대한 기억. 뇌의 일반 상식 사전.

Serotonin(세로토닌) 기분, 사회적 행동, 수면 및 성욕 조절과 관련된 신경 전달 물질.

Short-term memory(단기기억) 장기기억으로 통합되기 전의 사건에 대한 기억으로, 수 초에서 수 시간 범위로, 감각기억과 작업기억으로 나누어짐.

Somatic marker hypothesis(신체표지 가설) 안토니오 다마시오Antonio Damasio가 제시한 가설. 의사결정은 우리 몸에 저장된 생각과 경험과 관련된 감정 및 느낌의 균형을 통해 이루어진다는 것. 안와전두피질은 감정을 통합하여 결정하는 데 관여하는 주요 뇌 영역.

Somatosensory cortex(체성감각피질) 두정엽에 있으며 촉각을 처리하는 뇌 영역.

Stimulus(자극) 우리의 감각으로 감지할 수 있는 것. 반응을 끌어낸다.

Striatum(선조체) 미상핵과 측좌핵과 조가비핵을 포함하는 구조. 기저핵과 보상 회로의 일부.

Structures(구조) 코칭을 할 때 클라이언트가 행동 방침이나 새로운 관점을 취하도록 일깨워주는 것들.

Subcortical(피질하) 대뇌피질 하부.

Substantia nigra(흑질, 흑핵) 도파민을 생성하고 기저핵에 도파민을 공급하는 뇌의 영역. 보상회로의 일부.

Sulcus(고랑) 대뇌피질이 접히는 부분에 있는 홈.

Supramarginal gyrus(모서리위이랑, 연상회) 자기인식 및 공감과 관련된 두정엽의 접힌 부분.

Sylvian fissure(실비우스열) 측두엽을 전두엽과 두정엽에서 분리하는 큰 홈(주름)

Sympathetic nervous system(교감신경계) 각성과 관련된 말초신경계의 한 가지.

Synapse(시냅스) 일반적으로 신경전달물질을 통해 교차하는 두 뉴런 사이의 틈.

Top-down processing(하향식처리) 목표와 가치에 따른 사전 예방적 처리.

Temporal lobe(측두엽) 각 대뇌반구의 네 엽 중 하나. 측두엽은 청각, 언어, 기억, 감정에 관여한다.

Thalamus(시상) 필요에 따라 뇌의 여러 부분에 정보를 보내는 중계소 역할을 하는 뇌 중앙의 작은 구조.

Theory of mind(마음이론) 다른 사람의 생각과 의도를 우리와 별개로 상상할 수 있다고 보는 이론.

Values(가치관) 우리에게 감정적으로 중요하고 우리의 행동을 안내하는 개념.

Ventral tegmental area(복측피개영역) 많은 도파민 뉴런이 있는 피질하 영역. 중변연계 도파민 경로와 보상 시스템의 일부.

Wernicke's area(베르니케 영역) 일반적으로 왼쪽 측두엽에 있는 뇌 영역으로, 언어를 이해하고 의미있는 언어를 생성하는 역할을 담당한다.

Working memory(작업기억) 현재 작업 중이고 사용 가능해야 하는 정보를 저장하는 단기기억의 일부.

미래자원들

우리는 당신이 이 책을 즐겼기를 바랍니다.

우리는 신경과학이 미래에 코칭의 더 큰 부분을 차지할 것이라고 믿습니다.

우리는 리더십, 코칭 및 신경과학에 관해 전 세계적으로 많은 교육을 실시하고 있으며 이러한 주제에 대한 많은 원격 학습 과정도 운영하고 있습니다.

우리의 원격 학습 과정인 'Coaching the Brain'은 이 책을 실제로 적용하기 위해 만들어졌으며 개인 또는 그룹으로 수강할 수 있습니다.

'Coaching the Brain' 및 기타 신경과학 과정에 대한 자세한 내용을 보려면 다음 주소를 참조하세요.

www.neurosciencecoaching.net

코칭 및 리더십 과정을 보려면 다음으로 이동하세요.

www.lambent.com 및 www.internationalcoachingcommunity.com

위의 웹사이트 중 하나를 통해 직접 연락하실 수 있습니다.

한국에서 'Coaching the Brain' 및 국제코치연맹(ICC)에 대한 정보는 www.qnaschool.com에서 확인하시면 됩니다(역주).

한국교육컨설팅코칭학회부설
QUANTUM AWAKENING
SCHOOL

Q&A
QUANTUM AWAKENING
SCHOOL

　사람의 마음을 탐구하고 간절함이 있는 분들의 변화와 성장을 지원합니다. 만나는 모든 사람이 스승이 되고, 경험하는 모든 일은 지혜가 되는 마음공부를 나눕니다. 인생이란 학교에서 평생 배움의 일상화를 추구합니다. 우리 자신이 인생의 주인이자 삶의 창조자임을 알아차리게 돕습니다. 애쓰지 않고 저절로 이루어짐을 통찰합니다. 평생학습을 통한 자비심, 사랑, 연대 그리고 나눔의 하루 하루를 보낼 수 있는 힘을 키웁니다. 탁월한 대문자 C.O.A.C.H(Centering | O: Opening | A: Attention, Awareness & Awakening I C: Connecting | H: Holding)로 성장할 수 있도록 돕습니다. Quantum Awakening School은 NLP(Neuro-Linguistic Programming)를 변화와 성장의 도구로 활용하여 NLP전문가(코치, 상담가, 교사, 컨설턴트 등) 육성은 물론 NLP를 활용한 다양한 교육/코칭/상담 프로그램 개발/보급 하고 있습니다.

　퀀텀어웨이크닝스쿨의 NLP훈련에 참가하시면,

SELF AWARENESS & MINDFULNESS!

　매 순간 깨어 있으며 변화를 창조할 수 있는 상태를 창조하고 지속할 수 있습니다.

SUCCESSFUL RELATIONSHIP!

　깊고 충만한 관계 창조와 유지의 힘을 키울 수 있습니다.

POWER OF LANGUAGE!

타인의 변화와 성장을 가져오는 매력적이고 파워풀한 질문을 던질 수 있습니다.

MANAGING EMOTIONS!

언제나 나의 감정 상태를 최상의 상태로 조정, 변화 또는 준비할 수 있습니다.

OUTCOME FOCUS!

원치 않은 것을 잊어버리고, 원하는 상태에 집중하게 됩니다. 불가능을 가능으로 창조합니다.

QUANTUM AWAKENING SCHOOL(Q&A School)은 NLP의 메카로 불리는 NLP University 프로그램 공인 Copyignis User이자 지난 10여년간 유일한 공식 한국파트너(Affiliate Partner)입니다. 국제공인 NLP Practitioner, Master Practitioner, Trainer & Consultant 과정을 NLP University와 함께 진행합니다. Q&A SCHOOL은 DSG(Dilts Strategy Group) 공인파트너로서 SFM3 의식리더십(Conscious Leadershp)을 보급하고 있습니다. 또한 국제코칭자격을 인증하는 전세계 코치들의 모임인 국제코치연맹(ICC: International Coaching Community)의 공식 한국파트너로서 ICC인증 Coaching Program(Foundation, Team Coaching, Executive Coaching 등)을 운영하고 있으며, 본 도서인 〈코칭 더 브레인〉을 기반으로 한 워크샵을 진행하고 있습니다(보다 자세한 내용은 홈페이지 www.qnaschool.com 참조).

공동 역자 약력

강지혁. 카카오게임즈 계열(주)메타보라 그룹장, 아주대 코칭학, 인사조직 석사, NLP Master Practitioner(Q.A.S), KPC(한국코치협회)

고은비. 필로소울 심리상담센터 대표, NLP Trainer&Consultant (Q.A.S. & NLPU), Aura-Soma Practitioner

김세연. (주)다연결혼 대표, 아주대 경영학 석사, NLP Master Practitioner, KPC(한국코치협회), 평생교육사, 사회복지사

김은정. 리빙 어웨어니스 코칭휴 대표, NLP Trainer&Consultant (Q.A.S. & NLPU), PCC(ICF), KPC(한국코치협회), Gallup Clifton Strengths 코치, Aura-Soma Practitioner

김정웅. NLP Trainer&Consultant(Q.A.S. & NLPU), 루트컨설팅 컨설턴트

손민서. ㈜퀀텀어웨이크닝스쿨 이사, 글숲번역 대표, NLP Master Practitioner(Q.A.S.), 아봐타 위저드, ICC(국제코치연맹) 인증코치

이희철. (주)성원피앤에스 대표, 한양대 공학 석사, 아주대 경영학석사, NLP Master Practitioner(Q.A.S.), KAC(한국코치협회)

장미. 가치경영연구소 소장, 아주대 경영학 석사, NLP Trainer& Consultant(Q.A.S. & NLPU.), KPC(한국코치협회)

전서인. 경상국립대 경영학 석사, NLP Master Practitioner(Q.A.S.)

최미경. ㈜한국산업인력교육센터 대표, 동아대 교육학 박사, NLP Master Practitioner(Q.A.S.), KPC(한국코치협회)

최해정. ㈜리치몬트코리아 인사부 Senior Manager, 아주대 경영학 석사, NLP Trainer&Consultant(Q.A.S. & NLPU), KPC(한국코치협회)

코칭 더 브레인: 교사, 코치, 상담가, 부모를 위한 뇌 사용설명서

초판발행	2024년 7월 5일
지은이	Joseph O'Connor · Andrea Lages
옮긴이	이성엽 · 강지혁 · 고은비 · 김세연 · 김은정 · 김정웅 · 손민서 · 이희철 · 장미 · 전서인 · 최미경 · 최해정
펴낸이	노 현
편 집	조영은
기획/마케팅	이선경
표지디자인	Ben Story
제 작	고철민 · 김원표
펴낸곳	㈜ 피와이메이트 서울특별시 금천구 가산디지털2로 53, 210호(가산동, 한라시그마밸리) 등록 2014. 2. 12. 제2018-000080호
전 화	02)733-6771
f a x	02)736-4818
e-mail	pys@pybook.co.kr
homepage	www.pybook.co.kr
ISBN	979-11-6519-493-2 93180

* 파본은 구입하신 곳에서 교환해 드립니다. 본서의 무단복제행위를 금합니다.

정 가   27,000원

박영스토리는 박영사와 함께하는 브랜드입니다.